SHENJIXUE
审计学

主编 敖世友 陈倩 张黎明

四川大学出版社

责任编辑:徐丹红
责任校对:周　颖
封面设计:何东琳
责任印制:王　炜

图书在版编目(CIP)数据

审计学 / 敖世友,陈倩,张黎明主编. —成都:
四川大学出版社,2017.10
ISBN 978-7-5690-1265-1

Ⅰ.①审… Ⅱ.①敖… ②陈… ③张… Ⅲ.①审计学
Ⅳ.①F239.0

中国版本图书馆 CIP 数据核字(2017)第 261248 号

书　名	审计学
主　编	敖世友　陈　倩　张黎明
出　版	四川大学出版社
地　址	成都市一环路南一段24号(610065)
发　行	四川大学出版社
书　号	ISBN 978-7-5690-1265-1
印　刷	成都蜀通印务有限责任公司
成品尺寸	185 mm×260 mm
印　张	22.25
字　数	522千字
版　次	2017年11月第1版
印　次	2017年11月第1次印刷
定　价	49.00元

◆读者邮购本书,请与本社发行科联系。
　电话:(028)85408408/(028)85401670/
　(028)85408023　邮政编码:610065
◆本社图书如有印装质量问题,请
　寄回出版社调换。
◆网址:http://www.scupress.net

■版权所有◆侵权必究■

第一篇 审计理论篇

第一章 审计概论 ... 3
第一节 审计的产生和发展 ... 3
一、审计产生的客观条件 ... 3
二、国家审计的产生和发展 ... 4
三、内部审计的产生和发展 ... 10
四、社会审计的产生和发展 ... 13
第二节 审计的基本概念 ... 17
一、审计的对象 ... 17
二、审计的目的 ... 18
三、审计的职能 ... 19
四、审计关系 ... 20
五、审计的定义 ... 21
六、审计理论的构成要素 ... 23
第三节 审计的分类 ... 26
一、审计的基本分类 ... 26
二、审计的其他分类 ... 31

第二章 审计准则 ... 34
第一节 审计准则 ... 34
一、审计准则概述 ... 34
二、国家审计准则 ... 36
三、社会审计准则 ... 39
四、内部审计准则 ... 42
第二节 审计质量控制及控制准则 ... 44
一、审计质量概述 ... 44
二、审计质量控制概述 ... 45

　　　　三、审计质量控制制度概述 …………………………………… 46
　　第三节　审计职业道德规范 ………………………………………… 47
　　　　一、审计职业道德规范概述 …………………………………… 47
　　　　二、国家审计人员的职业道德规范 …………………………… 47
　　　　三、内部审计人员的职业道德规范 …………………………… 49
　　　　四、社会审计人员的职业道德规范 …………………………… 50

第三章　审计流程 ………………………………………………………… 56
　　第一节　审计目标 …………………………………………………… 56
　　　　一、审计目标概述 ……………………………………………… 56
　　　　二、总体审计目标 ……………………………………………… 57
　　　　三、审计具体目标 ……………………………………………… 59
　　　　四、影响审计目标确立的因素 ………………………………… 62
　　第二节　审计业务流程 ……………………………………………… 63
　　　　一、审计业务流程的意义 ……………………………………… 63
　　　　二、审计程序与审计目标的实现 ……………………………… 64
　　　　三、国家审计的审计流程 ……………………………………… 66
　　　　四、社会审计的审计程序 ……………………………………… 73
　　　　五、内部审计的审计程序 ……………………………………… 79
　　第三节　审计过程中重要性水平的判断 …………………………… 79
　　　　一、重要性的含义 ……………………………………………… 79
　　　　二、影响重要性水平的因素 …………………………………… 81
　　　　三、重要性水平的选取 ………………………………………… 82
　　　　四、重要性的记录 ……………………………………………… 85
　　第四节　审计风险与重大错报风险 ………………………………… 85
　　　　一、审计风险概述 ……………………………………………… 85
　　　　二、审计风险模型 ……………………………………………… 87
　　　　三、重大错报风险 ……………………………………………… 89

第四章　审计方法 ………………………………………………………… 94
　　第一节　审计方法概述 ……………………………………………… 94
　　　　一、审计方法概述 ……………………………………………… 94
　　　　二、审计方法的选用原则 ……………………………………… 95
　　　　三、审计取证模式 ……………………………………………… 96
　　第二节　审计取证的基本方法 ……………………………………… 99
　　　　一、顺查法和逆查法 …………………………………………… 99
　　　　二、详查法和抽查法 …………………………………………… 100
　　第三节　审计取证的具体技术方法 ………………………………… 101
　　　　一、审查书面资料的方法 ……………………………………… 102
　　　　二、证实客观事物的方法 ……………………………………… 104

|　　　　　　三、审计调查方法 ………………………………………… 105
|　第四节　审计抽样 …………………………………………………… 107
|　　　　　　一、审计抽样的含义 ………………………………………… 107
|　　　　　　二、审计抽样的种类 ………………………………………… 107
|　　　　　　三、审计抽样中样本的选取方法 …………………………… 109
|　　　　　　四、审计抽样应注意的问题 ………………………………… 113

第五章　审计证据 ………………………………………………………… 116
　第一节　审计证据概述 ……………………………………………… 116
　　　　　　一、审计证据的含义 ………………………………………… 116
　　　　　　二、审计证据的特点 ………………………………………… 117
　第二节　审计证据的分类 …………………………………………… 121
　　　　　　一、按照审计证据的形式分类 ……………………………… 121
　　　　　　二、按照审计证据的证明力分类 …………………………… 123
　　　　　　三、按照审计证据的来源分类 ……………………………… 123
　第三节　审计证据的获取 …………………………………………… 124
　　　　　　一、审计证据的收集 ………………………………………… 125
　　　　　　二、审计证据的鉴定 ………………………………………… 126
　　　　　　三、审计证据的综合 ………………………………………… 127
　第四节　审计工作底稿 ……………………………………………… 129
　　　　　　一、审计工作底稿概述 ……………………………………… 129
　　　　　　二、审计工作底稿的存在形式与基本内容 ………………… 131
　　　　　　三、审计工作底稿的种类 …………………………………… 132
　　　　　　四、审计工作底稿的编制和取得 …………………………… 134
　　　　　　五、审计工作底稿的复核 …………………………………… 136
　　　　　　六、审计工作底稿的归档 …………………………………… 138

第六章　内部控制制度 …………………………………………………… 141
　第一节　内部控制概述 ……………………………………………… 141
　　　　　　一、内部控制的概念及其发展 ……………………………… 141
　　　　　　二、内部控制的作用 ………………………………………… 145
　　　　　　三、内部控制的分类 ………………………………………… 146
　　　　　　四、内部控制的固有限制 …………………………………… 147
　第二节　内部控制要素 ……………………………………………… 147
　　　　　　一、控制环境 ………………………………………………… 147
　　　　　　二、风险评估 ………………………………………………… 150
　　　　　　三、控制活动 ………………………………………………… 151
　　　　　　四、信息与沟通 ……………………………………………… 154
　　　　　　五、监督 ……………………………………………………… 155

第三节　内部控制的评价 ………………………………………… 156
　　　　一、内部控制评价概述 ………………………………………… 156
　　　　二、内部控制评价的步骤和方法 ……………………………… 157
　　　　三、内部控制评价结果的运用 ………………………………… 165

第二篇　审计实务篇

第七章　销售与收款循环审计 …………………………………………… 169
　　第一节　销售与收款循环的特性 ………………………………… 169
　　　　一、销售与收款循环概述 ……………………………………… 169
　　　　二、销售与收款循环涉及的主要业务活动 …………………… 169
　　　　三、销售与收款循环涉及的凭证和会计记录 ………………… 172
　　第二节　销售与收款循环的内部控制及其测试 ………………… 175
　　　　一、销售与收款循环的内部控制 ……………………………… 175
　　　　二、财政部发布的相关内部控制 ……………………………… 177
　　　　三、销售与收款循环内部控制测试概述 ……………………… 178
　　　　四、销售与收款循环的内部控制测试 ………………………… 180
　　第三节　销售与收款循环的实质性测试 ………………………… 182
　　　　一、营业收入的审计 …………………………………………… 182
　　　　二、应收账款的审计 …………………………………………… 188
　　　　三、坏账准备的审计 …………………………………………… 193
　　第四节　销售及收款循环其他相关账户审计 …………………… 194
　　　　一、应收票据的审计 …………………………………………… 194
　　　　二、预收账款的审计 …………………………………………… 196
　　　　三、应交税费的审计 …………………………………………… 197
　　　　四、营业成本与销售费用的审计 ……………………………… 199
第八章　采购与付款循环审计 …………………………………………… 202
　　第一节　采购与付款循环的特性 ………………………………… 202
　　　　一、采购与付款循环概述 ……………………………………… 202
　　　　二、采购与付款循环涉及的主要业务活动 …………………… 202
　　　　三、采购与付款循环涉及的凭证和记录 ……………………… 204
　　第二节　采购与付款循环的内部控制及其测试 ………………… 207
　　　　一、采购与付款循环业务的内部控制 ………………………… 207
　　　　二、固定资产的内部控制 ……………………………………… 209
　　　　三、采购与付款循环内部控制测试概述 ……………………… 210
　　　　四、采购与付款循环的内部控制测试 ………………………… 212
　　第三节　采购与付款循环的实质性测试 ………………………… 215
　　　　一、应付款项的审计 …………………………………………… 215
　　　　二、固定资产的审计 …………………………………………… 219

　　　　　　三、累计折旧的审计 ………………………………………… 224
　　　第四节　采购与付款循环其他账户的审计 ……………………… 227
　　　　　　一、预付账款的审计 ………………………………………… 227
　　　　　　二、固定资产减值准备的审计 ……………………………… 228
　　　　　　三、在建工程的审计 ………………………………………… 229
　　　　　　四、固定资产清理的审计 …………………………………… 232
第九章　生产与存货循环审计 ……………………………………………… 233
　　　第一节　生产与存货循环的特性 ………………………………… 233
　　　　　　一、生产与存货循环概述 …………………………………… 233
　　　　　　二、生产与存货循环涉及的主要业务活动 ………………… 233
　　　　　　三、生产与存货循环涉及的凭证和记录 …………………… 235
　　　第二节　生产与存货循环的内部控制及其测试 ………………… 237
　　　　　　一、生产与存货循环的内部控制 …………………………… 237
　　　　　　二、成本会计制度的内部控制 ……………………………… 238
　　　　　　三、工薪的内部控制 ………………………………………… 239
　　　　　　四、生产与存货循环的内部控制测试 ……………………… 240
　　　第三节　生产与存货循环的主要审计方法 ……………………… 245
　　　　　　一、分析性复核 ……………………………………………… 245
　　　　　　二、存货的监盘 ……………………………………………… 247
　　　第四节　生产与存货循环的实质性测试 ………………………… 252
　　　　　　一、产品成本的审计 ………………………………………… 252
　　　　　　二、在产品和产成品成本的审查 …………………………… 257
　　　　　　三、主营业务成本的审计 …………………………………… 258
　　　　　　四、存货审计 ………………………………………………… 258
　　　　　　五、应付职工薪酬的审计 …………………………………… 261
　　　　　　六、管理费用的审计 ………………………………………… 262
第十章　筹资与投资循环审计 ……………………………………………… 263
　　　第一节　筹资与投资循环的特性 ………………………………… 263
　　　　　　一、筹资与投资循环概述 …………………………………… 263
　　　　　　二、筹资与投资循环涉及的主要业务活动 ………………… 263
　　　　　　三、筹资与投资循环涉及的凭证和记录 …………………… 265
　　　第二节　筹资与投资循环的内部控制及其测试 ………………… 268
　　　　　　一、筹资业务的内部控制 …………………………………… 268
　　　　　　二、筹资与投资循环的内部控制测试 ……………………… 273
　　　第三节　筹资与投资循环的实质性测试 ………………………… 276
　　　　　　一、筹资业务主要账户的审计 ……………………………… 276
　　　　　　二、投资业务主要账户的审计 ……………………………… 287

  第四节 筹资与投资循环其他相关账户的审计 ……………………… 290
    一、其他应收款的审计 ………………………………………………… 290
    二、其他应付款的审计 ………………………………………………… 290
    三、所得税费用的审计 ………………………………………………… 291
    四、递延所得税资产的审计 …………………………………………… 292
    五、递延所得税负债的审计 …………………………………………… 292
    六、资产减值损失的审计 ……………………………………………… 293
    七、营业外收入的审计 ………………………………………………… 294
    八、营业外支出的审计 ………………………………………………… 294
第十一章 货币资金审计 ………………………………………………………… 296
  第一节 货币资金业务概述 ………………………………………………… 296
    一、货币资金业务与各业务循环的关系 ……………………………… 296
    二、货币资金业务涉及的主要业务活动 ……………………………… 297
    三、货币资金业务涉及的凭证和记录 ………………………………… 298
  第二节 货币资金的内部控制及其测试 ………………………………… 300
    一、货币资金的内部控制 ……………………………………………… 300
    二、货币资金内部控制制度的符合性测试 …………………………… 304
  第三节 货币资金的实质性测试 …………………………………………… 307
    一、货币资金的审计目标 ……………………………………………… 307
    二、货币资金的实质性测试 …………………………………………… 308
  第四节 外币业务与其他货币资金审计 ………………………………… 315
    一、外币业务的审计 …………………………………………………… 315
    二、其他货币资金的审计 ……………………………………………… 316
第十二章 审计报告 ……………………………………………………………… 319
  第一节 审计报告概述 ………………………………………………………… 319
    一、审计报告的含义 …………………………………………………… 319
    二、审计报告的作用 …………………………………………………… 319
    三、审计报告的分类 …………………………………………………… 319
  第二节 国家审计报告概述 ………………………………………………… 321
    一、国家审计报告的含义 ……………………………………………… 321
    二、审计报告的分类 …………………………………………………… 321
    三、审计报告的编审 …………………………………………………… 322
    四、审计意见书与审计决定书 ………………………………………… 323
    五、审计结果公布 ……………………………………………………… 324
  第三节 内部审计报告 ………………………………………………………… 325
    一、内部审计报告的含义 ……………………………………………… 325
    二、内部审计报告的基本要素和内容 ………………………………… 326
    三、内部审计报告的编制、复核与报送 ……………………………… 327

第四节　社会审计报告 …………………………………………………… 328
　　一、社会审计报告的含义 ……………………………………………… 328
　　二、社会审计报告的基本内容 ………………………………………… 328
　　三、标准无保留意见的审计报告 ……………………………………… 331
　　四、带强调事项段和其他事项段的无保留意见的审计报告 ………… 333
　　五、保留意见的审计报告 ……………………………………………… 336
　　六、否定意见的审计报告 ……………………………………………… 340
　　七、无法表示意见的审计报告 ………………………………………… 342

第一篇　审计理论篇

　　审计理论篇主要介绍审计学相关的基本理论和方法体系，包括审计概论、审计准则、审计流程、审计方法、审计证据及内部控制六章内容。根据审计主体的不同，分别介绍了国家审计、内部审计和社会审计三种不同类型的审计活动。

第一篇 审计理论篇

审计理论篇是整个审计学科有关的基本理论和知识的概括，包括审计概论、审计假设、审计要素、审计目标及其演进等。本篇内容，是构建审计学全部内容的基础，同时介绍了不同种类审计的理论基础和社会上不同种审计机构的活动。

第一章 审计概论

第一节 审计的产生和发展

一、审计产生的客观条件

(一) 审计产生的两个前提条件

审计是人类社会经济活动发展到一定历史阶段的产物,其出现有两个前提条件。私有制是审计产生的首要客观条件。人类社会发展初期,生产力水平极其低下,部落中有劳动能力的人必须采用协作的方式共同劳动,所有的生产资料和生活资料都归全体成员共同所有,剩余产品的缺乏导致没有审计所要保护的对象——私有财产。随着人类生产力的发展,个体家庭逐渐成为独立的生产和生活单位,集体的共同生产活动过渡到以家庭为单位的个体劳动,生产资料也就相应地由部落共有转变为个体家庭所有,劳动产品也由公有财产演变为个体家庭的私有财产,私有制随之出现。社会生产力的进一步发展使人类生产出来的产品有了剩余,剩余劳动产品的出现使得交换产生并日益频繁。私有制和商品交换的发展引起了财产占有的不平等,由于各个家庭占有生产资料和生活资料的不同,劳动力强弱不一样,产生了贫富分化,同时那些在部落中担任职务的人利用职务之便侵吞共有财产,多占有战争胜利品,对其他部落成员单位的财产巧取豪夺,进一步加剧了贫富分化,大量的剩余产品逐渐集中在极少一部分人手中,当生产资料的所有者不能直接管理和经营其所拥有的财富,需要委托他人代为管理和经营时,就出现了审计产生的第二个客观条件——财产所有者与财产经营者的分离。财产所有者通过审计来确认这些保管者、经营人员的经管责任履行状况。

综上所述,审计是社会生产力发展到私有制阶段,财产的所有权与经营管理权相分离,或者内部经营管理权出现分离的条件下,为了保护财产的安全与完整,保证会计资料的真实与可靠,随着受托经济责任关系的出现,基于经济监督的需要而产生,并随着所托经济责任的发展而发展的。

(二)受托经济责任关系

受托经济责任关系是指在受托管理和受托经营条件下,受托人在管理或经营方面对委托人所承担的义务和职责。受托经济责任关系的确立客观上产生了授权委托者对受托管理者或受托经营者进行经济监督的需要。为了维护其自身利益,授权委托者需要对受托管理者或受托经营者所负经济责任履行情况进行审查,以评价其经济责任,进而确认或解脱其经济责任。但应指出,受托经济责任的确立,并不一定产生审计活动,它只是审计产生的前提条件,如果这种审查评价活动由授权委托者自身完成,就不能称之为审计活动,只有当这种经济监督活动由授权委托者委派独立的机构和人员代理行使时,才会产生这种具有独立性的审计活动。

作为审计产生和发展的社会基础的受托经济责任关系,其含义包括以下三个方面:

首先,受托经济责任关系将随着人类经济活动的发展不断演进。经济责任在不同的历史条件下有着不同的内涵和外延,其内容从单纯的财务责任,逐渐向更为广泛的经营责任、管理责任方面纵深发展,进而形成包括环境责任和社会责任等在内的现代经济责任的完整概念。受托经济责任的演进是审计获得不断发展的前提。

其次,财产所有权和经营管理权分离以及管理者内部分权制,是受托经济责任关系形成的基本根据,也是审计赖以存在和发展的社会条件。随着社会经济的发展,特别是市场经济的形成,社会经济生活中形成的信贷关系、商业信用关系、征税纳税关系、经济合同关系,一系列关系形成了市场经济参与各方相互之间的经济责任关系,在经济责任关系的不断变化过程中,审计成为联系各方经济责任,保障社会经济正常有序运行的重要制约机制,也是审计自身存在和发展的社会条件。

最后,财产所有者对经营管理者无法实施直接监督,是审计产生和发展的直接动因。实际经济生活中,基于地理上、时间上、法律上、特别是技术上的限制,使财产所有者无法直接进行经常性的监督和检查,因而需要独立的审计人员承担起监督和检查的职责,这就构成了审计产生和发展的直接动因。

二、国家审计的产生和发展

审计的最初形态是官厅审计,产生于奴隶社会末期。随着人类社会进入奴隶社会,作为国家所有者的奴隶主统治者,通过授权各级官吏管理各项国家事务,各级官吏对国家统治者的责任主要包括政治责任、行政责任、法律责任和经济责任四种,这种国家统治模式使审计的产生具备了必需的两个客观条件。为检查各级官吏是否忠实地履行了相关经济责任,统治者就会委派另一些人员代替他们去开展检查工作,这种经济监督行为就是最初的国家审计工作,是统治阶级加强专制统治的必然结果。审计人员的权威是从属于皇权而来,其主要职责是从经济角度监督各级官吏是否尽忠于统治者,是否充分发挥了国家机构的经济管理作用,这是一种从上至下的监督体制。

（一）我国国家审计的产生和发展

我国是世界上最早产生审计的国家之一，关于审计产生年代的观点不一，尚未定论，持有或赞同审计产生于西周这一观点的人居多。我国审计经历了一个漫长的发展过程，大体可分为六个阶段：西周初步形成阶段；秦汉时期最终确立阶段；隋唐至宋日臻健全阶段；元明清停滞不前阶段；"中华民国"不断演进阶段；新中国振兴阶段。

1. 西周初步形成阶段

我国国家审计的起源，基于西周的宰夫。我国西周国家财计机构大体可分为两个系统：一是地官大司徒系统，掌管财政收入；二是天官冢宰系统，掌管财政支出、会计核算和审计监督。天官所属中大夫司会，为计官之长，主天下之大计，分掌王朝财政经济收支的全面核算，又总司审计监督的大权，进行财政收支的审核和监督。《周礼》云："宰夫岁终，则令群吏正岁会。月终，则令正月要。旬终，则令正日成。而考其治，治以不时举者，以告而诛之。"又说："宰夫考其出入，而定刑赏。"即年终、月终、旬终的财计报告先由宰夫命令、督促各部门官吏整理上报，宰夫就地稽核，发现违法乱纪者，可越级向天官冢宰或周王报告，加以处罚。由此可见，宰夫是独立于财计部门之外的职官，与掌管会计工作的司会是相互独立于对方的两大部门，标志着我国国家审计的产生。迈克尔·查特菲尔德教授（Prof. Michael Chatfield）在其名著《会计思想史》一书中指出："在内部管理、预算和审计程序方面，中国西周时代在古代世界可以说是无与伦比的。"

2. 秦汉时期最终确立阶段

春秋战国时期，国家审计工作由丞相、御使、尚书等官吏兼任，但在两个方面取得了突出的成就：一是《管子》提出了"明法审数"这一古老而又著名的审计原则。"明法审数"的含义是指审计人员首先应熟悉有关法律，并依法行事；其次审计人员必须清楚国家财政收支情况，并据此进行审计工作。这条原则并不是直接针对审计工作而言的，但它无疑已成为国家审计人员从事审计监督工作的标准和原则。二是统治者制定了有关的审计处理法规。这些法规集中体现在《法经》（魏国之相李悝总结前人的立法经验，于公元前400年制定出来的我国第一部较为完整、系统的法典）一书中。其中规定：对上计报告不实、隐瞒欺诈者，视情节轻重适当定罪；凡故意作弊、假造账册者，视情节轻重适当定罪；对于遗失会计账簿者，应追究有关人员的责任；不得故意毁坏账册上的印章，违者按盗窃罪处之；等等。

秦汉时期是我国审计的确立阶段，主要表现在以下三个方面：一是初步形成了统一的审计模式。秦汉时期是我国封建社会的建立和成长时期，封建社会经济的发展，促进了秦汉时期逐渐形成全国审计机构和监察机构结合、经济法制与审计监督制度相统一的审计模式。中央设"三公""九卿"辅佐政务，御史大夫为"三公"之一，执掌弹劾、纠察之权，专司监察全国的民政、财政以及财务审计事项，并协助丞相处理政事。汉承秦制，西汉初中央仍设"三公""九卿"，仍由御史大夫领掌监督、审计大权。二是"上计"制度日趋完善。所谓"上计"，就是皇帝亲自参加听取和审核各级地方官吏的财政会计报告，以决定赏罚的制度。三是审计地位提高，职权扩大。御史制度是秦汉时代审计建制的重要组成部分,秦汉时代的御史大夫不仅行使政治、军事的监察之权,还行使经济的监督之权,控制和监督财政收支活动,勾稽总考财政收入情况。秦汉时期御史监察业务中的审计工作主要有两大类型:一是会计账簿审计,包括主持审理上计报告和审查皇室所有的会计账簿,即"御史察计簿,疑非实者,按之,使真伪毋相乱";二是实施就地审计,即监理诸郡,如自秦汉始兴御史巡察地方各级官府的举动。秦汉设机构,配官吏,实行审计监察,其主要依据是当时的法规制度《碉律》等,从会计核算、财物保管、官吏调任经济责任和违法行为诸方面,为进行审计工作提供了直接的法律依据。在中国审计史上,秦汉时期与西周时期一样,只能算是奠基时期,与西周相比,审计组织已独立于财政部门,前进了一大步,但是,审计工作仍然是监察业务的一部分,尚未自成体系。

3. 隋唐至宋日臻健全阶段

三国两晋南北朝时期,由于政权的并立和对峙,各政权为了自身的生存和发展,大都采取了一些政治和经济的改革措施,使国家审计在和平与安定的间隙中取得了重大的突破、提高,充实和丰富了中国审计制度,其主要标志是出现了专职审计机构——比部。比部独立于财计部门,被审计史学家一致称为中国审计史上的一座里程碑。作为审计机构的比部,源于三国曹魏时期的比部曹。当时,比部主要负责三方面的事务:第一,对政府和部门经费开支和财务出纳进行财务审计;第二,主法制,考官吏,定刑赏;第三,负责传递、存档和保管诏书、律令和文书。显而易见,比部机构已完全独立于财政部门并同时具备行政监督和法律监督的性质。尽管比部事实上并未真正地发挥其职能作用,但它表明中国的国家审计正在发生深刻变化,正在与萌芽状态的国家审计划清界限,而且,对后世的审计组织的建设,也产生了积极的影响。

隋唐时代是我国封建社会的鼎盛时期,宋代是我国封建社会经济的持续发展时期。隋在总结整理汉魏官制的基础上,正式确立了三省六部制度,设置比部,隶属于部官或刑部,掌管国家财计监督,行使审计职权。隋朝比部体制建设比起奠基时期来,最突出的发展在于:将比部正式隶于刑部之下,从而从组织体制上明确了比部的司法监督性质,为唐代比部建制的发展完善奠定了坚实的基础;突出比部的财务审计职能,从而在官厅机构中确立了比部审计监督的地位和作用,这与前代笼统的"主法制""掌诏书律令勾检等事"的职掌相比,是一个明显的进步。唐朝是我国封建社会的盛世,唐政权进一步发展和完善了隋以来的三省六部体制,比部仍隶属于刑部,凡国家财计,不论军政内外,无不加以勾稽,无不加以查核审理。唐代的比部审查范围极广、项目众多,而且具有很强的独立性和较高的权威性。唐代在发展国家审计的过程中,开始明确涉及一些审计制度,这些制度详细规定了各种审计程序、送审时间和审计处理要求等重要事项。尤为引人注目、足以被后人引为鉴戒的,是当时制定了考核审计官员的标准。宋朝审计制度的发展大致经历了两个交替嬗递的历史阶段:第一阶段从宋初至元丰改制,主要采用隶属于财政系统的行政模式国家审计制度,缺乏独立性和权威性成为这一时期最为鲜明的特征;第二阶段,元丰改制至宋亡,审计组织又划归比部主管,采用隶属于司法系统的行政模式国家审计制度。宋代设置"审计司",隶属于太府寺,后改称为"审计院"。宋审计司(院)的建立,是我国"审计"的正式命名，元代的审计科、清末的审计院、民国时期的审计处和审计院，均渊源于宋代。从此，"审计"一词便成为财政监督的专用名词，对后世中外审计建制具有深远的影响。

4. 元明清停滞不前阶段

元代取消比部，户部兼管会计报告的审核，独立的审计机构即告消亡。明初设比部，不久即取消，洪武十五年设置都察院，以左右都御史为长官，审察中央财计。清承明制，设置都察院，职掌为"对君主进行规谏，对政务进行评价，对大小官吏进行纠弹"，成为最高的监察、监督、弹劾和建议机关。虽然明清时期的都察院制度有所加强，其机构之庞大，审计范围之广，是以前诸代所不可比拟的，但其行使审计职能，却具有一揽子性质，由于取消了比部这样的独立审计组织，缺乏独立的、专业性的国家审计机构，其财计监督和政府审计职能严重削弱，与唐代行使司法审计监督职能的比部相比，后退了一大步。与同时期西方的国家审计相比，元明清三代的国家审计在整个世界国家审计中的地位显然已经降低。

5. "中华民国"不断演进阶段

民国元年（1912年）9月，北洋军阀政府宣布成立审计处，隶属于国务院，掌管全国审计工作，同时，改各省审计机构为审计分处，负责所在省的审计工作。在审计处成立之初，即颁布《暂行审计规则》《执行规则》《收支凭证之证明条例》等审计法规。1914年，北洋政府废止审计处暂行章程，公布《审计院编制法》，改审计处为审计院，隶属于大总统。凡法令规定的大总统、副总统岁费和政府机密费用之外的一切财政收支，均在审计之列。北洋军阀政府时期的国家审计形式上已具备了近代国家审计的基本条件。但是，由于北洋军阀政府政治反动，吏治腐败，经济衰竭，其审计机构形同虚设，根本没有发挥作用。民国17年（1928年）3月，南京国民政府公布《审计院组织法》。同年4月公布《审计法（草案）》，于7月1日成立审计院。国民党中央执行委员会常务委员会10月通过试行五院制的《国民政府组织法》。在奠定了国民政府五院制的基础上，为新的国家审计制度的执行提供了法律保障。该法第46条规定："监察院为国民政府最高监察机关，依法行使弹劾、审计权。"推行五权宪法，设置行政院、立法院、司法院、考试院和监察院五院；同时，改审计院为审计部，隶属于监察院。在国民党统治时期，封建传统仍然森严禁锢着中国，各种监督制度都是治民不治官，治上不治下。这种民主政治的不彻底性，使近代国家审计终于没能彻底地完成审计组织、审计方法和审计制度的现代化。在政治没有现代化的时代，国家审计不可能现代化。

6. 新中国振兴阶段

第二次国内革命战争时期，中国共产党领导下的革命根据地成立了中央苏维埃政府审计委员会，颁布《审计条例》，实行了审计监督制度。在抗日战争和解放战争时期，山东、陕甘宁等革命根据地也建立了审计机构，颁布相关审计法规，开展了战争时期的审计工作。革命根据地的审计制度，对战争年代节约财政支出，保障战争供给，维护革命纪律，树立廉洁作风，都起到了积极的作用。

中华人民共和国建立以后，由于相当长的时期实行的是高度集中的计划经济体制，国有资源财产的所有权与经营管理权的一体化，以及全面学习苏联经验等原因，国家没有设置独立的审计机构，对企业的财税监督和货币管理，是通过不定期的会计检查进行的。国家一方面赋予国有企业的会计人员对财政、财务收支的监督职权；另一方面由企业主管部门对所属企业单位实施会计检查，同时，财政、税务、银行等部门也通过各自的业务分别在一定范围内进行财政经济监督。

自1978年中国共产党第十一届三中全会后，党和政府把工作重点转移到经济建设上来，为适应这一需要，我国在1980年恢复和重建了注册会计师制度，财政部颁发了《关于成立会计顾问处的暂行规定》。1982年12月5日，第五届全国人民代表大会第五次会议通过了修改的《中华人民共和国宪法》，规定我国建立审计机关，实行审计监督制度。《宪法》第91条规定："国务院设立审计机关，对国务院各部门和地方各级政府的财政收支，对国家的财政金融机构和企业事业组织的财务收支，进行审计监督。审计机关在国务院总理领导下，依照法律规定独立行使审计监督权，不受其他行政机关、社会团体和个人的干涉。"第109条规定："县级以上的地方各级人民政府设立审计机关。地方各级审计机关依照法律规定独立行使审计监督权，对本级人民政府和上一级审计机关负责。"据此，1983年9月15日，国务院正式成立了我国政府审计的最高机关——审计署，在县以上各级人民政府设置各级审计机关，1985年8月发布了《国务院关于审计工作的暂行规定》，1988年11月颁发了《中华人民共和国审计条例》。1994年8月31日第八届全国人大常委会第九次会议上通过了《中华人民共和国审计法》，10月发布并于1995年1月1日起施行，《审计法》的颁布施行从法律上进一步确立了政府审计的地位，标志着我国国家审计正式跨入了法制化的轨道，为其进一步发展奠定了良好基础。1997年10月21日以中华人民共和国国务院令发布并实施了《中华人民共和国审计法实施条例》。2006年2月28日，第十届全国人民代表大会常务委员会第二十次会议审议通过了关于修改审计法的决定，自2006年6月1日起施行。2010年2月，国务院公布新修订的审计法实施条例，该实施条例自2010年5月1日起施行。

为不断完善审计制度，提高审计工作的规范化水平，审计机关从成立之日就开始进行审计规范体系的建设。1996年，审计署发布了38个审计规范。2000年1月28日、2000年8月7日、2001年8月1日和2003年12月15日分别以中华人民共和国审计署令第1号、第2号、第3号和第5号发布施行了《中华人民共和国国家审计基本准则》以及若干通用审计准则。2004年审计署颁布了《审计机关审计项目质量控制办法（试行）》，进一步完善了我国审计法律规范体系。2006年2月审计法修订后，审计署对审计准则进行了第三次修订。修订后的《中华人民共和国国家审计准则》于2010年7月8日经审计长会议审议通过，自2011年1月1日起施行。

（二）西方国家审计的发展

1. 古代国家审计的发展

西方一些国家的审计，既具有悠久的历史，又具有具体的内容，更体现了现代商品经济发展的需要。据考证，早在奴隶制度下的古埃及、古罗马和古希腊时代，就出现了对掌管国家财务和税赋的官吏进行考核这一具有审计性质的经济监督工作。古代罗马的审计人员采取"听证账目"的方式,对掌管国家财物和赋税的官吏进行考核,检查负责财务的官员有无欺诈、舞弊行为,成为具有审计性质的经济监督工作。审计(AUDIT)一词就来源于拉丁文"听账人"(AUDITUS)。19世纪著名的美国史学家摩尔根在《古代社会》一书中指出:"迄今为止在全人类中,雅典按人口比例而言,乃为最卓越、最聪明、最有成就的一支"。他和恩格斯都认为,雅典的民主制度在当时是进步的。而审计监督制度就是这套内容丰富的民主制度的重要方面。

2. 近代国家审计的发展

在西方国家的封建社会中,也曾设有审计机构和人员,对国家的财政收支进行监督。例如,法国在资产阶级大革命前就设有审计厅;在资产阶级大革命后,拿破仑一世创建的审计法院,至今仍是法国政府实施事后审计的最高法定机构。

在资本主义时期,随着社会的发展和资产阶级国家政权组织形式的完善,政府审计也有了进一步的发展。欧洲的许多国家于19世纪在宪法或特别法令中都规定了审计的法律地位,确立国家审计机关的职权、地位和审计范围,授权独立地对财政、财务收支进行监督。在现代资本主义国家中,大多实行立法、行政、司法三权分立的国家政权组织形式,议会为国家的最高立法机关,并对政府行使包括财政监督在内的监督权。为了监督政府财政收支、执行财政预算法案、维护统治阶级的利益,西方大多数国家在议会下设有专门的审计机构,由议会或国会授权,对政府及国营企事业单位财政财务收支进行审计监督。

3. 现代国家审计的发展

英国的审计具有悠久的历史,是近代审计的发源地。英国的王室财政审计制度早在13世纪就正式建立起来了,至今有770多年的历史。在11世纪和12世纪,英王一直把持国家的财政大权,威廉一世时代和亨利一世时代封建统治者在财政部内设置审计监督部门,即上院(收支监督局)和下院(收支局)执行审计监督。1215年英国《大宪章》的颁布,制约了英王的权力,奠定了英国国家审计制度产生和发展的政治基础。1785年,为了更好检查和审计国王公共账目的法律,取消国库审计官,设置五人审计委员会。1834年,颁布修订审计制度的法案,特别审计院长负责国库公款的监督,院长系终身职务。1861年,开始在众议院设决算审查委员会,第一次真正建立了统一的、独立的审计机构。1983年1月1日,通过了《国家审计法案》,取消英国国库审计部,正式更名为英国审计署。英国国家审计署独立于行政部门,代表议会对政府进行监督,向议会报告工作。

美国建国虽然只有200多年的历史,但由于它重视经济管理,在经济管理理论和方法的研发方面颇有成就,这就促使了美国经济的迅速发展。以前美国没有独立的财政监督机构,只在财政部设有审计官进行审查;直到1919年,参、众两院建议组成预算特别委员会后,才把对政府账目的审计从财政部的业务中分离出来。1921年公布了《预算和会计法》,并根据该法建立了美国最高审计机关——审计总局,受理政府账目审计,除中央情报局和总统办公室不能审查外,凡与公共开支有关的事项都有权审查。审计总局最重要的任务就是向国会提供信息和参考意见,以便帮助国会各委员会的工作。

西方国家除了立法型的审计体制以外，还有司法型审计体制、行政型审计体制等。如法国审计法院是独立于立法机构——议会行政部门——内阁政府的一个司法机构，审计法院的院长由总统任命，为终身制；审计法院的裁决为终审判决，且有法律效力。

国外的国家审计，不论是哪一种类型，都立足于保证国家审计机关拥有独立性和权威性，以便不受干扰，客观而公正地行使审计监督权。

第二次世界大战以后，许多西方国家的国家审计在理论与实务方面取得了重大突破，从传统的财务审计向现代效益审计方面发展。至今，国外广为流行的审计实务有：美国的项目评估、英国的货币价值审计、澳大利亚的绩效审计、加拿大的综合审计、德国的横向审计等。

三、内部审计的产生和发展

一般来说，内部审计自其出现至今，经历了古代内部审计、近代内部审计和现代内部审计三个阶段。奴隶社会时期的内部审计等同于官厅审计，封建时代，古代内部审计继承了早期内部审计的思想，并且有了长足进展，主要标志是出现了独立的内部审计人员，这一时期内部审计主要采用了寺院审计、行会审计、银行审计和庄园审计等形式。19世纪末、20是世纪初，资本主义发展进入垄断阶段，托拉斯、康采恩等垄断企业经营规模庞大，经营地点分散，经营业务复杂，导致了各个组织机构普遍实行分权管理，授权层次的增加和授权范围的扩大又使得部门和单位的最高管理当局有必要对其下属各层次管理者履行职责的情况进行监督检查，客观上需要有一个专门的职能部门去审查、评价和报告，近代内部审计应运而生。20世纪40年代以后，企业的内部管理条件和外部环境状况进一步复杂化，尤其是跨国公司的迅速崛起，致使管理层次迅速分解扩大，企业管理者迫切需要降低成本，提高经济效益，这些变化使企业管理当局和外部审计人员对内部审计更加关注，从各个角度促使内部审计进一步发展到现代内部审计阶段。

内部审计产生的原因存在不同的看法，一种观点认为是由于两权分离产生的内部审计，也有观点认为与两权分离无关，只与管理权的划分有关；还有观点认为，内部审计出自内部管理的需要；更有观点指出，内部审计是由于受到外部的压力，是不得已而为之。笔者认为，就古代内部审计而言，因其脱胎于国家审计，甚至一度与国家审计合二为一，认为其产生原因是两权分离未尝不可。但近代内部审计与古代内部审计相比较已出现很大的差异性，其产生的原因更多是由于企业规模扩大，管理层次的增加，经营业务日益复杂化，生产经营场所分散，致使管理当局无法亲自检查监督，基于内部管理权高度分离的需要，企业管理当局设置内部审计，授权审计人员代他们去检查其下属企业内部各个责任中心负责人的经济责任履行情况，验证各部门和各级负责人提交报告的真实可信性。至于外部压力一说，有观点认为，外部压力有两种，一是外部审计和社会给本单位的压力，另一种是政府法令的要求。因外部审计审查企业财务报表之初通常都要评审企业的内部控制系统，企业为应付外部审计，便通过内部审计人员的努力,改善企业控制系统,提前使企业达到外部审计的要求,从而减少外部审计工作量,节约外部审计费用。社会对环境污染、能源物资短缺、贫富分化等问题的关注也会给企业带来压力,致使企事业单位需要建立内审机构协助自己调整和解决现存的各种矛盾冲突,积极地应付来自于社会的压力。我国现代内部审计开始是在政府法令的要求下建立的,但随着社会经济的发展,近年来大批民营企业也纷纷建立了自己的内部审计机构,而这些民营企业并不属于法令要求范围内必须建立内部审计机构的对象。

由此可见,内部审计是企业等组织机构发展到一定规模程度后,内部经营管理权高度分离,基于加强自身管理的需要,为提升企业运营效率、效益和效果,而逐渐产生和发展起来的一种独立控制系统。

(一) 我国内部审计的产生和发展

我国早期的皇室审计、寺院审计均属于内部审计的范畴。现代内部审计在民国时期就已诞生,特别在铁路、银行系统,1949年前就有了较为健全的内部稽核制度。中华人民共和国成立初期,我国一些大型专业公司和厂矿企业也曾设有内部审计部门,一些中型企业也设有专职的审计人员,只是到1953年全面学习苏联后才被撤销。

我国现代内部审计是从1983年以后才逐步建立起来的,与西方国家内部审计的发展不同,我国企业的内部审计大部分是在计划经济向社会主义市场经济转变过程中,应国家审计的需要而建立起来的,尤其是国有企业内部审计制度的建立,带有明显的外部压力倾向,在很长一段时间里被看成是国家审计在企业的延伸,以弥补国家审计的不足,并不是各单位自发的需求,所以我国的内部审计在其产生的那一刻起,就扮演双重角色。1984年8月颁布的《国务院关于审计工作的暂行规定》要求,县级以上政府部门和大中型企业组织应当建立内部审计制度,设立内部审计机构,同年中国内部审计学会成立。1985年12月公布了《审计署关于内部审计工作的若干规定》,进一步明确了在暂行规定中所阐述的内部审计问题,后来在《审计条例》中,又规定了内部审计的机构设置、隶属关系及审计范围等。当内部审计工作开展后,各业务主管部门(部、厅、局)针对本系统情况做出了系统内部审计的一些具体规定。上述的一些制度和规定,促使了内部审计机构的迅速建立和内审工作广泛而又深入地开展。

1987年,中国内部审计学会加入了国际内部审计师协会,成为IIA的国家分会。当时,由中国内部审计学会推荐的IIA会员人数为200多名。2002年5月中国内部审计学会更名为中国内部审计协会,使其成为对企业、事业行政机关和其他事业组织的内审机构进行行业自律管理的全国性社会团体组织。

2003年3月4日,审计署发布了《审计署关于内部审计工作的规定》(审计署令2003年第4号),原1995年7月14日发布的《审计署关于内部审计工作的规定》(审计署令1995年第1号)同时废止。按照规定,国家机关、金融机构、企业事业组织、社会团体以及其他单位,应当按照国家有关规定建立健全内部审计制度。中国内部审计协会于2014年1月1日发布并施行《第1101号——内部审计基本准则》《第1201号——内部审计人员职业道德规范》及《第2101号内部审计具体准则——审计计划》等20条具体准则，以规范内部审计活动。

（二）西方国家内部审计的产生和发展

西方国家的内部审计同样可以追溯到古代和中世纪。11世纪西欧的寺院为管理下设的各种作坊，配备了各种专职管理人员，其中包括监督管理人员经济责任履行情况的审计人员，负责对财务收支和会计账目进行检查。在英国，既有行会选举出的审计人员，代表行会成员定期检查会计账簿，并向全体成员报告审查结果，也有庄园设置审计人员，负责对庄园财务总管编制的反映庄园经济事项的会计账簿定期进行检查，根据审查结果提出审计意见并呈送给庄园主或向其作口头汇报。不过早期的内部审计与国家审计并无原则上的区别，其审计目的仍然是查错防弊，审查单位内部承担经济责任者的诚实性。

1875年，德国最大的军火制造商克虏伯公司开始设置内审部门在公司内部开展财务合规性审计，并制定审计手册对审计人员的任务做了明确规定。美国则是在铁路行业最先配备内审人员，巡视检查各路站是否遵守公司制定的财务制度和有关会计记录的真实正确性。此后这些国家的其他行业和其他国家的大型企业也相继实行内部审计制度，以期保护企业资产的安全与完整，查错纠弊或其他不规范的行为，工作范围主要是审查反映经济活动的财务会计资料，也从事一些较低水准的会计和管理程序的遵循性检查，并逐步向经营管理领域延伸。

20世纪前后，资本主义经济的发展，使生产和资本高度集中，托拉斯式的大型企业大量出现，企业内部只能采取分级、分散管理体制。这就导致了大型企业内部要设立专门的机构和人员，由最高管理当局授权，对其所属分支机构的经营业绩进行独立的内部审计监督。尤其是20世纪40年代，第二次世界大战以后，资本主义经济得到了空前的发展，竞争更激烈。企业为了在竞争中求生存、求发展，十分重视加强内部经济监督，实行事前预防性控制，现代内部审计随着内部控制的加强而产生和发展起来。1941年是现代内部审计发展的一座重要里程碑，发生了两件重大事件：第一件是在约翰·舍斯顿的领导下，24位有识之士倡导成立了内部审计师协会，它是目前世界上唯一的致力于推动内部审计和内部审计人员向前发展的国际性组织，通常称之为国际内部审计师协会（简称IIA）。该组织的成立大大推动了内部审计的发展。第二件就是维克多·布瑞克（Victor Brink）出版了第一部论述内部审计的专著《内部审计——程序的性质、职能和方法》，该书的出版标志着内部审计学的诞生。现代内部审计出于经济预测和事先控制的需要进一步开展了事前审计，审计目标以提高企业经营管理水平和经济效益为主，其审计的领域从财务审计扩大到对经营、管理及经济效益方面的审计，审计方法也从过去的详细审计发展为以评价内部控制制度为基础的抽样审计。

美国内部审计分为政府内部审计和企业内部审计两个方面。在美国联邦政府各部门和地方政府都设有稽核长办公室，执行内部审计。美国很多大中型企业从20世纪30年代就设立了内部审计，其内部审计机构有直属总经理领导、副总经理领导、主计长领导等三种形式。近年来，有的企业内审机构受主计长和审计委员会的双重领导，有较大的独立性。英国的内部审计由部门审计和企业审计组成，一般均由部门或企业最高负责人领导，它的主要职责是对内部控制制度进行监督评价，并提出改进的建议。

四、社会审计的产生和发展

社会审计的产生源于财产所有权和经营管理权的分离，是股份制的产物，最早产生于合伙人企业，企业合伙人授权或委托部分合资者经营管理企业，进而产生了监督检查经营管理者履行合伙契约情况的必要，需要委托第三者审查，这样就导致了社会审计的诞生。当企业生产规模进一步发展以后，股份有限公司的企业组织形式出现，由于股票的广泛分散性和流动性的特点，使生产资料的所有者和经营者得到了进一步分离，企业授权管理的范围更加扩大，股东与债权人为了维护自身的经济利益，公司经营者为了维护自己的信誉，均需要委托第三者对企业财务状况及有关经济活动进行审计，促进了社会审计的产生和发展，同时，社会审计的出现又促进了股份有限公司的发展。

（一）我国社会审计的产生和发展

我国社会审计的历史可以追溯到辛亥革命之后的北洋军阀政府时期。当时，随着民族工业的发展，产生了社会审计的需要，一批爱国的会计学者为打破外国注册会计师对注册会计师业务的垄断，致力于创建中国的注册会计师事业。1918年9月，北洋军阀政府农商部颁布了我国历史上第一部注册会计师法规《会计师暂行章程》，同年，著名会计学家谢霖先生被批准为中国的第一位注册会计师，并创办了中国第一家会计师事务所——正则会计师事务所，接受委托办理审计业务。20世纪30年代以后，全国各地有了一批注册会计师和会计师事务所，主要分布在上海、天津、广州等沿海城市，受委托办理建账、记账和审计等业务。直至新中国成立前，在民族工商业发展的同时，中国社会审计有过较为缓慢的发展历程。

新中国成立不久，由于受苏联影响，实行高度集中的计划经济模式，很长一段时间取消了社会审计，取而代之的是与计划经济模式相适应的财政监察制度。党的十一届三中全会以后，为了适应发展商品经济的客观要求和贯彻对内搞活、对外开放总方针的需要，于1979年开始陆续设立会计顾问处。1980年12月，我国财政部颁布了《关于成立会计顾问处的暂行规定》，标注着注册会计师制度开始起步重建，同年5月开始筹备上海公证会计师事务所，于1981年1月正式开业，接受国内外企事业单位的委托，承办会计和审计的有关业务，从1983年起，审计部门领导下的审计事务所在全国陆续组建。我国1985年公布的《中华人民共和国会计法》第20条规定："经国务院财政部门或者省、自治区、直辖市人民政府的财政部门批准的注册会计师组成的会计师事务所，可以按照国家有关规定承办查账业务。"这是中华人民共和国成立以来第一次通过法律形式对注册会计师的地位和任务所做的规定，有力地推动了社会审计的发展。根据会计法的规定，1986年7月，国务院颁布了《中华人民共和国注册会计师条例》。1987年1月审计署颁布了《关于进一步开展社会审计工作若干问题的通知》，具体明确了开展审计工作的一些重要问题，然后在审计条例中进一步规定了社会审计组织的性质和业务范围。1993年10月31日全国人大常委会通过并于1994年1月1日正式实施了《中华人民共和国注册会计师法》，根据《中华人民共和国注册会计师法》《中华人民共和国审计法》的有关规定和国务院的有关指示，经财政部、审计署研究决定，中国注册会计师协会与中国注册审计师协会于1995年6月19日实行联合，成立统一的中国注册会计师协会，社会审计的执业人员统一为中国注册会计师，并颁发文件付诸实施，从此我国社会审计事业走上了统一发展的道路。1995年财政部批准发布了《中国注册会计师独立审计基本准则》《独立审计具体准则》第1号至第7号、《独立审计实务公告》第1号。这些法规与准则的公布，有力地推动了我国注册会计师工作的开展及其规范化。

（二）西方国家社会审计的产生和发展

西方国家的社会审计，是随着资本主义经济的兴起而形成并得到迅速发展的。据史料记载，16世纪末期，由于地中海沿岸商品贸易的日益繁荣，出现了由许多人合伙筹资，委托他人去经营贸易的商业运行方式。合伙制企业的出现，不仅提出了会计主体的概念，促进了复式簿记在意大利的产生和发展，由于财产所有权与经营权的分离，进一步产生了对经营者履行受托经济责任情况进行监督的需要，当时便有部分财产所有者聘请熟悉会计的人士来承担该项监督检查工作，可以说是注册会计师审计的萌芽，随着这批专业人员人数的增多，于1581年在威尼斯创立了威尼斯会计协会。

18世纪的英国工业革命以后，促进了生产力的发展和经济关系的变革，产业规模日益扩大，以发行股票筹集资金为特征的股份公司大量涌现。公司所有权与经营权呈现更具现代意义的明显分离，投资人分散于广大股票持有人之中，因而对经营管理者进行监督也成了英国社会的普遍需要。值得一提的是，注册会计师审计产生的"催化剂"是1721年英国的"南海公司事件"。当时英国爆发了南海公司破产案，南海公司以虚假的会计信息诱骗投资人上当，其股票价格出现暴涨走势，但随着资本市场泡沫的破灭，南海公司股价暴跌，使股东和债权人损失惨重，英国议会聘请精通会计实务的查尔斯·斯内尔（Charles·Snell）对南海公司的会计账目进行审查，并提出了一份确认该公司存在虚假会计记录和舞弊行为的审计报告书。从此，审计正式走向了民间，现代社会审计制度应运而生。1844年英国政府颁布了《公司法》，规定股份有限公司必须设置监事审计制度，监事负责审查公司的会计账目，经过审计的财务报告才能向股东代表大会报告。1853年在苏格兰的爱丁堡创立了世界上第一个职业会计团体——"爱丁堡会计师协会"，之后英国出现了多家会计师协会，社会审计队伍进一步扩大。1862年，英国《公司法》确定注册会计师为法定的破产清算人，奠定了注册会计师审计的法律地位，职业会计师参与公司审计，从"协助办理"逐步演进到"受托承办"审计，实际上已把股东对经营者的受托经济责任的监督变为真正的社会审计。与此同时，英国实行了特许会计师制度，取得会计师资格必须经过严格的考试和实践，会计师从事的主要业务是审计，此外还兼做编制财务报表、税务业务、财务和管理咨询等业务。但是英国早期的社会审计，没有系统的理论依据和方法体系，只是根据查错防弊的审计目的，对大量的账簿记录进行逐笔审查，即采用详细审计方法，后来人们称之为英国式审计。

美国独立战争以后，工业得到发展，为了加强股份公司的会计工作，以代理记账为专业的会计师应运而生。19世纪后半叶，随着英国资本的大量输入，英国的社会审计也传入了美国。1886年纽约公布了公证会计师法。1887年成立了"美国公共会计师协会"，该协会几经更迭，1957年改为"美国注册公共会计师协会"，并发展成为当今世界上最大的社会审计职业团体。美国最初的会计师业务，主要对合并时的资产进行验证、设计会计制度和为信用目的而进行审计，并非是为了维护投资者的利益。20世纪初，出于银行信贷业发展的需要，有必要对贷款企业的资产负债表进行分析性审计，借以判断企业的偿债能力，于是美国的会计师突破了传统的详细审计模式，创立了资产负债表审计，采用重点审查方法，大大提高了审计效率，即美国式的信用审计。1929年的世界经济大危机和1932年的库罗尔事件，震撼了整个资本主义世界，此时，美国企业的融资渠道以由向银行贷款转向证券市场，这使得证券市场得到了迅速发展。由于社会各方重点关注的是企业盈利能力，企业仅仅公布资产负债表已无法满足这一需求，美国政府开始重视对投资者利益的保护，于1933年公布了《证券法》，次年公布了《证券交易法》，规定了上市公司必须向交易所提出经过注册会计师审查鉴证的财务报表（包括资产负债表和损益表），这种以损益表为中心的财务报表审计，成为美国以立法形式规定的一种强制性审计。从此，美国社会审计的重点由资产负债表审计发展为以损益表为中心对整个财务报表进行审计，即为财务报表审计。由于美国开创了财务报表审计的新时代，至今长盛不衰，因此，世界社会审计中心也从英国转移到了美国。

第二次世界大战以后，资本主义经济空前发展，科学技术飞速进步，使市场竞争日益激烈，跨国公司的日益壮大，国家间资本相互渗透，企业发展的成败，日益取决于包括利用信息在内的经营管理水平的高低，这些改变为西方的社会审计迎来了新的发展机遇。社会审计的理论与实务随着经济和科技的发展日趋完善，审计对象由单纯的财务领域扩大到企业经营管理领域的方方面面，审计目的也由过去的报表鉴证提升为促进企业提高经营管理水平，提高被审计对象的运营效率、效果和效益，审计方法也由传统的抽样审计模式扩展为以系统、科学为基础的制度基础审计，由于审计报告的使用者已由企业的股东和外部利害关系人扩大到企业的各级管理人员，使社会审计当之无愧地成为西方市场经济运行过程中的有效制约机制，为社会各方所肯定。同时，一些规模较大的会计师组织开始跨国经营，出现了普华永道等"八大"国际会计师事务所，20世纪80年代末合并为"六大"，之后又合并成为"五大"。为国际投资提供了良好的社会环境。

2001年，美国出现了安然公司会计造假丑闻，安然公司作为美国的能源巨头，在追求高速增长的狂热中利用会计准则的不完善，进行表外融资的游戏，并通过关联交易操纵利润，最后在清盘时，不得不对其编造的会计报表进行修正，将近三年来的利润削减20%，约5.86亿美元。作为出具审计报告的安达信会计师事务所，涉嫌舞弊和销毁证据受到美国司法部门的调查，之后宣布关闭，世界各地的安达信成员所也纷纷与其他国际会计师事务所合并。目前尚有的国际四大会计师事务所包括普华永道

（Price Water House Coopers）、毕马威（KPMG）、德勤（Deloitte Touche Tohmatsu）和安永（Ernst & Young）。与此同时，审计技术也在不断发展：抽样审计方法得到普遍运用，风险导向审计方法得到推广，计算机辅助审计技术得到广泛采用。注册会计师业务扩大到代理纳税、会计服务、管理咨询等领域。

表1-1　社会审计发展

特点＼阶段	1884年至20世纪初 弊端审计	20世纪初至1920年 资产负债表审计	20世纪30年代 会计报表审计	20世纪40年代后 经营管理审计
审计环境	英国政府于1844年颁布了《公司法》1845年又对《公司法》进行了修订，规定股份公司的账目必须经董事以外的人员审计	从20世纪开始全球经济发展重心逐步由欧洲转向美国，金融资本对产业资本的渗透更为广泛	资本主义世界经历了历史上最严重的经济危机，企业利益相关者更加关心企业盈利水平	第二次世界大战后现代科学技术的迅猛发展，跨国公司的出现，国家间资本的相互渗透，企业发展的成败，取决于包括利用信息在内的经营管理水平的高低
审计对象	会计账目	由会计账目扩大到资产负债表	全部会计报表及相关财务资料	由单纯的财务审计扩大到经营管理的各个方面
审计目的	查错防弊，保护企业资产的安全和完整	对资产负债表数据的审查，判断企业信用状况	对会计报表发表审计意见，以确定会计报表的可信性，查错防弊转为次要目的	促进企业提高经营管理水平，提高经济效益
审计方法	详细审计	从详细审计初步转向抽样审计	测试相关的内部控制，并广泛采用抽样审计	以系统、科学为基础制度的基础审计
审计报告使用人	主要为企业股东	除股东外，更突出债权人	扩大到股东、债权人、证券交易机构、税务、金融机构及潜在投资者	由股东和外部的利害关系扩大到企业的各级管理人员
审计准则			审计准则开始拟定，审计工作向标准化、规范化过渡	审计准则修订完善
审计人员			注册会计师资格考试制度广泛推行，注册会计师专业素质普遍提高	由独立的注册会计师扩展到任何独立于被审计对象的，有一定资格和能力的第三者在特定的情况下都可担任经营管理审计工作

第二节 审计的基本概念

一、审计的对象

审计对象即审计要审核检查的客体，一般是指被审计单位及其经济活动，是审计主体所作用的对象。根据审计对象的定义，其内容包含两层含义：一是外延上的审计实体，即被审计单位；二是内涵的审计内容或审计内容在范围上的限定。具体而言，审计对象包括以下两个方面的内容：被审计单位的财务收支及相关的经营管理活动，以及反映被审计单位的财务收支及其有关经营管理活动情况的会计资料及其相关资料。会计资料和其他相关资料是审计对象的现象，其所反映的被审计单位的财务收支及相关的经营管理活动是审计对象的本质。世界各国法律都明确规定了审计对象，以便审计组织和人员切实履行其应负的职责。

审计对象是一个历史的范畴，随着社会经济的不断发展，审计制度、审计机构以及审计理论与实践的不断完善、充实和提高，审计对象也会随之不断发展和变化。传统审计的对象主要是被审计单位的财政财务收支，它是以会计资料及其所反映的财务收支为主要对象的审计，其特点是实施这一审计是为了评价、确认、解脱受托的经营管理者在财务收支上的经济责任，审计的核心是审计评价经济责任的履行情况。传统审计对象的演变顺序为：官厅（或政府）的会计账目及其所反映的财政收支——资产负债表、账簿和凭证及其所反映的财务收支——资产负债表、损益表等各种会计报表及其所反映的各项资产、负债和权益等财务收支状况或财务收支成果。20世纪下半叶以来，为了适应现代社会经济的进一步发展，审计对象的外延迅速扩大，现代审计的内容已超出了财政、财务收支活动的范围，扩展到与经济效益有关的经营活动和管理活动的各个领域，出现了经营审计、管理审计、"三E"审计或绩效审计等，现代审计的特点是由于评价受托经营管理者经济责任的扩大，不但包括财务收支方面的经济责任，也包括与经济效益高低有关的各种经营管理方面的经济责任，因此审计对象既包括会计资料及其所反映的财务收支活动，也包括其他经济资料及其所反映的各项生产经营管理活动。

根据我国《宪法》第91条和第109条的规定精神，以及《中华人民共和国审计法》的具体规定，我国国家审计对象的实体即被审计单位是指所有作为会计单位的中央和地方的各级财政部门、中央银行和国有金融机构、行政机关、国家的事业组织、国有企业、基本建设单位等。审计对象的主要内容包括上述部门的财政预算、信贷、财务收支（负债、资产、损益）和决算，以及与财政财务收支有关的经济活动及其经济效益。

根据《审计署关于内部审计工作的规定》，我国内部审计的对象是本部门、本单位及其所属单位的会计账目、相关资产，以及所反映的财政收支和财务收支活动。同时还包括本部门、本单位与境内外经济组织兴办合资、合作经营企业以及合作项目等的合同执行情况，投入资金、财产的经营状况及其效益。

根据《中华人民共和国注册会计师法》及有关规章的规定，我国社会审计组织，接受国家审计机关、企事业单位和个人的委托，可承办财务收支的审计查证事项，经济案件的鉴定事项，注册资金的验证和年检，以及会计、财务、税务和经济管理的咨询服务等。

尽管国家审计、内部审计、社会审计具体的对象有所不同，但从其内容和范围上说一般均包括被审计单位的会计资料及其他有关资料，以及所反映的财政收支、财务收支及相关的经济活动。

二、审计的目的

（一）审计目的概述

审计的目的是指审计所要达到的目标和要求，由审计关系可知，审计目的的确定，主要受审计对象的制约，还取决于审计的社会性质、审计授权人或委托人的具体要求而定，同时，也与审计的本质属性与职能密切相关。

（二）审计目的的发展

为了适应社会的要求，在不同的历史发展阶段有不同的审计类别，审计的目的也在不断地变化。

1. 国家审计目的

20世纪30年代以后，国家审计的目的在于检查国家财政预算、决算以及公营企业年度财务报表的合法性、公允性以及有关财政支出的有效性。1977年美国《国外贿赂法案》颁布以后，政府官员的舞弊行为又作为一个基本审计目的。目前我国审计法规定国家审计的总目的为真实性、合法性和效益性。

2. 内部审计目的

内部审计目的的变迁过程大体可以分为三个阶段：20世纪初到40年代，以保护企业财产、查错揭弊为主要目的；20世纪40年代到60年代，以加强企业内部控制为主要目的；20世纪60年代以后，以提高企业经营管理水平和经济效益为主要目的。

3. 社会审计目的

社会审计在其发展的不同阶段，其审计目的也在不断变化。

在资本主义早期的详细审计阶段，为了对被审计企业一定时期内的会计分录进行逐笔审查，判定有无技术错误和舞弊行为，查错防弊是其总体目的。

20世纪初，在资产负债表审计阶段，查错防弊的审计目的已退居第二位，第一位的审计目的是提供信用证明，对资产负债表进行公正性审计。也即是通过对被审计单位一定时期内资产负债表所有项目的余额真实可靠性和是否实际存在的审查，判断其财务状况和偿债能力。这时的审计功能之所以能从防护性发展到公证性，一是因为当时的企业能够依靠内部牵制制度来控制和防止各种弊端和错误，使审计人员有可能摆脱账簿的束缚；二是因为银行信贷业务的发展，银行界需要进行企业信用调查，以判断企业的偿债能力，防止信用危机和维护银行家的权益。

在20世纪30年代的财务报表审计阶段，注册会计师的审计目的是判定被审计单位被审期内的财务报表是否公允地反映了其财务状况和经营业绩,被审单位所采用的会计政策和会计处理方法是否符合公认会计准则。20世纪30年代,世界经济危机的爆发和大批企业的破产倒闭,过去对资产负债表的静态审计,已不能满足广大投资者对企业全面了解的需要,因此有必要对企业全部财务报表进行动态审计,而且要以显示盈利能力的损益表作为报表审计的中心。

20世纪40年代以后,随着现代经济和科学技术的迅速发展,审计也突破了财务会计的范畴,涉及管理领域,管理审计(包括经营审计、效益审计、效果审计)也由此诞生,审计目的也因此增加了经济性、效率性和效果性的内容,审计的目的已从单纯的查错防弊发展到查错防弊和加强经营管理,提高经济效益并举。

尽管注册会计师的审计目的在不断变化,但其基本职责仍然是执行财务报表审计,而其他性质的审计业务也只是在财务报表审计的基础上延伸和发展。

4. 财务报表审计目的

按照现代审计理论,就独立的财务报表审计而言,审计的目的包括一般目的和特殊目的。

(1)一般目的

审计的一般目的是指审计人员对被审计单位的会计报表进行审计,并发表审计意见。审计人员的审计意见通常包括以下三方面的内容:

第一,合法性,指被审计单位会计报表编制确实遵循了企业会计准则及国家其他有关财务会计法规的规定。

第二,公允性,指被审计单位会计报表在所有重大方面均公允地反映了被审计单位的财务状况、经营成果和现金流量。

第三,一贯性,指被审计单位会计处理方法的运用符合一贯性原则的要求。

(2)特殊目的

审计的特殊目的是指审计人员对被审计单位按照特殊编制基础(如收付实现制基础)编制的会计报表或其他会计信息进行审计,并发表审计意见。

特殊目的的审计业务通常包括:对按照特殊编制基础编制的会计报表进行审计;对会计报表的组成部分进行审计,包括对会计报表特定项目、特定账户或特定账户的特定内容进行审计;对法规、合同所涉及的财务会计规定的遵循情况进行审计;对简要会计报表进行审计等。

三、审计的职能

审计的职能是审计的本质属性,指的是审计所具有的固有功能,审计能够满足社会需要的能力,审计具有经济监督、经济评价和经济鉴证的职能。在这三种职能中,经济监督为审计最基本的、首要的职能,随着经济的发展,审计的鉴证和评价职能也正在逐步被人们发现和认识。

(一)经济监督职能

审计的经济监督职能指的是:通过实施审计活动,监察和督促被审单位的经济活动在规定的范围内，在正常的轨道上健康运行；检查受托经济责任人忠实履行经济责任的情况，借以揭露违法、违纪，制止损失浪费，查明错误弊端，判断管理缺陷，进而追究经济责任。审计工作的核心是审核检查。

审计发挥监督职能，必须具备以下两个条件：①监督必须由权力机关实施；②要有严格的客观标准和明确的是非界限。

审计监督属于经济监督，不同于司法监督和监察监督，后两者主要检查违法、违纪行为。审计监督具有独立性、权威性、超脱性、综合性等特点。

（二）经济评价职能

审计的经济评价职能是指审计人对被审计人的经济资料及经济活动进行审查，并依据相应的标准对所查明的事实做出分析和判断，从而改善经营管理，寻求提高效率和效益的途径。审计人通过审核检查，评价被审单位的经营决策、计划和方案等是否切实可行、是否科学先进，内部控制系统是否健全，是否切实执行，财政财务收支是否按照计划、预算和有关规定执行，各项资源的利用是否合理、有效，经济效益是否较优，会计资料是否真实、可靠等诸多方面所进行的评价，可以作为提出改善管理建议的依据。

审计评价是以审核检查为前提，以形成意见和建议为结果的连续过程。

（三）经济鉴证职能

鉴证是指鉴定和证明，即审计机构和人员依法对被审计单位的会计资料和其他经济资料进行检查和验证，确定其财务状况和经营成果的真实性、公允性、合法性，并出具证明性审计报告，为审计授权者或委托者提供确凿的信息资料，使其据以取信于国家和社会公众的一种审计职能。

经济鉴证与审核检查密切相连，审核检查是进行鉴证的前提，鉴证是审核检查的结果。鉴证既为被审计单位服务，又为被审计单位以外的授权者或委托人服务，这一职能更突出地表现在社会审计中。注册会计师客观、独立、公正的地位保证了他的鉴证职能，而内部审计和政府审计因自身的独立性受到一定限制而使其鉴证职能也相应受限。鉴证职能是社会审计的主要职能。

审计的监督职能、评价职能和鉴证职能得以实现的前提条件包括：①取决于审计单位的工作效率；②取决于审计人员的政治素质和业务素质；③取决于社会各界人士支持和重视的程度；④取决于审计工作条件的保证。

四、审计关系

（一）审计主体

审计主体是指审计行为的执行者，即审计人（审计第一关系人），是审计工作的主导方面，指拥有并行使审计权限的机构和人员，亦即资财所有者和资财经营者、管理者之外的第三者。

（二）审计客体

审计客体是指审计行为的接受者，是指被审计对象的具体单位，亦即资财经营者或管理者，又称为被审计人（审计第二关系人）。

（三）审计委托人

审计授权或委托人是指依法授权或委托审计主体行使审计职责的单位或人员（审计第三关系人），如资财的所有者。

总之，审计关系人就是指在审计行为中相互有责任关系的三个方面的当事人。审计工作必须由三方面审计关系人构成，缺一不可，审计客体对审计授权人必须具有承担和履行经营管理资财的经济责任；审计人只能根据审计授权人的授权或委托对审计客体进行审查监督与评价，同时，必须向审计授权人或委托人提出报告。由此可见，审计人并不经营所有者的资财，也不参与被审计人的经营活动，处于独立地位。

审计关系如图1-1所示。

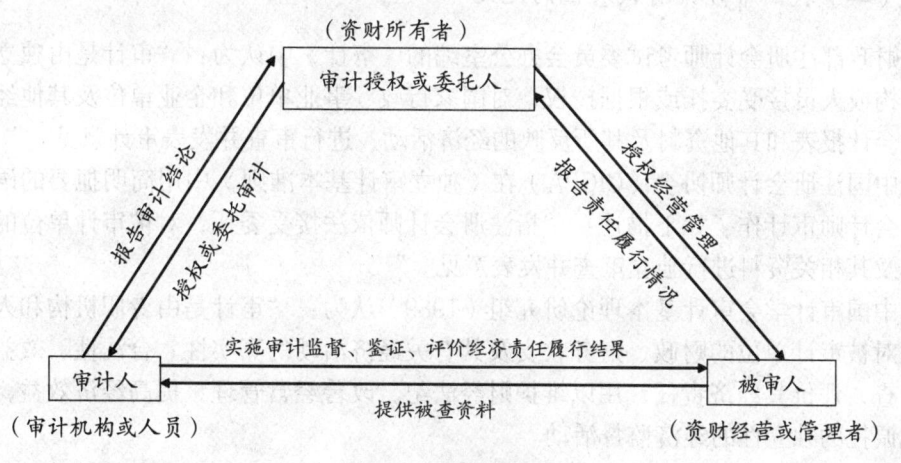

图1-1 审计关系图

五、审计的定义

（一）国外审计界有代表性的定义

美国会计学会（AAA）颁布的《基本审计概念说明》的公告中，把审计概念描述为："审计是为确定经济行为及经济现象的结论和所制定的标准之间的一致程度，并对这种结论有关的证据进行客观收集、评定，将结果传达给利害关系人的有组织的过程。"

A. A. 阿伦斯等合著的《当代审计学》对审计的定义为："审计是由胜任的独立人员，为确定和报告经济实体的数量化信息与原定标准之间的符合程度，收集和评价与上述数量化信息有关的证据的过程。"

日本番杨嘉一郎主编的《日本新版会计学大辞典》认为:"审计是指同任何一方无关的第三者检查一个企业(或其他单位)的会计记录和会计报表及会计组织和会计行为是否正确或恰当,并将审计结果报告给要求检查者的一系列行为。"

国际会计师联合会(IFAC)的审计实务委员会在《国际审计准则》中,把审计概念描述为:"审计人员对已编制完成的会计报表是否在所有重要方面遵循了特定财务报告框架发表意见。"

美国注册会计师协会(AICPA)在《审计准则说明书》第1号中对审计概念的描述为:"独立审计人员对会计报表加以审计,收集必要证据。其目的是对这些会计报表是否按照公认会计原则公允地反映财务状况、经营成果和现金流量发表意见。"

美国审计总署1972年对审计下的定义中指出:"审计一词,包括审查会计记录、财务事项和财务报表。"就审计总署全部审计工作来说,它还包括如下内容:①审查各项工作是否遵守有关的法律和规章制度;②审查各项工作是否经济和有效率;③检查各项工作的结果,以评价其是否已有效地达到了预期的结果。

(二)我国审计界有代表性的定义

财政部注册会计师考试委员会办公室编的《审计》中认为:"审计是由独立的专门机构或人员接受委托或根据授权,对国家行政、事业单位和企业单位及其他经济组织的会计报表和其他资料及其所反映的经济活动,进行审查并发表审计意见。"

中国注册会计师协会(CICPA)在《独立审计基本准则》中用简明扼要的语言对注册会计师审计作了如下描述:"指注册会计师依法接受委托,对被审计单位的会计报表及其相关资料进行独立审查并发表意见。"

中国审计学会审计基本理论研究组(1989)认为:"审计是由专职机构和人员,依法对被审计单位的财政、财务收支及其有关经济活动的真实性、合法性、效益性进行审查,评价其经济责任,用以维护财经法纪,改善经营管理,提高经济效益,促进宏观调控的独立性的经济监督活动。"

萧英达教授(2000)在中国审计学审计基本理论研究组所下定义的基础上,提出以下定义:"审计是授权的人员用专门的程序和方法搜集相关的可靠的证据,按照确定的标准对经济责任进行独立的审查和评价,向有关方面提出报告,用以查错纠弊、改善管理、提高效益、促进宏观调控的经济控制系统。"

朱荣恩教授(2000)综合美国会计学会(AAA)和A. A. 阿伦斯的审计观点给出的审计定义是:"审计是由有胜任能力的独立人员对特定经济实体的可计量的信息证据进行客观地收集和评价,以确定这些信息与既定标准的符合程度,并向利害关系人报告的一个系统过程。"

(三)审计定义的几种观点

1. 广义审计观

由于审计本身不断地发展变化,其内容是不断丰富的,因此审计定义应适应这些变化,其内容和范围也应适当拓宽。

广义审计观提出要对经济活动和经济现象进行审查，这意味着：不仅要对财务报表反映的情况进行审查，还要对其他方面（如信息系统、会计程序、内部控制及其他管理咨询方面）进行审查；对被审计单位的资源配置和利用是否经济有效进行审查。

广义审计观还提出"既定标准"，这意味着审计可以根据不同标准来进行：以公认会计原则为既定标准进行的审计为财务审计；以国家法律、法规制度为既定标准进行的审计为国家审计；以企业、单位内部活动的经济性、有效性标准进行的审计为内部审计或经营管理审计。

根据广义审计观，从审计人的角度来讲，若审计是内部审计师进行的，则为内部审计；若审计是由注册会计师进行的，则为独立审计；若审计是政府审计机构本身或委托他人进行的，则为政府审计。

2. 狭义审计观

狭义审计观认为审计就是社会审计中的财务审计，有一定的局限性。

3. 层次审计观

审计定义应分层次的观点认为，审计的定义固然应包括一切，但同时应是有层次的，这样才能反映出审计发展过程。在这种观点下，审计的第一层次为财务审计，第二层次为全面审计或扩大范围审计。

上述的定义对审计作了尽可能全面的高度概括，它既概括了政府审计、内部审计和民间审计，又概括了财务审计、法纪审计和种种形式的效益审计，反映了我国审计界理论研究的重要成果。综合上述观点，审计是指由国家授权或接受委托的专职机构和受委托的专业人员，依照国家法规、审计准则和会计理论，运用专门的方法，以被审计单位的经济活动为对象，进行审核检查，收集和整理证据，进而确认其实际情况，并对照法规和一定的标准，以判断被审单位经济活动以及反映经济活动有关资料的真实性、合法性和效益性的一项独立性的经济监督、评价和鉴证活动。

六、审计理论的构成要素

莫兹和夏拉夫在1961年出版的《审计理论结构》中构建的哲学基础、八项审计假设、五个基本概念、以审计概念为核心所形成的审计业务应用标准和用来指导实务的指南五个要素组成的审计理论结构。尚德尔在1978年的《审计理论：评价、调查和判断》中提出审计理论模式为"审计假设——审计定理——审计理论结构——原则——标准"五个基本要素的审计理论结构。

中国特色社会主义审计理论研究目的是研究和回答我们为什么需要审计，审计到底是什么，我们应该怎样审计，怎样建设社会主义审计事业，中国特色社会主义审计事业应该怎样发展等问题。研究内容包括中国特色社会主义审计的本质；审计的功能；审计的目标；审计的特征；审计的方式方法；审计机关业务管理；审计机关人力资源管理；审计规范化；审计信息化；审计文化等。

（一）审计理论的构成要素

1. 审计目标

审计目标被认为是审计的基础观念。审计实务和审计理论都是建立在它的基础之上的。

2. 审计公设

审计公设是进行审计工作的先决条件和必要条件，是审计主体理论、审计客体理论、审计方法论、审计证据理论、审计准则、职业道德、审计责任理论的基础。

3. 审计概念

审计概念是指对审计基本要素所下的定义。审计基本要素即开展审计工作所必要的因素和条件，如"证据""充分性""胜任性"等概念，在报告准则中提到的"公认会计原则"和"公允表达"等概念。在审计准则中还隐含着许多重要的审计概念。如在现场工作准则中，讲到证据的充分性和胜任性时，隐含着"证实""相关性""可靠性"等概念；讲到证据要作为审计意见的"合理基础"时，隐含着"保证程度""经济性""及时性"等概念；讲到依赖内部控制制度时，隐含着"风险"的概念；在一般准则中，讲到"独立性"和"客观性"时，隐含着"合理怀疑"的概念。在报告准则中，涉及审计意见的表述时，又隐含着具有普遍意义的"判断"概念。

4. 审计原则

审计原则是指审计人员执行审计业务时应依据的观念和规则，是达到审计目标的最有效途径。审计原则中包括独立性原则、公正性原则、客观性原则、保密性原则、职业谨慎性原则、重要性原则、审计报告的真实性原则、合法性原则、准确性原则、完整性原则、简要性原则以及会计原则等。审计原则对于审计人员选择审计程序和方法具有重要的指导作用。

5. 审计准则

审计准则是评价审计工作质量的权威性规则，是审计工作应遵循的规范或尺度，审计准则与原则的含义不同之处，在于原则是概括性的、指导性的，仅规定审计的方向，而准则则可涉及具体审计程序和方法，主要包括：一般准则、现场工作准则和报告准则。

审计原则、准则与审计目标、假设的区别是：审计目标和假设是基础审计观念，决定审计的具体目标、范围、时间和对象，而审计原则和准则是建立在审计基础观念上的规范和规则。

6. 审计程序和方法

审计程序和方法指从事审计业务所采取的步骤和技术方法，是依据审计准则或原则制定的。广义的审计方法包括了审计程序；狭义上，审计程序仅指审计的步骤，审计方法指审计技术方法。

7. 审计理论构成要素之间的关系

审计目标、审计公设和审计概念是同一层次的审计基础观念，审计原则和准则是在审计基础观念的基础上制定的，审计实务要受审计准则的约束。无论审计理论还是审计实务，均必须适应审计报告使用者的要求和社会经济环境的不断变化。这种理论结构可称为"目标决定论"结构。

（二）审计公设

审计公设或称审计假定，是指面对着变化不定的社会经济环境，审计人员对某种情况或进行审计工作的先决条件做出的推断。美国注册会计师协会对此作了如下定义："基本假定导源于政治、经济环境及工商业的思想习俗，虽然为数不多，但可作为原则所依据的来源。"

审计公设是审计工作的基础和审计推理的依据。审计工作中所遵循的审计准则，即是在审计公设的基础上建立起来的，而日常审计工作中的具体程序和方法则又是建立于审计准则之上，由此可见，没有审计公设，整个审计理论结构的逻辑联系就失去基点。

审计基本公设的内容包括以下几个方面：

1. 对审计客体和审计主体的假设，是最基本的条件假设

①财务报表和资料可加以证实。这一基本假设是发展审计证据的理论基础，也是审计人员责任界限的确立基础。审计人员可依据该假设拒绝接受那些无法予以证实的业务，或对个别无法予以证实的项目在审计报告中发表保留意见，从而有效地界定审计人员的责任，因此这一基本公设是审计公设中最本质的。

②审计人员与被审计单位管理部门不存在利害冲突。没有被审计单位的合作，审计工作就不能顺利进行，而没有审计人员的审计证明（公证），被审计单位也难以得到公众的认可。

③审计人员必须具备职业所需的超然独立性和胜任力。超然独立是审计的精髓。审计人员在实质上须超然独立于委托人和被审计单位之外，处于第三者的位置，这是提高审计报告可信性的关键。

④审计人员的专业职责必须相称。审计人员的职业道德与审计效率的准则均起源于这一基本假定。

2. 与审计范围及审计责任范围相关的假设

①被审计单位的财务报表及资料中没有串通作弊和其他不正常的舞弊行为。基于这一假设，审计人员应负有揭发错误和弊端的责任。这一假定的存在，不能说审计人员就可以推卸揭发错弊的责任，由于有了这一假定，审计人员对于一般的错误和弊端应不难查出。

②过去被认为真实或正确的事物将来仍然如此。基于这一假设，审计对象的范围和责任范围的确定仅限于本期资料的审计，不承担有关前期资料的审计责任。这一假设使审计人员的责任有一个合理限度，否则审计工作无法开展

3. 与审计方法相关的假设

健全的内部控制制度可减少舞弊的可能性。基于这一假设，审计实质性测试就可以以内部控制制度的测试评价为基础，形成制度基础审计。

4. 对有关报告内容的假设

①一贯应用公认会计原则可使财务状况和经营成果得到公允表达。没有这一假设，审计将失去衡量财务状况和经营成果的标准。没有公认会计原则为依据，审计人员将可能充满个人的主观判断，不可能持不偏不倚的客观态度。

②遵守公认审计准则能确保审计人员审计目标的实现和履行其社会责任。审计人员只有严格按照审计准则的要求，才能保证其审计目标的实现，同时解除其审计责任。这一假设阐述了审计目标、审计责任和审计准则之间的关系。没有这一假设，遵守公认审计准则的意义也就难以明确。

审计公设仅是审计人员在不确定的社会经济环境中，为了确定被审计单位报表及资料是否真实公允，便于审计报告使用者决策所需而做出的一些推论，并假设他们符合社会经济的发展状况。这些推论或公设是有一定局限性的，会随着社会经济的发展变化而变化，审计人员必须根据社会经济的变化趋势，不断重新研究审计的这些基本观念，只有在完善的审计基础观念上，才能开展健全的审计实务。

第三节　审计的分类

一、审计的基本分类

（一）按照审计的内容分类

1. 财政财务审计

财政财务审计是指审计机构对被审计单位的财政、财务收支活动和反映其经济活动的会计资料进行的审计。其目的在于检查财政财务收支的真实性、合法性，借以保护国有资产的安全完整，维护各方的合法权益，并促进加强财政和财务管理。

（1）财政审计

财政审计是指由国家审计机关对本级财政预算的执行情况和下级政府财政预算的执行情况和决算，以及其他政府收支情况的真实性、合法性所进行的审计监督。

财政审计的内容主要有：财政部门批复预算、预算执行调整、预算收支变化情况；财政、海关、税务等部门依法组织预算收入情况；财政部门拨付预算支出资金情况；财政部门拨付补助地方支出资金和办理结算情况；财政部门管理内外债还本付息情况；政府各部门执行年度预算情况；各级国库办理预算资金收纳和拨付情况；专项支出和总预备费的使用和管理情况；其他财政收支情况。

（2）财务审计

财务审计是指由国家审计机关、内部审计机构和社会审计组织对各级政府部门、金融机构、企业事业单位的财务收支及有关经济活动的真实性、合法性所进行的审计监督。

以企业财务审计为例，审计的内容主要有：企业执行的财务会计核算办法是否符合国家颁布的有关财务会计法规、制度的规定；被审查的会计资料是否真实公允地反映了企业在一定时期内的财务状况和经营成果。

2. 经济效益审计

经济效益审计是指审计机构对被审计单位或项目的经济活动包括财政、财务收支活动的效益性进行审查，也称为绩效审计。绩效审计的前身是效率、经济性及效果审计。美国审计总署（GAO）曾经将审计分为三类：合法、合规审计；效率和经济性审计；效果审计。后两类被审计职业界合称为"三E"审计。1986年最高审计机关国际组织召开的第十三次会议把"三E"审计统称为绩效审计。所谓的"三E"审计是指：①效率：以更少的投入产出更多的产品；②经济：如何以更多的投入达到目标；③效果：投入的人、财、物是否达到了既定的目标。

随着西方国家审计目标的发展和变化，在上述三E的基础上又出现对经济活动的适当性和环境，即指预计资金所占或所费同预计资金所得相比是否有利，如有利是为适当，无利则为不适当。环境性（Environment）是指影响经济效益的外部环境，诸如国家政治性两个审计目标进行分析、评价的活动。适当性（Equity）涉及事前经济效益的评价稳定，经济形势良好，民主法制健全，交通运输便利，资源条件充分，管理机制健全，规章完备，职工素质良好以及生态环境平衡等，均属有利环境；反之，则为不利环境。

绩效审计并不局限于会计领域，而是涉及被审计单位的组织结构、信息系统、促销手段、市场营销等领域。对于不同行业、部门和企业，效率、效果和经济性绩效审计很难有一个统一的标准，因此绩效审计的执行和结论报告也没有统一的规范，从某种意义讲，它更接近于管理咨询。

经济效益审计根据审查内容的不同分为管理审计和业务经营审计。管理审计是指以被审计单位的管理活动为对象，通过综合检查、改善被审计单位的管理素质、管理水平和管理效率，促进被审计单位提高经济效益的经济监督、评价活动。业务经营审计是指审核、分析、评价被审计单位的业务经营活动及利用生产各要素的有效性、充分性，以进一步合理开发生产力，挖掘提高经济效益途径的经济监督、评价活动。

需要指出的是，效益审计与由统计、财会或其他管理部门所进行的经济活动分析与检查，在性质上是截然不同的，前者是一种具有独立性的经济监督、评价活动，而后者则是有关部门结合各自业务工作所进行的一种管理活动，二者在目的和程序上也都存在着明显的区别。

3. 财经法纪审计

财经法纪审计是指国家审计机关和内部审计机构对被审计单位严重违反财经法纪的行为所进行的专案审计。对被审计单位一般的经济错弊行为，通常可在财政财务审计中进行审查并提出审计意见，但对金额较大、情节严重、致使国有资产遭受严重损失，以及严重危害社会主义经济建设或对社会风气造成恶劣影响的违反财经法纪的行为，则必须专门立案进行审计。

（二）按照审计主体分类

审计的主体是指执行审计的专职机构或专职人员，即审计活动的执行者。按审计主体可以将审计划分为国家审计、内部审计和社会审计。

1. 国家审计

国家审计也称政府审计，是指由国家审计机关所实施的审计，是国家审计机关代表政府依法对国务院各部门、地方各级政府、财政、金融机构和企事业组织等的财政和财务收支进行审计监督，在独立行使审计监督权的过程中，不受其他行政机关、社会团体和个人的干涉。

国家审计的主体是中央一级和地方各级的审计机关。国家审计机关是代表国家在其授权范围内行使审计监督权的机构，是实施国家审计的主体，它具有法律赋予的权威性。当前，世界各国的国家审计机关按其组织形式和领导关系，大致可以分为下列几种类型：属于议会领导的国家审计机关；属于政府领导国家审计机关；属于财政部领导的国家审计机关。事实上，有的时候，很难说这个国家纯粹属于行政模式，那个国家纯粹属于司法模式。比如，西班牙审计法院隶属于立法系统，但它同时享有很高的司法权；日本会计检查院独立于三权之外，但它也享有司法权；瑞士审计机构隶属于行政部门，但它同时与立法部门关系非常密切。

我国国家审计机关是根据《宪法》设置的，我国的审计机关分为国务院和地方两级，国务院设审计署，是最高国家审计机关。我国审计署作为国务院的组成部门，在国务院总理领导下依法组织领导全国审计工作，对国务院负责并报告工作。

国家审计的特点是：法定性、强制性、独立性、综合性和宏观性。

2. 内部审计

内部审计是指由部门和单位内部设置的专职审计机构或专职审计人员实施的审计活动。内部审计是组织内部的一种独立客观的监督和评价活动，它通过审查和评价经营活动及其内部控制的适当性、合法性和有效性来促进组织目标的实现。

内部审计机构应当接受组织董事会或者最高管理层的领导和监督，内部审计机构负责人应当对内部审计机构管理的适当性和有效性负主要责任。在组织设立内部审计部门，其领导类型可以归纳为下列三种：由企业组织董事会或其所属审计委员会领导的内部审计部门；由企业组织总裁或总经理领导的内部审计部门；由企业组织主管财务的副总裁或总会计师领导的内部审计部门。

内部审计的审计委托人、审计主体和审计对象都来自组织内部，这就决定了内部审计具有自身的特点。内部审计的特点是：审计机构的相对独立性、审计目的的内向服务性、审计领域具有广泛性、审计时间的经常性和及时性、审计过程和方法具有灵活性。

3. 社会审计

社会审计也称注册会计师审计，是指由有关主管部门审核批准成立的会计师事务所接受委托人的委托，由所内的注册会计师所实施的独立审计活动。我国于1981年1月1日上海成立了恢复注册会计师审计制度后的第一家会计师事务所——上海会计师事务所。

社会审计组织根据承办业务双方签订的合同或者协议，对被审计单位的会计报表及其有关资料进行独立审查和鉴证，并出具审计报告。社会审计的特点是：独立性、委托性和有偿性。

我国三种审计机构的相互关系是：国家审计机关、内部审计部门和社会审计组织三者之间，相互配合，分工协作，共同构成我国的审计工作体系；三种审计各司其职、各自在不同领域发挥作用，不存在主导与服从关系，不能相互代替。三种审计的区别见表1-2。

表1-2 现代审计组织简表

特点	国家审计	民间审计	内部审计
审计主体	国家审计机关	会计师事务所	内部审计机构
一般设置类型	议会领导、政府领导、财政部领导	独资、普通合伙制、股份有限公司制、有限责任合伙制	受本单位总会计师或主管财务的副总裁领导；受本单位总裁或总经理领导；受本单位董事会领导
我国审计组织设置类型	《审计法》第7条规定："国务院设立审计署。在国务院总理领导下主管全国的审计工作。审计长是审计署的行政首长。"第8条规定："县以上地方各级人民政府设立审计机关。地方各级审计机关分别在省长、自治区主席、市长、州长、县长、区长和上一级审计机关的领导下，负责本行政区域内的审计工作。"	《注册会计师法》规定，我国注册会计师只准设立有限责任和合伙会计师事务所，不准个人设立独资会计师事务所。中国注册会计师协会成立于1988年，其宗旨是：服务、监督、管理、协调	《审计法》第29条规定："国务院各部门和地方人民政府部门、国有的金融机构和企业事业组织，应当按照国家有关规定建立健全内部审计制度。各部门、国有的金融机构和企业事业组织的内部审计，应当接受审计机关的业务指导和监督
职责和业务范围	对本级人民政府各部门、下级人民政府、国家金融机关、全民所有制企业事业单位以及其他国有资产单位的财政收支、财务收支的真实性、合法性以及经济效益状况进行监督	业务范围主要包括审计业务和会计咨询、会计服务业务。具体包括：审查企业会计报表，出具审计报告；验证企业资本，出具验资报告；办理企业合并、分离、清算事宜中的审计业务，出具有关的报告；办理法规规定的其他事项	对本单位及本单位下属单位的下列事项进行内部审计监督。财务计划或者单位预算的执行和决策；与财务收支有关的经济活动及其经济效益；国家和单位资产的管理情况；违反国家财经法规的行为；单位领导交办的其他事项

续表1-2

特点	国家审计	民间审计	内部审计
美国审计组织	美国审计总局（GAO）是美国最高审计机关，于1921年根据《预算和会计法案》设立，直接隶属于美国立法机关国会，向国会负责并报告工作	全国性或国际性公司；区域性公司；地方性公司；会计公司集团。"五大"国际会计公司：普华永道、安达信、毕马威、安永、德勤。美国会计师协会（AICPA）自律性管理、政府适当监管	内部审计组织一般由董事会下设的审计委员会或总经理领导。美国内部审计师协会成立于1941年
国际组织	最高审计机关国际组织（INTOSAI）1968年成立。其宗旨是促进相互交流情况，交流经验，推动和促进各国审计机关更好地完成本国的审计工作。我国审计署于1983年正式加入该组织	国际会计师联合会（IFAC）1977年10月成立。其目标是在国际展开合作和协调，谋求在技术上、道德上和职业教育上的提高，促使会计师资格的相互认可，在世界范围内发展和繁荣会计职业。1997年5月8日，IFAC全票通过，接纳中国注册会计师协会为正式会员	国际内部审计师协会于1941年成立。宗旨是推动内部审计人员专业教育，提高审计人员的业务素质，发展内部审计专门职业。中国内部审计学会1987年成立，当年加入了国际内部审计师协会
审计主体	国家审计机关	会计师事务所	内部审计机构
审计人员	在各级国家审计机关中从事审计的领导人员和专业人员。属于国家公务员中的高级审计师、审计师、助理审计师、审计员。通过全国资格考试取得资格	在民间审计组织中从事审计业务的人员。注册会计师、证券资格注册会计师。通过全国统一资格考试取得资格	在政府职能部门、主管部门或单位内部的审计机构中从事内部审计工作的专业人员。通过全国资格考试取得资格
审计独立性	单向独立	双向独立	相对独立
审计方式	强制审计	受托审计	自行审计
审计监督的性质	政府行为，行政监督	中介组织，社会监督	内部（监督）控制
审计实施手段	无偿审计	有偿审计	无偿审计
审计准则	国家审计准则	独立审计准则	内部审计准则
法律	中华人民共和国审计法	注册会计师法	中华人民共和国审计法

二、审计的其他分类

(一)按照审计工作进行的时间分类

1. 事前审计

事前审计是指审计机构的专职人员在被审计单位的财政、财务收支活动及其他经济活动发生之前所进行的审计。这种审计主要是对计划、预算和决策进行审查,包括对被审计单位的计划、方案和预算的编制、投资方案的选择、经营决策的制定及其可行性研究报告等进行审查。事前审计可以起到预防的作用,有助于减少决策失误,实现决策的科学化。

2. 事中审计

事中审计是指在被审计单位计划、预算或投资项目执行过程中对其财政、财务收支活动及其他经济活动进行的审计。例如,在固定资产投资项目施工过程中,对施工进度、投资完成情况进行的审计;对各级政府部门财政预算执行情况进行的审计。事中审计的时效性较强,可以及时查明经济目标和预算的实现程度,有助于被审计单位及时采取措施纠正偏差,改善管理,保证最终目标和预算的实现。

3. 事后审计

事后审计是指在被审计单位财政、财务收支活动及经济业务完成以后所进行的审计。例如,对某建设工程项目竣工交付使用的审计、年度财务决算审计、领导干部任期经济责任审计等。事后审计的资料齐全,能够对已经发生的财政财务收支和经济业务的真实性、合法性和效益性做出全面的评价。由于事后审计能够审查整个的经济活动,因而它的监督作用较强,对于研究问题、纠正错弊,挽回已造成的损失和改进工作,都具有重要意义。

(二)按照审计的范围分类

1. 全部审计

全部审计也称全面审计,是指对被审计单位审计期内的全部财务收支及有关经济活动的真实性、合法性和效益性所进行的审计。

全部审计的特点是审查详细彻底,容易查出问题,有利于促进被审计单位改善经营管理,提高经济效益,但审计的工作量大,费时费力,审计成本较高,一般仅适用于规模较小、业务量较少,或内部控制系统极不健全,存在问题较多的单位。

2. 局部审计

局部审计也称部分审计或专题(案)审计,是指对被审计单位审计期内的部分财务收支及有关经济活动的真实性、合法性和效益性所进行的审计。审计人员可以根据审计任务,以及被审计单位的内部控制状况,有针对性地选择部分业务或部分项目进行审计。

局部审计的特点是范围小,审查重点突出,针对性强,省时省力,审计成本较低,但审计覆盖面有限,较容易遗漏问题。

（三）按照审计是否有确定的时间分类

1. 定期审计

定期审计是指审计机构按照预先规定的周期，每到一定时间都要进行的审计。审查的对象主要是单位的会计报表和决算资料等。

2. 不定期审计

不定期审计是指审计机构没有预先确定周期，而是根据特殊需要临时安排的审计。

（四）按照执行审计的地点分类

1. 报送审计

报送审计或称送达审计，是指被审计单位按照审计机关的要求，将需要审查的全部资料，按照规定的日期（月、季、年）送达审计机构进行的审计。

2. 就地审计

就地审计是指由审计机构派出审计小组或审计人员到被审计单位所在地进行的现场审计。

（五）按照审计工作是否受法律的约束分类

1. 法定审计

法定审计是指根据国家法律的规定，不论被审计单位是否愿意，都必须进行的审计。

2. 非法定审计

非法定审计是指法律未予明确规定必须实施的审计。

（六）按审计是否为初次实施分类

1. 初次审计

初次审计是指审计机构对被审计单位第一次进行的审计。

2. 再次审计

再次审计是指审计机构对被审计单位实施初次审计以后的各年度所进行的历次审计。

（七）按照审计的组织方式分类

1. 授权审计

授权审计是指国家审计的上级审计机关将其职责范围内的一些审计事项，授权下级审计机关实施。

2. 委托审计

委托审计是指审计机关将其审计范围内的审计事项委托给另一审计机构去办理的行为。

（八）按照审计证据的检查范围或数量分类

1. 详细审计

详细审计是指通过对被审计单位所审计年度内的全部会计资料包括凭证、账簿、报表等逐一进行审查，判断被审单位经济活动的合法性、真实性和效益性所进行的审计。

详细审计属于一种审计方法，称为详查法，是相对于抽查而言的，而全部审计则是审计的一种类别。

2. 抽样审计

抽样审计是指对被审单位所审计年度内的会计资料，按照一定的方法抽取一部分作为样本，通过样本检查的结果来推断被审计单位经济活动的真实性、合法性和效益性所进行的审计。

抽样审计属于一种审计方法，称为抽查法，是相对于详细审计而言的，而局部审计则是一种审计的类别，无论进行全部审计还是局部审计，都既可以运用详查法，也可以运用抽查法。

（九）按照核算的手段分类

1. 手工登记的会计记录审计

手工登记的会计记录审计是指以手工登记的会计记录为依据而进行的审计。

2. 电子计算机系统审计

电子计算机系统审计是指以电子计算机所反映的会计信息为依据而进行的审计。

第二章 审计准则

第一节 审计准则

审计准则是审计人员进行审计工作时必须遵循的行为规范,用来规范审计人员执行审计业务,获取审计证据,形成审计结论,出具审计报告的专业标准。审计准则依据审计法律法规制定,把审计实务中公认的公正妥善的惯例加以概括归纳而形成原则,是审计法律法规内容的进一步具体化,它虽不具备法令的强制力,但却是审计人员在执行审计业务时必须遵循的行为规范和指南,同时也是衡量审计工作质量的尺度和标准。审计准则在各国审计界受到重视,不仅是因为它在审计实务中发挥着重要作用,还因为它的作用范围已经超过了审计业务工作的范围,对整个审计事业的发展起到了促进作用。

一、审计准则概述

(一)审计准则的含义

《中华人民共和国国家审计准则》指出,"准则是审计机关和审计人员履行法定审计职责的行为规范,是执行审计业务的职业标准,是评价审计质量的基本尺度。"英格兰和威尔士特许会计师协会指出,"审计准则说明了在审计过程中工作人员希望遵循的基本原则和惯例。"美国内部审计协会1979年指出,"审计准则是指用以评价和衡量内部审计部门工作和用来阐明内部审计实务的准绳。"以上几种审计准则的定义,分别来源于有关政府审计、社会审计和内部审计等不同的组织机构,在表述上它们的着眼点和强调的程度虽各不相同,但其实质是基本一致的。总结以上几种不同的定义,可以得出以下几点共同的认识:

第一,审计准则是适应审计自身的需要和社会公众对审计的要求而产生和发展的,是审计实践经验的总结。

第二,审计准则是对审计主体的规范和要求。它规定了审计人员应有的素质和专业资格,并对审计人员的审计行为予以规范和指导。

第三,审计准则提出了审计工作应达到的质量要求,是衡量和评价审计工作质量的依据。

第四,审计准则一般由国家审计组织机构或注册会计师职业团体制订颁布。

第五,审计准则具有很高的权威性和很强的约束力,审计人员在执业过程中必须严格遵守。

综合以上所述，笔者认为审计准则的定义为：审计准则是由国家审计部门、内部审计协会或注册会计师职业团体制定的，用以规定审计人员应有的素质和专业资格，规范和指导审计人员在实施审计过程中必须遵守的行为规范，衡量和评价审计人员工作质量的权威性标准。

（二）审计准则的职能

审计准则是审计理论与审计实践联结的纽带和桥梁，反映了社会对审计实践的要求，是审计实践最佳实务的提炼和升华，同时也是一个国家审计理论水平的体现。审计准则完备成熟与否是一个国家审计专业水平的重要标志之一。审计准则的职能在于提高了审计本身的可信性，审计人员是否按照审计准则的要求实施审计决定了审计结论的客观公正性。

（三）审计准则的作用

审计准则的作用主要表现在以下几方面：

第一，审计准则的实施，规范了审计人员的职业行为，促使审计人员恪守独立、客观、公正的基本原则，为审计工作质量及审计结果的可信程度奠定了基础，有利于赢得社会公众的信任。

第二，审计准则的实施促使审计机构完善组织内部管理，要求审计人员按照统一执业准则执行审计业务，提高审计工作质量，提高业务素质和执业水平，也为衡量和评价审计机构和审计人员的工作质量提供了依据。

第三，审计准则的实施有利于明确审计人员的执业责任，既维护社会公众利益，保护投资者和其他利害关系人的合法权益，也维护审计机构和审计人员的正当权益。

第四，通过建立与国际审计准则相衔接的中国审计执业准则，有利于促进审计经验的交流，从而也有利于推动审计教育和审计研究的发展。

（四）审计准则的分类

根据制定机构的不同，审计准则可以分为政府审计准则、内部审计准则和注册会计师执业准则。

政府审计准则是指由政府审计部门根据政府审计的工作性质和工作范围等特点而制定的，用以对政府审计人员执业行为进行规范的审计准则。内部审计准则是指由各内部审计组织制定的，用以规范内部审计人员执业行为的审计准则。注册会计师执业准则是指由注册会计师协会制定的，用以规范注册会计师执业行为的审计准则。虽然他们所规范的主体不一样，但由于社会审计、政府审计和内部审计之间也存在着相同的基本特征，所以，各审计准则之间也有其共性。

二、国家审计准则

（一）最高审计机关国际组织审计准则概述

1972年美国总审计署颁布了世界上第一个国家审计准则《政府的机构、计划项目、活动和职责的审计准则》，其后很多国家都开始制定了自己的审计准则，这些准则基本上是以社会审计准则为范本，同时突出国家审计的地位、作用、工作性质、工作范围等方面的特点和特殊要求。

1. 利马宣言——审计规则指南

1968年由世界各国最高审计机构在东京组成最高审计机关国际组织，隶属于联合国经社理事会，该组织的审计准则委员会制定最高审计机关国际组织的审计准则。1977年在联合国支持下，最高审计机关国际组织在秘鲁首都利马举行了第九届会议，通过了一份关于国家审计机关审计规则的国际性文件《利马宣言——审计规则指南》。它是一份关于国家审计机关审计规则的国际性文件，这个审计规则指南共分七章二十二节，第一次对审计目的、审计范围、审计组织的独立性、政府财政审计的总的指导原则等问题提出了明确的建议。

第一章总则部分。主要表述审计的目的和种类，各类审计的意义、性质和任务。

第二章表述最高审计组织的独立性。包括最高审计机关的独立性，最高审计机关成员和官员的独立性，最高审计机关财政上的独立性。

第三章表述最高审计组织与议会、政府和行政机关的关系。这一部分指出各国宪法应根据各国情况和需要明确规定最高审计机关和议会的关系。最高审计机关的审计对象是政府及其所属部门、各单位的活动，但这并不意味着政府从属于最高国家审计机关。

第四章表述最高审计组织的职权。包括审计职权的法律根据，对国家管理的监督，对设在国外的国家机关的监督与管理，对国家税收的审计以及审计调查权、审计结论的执行，专家意见和其他协作权。

第五章是审计方法、审计人员和国际知识交流。这一部分指出各国最高审计机构按照其计划开展审计工作，通常采用抽样审计方法；审计人员应具备全面完成其任务所必需的资格与职业道德；在国际最高审计机关范围内开展有关观点和经验方面的国际知识交流。

第六章是报告准则。宪法应要求并授权最高审计机关每年单独向议会和其他公众主管机关报告审计结果；审计报告应客观和明确地注明事实和评价，语言要精练、通俗易懂。

第七章是最高审计机关的审计权力。审计机关基本审计权限应由宪法规定，具体权限可依其他法规中规定。最高审计机关有权对所有公共财政、财务管理部门及驻外机构、税收、公共合作和公共工程、电子数据设施、国家占有很多股份的工商企业、受国家补贴的机构、国际性和世界性组织等进行审计。

2. 最高审计机关国际组织准则

1984年5月，最高审计机关国际组织成立了审计准则委员会，专门从事研究、提出、制定最高审计机关国际组织审计准则项目的建议和计划，并一直致力于政府审计准则的制定。1989年6月，在西柏林举行的最高审计机关国际组织第十三届大会提出，须对以前的审计准则加以修改。经过一段时间的工作，最终形成了国际政府审计准则讨论稿。1991年10月，在华盛顿召开的第35次理事会批准了这个讨论稿，并于1995年加以修订，形成了目前的最高审计机关国际准则。该准则以社会审计准则为依托，对政府审计独具的特点加以补充说明，适应了政府审计由单纯的财务审计向绩效审计扩展的趋势。

最高审计机关国际组织准则共分四章：

第一章"政府审计的基本要求"，共49条。其主要内容为：①明确制定准则的目的和准则的基本框架；②适用该准则的基本要求以及遵循这些基本要求的重要性；③明确政府审计的范围；④合规审计、绩效审计的概念和内涵；⑤审计师利用其他学科的技术和方法以及保持独立性和客观性的要求等。

第二章"政府审计的一般准则"，共78条。阐述了审计师和审计机关必须具备的条件，只有具备这些条件，审计师和审计机关才能以适当有效的方式完成与现场操作准则和报告准则相关的任务。其主要内容是：①审计师和最高审计机关的共同标准；②审计师的资格要求和审计机关为实现审计师应具备的适当资格所采取的政策和措施；③独立性的要求；④最高审计机关和审计师必须具备的能力；⑤应有的职业谨慎；⑥其他的一般准则。

第三章"政府审计的现场操作准则"，共33条。主要规定了审计师在现场审计时必须遵守的、有目的的、系统的以便操作的步骤和行动的准则。这些行动步骤，提出了作为审计证据收集者的审计师为取得特定的工作成果应遵循的调查规则。如制定审计计划、内控制度的研究和评价、遵循适用的法律和规章、审计证据、财务报表分析等方面应当遵循的规则等。

第四章"政府审计的报告准则"，共28条。旨在帮助审计师在形成意见或编制报告时做出审计的判断，明确提出审计师在编制审计报告时应当遵循的原则。

（二）我国国家审计准则

1994年8月31日第八届全国人民代表大会常务委员会第九次会议通过《中华人民共和国审计法》，1995年1月1日正式实施。2006年2月28日第十届全国人民代表大会常务委员会第二十次会议通过《关于修改〈中华人民共和国审计法〉的决定》对我国审计法进行修正，新审计法由七章五十四条组成，包括总则、审计机关和审计人员、审计机关职责、审计机关权限、审计程序、法律责任和附则。1997年10月21日中华人民共和国国务院令第231号公布《中华人民共和国审计法实施条例》，2010年2月2日国务院第100次常务会议修订通过，自2010年5月1日起施行，由七章五十八条组成。

中华人民共和国审计署自1989年开始着手研究、制定国家审计准则，于1992年起草《中华人民共和国国家审计基本准则》，经过不断论证、修改，于1996年12月9

日，审计署颁发了《中华人民共和国国家审计基本准则》。2000年1月28日，审计署颁布《中国国家审计准则序言》《中华人民共和国国家审计基本准则》《审计机关审计处理处罚的规定》《审计机关审计听证的规定》和《审计机关审计复议的规定》。

《中国国家审计准则序言》主要明确了制定中国国家审计准则的依据与目标、中国国家审计准则体系的构成，以及中国国家审计准则的法律效力和适用范围。

中国国家审计准则体系是中国审计法律规范体系的组成部分，由中华人民共和国国家审计基本准则、通用审计准则和专业审计准则、审计指南三个层次组成。国家审计基本准则、通用审计准则和专业审计准则，是审计署依照《审计法》规定制定的部门规章，具有行政规章的法律效力，全国审计机关和审计人员依法开展审计工作时必须遵照执行。审计指南是指导审计机关和审计人员办理审计事项的操作规程和方法，全国审计机关和审计人员应当参照执行，不具有行政规章的法律效力。

国家审计基本准则是按照国际审计领域通行的审计准则体例结构，结合中国国家审计工作实际情况，承接《审计法》及其实施条例，统率各项具体审计业务规范和审计管理规范的重要审计规章，是规范审计机关及其审计人员依法办理审计事项时应当遵循的行为规范，也是衡量审计质量的基本尺度。按照应当规范的基本内容，审计准则通常包含一般准则、作业准则、报告准则三个部分，即国际公认的"三段论"式审计准则体例结构。因为中国审计法赋予了审计机关处理处罚权，所以中国审计准则还增加了处理处罚准则这一部分。准则由五章四十七条组成，包括总则、一般准则、作业准则、报告准则、审计报告处理准则。

2000年8月7日，审计署颁布了《审计机关审计方案准则》《审计机关审计证据准则》《审计机关审计工作底稿准则（试行）》《审计机关审计报告编审准则》和《审计机关审计复核准则》。2001年8月1日，审计署颁布了《审计机关专项审计调查准则》《审计机关公布审计结果准则》《审计机关审计人员职业道德准则》《审计机关审计档案工作准则》和《审计机关国家建设项目审计准则》。2003年12月15日，审计署颁布了《审计机关审计重要性与审计风险评价准则》《审计机关分析性复核准则》《审计机关内部控制测评准则》《审计机关审计抽样准则》和《审计机关审计事项评价准则》等一系列准则。

2008年2月25日，为进一步明确审计法规依据，指导审计机关和审计人员依法审计，审计署对截至2007年底现行审计规章共49条进行了全面清理，经过清理，审计署对主要内容被新的行政法规或者审计规章所代替的4项审计规章予以废止，对适用期已过或者调整对象已经消失，实际上已经失效的7项审计规章，宣布失效，经清理后有效的审计规章包括38条准则和规定。

2010年9月1日，经审计署审计长会议通过，审计署发布《中华人民共和国国家审计准则》，自2011年1月1日起施行，同时废止包括《中华人民共和国国家审计基本准则》（2000年）、《审计机关审计处理处罚的规定》（2000年）、《审计机关审计方案准则》（2000年）、《审计机关审计证据准则》（2000年）、《审计机关审计工作底稿准则（试行）》（2000年）等自1996年至2004年发布的28个准则和规定。新发布的国家审计准则由七章二百条组成，包括总则、审计机关和审计人员、审计计划、审计实施、审计报告、审计质量控制和责任、附则。具体包括：

第一，总则：包括本审计准则的目的和作用；对准则中用词的说明；准则适用范围；责任划分；审计机关的工作目标等内容。

第二，审计机关和审计人员：规定了审计机关和审计人员应当具备的资格条件和职业要求；规定了审计机关和审计人员应当遵循的基本职业道德规范等内容。

第三，审计计划：规定审计机关编制审计计划、审计工作方案的依据、程序、范围、内容要求，以及调整审计计划的程序等内容。

第四，审计实施：规定了审计实施方案、审计证据、审计记录和重大违法行为检查等方面的内容。

第五，审计报告：是审计组反映审计结果，提出审计报告以及审计机关审定审计报告时应当遵循的行为规范，包括审计报告的形式和内容、审计报告的编审、专题报告与综合报告、审计结果公布和审计整改检查等方面的内容。

第六，审计质量控制和责任：规定审计机关建立审计质量控制制度、审计组成员工作职责和责任、部门工作职责和责任等内容。

第七，附则：规定了不适用本准则的情形以及本准则的施行时间。

三、社会审计准则

（一）国际社会审计准则

社会审计的独立执业准则是用来规范注册会计师执行审计业务，获取审计证据，形成审计结论，出具审计报告的专业标准，是注册会计师职业规范体系的重要组成部分，也是注册会计师在执行独立审计业务过程中必须遵循的行为准则，是衡量注册会计师审计工作质量的权威性标准。国外的独立审计准则于20世纪40年代开始出现。世界最早的审计准则首推美国注册会计师协会（AICPA）于1947年所公布的《审计准则试行办法》；日本于1964年也制定了审计准则。对审计准则达到国际协调化做出最大贡献的是1977年成立的国际会计师联合会。它的7个常设委员会之一的国际审计实务委员会先后发表了一系列的《国际审计指南》，对各国审计界产生了重大的影响。澳大利亚、加拿大、英国、德国等西方主要国家目前也都已基本形成了各自的独立审计准则体系。

美国安然公司会计造假丑闻发生后，美国国会通过了《2002萨班斯——奥克斯利法案》，对审计准则制定机构影响很大。国际审计与鉴证准则理事会针对企业经营环境变化带来巨大审计风险，于2003年底及时出台了4个审计风险准则，以指导注册会计师有效地识别、评估和应对审计风险。与此同时，国际审计与鉴证准则理事会还正在加紧修改其他相关准则。

（二）我国社会审计准则

1. 我国社会审计准则发展历程

中国注册会计师执业准则体系的演进经历了三个阶段：

第一个阶段是1991年至1993年的制定执业规则阶段。中国注册会计师协会成立后，非常重视执业规则的建设。从1991年到1993年，先后发布了《注册会计师检查验证会计报表规则（试行）》等7个执业规则。这些执业规则对我国注册会计师行业走向正规化、法制化和专业化起到了积极作用。

第二个阶段是1994年至2003年的建立准则体系阶段。我国于1993年10月31日，第八届全国人民代表大会常务委员会第四次会议颁布了新中国第一部注册会计师的专门法律《中华人民共和国注册会计师法》，根据《中华人民共和国注册会计师法》第三十五条规定，注册会计师执业准则由中国注册会计师协会负责拟订，报财政部批准后施行。中国注册会计师协会自1994年初，开始筹备独立审计准则研究制定计划，6月，财政部批准独立审计准则研究制定计划。同年10月，中国注册会计师协会成立中国独立审计准则组，独立审计准则的制定工作正式启动。

从1995年发布第1批独立审计准则起，到2003年，中国注册会计师协会先后制定6批独立审计准则，共48个项目。此外，为保证独立审计准则的贯彻执行，还发布了10个相关文件。

第三个阶段是2004年以后的完善与提高阶段。随着我国审计准则体系的基本建立，制定工作转向完善审计准则体系与提高准则质量并重，自2004年以来，中国注册会计师协会在起草新准则的同时，根据我国实际情况和国际趋同的需要，有计划、有步骤地修订已颁布的准则，已将"中国注册会计师独立审计准则体系"改进为"中国注册会计师执业准则体系"，以适应注册会计师业务多元化的需要。中国注册会计师协会于2006年2月15日发布了《中国注册会计师鉴证业务基本准则》等22项准则，修订了《中国注册会计师审计准则第1142号——财务报表审计中对法律法规的考虑》等26项准则，自2007年1月1日起实施，以前的《独立审计基本准则》等相关准则同时废止。其后再次于2011年2月修订了《中国注册会计师审计准则第1101号——注册会计师的总体目标和审计工作的基本要求》等38项准则，自2012年1月1日起施行，同时宣布《中国注册会计师执业准则》（财会[2006]4号）文中《中国注册会计师审计准则第1101号——财务报表审计的目标和一般原则》等35项准则同时废止。

2. 中国注册会计师执业准则体系

中国注册会计师执业准则与注册会计师执业道德准则并列，执业准则体系包括注册会计师鉴证业务准则、相关服务准则和会计师事务所质量控制准则。

（1）鉴证业务准则

鉴证业务是指注册会计师对鉴证对象信息提出结论，以增强除责任方之外的预期使用者对鉴证对象信息信任程度的业务。它主要包括审计业务、审阅业务与其他鉴证业务等。注册会计师应当以书面形式提出鉴证报告，在鉴证报告中应当清楚地表达其鉴证结论，对鉴证对象信息是否不存在重大错报提供一定程度的保证，常见的保证程度有合理保证与有限保证。合理保证要求注册会计师通过不断修正的、系统的执业过程，获取充分、适当的证据，对鉴证对象信息整体提出结论，提供一种高水平但非百分之百的保证。有限保证在证据收集程序的性质、时间、范围等方面受到有意识的限制，它提供的是一种适度水平的保证。

鉴证业务准则是注册会计师执行各类鉴证业务所应遵循的标准，是为确定审计准则、审阅准则、其他鉴证业务准则适用的业务类型而做得规范。鉴证业务准则由鉴证业务基本准则统领，按照鉴证业务提供的保证程度和鉴证对象的不同，分为中国注册会计师审计准则、中国注册会计师审阅准则和中国注册会计师其他鉴证业务准则。其中，审计准则是整个执业准则体系的核心。

审计业务是由独立的专门机构或人员接受委托或根据授权，对国家行政、事业单位和企业单位及其他经济组织的财务报表和其他资料及其所反映的经济活动进行审查并发表意见。在提供审计服务时，注册会计师对所审计信息是否不存在重大错报提供合理保证，并以积极方式提出结论。审计业务的特点主要是：①审计对象是历史财务信息，为了获取充分、适当的审计证据，注册会计师单独或综合地运用各种程序，包括检查记录或文件、检查实物资产、观察、函证、重新计算、重新执行等。②得出的结论是合理保证，即在提供审计服务时，注册会计师对所审计信息是否不存在重大错报提供合理保证。③表达意见与结论的方式是肯定式的，如审计报告的表述。审计准则就是用以规范注册会计师执行历史财务信息的审计业务。

审阅业务是注册会计师在实施审阅程序的基础上，说明是否注意到某些事项，使其相信财务报表没有按照适用的会计准则和相关会计制度的规定编制，未能在所有重大方面公允反映被审阅单位的财务状况、经营成果和现金流量。在提供审阅服务时，注册会计师对所审阅信息是否不存在重大错报提供有限保证，并以消极方式提出结论。审阅业务的特点主要是：①针对历史财务信息，使用的程序是有限的，主要使用询问与分析程序；②得出的结论是有限保证，因为注册会计师使用的程序是有限的，不能指望通过有限程序来发现财务报表存在的重大错报，因此是有限保证；③提出结论的方式是消极的，不从正面来回应鉴证的财务信息有无重大错报。审阅准则用以规范注册会计师执行历史财务信息的审阅业务。

其他鉴证业务是指除历史财务信息审计及审阅业务外的鉴证业务。其他鉴证业务的主要特点是：①针对非历史财务信息。②其他鉴证业务使用的程序根据准则的制定情况、客户的要求不同而不同。如果其他鉴证业务提供的是合理保证，其程序是单独或综合审计程序；如果是有限保证，其程序是有限的。③保证程度也因准则、与客户约定不同而不同。④表达方式依保证程度不同而不同。如果是合理保证，应为积极式，如果是有限保证，应为消极式。其他鉴证业务准则用以规范注册会计师执行历史财务信息审计或审阅以外的其他鉴证业务，根据鉴证业务的性质和业务约定的要求，提供有限保证或合理保证。

2. 相关服务准则

相关服务准则是用以规范注册会计师执行除鉴证业务以外的其他相关服务业务所应遵循的标准，包括注册会计师代编财务信息、执行商定程序、提供管理咨询等其他服务。在提供相关服务时，注册会计师不提供任何程度的保证。

代编财务信息是指注册会计师运用会计而非审计的专业知识和技能，代客户编制一套完整或非完整的财务报表，或代为收集、分类和汇总其他财务信息。

对财务信息执行商定程序是指注册会计师对特点财务数据、单一财务报表或整套财务报表等财务信息执行与特定主体商定的具有审计性质的程序,并就执行的商定程序及其结果出具报告等。

3. 会计师事务所质量控制准则

会计师事务所质量控制准则是会计师事务所为了保证各类业务的质量以及明确会计师事务所及其人员在保证质量中的责任,用以规范会计师事务所在执行各类业务时应当遵守的质量控制政策和程序,是对会计师事务所质量控制提出的制度要求。

目前,我国已经初步建立起社会审计准则体系,有效地适应了注册会计师执业的需要。

四、内部审计准则

(一)国际内部审计准则

在内部审计方面,国际化倾向也日趋明显。美国内部审计协会20世纪50年代以后逐步发展成为一个国际性学术组织,已有100多个会员国。国际内部审计师协会(IIA)规定的内部审计准则框架(PPF)于1999年6月经IIA董事会正式批准。PPF主要由三部分构成:强制性指南、实务咨询和发展与实务支持。

1. 强制性指南

强制性指南是指在不同的国家或地区、不同的环境下,内部审计人员都必须使用的准则,它包括内部审计定义、内部审计人员的职业道德规范、内部审计职业实务准则。强制性指南是内部审计的职业基础。

2. 实务咨询

实务咨询是内部审计准则的第二个层次,为内部审计人员提供一个建设性的条款,目的是对新准则的解释和运用提供详细的建议;同时还包括一些新的信息,像IIA发布的内部审计准则公告(SIAS)和新近流行的职业道德规范的关注项目、风险管理的细则、咨询性服务准则、信息的安全性服务准则等。

3. 发展与实务支持

发展与实务支持是指那些最近发展的实务,IIA往往以专题报告、研究报告、参考书籍、研讨会文集、教育培训项目等方式来推荐这些参考性意见。

近年来,国际内部审计师协会(IIA)根据内部审计实务的最新发展变化,多次对内部审计实务框架的结构和内容进行更新和调整,最近的两次调整分别是在2010年和2012年。这些修订和完善充分反映内部审计发展的最新理念,更加重视内部审计在促进组织改善治理、风险管理和内部控制中发挥作用,以及重视内部审计的价值增值功能等。

(二)我国内部审计准则

为了进一步加强内部审计的规范化和职业化建设,明确内部审计机构和人员的责任,推动内部审计事业科学发展,中国内部审计协会根据《中华人民共和国审计法》《审计署关于内部审计工作的规定》及相关法律法规于2003年陆续发布了内部审计准则，包括《内部审计基本准则》《内部审计人员职业道德规范》以及29个内部审计具体准则和5个实务指南，形成了由内部审计基本准则、内部审计具体准则、内部审计实务指南以及内部审计人员职业道德规范构成的较为完善的内部审计准则体系。

2012年，为了适应内部审计的最新发展，更好地发挥内部审计准则在规范内部审计行为、提升内部审计质量方面的作用，中国内部审计协会对2003年以来发布的内部审计准则进行了全面、系统的修订。内部审计基本准则、内部审计人员职业道德规范、内部控制审计准则、绩效审计准则、内部审计质量控制准则为此次修订重点，同时对审计计划、审计通知书等准则的部分内容和表述做出了修订，对其他准则的文字表述进行了统一和完善，实务指南未纳入此次修订的范围。2013年8月20日，经中国内部审计协会第六届常务理事会审议通过，中国内部审计协会以公告形式发布了新修订的内部审计准则体系，包括《内部审计基本准则》《内部审计人员职业道德规范》、20个内部审计具体准则、5个实务指南，并于2014年1月1日起施行，适用于各类组织的内部审计。

中国内部审计准则体系由以下四个方面、三个层次组成：

1. 内部审计基本准则

内部审计基本准则是内部审计准则的总纲，是内部审计机构和人员进行内部审计时应当遵循的基本规范，是制定内部审计具体准则、内部审计实务指南的基本依据。

2. 职业道德规范

职业道德规范是内部审计人员在开展内部审计工作中应当具有的职业品德、应当遵守的职业纪律和应当承担的职业责任的总称。职业道德规范作为内部审计准则框架的一部分，并在内部审计准则框架中居于最高层次，具有法定约束力。

3. 内部审计具体准则

内部审计具体准则是依据基本准则制定的，是内部审计机构和人员在进行内部审计时应当遵循的具体规范。包括审计计划、审计通知书、审计证据、审计工作底稿、结果沟通、审计报告、后续审计、审计抽样、分析程序、内部控制审计、绩效审计、信息系统审计、对舞弊行为进行检查和报告、内部审计机构的管理、与董事会或者最高管理层的关系、内部审计与外部审计的协调、利用外部专家服务、人际关系、内部审计质量控制、评价外部审计工作质量等20个内部审计具体准则。

4. 内部审计实务指南

内部审计实务指南是依据基本准则、具体准则制定的，为内部审计机构和人员进行内部审计提供的具有可操作性的指导意见。包括建设项目内部审计、物资采购审计、审计报告、高校内部审计、企业内部经济责任审计指南等5个实务指南。

内部审计准则体系中的三个不同层次，具有不同的约束力和权威性。基本准则和执业道德规范，是内部审计准则体系的第一层次，是内部审计准则的总纲，具有最高的权威性和法定约束力。作为第二层次的具体准则的权威性虽低于基本准则，但要高于实务指南，并有法定约束力；基本准则、职业道德规范、具体准则是内部审计机构和人员进行内部审计的执业规范，内部审计机构和人员在进行内部审计时应当遵照执行。而第三层次的实务指南是给内部审计机构和人员提供操作性的指导意见，不具有法定约束力和强制性，内部审计机构和人员在进行内部审计时应当参照执行。

第二节　审计质量控制及控制准则

一、审计质量概述

（一）审计质量的含义

审计质量是指审计工作及其结果的优劣程度。广义的审计质量是指审计工作的总体质量，包括管理工作和业务工作，即审计法规制度和审计标准的制定，审计计划的实施，审计人员的选聘、培训、分工，审计档案管理工作的合理、有效性等。狭义的审计质量是指审计业务工作即审计项目质量，包括具体审计项目的选项、立项、准备、实施、报告、归档等一系列环节的工作效率和实现审计目标的程度，包括审计计划的可行性，审计证据的证明力，审计意见的公正性、准确性等。

（二）审计质量的内容

审计质量包含了两个方面的内容：一是审计结果的质量；二是审计工作的质量。简言之，就是审计工作及其结果的质量。审计工作质量是基础，审计结果质量又是审计工作质量的集中表现和最终反映。从社会公众而言，看重的是审计结果的质量；而审计组织和审计人员应该把握的是审计工作过程的质量。

高质量的审计意味着审计报告提供了更加客观公正的信息，审计结论具有较高的可靠性，审计报告的使用者更愿意阅读和使用审计报告，并依赖它作出判断和决策。

（三）审计质量的特征

审计质量应具有客观性、可靠性、准确性、全面性、充分性、重要性、一致性和及时性等方面的特征。

1. 客观性

审计质量的客观性包括：一是指审计人员要实事求是地检查与评价；二是指审计的结论能反映客观实际情况。

2. 可靠性

审计质量的可靠性包括：一是要求审计人员在审计过程中要办理完备的手续，要认真地搜集审计证据，审计证据要有可靠的来源渠道；二是要求审计结果和事实相符，不是伪造，没有歪曲。

3. 准确性

审计质量的准确性包括：一是指审计人员在审查过程中一丝不苟、严肃认真、反复核对，定量定性准确，判断评价有根有据；二是指审计结果有客观、可靠、充分的审计证据支撑，审计结论恰如其分，没有水分。

4. 全面性

审计质量的全面性包括：一是指审计人员在任务范围内尽可能地全面审查和评价；二是指审计结论能全面地反映被审计单位的实际情况。

5. 充分性

审计质量的充分性包括：一是指审计人员在审计过程中尽可能地搜集充分的审计证据；二是指审计的结论能充分地反映被审计单位的客观实际。

6. 重要性

审计质量的重要性主要是指审计人员在审计过程中以及在审计的结论中均遵循重要性原则。

7. 一致性

审计质量的一致性主要是指审计人员的审查工作和审计结论，均反映了审计委托人或审计目标的需要。

8. 及时性

审计质量的及时性主要是指审计人员的审查工作和审计结果，均能满足审计委托人或授权者在时间上的要求。

二、审计质量控制概述

（一）审计质量控制的含义

审计质量控制是指审计组织和审计人员为了确保审计工作质量符合审计执业准则的要求，依据审计质量控制标准，对审计的各种业务活动或行为全过程的质量进行有计划的监督、综合和协调的一种自我约束活动或行为。审计质量控制是审计组织内部控制的核心，其根本目的在于合理保证审计质量符合审计执业准则的要求，并且表达恰当的审计意见。

（二）审计质量控制的目的

审计质量控制是审计组织和审计人员对自身活动进行的控制，需要全体审计组织和审计人员共同参与的自律行为，因此，审计质量控制的主体只能是专门的审计组织和审计人员，而不能是其他组织和人员。在审计实务中，审计机构负责人对质量控制制度承担最终责任，这在制度上保证了质量控制制度的地位和执行力。审计机构各级管理层应当通过清晰、一致及经常的行动示范和信息传达，强调质量控制政策和程序的重要性及下列要求：①按照法律法规、职业道德规范和业务准则的规定执行工作；②根据具体情况出具恰当的报告。

（三）审计质量控制的要素

审计质量控制的客体是审计组织和审计人员开展审计质量控制活动的对象，既包括审计的全过程，从计划到实施，到最终表达意见，签发审计报告的全部工作，也包括审计组织内部的各项管理，如审计工作底稿的归档管理，审计人员聘用、培训、晋升管理等。其重点是对审计的整个过程、审计人员素质和工作技能的控制。审计机构为实现质量控制的目标而应当采取的措施有：①合理确定管理层责任，以避免重商业利益、轻业务质量；②建立以质量为导向的业绩评价、薪酬及晋升的政策和程序；③投入足够的资源以制定和执行质量控制政策和程序，并形成相关文件记录。此外，审计机构通常应委派专门人员负责质量控制制度的具体运作。这些受委派承担质量控制制度运作责任的人员，应当具有足够、适当的经验和能力及必要的权限以履行其责任，但这不能减轻或替代审计机构负责人所对质量控制制度承担的最终责任。

审计质量控制的依据是审计业务活动的质量标准，是由审计质量控制组织根据自身职业具体情况，适应自身自律需要而建立的一种标准。

三、审计质量控制制度概述

（一）审计质量控制制度的含义

审计质量控制制度是由审计组织为实现审计目标，规范审计行为，依据质量控制准则而制定的质量控制政策和质量控制程序。

（二）审计质量控制制度的要素

审计机构的质量控制制度应当包括对下列要素而制定的政策和程序：

1. 对人员素质的控制

审计准则应建立保障审计人员独立性的政策方法，随时监督审计人员的独立性，审计人员应定期汇报自己在审计业务活动中是否遵循独立性原则的情况，以及在被审计单位有无应予回避的人际关系，审计组织应与被审计单位保持联系，定期检查审计人员有无损害本组织独立性的情况。

审计组织配备的审计人员必须经过严格的专业培训，掌握充分的专业知识和技能，并精通所承担的审计工作。为此，审计组织应采取以下措施：①建立严格的专业培训和继续教育制度，提高审计人员的政治与业务素质和职业道德，保证全体审计人员随时掌握与更新履行其职责应具备的知识、技能并不断提高熟练程度；②应建立严格的聘用制度，保证聘用的审计人员都能胜任自己的工作；③还应建立严格的晋升制度，以保证被提升的审计人员都能胜任其新职务。

审计组织在对审计人员进行各种素质控制的同时，应设立咨询部门，为审计人员提供当前审计技术发展方面的有关信息和资料，审计人员在实际审计业务活动中遇到难以解决的技术问题时，应能够得到权威专家的协助。

2. 对审计作业过程的控制

审计组织在委派审计人员时，应综合考虑审计项目的复杂性、审计范围、审计人员的资格和专业素质、是否存在需要回避的事项、审计人员的定期轮换等各项因素，指定具有专门技能和相当业务水平的审计人员。在审计实施之前必须制定切实可行的审计程序计划和审计工作方案，尽可能详细地规定每项具体业务的审计程序和时间安排。实施审计过程中应严格执行审计工作底稿的三级复核制度，以保障审计人员严格实施了必要的审计程序，收集到充分的审计证据，做出了适当的审计结论。

3. 对审计报告、审计决定进行复核

2004年，审计署制定《审计机关审计项目质量控制暂行办法》，针对审计方案、审计证据和审计工作过程中的记录、审计报告、审计档案等环节的质量控制和审计项目质量责任追究问题进行了详细的规定，使审计质量的检查和复核工作规范化管理，进而保证了审计工作的质量。

第三节 审计职业道德规范

一、审计职业道德规范概述

（一）职业道德概述

职业道德是同人们的职业活动紧密联系的符合职业特点所要求的道德准则、道德情操与道德品质的总和，它是人们在从事职业的过程中形成的一种内在的、非强制性的约束机制。职业道德把一般的社会道德标准与具体的职业特点进行结合，不仅是从业人员在职业活动中的行为标准和要求，而且是本行业对社会所承担的道德责任和义务，是社会道德在职业生活中的具体化。国家审计、内部审计和社会审计的审计工作结果要为利益相关者所有效利用，则必须要保持审计职业的良好信誉，因此，各种审计组织都要制定合理的职业道德规范并加以严格遵循。

（二）审计职业道德的含义

审计职业道德是指审计人员在从事审计工作时所遵循的行为规范，包括职业道德、职业纪律、专业胜任能力及职业责任等行为标准。

国外审计职业团体普遍制定成文的职业道德规范，我国也通过一些法规颁布了有关的审计职业道德规范，国内外审计职业道德内容繁简不一，形式多样，其核心都是实事求是、客观公正以及与此密切相关的诚信、谨慎和廉洁。都是希望通过指导审计人员的行为，保持合理的职业谨慎，严格遵守职业道德规范，从而树立良好的职业形象，保持良好信誉，使审计工作满足社会需要、承担社会责任、履行社会义务，充分发挥审计职能。

二、国家审计人员的职业道德规范

（一）国家审计人员职业道德的含义

国家审计人员职业道德，是指审计机关审计人员的职业品德、职业纪律、职业胜任能力和职业责任。审计人员应当依照法律规定的职责、权限和程序，开展审计工作，并遵守国家审计准则。

（二）审计机关审计人员职业道德准则的内容

我国审计署于2001年8月1日颁布《审计机关审计人员职业道德准则》，该准则共18条，其中对于国家审计人员职业道德提出的具体要求内容包括：

1. 审计人员职业品德的要求

根据规定，审计人员职业品德的要求具体包括：①审计人员应当依照法律规定的职责、权限和程序，进行审计工作，并遵守国家审计准则；②审计人员办理审计事项，应当客观公正、实事求是、合理谨慎、职业胜任、保守秘密、廉洁奉公、恪尽职守；③审计人员在执行职务时，应当忠诚老实，不得隐瞒或者曲解事实；④审计人员在执行职务特别是做出审计评价、提出处理处罚意见时，应当做到依法办事，实事求是，客观公正，不得偏袒任何一方。

2. 审计人员职业纪律的要求

根据规定，审计人员职业纪律的要求具体包括：①审计人员在执行职务时，应当保持应有的独立性，不受其他行政机关、社会团体和个人的干涉。②审计人员办理审计事项，与被审计单位或者审计事项有直接利害关系的，应当按照有关规定回避。③审计人员对其执行职务时知悉的国家秘密和被审计单位的商业秘密，负有保密的义务。在执行职务中取得的资料和审计工作记录，未经批准不得对外提供和披露，不得用于与审计工作无关的目的。④审计人员应当遵守国家的法律、法规和规章以及审计工作纪律和廉政纪律。

3. 审计人员职业胜任能力的要求

根据规定，审计人员职业胜任能力的要求具体包括：①审计人员应当合理运用审计知识、技能和经验，保持职业谨慎，不得对没有证据支持的、未经核清事实的、法律依据不当的和超越审计职责范围的事项发表审计意见。②审计人员应当具有符合规定的学历，通过岗位任职资格考试，具备与从事的审计工作相适应的专业知识、职业技能和工作经验，并保持和提高职业胜任能力。不得从事不能胜任的业务。③审计人员应当遵守审计机关的继续教育和培训制度，参加审计机关举办或者认可的继续教育、岗位培训活动，学习会计、审计、法律、经济等方面的新知识，掌握与从事工作相适应的计算机、外语等技能。④审计人员参加继续教育、岗位培训，应当达到审计机关规定的时间和质量要求。

4. 审计人员职业责任的要求

根据规定，审计人员职业责任的要求具体包括：①审计人员应当认真履行职责，维护国家审计的权威，不得有损害审计机关形象的行为；②审计人员应当维护国家利益和被审计单位的合法权益。

5. 违反职业道德的处罚

审计人员违反职业道德，由所在审计机关根据有关规定给予批评教育、行政处分或者纪律处分。

三、内部审计人员的职业道德规范

（一）内部审计人员职业道德的含义

内部审计人员职业道德是内部审计人员在开展内部审计工作中应当具有的职业品德、应当遵守的职业纪律和应当承担的职业责任的总称。

内部审计人员从事内部审计活动时，应当遵守内部审计人员的职业道德规范，认真履行职责，不得损害国家利益、组织利益和内部审计职业声誉。

（二）内部审计人员职业道德规范的内容

中国内部审计协会于2013年9月9日颁布《内部审计人员职业道德规范——第1201号》，并于2014年1月1日起实施，规范分七章二十一条，包括总则、一般原则、诚信正直、客观性、专业胜任能力、保密和附则七章。其中对内部审计人员职业道德的主要要求有以下五点。

1. 一般原则

内部审计人员职业道德规范的一般原则主要包括：①内部审计人员在从事内部审计活动时，应当保持诚信正直；②内部审计人员应当遵循客观性原则，公正、不偏不倚地做出审计职业判断；③内部审计人员应当保持并提高专业胜任能力，按照规定参加后续教育；④内部审计人员应当遵循保密原则，按照规定使用其在履行职责时所获取的信息；内部审计人员违反本规范要求的，组织应当批评教育，也可以视情节给予一定的处分。

2. 审计人员诚信正直的要求

内部审计人员在实施内部审计业务时，应当诚实、守信，不应有下列行为：①歪曲事实；②隐瞒审计发现的问题；③进行缺少证据支持的判断；④做误导性的或者含糊的陈述。

内部审计人员在实施内部审计业务时，应当廉洁、正直，不应有下列行为：①利用职权谋取私利；②屈从于外部压力，违反原则。

3. 审计人员客观性的要求

内部审计人员实施内部审计业务时，应当实事求是，不得由于偏见、利益冲突而影响职业判断。

内部审计人员实施内部审计业务前，应当采取下列步骤对客观性进行评估：①识别可能影响客观性的因素；②评估可能影响客观性因素的严重程度；③向审计项目负责人或者内部审计机构负责人报告客观性受损可能造成的影响。

内部审计人员应当识别下列可能影响客观性的因素：①审计本人曾经参与过的业务活动；②与被审计单位存在直接利益关系；③与被审计单位存在长期合作关系；④与被审计单位管理层有密切的私人关系；⑤遭受来自组织内部和外部的压力；⑥内部审计范围受到限制；⑦其他。

内部审计机构负责人应当采取下列措施保障内部审计的客观性：①提高内部审计

人员的职业道德水准；②选派适当的内部审计人员参加审计项目，并进行适当分工；③采用工作轮换的方式安排审计项目及审计组；④建立适当、有效的激励机制；⑤制定并实施系统、有效的内部审计质量控制制度、程序和方法；⑥当内部审计人员的客观性受到严重影响，且无法采取适当措施降低影响时，停止实施有关业务，并及时向董事会或者最高管理层报告。

4. 审计人员专业胜任能力的要求

内部审计人员应当具备下列履行职责所需的专业知识、职业技能和实践经验：①审计、会计、财务、税务、经济、金融、统计、管理、内部控制、风险管理、法律和信息技术等专业知识，以及与组织业务活动相关的专业知识；②语言文字表达、问题分析、审计技术应用、人际沟通、组织管理等职业技能；③必要的实践经验及相关职业经历。

内部审计人员应当通过后续教育和职业实践等途径，了解、学习和掌握相关法律法规、专业知识、技术方法和审计实务的发展变化，保持和提升专业胜任能力。

内部审计人员实施内部审计业务时，应当保持职业谨慎，合理运用职业判断。

5. 审计人员保密的要求

根据规定，审计人员保密的要求具体包括：①内部审计人员应当对实施内部审计业务所获取的信息保密，非因有效授权、法律规定或其他合法事由不得披露；②内部审计人员在社会交往中，应当履行保密义务，警惕非故意泄密的可能性；③内部审计人员不得利用其在实施内部审计业务时获取的信息牟取不正当利益，或者以有悖于法律法规、组织规定及职业道德的方式使用信息。

四、社会审计人员的职业道德规范

（一）中国注册会计师职业道德守则第1号——职业道德基本原则

为了规范注册会计师职业行为，提高注册会计师职业道德水准，维护注册会计师职业形象，中国注册会计师协会根据《中华人民共和国注册会计师法》和《中国注册会计师协会章程》，制定《中国注册会计师职业道德守则第1号——职业道德基本原则》，并于2010年7月1日起施行。原则包括：总则、诚信、独立性、客观和公正、专业胜任能力和应有的关注、保密、良好职业行为和附则共八章三十一条。其中主要要求有：

1. 总则

总则的主要内容包括：①注册会计师应当遵守本守则，履行相应社会责任，维护公众利益；②注册会计师应当遵循诚信、客观和公正原则，在执行审计和审阅业务以及其他鉴证业务时保持独立性；③注册会计师应当获取和保持专业胜任能力，保持应有的关注，勤勉尽责；④注册会计师应当履行保密义务，对职业活动中获知的涉密信息保密；⑤注册会计师应当维护职业声誉，树立良好的职业形象。

2. 审计人员诚信的要求

注册会计师应当在所有的职业活动中，保持正直，诚实守信。

注册会计师如果认为业务报告、申报资料或其他信息存在下列问题，则不得与这些有问题的信息发生牵连：①含有严重虚假或误导性的陈述；②含有缺少充分依据的陈述或信息；③存在遗漏或含糊其辞的信息。注册会计师如果注意到已与有问题的信息发生牵连，应当采取措施消除牵连。

3. 审计人员独立性的要求

注册会计师执行审计和审阅业务以及其他鉴证业务时，应当从实质上和形式上保持独立性，不得因任何利害关系影响其客观性。

会计师事务所在承办审计和审阅业务以及其他鉴证业务时，应当从整体层面和具体业务层面采取措施，以保持会计师事务所和项目组的独立性。

4. 审计人员客观和公正的要求

注册会计师应当公正处事、实事求是，不得由于偏见、利益冲突或他人的不当影响而损害自己的职业判断。

如果存在导致职业判断出现偏差，或对职业判断产生不当影响的情形，注册会计师不得提供相关专业服务。

5. 审计人员专业胜任能力和应有关注的要求

根据规定，审计人员专业胜任能力和应有关注的要求具体包括：①注册会计师应当通过教育、培训和执业实践获取和保持专业胜任能力；②注册会计师应当持续了解并掌握当前法律、技术和实务的发展变化，将专业知识和技能始终保持在应有的水平，确保为客户提供具有专业水准的服务；③在应用专业知识和技能时，注册会计师应当合理运用职业判断；④注册会计师应当保持应有的关注，遵守执业准则和职业道德规范的要求，勤勉尽责，认真、全面、及时地完成工作任务；⑤注册会计师应当采取适当措施，确保在其领导下的工作人员得到应有的培训和督导；⑥注册会计师在必要时应当使客户以及业务报告的其他使用者了解专业服务的固有局限性。

6. 审计人员保密的要求

根据规定，审计人员保密的要求具体包括：①注册会计师应当对拟接受的客户或拟受雇的工作单位向其披露的涉密信息保密；②注册会计师应当对所在会计师事务所的涉密信息保密；③注册会计师在社会交往中应当履行保密义务，警惕无意中泄密的可能性，特别是警惕无意中向近亲属或关系密切的人员泄密的可能性；④注册会计师应当采取措施，确保下级员工以及提供建议和帮助的人员履行保密义务；⑤在终止与客户的关系后，注册会计师应当对以前在职业活动中获知的涉密信息保密；⑥如果获得新客户，注册会计师可以利用以前的经验，但不得利用或披露以前职业活动中获知的涉密信息。

注册会计师应当对职业活动中获知的涉密信息保密，不得有下列行为：①未经客户授权或法律法规允许，向会计师事务所以外的第三方披露其所获知的涉密信息；②利用所获知的涉密信息为自己或第三方谋取利益。

在下列情形下，注册会计师可以披露涉密信息：①法律法规允许披露，并且取得客户的授权；②根据法律法规的要求，为法律诉讼、仲裁准备文件或提供证据，以及向监管机构报告所发现的违法行为；③法律法规允许的情况下，在法律诉讼、仲裁中维护自己的合法权益;④接受注册会计师协会或监管机构的执业质量检查,答复其询问和调查;⑤法律法规、执业准则和职业道德规范规定的其他情形。

在决定是否披露涉密信息时,注册会计师应当考虑下列因素:①客户同意披露的涉密信息,是否为法律法规所禁止;②如果客户同意披露涉密信息,是否会损害利害关系人的利益;③是否已了解和证实所有相关信息;④信息披露的方式和对象。

7. 审计人员良好职业行为的要求

根据规定,审计人员良好职业行为的要求具体包括:①注册会计师应当遵守相关法律法规,避免发生任何损害职业声誉的行为;②注册会计师在向公众传递信息以及推介自己和工作时,应当客观、真实、得体,不得损害职业形象;③注册会计师应当诚实、实事求是,不得有下列行为:第一,夸大宣传提供的服务、拥有的资质或获得的经验;第二,贬低或无根据地比较其他注册会计师的工作。

(二)中国注册会计师职业道德规范指导意见

为了加强注册会计师行业的诚信建设,规范注册会计师职业道德行为,提高注册会计师职业道德水准,维护注册会计师职业形象,保护社会公众利益,中国注册会计师协会根据《中华人民共和国注册会计师法》和《中国注册会计师职业道德基本准则》,制定了《中国注册会计师职业道德规范指导意见》(以下简称《指导意见》),于2002年7月1日起施行,共九章五十一条,包括:总则、独立性、专业胜任能力、保密、收费与佣金、与执行鉴证业务不相容的工作、接任前任注册会计师的审计业务、广告、业务招揽和宣传以及附则等。为保证《指导意见》的贯彻实施,特同时提出如下要求:

第一,各地注册会计师协会应当高度重视注册会计师职业道德建设,将此作为行业诚信建设的一项重要措施来办,做好职业道德规范的宣传、培训和监督工作。

第二,各会计师事务所、注册会计师应当严格遵守《指导意见》的要求;会计师事务所可结合自身的具体情况,制定职业道德规范措施。

第三,各地注册会计师协会应当将会计师事务所、注册会计师是否遵守《指导意见》,作为业务检查的一项重要内容。

第四,会计师事务所、注册会计师违反《指导意见》的,各地注册会计师协会应当视情节轻重给予强制培训、谈话提醒、公开谴责、通报批评、限期整改等行业自律性惩戒。

(三)中国注册会计师职业道德守则

为了规范中国注册会计师协会会员的职业行为,进一步提高职业道德水平,维护职业形象,中国注册会计师协会于2009年11月12日制订了《中国注册会计师职业道德守则》和《中国注册会计师协会非执业会员职业道德守则》。其中,《中国注册会计师职业道德守则》具体包括《中国注册会计师职业道德守则第1号——职业道德基本原则》《中国注册会计师职业道德守则第2号——职业道德概念框架》《中国注册会计师职业道德守则第3号——提供专业服务的具体要求》《中国注册会计师职业道守则第4号——审计和审阅业务对独立性的要求》《中国注册会计师职业道德守则第5号——其他鉴证业务对独立性的要求》。主要规定了以下几个方面：

1. 独立性

（1）独立性的含义

独立性是指审计机构和审计人员在审计过程中自始至终不受外来或内在因素的影响和干扰。包括实质上的独立和形式上的独立。实质上的独立是指注册会计师在发表意见时其职业判断不受影响，公正执业，保持客观和职业怀疑。形式上的独立是指会计师事务所或鉴证小组避免出现这样重大的情形，使得拥有充分相关信息的理性第三方推断其公正性、客观性或职业怀疑态度受到损害。

审计人员要保持其独立性，必须做到以下几点：不参与被审单位的经济活动；与被审单位在经济上没有利害关系；与被审单位的主要负责人在伦理上没有亲密关系。审计要保持其独立性，必须做到组织独立、经济独立和工作独立。

鉴证业务包括审计业务和非审计业务，由于各种鉴证业务的性质不同，相应地可能存在不同的威胁，对独立性威胁的性质以及用以消除威胁或将威胁降至可接受水平所必需的适当防范措施也存在差别，在鉴证业务为非审计业务的情况下，差别取决于报告的目的、对象和预期使用者。对于向审计客户提供的鉴证业务，要求会计师事务所、鉴证小组成员独立于该客户；对于向非审计客户提供的鉴证业务，如果报告没有明确限定于指定的使用者使用，则要求会计师事务所和鉴证小组成员独立于该客户；对于向非审计客户提供鉴证业务，如果报告明确限定于指定的使用者使用，则要求鉴证小组成员独立于该客户，并且会计师事务所不应当在该客户内有重大的直接或间接经济利益。

（2）威胁独立性的情形

威胁独立性的情形主要存在以下几方面：

第一，经济利益：与鉴证客户存在专业服务收费以外的直接经济利益或重大的间接经济利益；收费主要来源于某一鉴证客户；过分担心失去某项业务；与鉴证客户存在密切的经营关系；对鉴证业务采取或有收费的方式；可能与鉴证客户发生雇佣关系。

第二，自我评价：鉴证小组成员曾是鉴证客户的董事、经理、其他关键管理人员或能够对鉴证业务产生直接重大影响的员工；为鉴证客户提供直接影响鉴证业务对象的其他服务；为鉴证客户编制属于鉴证业务对象的数据或其他记录。

第三，关联关系：与鉴证小组成员关系密切的家庭成员是鉴证客户的董事、经理、其他关键管理人员或能够对鉴证业务产生直接重大影响的员工；鉴证客户的董事、经理、其他关键管理人员或能够对鉴证业务产生直接重大影响的员工是会计师事务所的前高级管理人员；会计师事务所的高级管理人员或签字注册会计师与鉴证客户长期交往；接受鉴证客户或其董事、经理、其他关键管理人员或能够对鉴证业务产生直接重大影响的员工的贵重礼品或超出社会礼仪的款待。

第四，外界压力：在重大会计、审计等问题上，与鉴证客户存在意见分歧而受到解聘威胁；受到有关单位或个人不恰当的干预；受到鉴证客户降低收费的压力而不恰当地缩小工作范围。

（3）保障独立性的防范措施

为保障独立性所采取的防范措施主要包括以下几方面：

第一，职业、法律或规章产生的防范措施：进入该职业的教育、培训和经验要求；继续教育与要求；执业准则和监督、惩戒程序；会计师事务所质量控制制度的外部复核；有关会计师事务所独立性要求的法律。

第二，鉴证客户内部的防范措施：在鉴证客户的管理层委托会计师事务所时，由管理层以外的人员批准或同意这一委托；鉴证客户内部有能够胜任管理决策的员工；强调鉴证客户对财务报告公允性的承诺的政策和程序；能够确保在对非鉴证业务进行委托时做出客观选择的内部程序；为会计师事务所的服务提供适当监督与沟通的公司治理结构，例如审计委员会。

第三，会计师事务所为维护独立性的总体防范措施主要包括五个方面：会计师事务所的高级管理人员重视独立性，并要求鉴证小组成员保持独立性；制定有关独立性的政策和程序，包括识别威胁独立性的因素、评价威胁的严重程度以及采取相应的维护措施；建立必要的监督及惩戒机制以促使有关政策和程序得到遵循；及时向所有高级管理人员和员工传达有关政策和程序及其变化；制定能使员工向更高级别人员反映独立性问题的政策和程序。

第四，会计师事务所为维护独立性的具体防范措施主要包括六个方面：安排鉴证小组以外的注册会计师进行复核；定期轮换项目负责人及签字注册会计师；与鉴证客户的审计委员会或监事会讨论独立性问题；向鉴证客户的审计委员会或监事会告知服务性质和收费范围；制定确保鉴证小组成员不代替鉴证客户行使管理决策或承担相应责任的政策和程序；将独立性受到威胁的鉴证小组成员调离鉴证小组。

当维护措施不足以消除威胁独立性因素的影响或将其降至可接受水平时，会计师事务所应当拒绝承接业务或解除业务约定。

2. 职业道德规范

审计机构应当制定政策和程序，以合理保证会计师事务所及其人员遵守职业道德规范。遵守职业道德规范包括如下措施：会计师事务所领导层的示范；教育和培训；监控；对违反职业道德规范行为的处理。

3. 客户关系和具体业务的接受与保持

会计师事务所应当制定有关客户关系和具体业务接受与保持的政策和程序，以合理保证只有在下列情况下，才能接受或保持客户关系和具体业务：已考虑客户的诚信；没有信息表明客户缺乏诚信；具有执行业务必要的素质；专业胜任能力；时间和资源；能够遵守职业道德规范。

4. 人力资源

会计师事务所制定的人力资源政策和程序应当解决的人事问题主要包括：招聘、业绩评价、人员素质、专业胜任能力、职业发展、晋升、薪酬、人员需求预测。

会计师事务所提高人员素质和专业胜任能力的途径包括：职业教育、职业发展（包括培训）、实务工作经验、由经验更丰富的员工提供辅导等。

会计师事务所应当制定业绩评价、薪酬及晋升程序，对保持和发展专业胜任能力并遵守职业道德规范的人员给予应有的肯定和奖励。

会计师事务所应当制定政策和程序，监控项目负责人的工作负荷及可供调配的项目负责人数量，以使项目负责人有足够的时间履行职责。

5. 业务执行

业务执行方面的规定主要包括：指导、监督与复核；咨询；意见分歧；项目质量控制复核。

6. 业务工作底稿

对历史财务信息审计、审阅业务和其他鉴证业务，业务工作底稿的归档期限为业务报告日后60天内。

如果针对客户的同一财务信息执行不同的委托业务，出具两个或多个不同的报告，会计师事务所应当将其视为不同的业务，根据制定的政策和程序，在规定的归档期限内分别将业务工作底稿归整为最终业务档案。

业务工作底稿的管理要求：①会计师事务所应当制定政策和程序，以安全保管业务工作底稿并对业务工作底稿保密；②保证业务工作底稿的完整性；③便于使用和检索业务工作底稿；③按照规定的期限保存业务工作底稿。

除下列情况外，会计师事务所应当对业务工作底稿包含的信息予以保密：①取得客户的授权；②根据法律法规的规定，会计师事务所为法律诉讼准备文件或提供证据，以及向监管机构报告发现的违反法规行为；③接受注册会计师协会和监管机构依法进行的质量检查。

业务工作底稿的所有权属于会计师事务所。会计师事务所可自主决定允许客户获取业务工作底稿部分内容或摘录部分工作底稿，但披露这些信息不得损害会计师事务所执行业务的有效性。对鉴证业务，披露这些信息不得损害会计师事务所及其人员的独立性。

7. 监控

会计师事务所应当制定监控政策和程序，以合理保证质量控制制度中的政策和程序是相关、适当的，并正在有效运行。这些监控政策和程序应当包括持续考虑和评价会计师事务所的质量控制制度，如定期选取已完成的业务进行检查。

对会计师事务所质量控制制度的监控应当由具有专业胜任能力的人员实施，监控内容包括质量控制制度设计的适当性和运行的有效性。会计师事务所可以委派主任会计师、副主任会计师或具有足够、适当经验和权限的其他人员履行监控责任。

会计师事务所应当周期性地选取已完成的业务进行检查，周期最长不得超过3年。在每个周期内，应对每个项目负责人的业务至少选取1项进行检查。

会计师事务所应当每年至少1次将质量控制制度的监控结果传达给项目负责人及会计师事务所内部的其他适当人员，以使会计师事务所及其相关人员能够在其职责范围内及时采取适当的行动。传达的信息应当包括已实施的监控程序、实施监控程序得出的结论，以及系统性的、重复出现的或其他重大的缺陷及其整改措施。

第三章 审计流程

第一节 审计目标

一、审计目标概述

（一）审计目标的含义

审计目标是指在一定的历史环境下，人们通过审计实践活动所期望达到的理想境地或最终结果。作为审计行为的出发点，审计目标是审计活动要达到的境地，是目的的具体化。审计目的取决于审计授权人或委托人，审计目标的确定取决于两个因素：一是社会的需求，二是审计界自身的能力和水平。社会需求是审计存在和发展的前提，审计界自身具备的能力和水平是实现社会需求的必要条件，审计目标的确定就是社会需求和审计界能力与水平之间的平衡结果。不同审计主体，由于其在社会政治经济生活中所处的地位不同，社会对其需求也会有所不同，审计目标因而也有很大差异。

在现实审计工作中，常常需要根据审计目标的不同将审计业务划分为不同的类型，如在政府效益审计中，审计的目标是对被审计单位履行职责过程中管理和使用公共资源的经济性、效率性和效果性进行检查和评价。在传统的会计报表审计中，包括会计报表审计的总目标以及各类交易、账户余额、列报相关的具体审计目标两个层次。审计目标的界定对审计人员的审计工作发挥着导向作用。它界定了审计人员的责任范围，直接影响审计人员计划和实施审计程序的性质、时间和范围，决定了审计人员如何发表审计意见。

（二）审计目标的演进

审计具有实用性，为了适应社会的要求，其目标也在不断变化。如西方注册会计师审计在其发展的不同阶段，其审计总体目标也在不断演进变化。

在详细审计阶段，查错防弊是其总体目标，由于当时公司中内部牵制制度尚不完整且不被人重视，技术错误和舞弊行为经常发生，因而必须采取详细的审计方法，以取得充分的证据，进而做出有无错误和舞弊的结论。在资产负债表审计阶段，查错防弊的审计目标已退居第二位，第一位的审计目标是提供信用证明，对资产负债表进行公正性审计。也即是通过对被审计单位一定时期内资产负债表所有项目的余额真实可靠性和是否实际存在的审查，判断其财务状况和偿债能力。在会计报表审计阶段，审计人员的审计目标是判定被审计单位被审期内的会计报表是否公允地反映了其财务状况和经营业绩，被审单位所采用的会计政策和会计处理方法是否符合公认会计准则。第二次世界大战以后，随着现代经济和科学技术的迅速发展，审计也突破了财务会计的范畴，涉及管理领域，管理审计也由此诞生，审计目标也因此增加了经济性、效率性和效果性的内容。

尽管审计人员的审计目标在不断变化，但其基本职责仍然是执行会计报表审计，而其他性质的审计业务也只是在会计报表审计的基础上延伸和发展。

二、总体审计目标

审计目标通常可以划分为总体审计目标和具体审计目标。总体审计目标是指实施审计要实现的最终目的，具体审计目标是总体审计目标的细化，是针对审计项目具体内容所确定的审计目的。

在我国，国家审计、内部审计和社会审计对总体审计目标的表述各有其侧重。

（一）国家审计的总目标

我国《审计法》第二条规定："国务院各部门和地方各级人民政府及其各部门的财政收支，国有的金融机构和企业事业组织的财务收支，以及其他依照本法规定应当接受审计的财政收支、财务收支，依照本法规定接受审计监督。审计机关对前款所列财政收支或者财务收支的真实、合法和效益，依法进行审计监督。"

我国《中华人民共和国家审计准则》规定，"审计机关的主要工作目标是通过监督被审计单位财政收支、财务收支以及有关经济活动的真实性、合法性、效益性，维护国家经济安全，推进民主法治，促进廉政建设，保障国家经济和社会健康发展。真实性是指反映财政收支、财务收支以及有关经济活动的信息与实际情况相符合的程度。合法性是指财政收支、财务收支以及有关经济活动遵守法律、法规或者规章的情况。效益性是指财政收支、财务收支以及有关经济活动实现的经济效益、社会效益和环境效益。"由此可见，我国国家审计的总目标可以概括为真实性、合法性和效益性。

国家审计的三个目标紧密相连，其中真实性是基础，合法性是基本要求，效益性是最终目标。现阶段审计实践中，要同时达到上述三类审计目标往往是不现实的，审计机关一般要根据审计法律法规的要求，根据实际工作中存在的问题，以及社会法制环境状况和审计机关的人力、财力和技术资源等状况，确定审计目标更侧重于哪一方面，即明确审计目标的侧重点。目前，在我国会计信息失真问题较为突出的情况下，审计机关应把真实性审计目标放在重要地位，从最基础的工作做起，通过审计财政、财务收支的真实性，坚决打击各种弄虚作假行为，纠正会计信息失真问题，在确保会计信息真实性的基础上，揭露和查处各种重大违法行为，促进被审计单位改善经营管理，不断提高经济效益和社会效益，逐步实现真实、合法和效益三个目标的统一。

（二）内部审计的总目标

根据审计署2003年4月颁布的《审计署关于内部审计工作的规定》中的相关内容，"内部审计是独立监督和评价本单位及所属单位财政收支、财务收支、经济活动的真实、合法和效益的行为，以促进加强经济管理和实现经济目标。"

中国内部审计协会的《第1101号——内部审计基本准则》规定，"内部审计是一种独立、客观的确认和咨询活动，它通过运用系统、规范的方法，审查和评价组织的业务活动、内部控制和风险管理的适当性和有效性，以促进组织完善治理、增加价值和实现目标。"第五条规定："内部审计的目标、职责和权限等内容应当在组织的内部审计章程中明确规定。"

可见，尽管在内部审计准则中未明确规定内部审计的目标，但基本可以确定，内部审计的总目标是对于被审计单位相关业务的真实性、合法性和效益性进行检查和评价。

（三）社会审计的总目标

《中国注册会计师审计准则第1101号——会计报表审计的目标和一般原则》规定，会计报表审计的目标是注册会计师通过执行审计工作，对会计报表是否按照适用的会计准则和相关会计制度的规定编制，是否在所有重大方面公允反映被审计单位的财务状况、经营成果和现金流量发表审计意见。将会计报表规定为独立审计的总目标：一是因为注册会计师审计的主要业务就是审查被审计单位的会计报表，二是因为会计报表的使用者也希望注册会计师为会计报表做出鉴证，以便于做出正确的经济决策。美国注册公共会计师协会认为，独立审计师对会计报表实施一般检查的目标是对会计报表的编制是否符合公认会计原则，公允地反映财务状况、经营成果和现金流动状况表达意见，由此可见，美国审计师的责任只能依据公认审计准则检查会计报表的公允性，并签发审计报告，而没有检查舞弊行为的责任。

合法性是指被审计单位的会计报表是否按照适用的会计准则和相关会计制度的规定编制。评价会计报表的合法性时，注册会计师应考虑：被审计单位选择和运用会计政策是否符合适用的会计准则和相关的会计制度，并适用于被审计单位的具体情况；管理层做出的会计估计是否合理；会计报表反映的信息是否具有相关性、可靠性和合理性；会计报表是否做出充分披露，使会计报表的使用者能够理解重大交易和事项对被审计单位财务状况、经营成果和现金流量的影响。

公允性是指会计报表是否在所有重大方面公允反映了被审计单位的财务状况、经营成果和现金流量。评价会计报表的公允性时，注册会计师应考虑：经管理层调整后的会计报表是否与注册会计师对被审计单位及其环境的了解一致；会计报表的列报、结构和内容是否合理；会计报表是否真实地反映了交易和事项的经济实质。

会计报表审计属于鉴证业务，注册会计师的审计意见旨在提高会计报表的可信赖程度。由于审计存在固有限制，审计工作不能对会计报表整体不存在重大错报提供绝对保证。虽然会计报表使用者可以根据会计报表和审计意见对被审计单位未来生存能力或管理层的经营效率、经营效果做出某种判断，但审计意见本身并不是对被审计单位未来生存能力或管理层经营效率、经营效果提供的保证。

三、审计具体目标

（一）审计具体目标的含义

具体审计目标是上述总体审计目标在具体审计项目中的细化，从而指导审计项目的具体执行。在一个审计项目中，审计目标也是分层次的，首先将审计项目的总目标分解成若干个子目标，然后将这些子目标再逐个分解为若干个具体的小目标。这个层层分解目标的过程，就是把一个个抽象的问题分解为众多小问题的过程，直到分解出来的问题，审计人员可以直接设计审计程序收集相关审计证据进行回答为止。这些不同层次的审计目标都属于审计项目的具体审计目标的范畴。

具体审计目标包括一般审计目标和项目审计目标。一般审计目标是进行所有项目审计均须达到的目标，项目审计目标则是按每个项目分别确定的目标，只适用于特定的审计项目。

（二）被审计单位管理当局会计报表认定的含义

以财务审计项目为例，其一般审计目标与管理层会计报表认定密切相关。审计的过程就是获取支持管理层会计报表认定的审计证据的过程。

被审计单位管理当局对会计报表的认定是指被审计单位管理层对会计报表中的各类业务（交易和事项）、会计报表和相关账户所做的明确或隐含的陈述或声明。认定与审计目标密切相关，审计人员的基本职责就是确定被审计单位管理层对其会计报表的认定是否恰当。

例如：A公司的资产负债表报告存货如下：

流动资产

存货…………2,650,000元

管理当局在资产负债表中这样报告存货项目，意味着他们做出了以下两项明示性的认定：①存货是存在的；②存货的正确余额是2,650,000元。同时，管理当局也做出了以下三项暗示性认定：①所有应报告的存货，均已包括在内；②所有被报告的存货都归公司所有；③存货的使用不受任何限制。最后一项暗示性认定是根据存货被列为资产负债表中的流动资产项目和报表附注里没做任何说明而得来的。假如这些认定中的任何一项报告有误，那么会计报表就有可能存在重要错报。

实际上，管理当局对会计报表中的所有资产、负债、所有者（股东）权益、收入、费用等都做了与上述情形类似的认定。

（三）被审计单位管理当局会计报表认定的内容

国际审计实务委员会1982年1月公布的《国际审计准则第8号——审计证据》指出，管理当局会计报表认定有七大类：存在、权利和义务、发生、完整性、估价、计量、表达与披露。

我国《独立审计具体准则第5号——审计证据》规定，注册会计师通过实质性测试获取审计证据时，应当考虑以下主要事项：①资产、负债在某一特定时日是否存在；②资产、负债在某一特定时日是否归属于被审计单位；③经济业务的发生是否与被审计单位有关；④是否有未入账的资产、负债或其他交易事项；⑤资产、负债的计价是否恰当；⑥收入与费用是否归属当期，并相互配比；⑦会计记录是否正确；⑧会计报表项目的分类反映是否适当，并前后一致。

根据上述规定，被审计单位管理当局对会计报表所作出的认定主要包括以下五个方面：

表3-1　被审计单位管理当局对会计报表的认定

认定种类	性　质	特　点
存在或发生	存在认定是指资产负债表所列各项资产、负债及所有者权益项目在资产负债表日确实存在；发生认定是指会计报表所列已记录业务在会计期间均已发生	与资产负债表、利润表有关；主要与会计报表组成要素的高估（夸大错误）有关
完整性	在会计报表中所有应列示的交易或事项及相关账户均已列入	与资产负债表、利润表有关；主要与会计报表组成要素的低估（缩小错误）有关
权利和义务	在特定日期，各项资产均属被审计单位的权利，负债均属被审计单位的义务	只与资产负债表有关；其错误会同时影响存在或发生认定和完整性认定
计价和分摊	各项资产、负债及所有者权益、收入和费用类账户均已按适当的方法正确计价，并以适当的金额列入会计报表	与所有报表有关；其错误一定影响金额，包括总值估价、净值估价和计算精确性三方面内容
表达与披露	会计报表上的特定组成要素已被适当地加以分类、说明和披露	与所有报表有关；其错误属分类不当或披露不充分

（四）被审计单位管理当局会计报表认定的分类

按照与企业经济活动的关系，通常认为，被审计单位管理当局的认定包含以下三类。

1. 与各类交易和事项相关的认定

被审计单位管理当局对被审计期间的各类交易和事项运用的认定主要有下列类别：①发生性：记录的交易和事项已发生，且与被审计单位有关。②完整性：所有应当记录的交易和事项均已记录。③准确性：与交易和事项有关的金额及其他数据已恰当记录。④截止：交易和事项已记录于正确的会计期间。⑤分类：交易和事项已记录于恰当的账户。

2. 与期末账户余额相关的认定

被审计单位管理当局对被审计期间期末账户余额运用的认定主要有下列类别：①存在性：是指包含在资产负债表内的资产、负债和所有者权益在资产负债表日确实存在。②权利和义务：是指在某一特定日期，各项资产确属被审计单位的权利，各项负债确属被审计单位的义务。权利与义务认定只与资产负债表的构成要素有关。③完整性：所有应当的资产、负债和所有者权益均已记录。④计价和分摊：资产、负债和所有者权益以恰当的金额包括在会计报表中，与之相关的计价或分摊调整已恰当记录。

3. 与列报相关的认定

被审计单位管理当局对被审计期间财务报告的列报运用的认定主要有下列类别：①发生及权利和义务：披露的交易、事项和其他情况已发生，且与被审计单位有关。②完整性：所有应当包括在会计报表中的披露均已包括。③分类和可理解性：财务信息已被恰当地列报和描述，且披露内容表述清楚。④准确性和计价：财务信息和其他信息已公允披露，且金额恰当。

（五）财务审计的一般审计目标

与被审计单位管理当局的认定相对应，财务审计项目的一般审计目标包括以下几个方面：

1. 与各类交易和事项相关的审计目标

（1）发生

由发生认定推导的审计目标是确认已记录的交易是真实的。发生认定所要解决的问题是管理层是否把那些不曾发生的项目列入会计报表，它主要与会计报表组成要素的高估有关。

（2）完整性

由完整性认定推导的审计目标是确认已发生的交易确实已经记录。完整性认定与发生认定处理的是相反的事项。发生目标对潜在的高估；完整性目标则针对漏记交易（低估），它主要与会计报表要素的低估有关。

（3）准确性

由准确性认定推导出的审计目标是确认已记录的交易是按正确金额反映的。

（4）截止

由截止认定推导出的审计目标是确认接近于资产负债表日的交易记录于恰当的期间。

（5）分类

由分类认定推导出的审计目标是确认被审计单位记录的交易经过适当分类。

2. 与期末账户余额相关的审计目标

（1）存在

由存在认定推导的审计目标是确认记录的金额确实存在。

（2）权利和义务

由权利和义务认定推导的审计目标是确认资产归属于被审计单位，负债属于被审计单位的义务。

（3）完整性

由完整性认定推导的审计目标是确认已存在的金额均已记录。

（4）计价和分摊

资产、负债和所有者权益以恰当的金额包括在会计报表中，与之相关的计价或分摊调整已恰当记录。

3. 与列报相关的审计目标

（1）发生及权利和义务

将没有发生的交易、事项，或与被审计单位无关的交易和事项包括在会计报表中，则违反该目标。

（2）完整性

如果应当披露的事项没有包括在会计报表中，则违反该目标。

（3）分类和可理解性

财务信息已被恰当地列报和描述，且披露内容表述清楚。

（4）准确性和计价

财务信息和其他信息已公允披露，且金额恰当。

四、影响审计目标确立的因素

（一）审计要求对审计目标形成的影响

具体审计项目不同的审计要求决定了其审计目标的不同。审计要求主要表现在以下几个方面：要求揭示经济活动中的错误和舞弊，并对错误和舞弊加以防范；要求对已经审查过的会计报表的真实性、公允性和会计处理方法的一贯性发表审计意见；要求对经济资源利用的合理性、有效性提出报告和改进意见；要求对未来财务发展趋势及盈利预测进行评估。

（二）审计能力的影响

审计能力的有限性决定了审计满足社会需求的有限性，它在审计目标的确立中起着决定性的制约作用。只有当审计具备了满足社会需求的能力时，这种社会需求才能成为审计目标。

（三）社会环境的影响

社会环境对审计目标确立的影响有：国家法律对审计目标确立的影响。英国的《公司法》、美国的《证券法》《证券交易法》的颁布，使法定审计成为可能，同时也明确了独立审计目标。国家法律根据社会需求对审计目标做出的规定，带有强制性，注册会计师必须遵守；法庭判决对审计目标确立的影响。英美等国法庭对诉讼案件的判决结果及判决原则被看作一种案例法，审计范围和审计准则的内容也随之发生相应的变化。

（四）会计职业团体对审计目标确立的影响

20世纪七八十年代，美国注册会计师协会制定的众多新的《审计准则说明书》对确立审计目标发挥了重要的作用。

综上所述，审计目标是不同时期社会期望、审计能力及社会环境的协调统一作用下的产物。这三个因素在审计目标的确立过程中分别起了不同的作用。

第二节 审计业务流程

一、审计业务流程的意义

（一）审计业务流程的概念

审计业务流程是指审计人员在具体的审计过程中所采取的行动和步骤。广义的审计业务流程是指审计人员从接受审计项目开始，到审计工作结束的全部过程，一般可以划分为三个阶段：准备阶段、实施阶段和终结阶段。狭义的审计流程指审计人员在取得审计证据完成审计目标的过程中所采取的步骤和方法。

（二）审计流程规范化的意义

审计程序是保证审计目标实现的手段，只有设计并遵循合理、科学的审计程序，审计人员才能收集到具有充分证明力的审计证据，对审计事项做出审计评价结论。审计程序是确定审计方法的前提，只有在确定出科学、合理和规范的程序的基础上，审计人员才能选定适用的审计方法，高效地实施审计。严格执行审计程序是审计工作规范化的要求，有利于审计工作有条不紊地进行，防止工作中的忙乱，提高审计工作效率，用较少的人力和时间完成审计工作；避免工作中的疏漏，有利于发现和抓住被审计单位存在的问题，减少审计人员失误的可能性，保证审计工作的质量；降低审计风险，提高审计效率，减少资源消耗；可以保障审计组织和审计人员依法审计，避免审计过程中的纠纷和法律诉讼，保障审计人员和被审计单位的合法权益。

（三）制度基础审计的流程

制度基础审计，是审计模式发展的第二个阶段，大约产生于20世纪40年代，是指审计人员的审计工作建立在对内部控制制度评审的基础上。审计人员从研究和分析内部控制入手，通过符合性测试，评价内部控制制度中的强点和弱点，根据内部控制制度的状况来确定对被审计项目进行实质性程序时抽样的重点和数量。如果被审计单位的内部控制制度较差，或者内部控制制度不能有效执行，审计人员就应扩大审计的范围和抽样的数量，直至采用详细审计。

制度基础审计的具体业务流程如下：①确定审计的目标。②了解内部控制制度，并予以描述。③内部控制制度的初步评价。如果评价的结果说明内部控制制度很差，则可直接采用实质性测试。④符合性测试。⑤符合性测试结果的评价，并据以决定实质性测试的水平。如果内部控制制度不可信赖，则采用详细审计。⑥实质性测试。⑦实质性测试结果的评价。⑧撰写审计报告。

二、审计程序与审计目标的实现

审计程序是指审计工作从开始到结束的整个过程。审计程序的主要内容，包括接受业务委托、计划审计工作、实施风险评估程序、实施控制测试和实质性程序及完成审计工作和编制审计报告。只有设计并遵循科学、合理、规范的审计程序，审计人员才能选定适用的审计方法高效地实施审计，收集到具有充分证明力的审计证据，对审计事项进行审计评价。

不同类型的审计其审计程序具有其各自的特点，基本上需要经历以下五个阶段。

（一）接受业务委托或确定审计项目

接受委托或确定审计项目前，审计人员应当初步了解审计业务环境，包括：业务约定事项、审计对象特征、使用的标准、预期使用者的需求、责任方及其环境的相关特征，以及可能对审计业务产生重大影响的事项、交易、条件和惯例等其他事项。

只有在了解后认为符合胜任能力、独立性和应有关注等职业道德要求，并且拟承接的业务具备下列所有特征时，审计人员才能将其作为审计业务予以承接：①审计对象适当；②使用的标准适当且预期使用者能够获取该标准；③审计人员能够获取充分、适当的证据以支持其结论；④审计人员的审计结论以书面报告形式表述，且表述形式与所提供的保证程度相适应；⑤该业务具有合理的目的。

接受业务委托阶段的主要工作包括：了解和评价审计对象的可审性；决策是否考虑接受委托；商定业务约定条款；签订审计业务约定书等。

（二）计划审计工作

计划审计工作主要包括：①在本期审计业务开始时开展的初步业务活动；②制定总体审计策略；③制定具体审计计划等。

1. 计划审计工作的总体要求

计划审计工作是指审计人员为了完成年度会计报表的审计业务，达到预期的审计目标，在具体执行审计程序之前对审计工作所做的合理规划和安排，即制定审计计划。

计划审计工作包括针对审计业务制定总体审计策略和具体审计计划，以将审计风险降至可接受的低水平。

2. 初步业务活动

针对保持客户关系和具体审计业务实施相应的质量控制程序：①评价遵守职业道德规范的情况，包括评价独立性；②及时签订或修改审计业务约定书。

3. 总体审计策略

总体审计策略是对审计的预期范围和实施方式所做的规划，是审计人员接受审计委托到出具审计报告整个过程基本工作内容的综合计划。在制定总体审计策略时，审计人员应当考虑下列主要事项，同时这些事项也会影响具体审计计划。

（1）审计范围

审计人员应当确定审计业务的特征，包括采用的会计准则和相关会计制度、特定行业的报告要求以及被审计单位组成部分的分布等，以界定审计范围。

（2）报告目标

审计报告目标包括提交审计报告的时间要求，预期与管理层和治理层沟通的重要日期等。

（3）审计方向

审计方向包括确定适当的重要性水平，初步识别可能存在较高的重大错报风险的领域，初步识别重要的组成部分和账户余额，评价是否需要针对内部控制的有效性获取审计证据，识别被审计单位所处行业财务报告要求及其他相关方面发生的重大变化等。

总体审计策略中包括的内容：总体审计策略应能恰当地反映审计人员考虑审计范围、报告目标和审计方向的结果。

（三）实施风险评估程序

风险评估程序为审计人员确定重要性水平，识别需要特别考虑的领域、设计和实施进一步审计程序等工作提供了重要基础。实施风险评估程序的主要工作包括：①了解被审计单位及其环境；②识别和评估会计报表层次以及各类交易、账户余额、列报认定层次的重大错报风险，包括确定需要特别考虑的重大错报风险（即特别风险）以及仅通过实施实质性程序无法应对的重大错报风险等。

（四）实施控制测试和实质性程序

有两种情况应对实施控制测试：一是在评估认定层次重大错报风险时，预期控制的运行是有效的，审计人员应当实施控制测试以支持评估结果；二是仅实施实质性程序不足以提供认定层次充分、适当的审计证据，审计人员应当实施控制测试，以获取内部控制运行有效性的审计证据。

实质性程序是指审计人员针对评估的重大错报风险实施的直接用以发现认定层次重大错报的审计程序。它包括对各类交易、账户余额、列报的细节测试以及实质性分析程序。

由此可见，风险评估程序和实质性程序是每次会计报表审计都应实施的必要程序，而控制测试则不是。

（五）完成审计工作和编制审计报告

本阶段主要工作有：①审计期初余额、比较数据、期后事项和或有事项；②考虑持续经营问题和获取管理层声明；③汇总审计差异，并提请被审计单位调整或披露；④复核审计工作底稿和会计报表；⑤与管理层和治理层沟通；⑥评价所有审计证据，形成审计意见；⑦编制审计报告等。

三、国家审计的审计流程

国家审计的审计流程通常包括制定审计计划、审计实施和审计报告三个阶段。

（一）审计计划阶段

国家审计机关在审计计划阶段主要工作包括编制年度审计项目计划和审计机关业务部门编制审计工作方案。

1. 制定审计项目计划阶段

审计项目计划是审计机关在每个审计工作年度开始之前，对计划期内的审计项目和专项审计调查项目做出的统一安排。审计机关应当根据法定的审计职责和审计管辖范围，首先调查审计需求，初步选择审计项目，再对初选审计项目进行可行性研究，确定备选审计项目及其优先顺序，在评估审计机关可用审计资源基础上，确定审计项目，编制年度审计项目计划。

（1）审计项目计划的组成

审计机关的审计项目计划主要由以下几部分组成，包括：①上级审计机关统一组织开展的审计项目；②上级审计机关授权下级审计机关审计的、属于上级审计机关审计管辖范围内的审计项目；③各级政府按照一定程序，要求审计机关进行审计的项目；④本级政府以外其他领导或权力部门等要求审计机关审计的项目，或其他部门委托审计机关审计的项目，或提请审计机关配合审计的项目；⑤接受群众举报、公众关注的事项，审计机关决定应当实施审计的项目；⑥各级审计机关根据自身的审计力量状况，经分析相关数据认为应当列入审计，在本机关审计管辖和分工范围内自行安排审计的项目。

（2）审计项目计划的内容及管理

审计机关年度审计项目计划的内容主要包括：①审计项目名称；②审计目标，即实施审计项目预期要完成的任务和结果；③审计范围，即审计项目涉及的具体单位、事项和所属期间；④审计重点；⑤审计项目组织和实施单位；⑥审计资源。采取跟踪审计方式实施的审计项目，年度审计项目计划应当列明跟踪的具体方式和要求。专项审计调查项目的年度审计项目计划应当列明专项审计调查的要求。

审计项目计划由文字和表格两部分组成。文字部分内容包括：①上年度审计项目计划完成情况；②本年度审计项目安排的依据和指导思想；③审计目的；④完成计划的主要措施等。表格部分的内容包括：①审计项目名称、类别、级别和数量；②完成审计项目的时间要求和责任单位；③被审计单位名称及其主管部门和所在地区等。

审计项目计划管理是指审计机关对于审计项目计划的编制、协调和调整，以及对于审计项目计划的执行情况进行报告、检查和考核等。审计项目计划管理实行统一领导、分级负责制。审计署负责管理审计署统一组织的审计项目计划和署本级的审计项目计划,并负责指导全国审计项目计划的管理工作。县级以上地方各级审计机关负责本地区审计项目计划的管理工作。

(3)审计项目计划的编制

实际工作中,属于审计署统一组织实施的审计项目计划,应先由审计署各专业审计司于每年10月底前提出安排意见,再由综合机构汇总提出计划草案,并于11月份征求有关地方审计机关和署派出机构的意见,经审计长办公会议审议后下达。审计署有关专业审计司、署派出机构和各省级审计机关,应根据审计署下达的审计项目计划,及时编制出本单位或本地区的审计项目计划,并于规定时间前报审计署办公厅综合机构汇总协调后,报署领导审批。

审计机关在年度审计项目计划中确定对国有资本占控股地位或主导地位的企业、金融机构进行审计的,应当自确定之日起7日内告知列入年度审计项目计划的企业、金融机构。

(4)审计项目计划的调整

经过审批确定的审计项目计划,规定了审计机关在一定时期内的工作目标和责任,是审计机关开展审计工作的重要依据。年度审计项目计划一经下达,审计项目组织和实施单位应当确保完成,不得擅自变更。如果确因特殊情况需要调整时,应当按照规定的程序报批,经批准后,方可进行调整。

(5)审计项目计划执行情况的报告、检查和考核

审计机关必须建立审计项目计划执行情况的报告制度,报告内容包括:计划执行进度和计划执行中发现的主要问题及措施、建议等。如果是由审计署统一组织的审计项目计划,则审计署各有关专业审计司、署派出机构和省级审计机关应分别于每年10月和次年4月向审计署提出审计项目计划执行情况的综合报告。

2. 编制审计工作方案

审计工作方案是审计机关为了统一组织多个审计组对部门、行业或者专项资金等审计项目实施审计而制定的总体工作计划,由负责审计项目组织工作的审计机关编制,并下达到具体承担审计任务的审计机关执行。审计机关业务部门编制审计工作方案,应当根据年度审计项目计划形成过程中调查审计需求、进行可行性研究的情况,开展进一步调查,对审计目标、范围、重点和项目组织实施等进行确定。

审计工作方案的内容主要包括:审计目标、审计范围、审计内容和重点、审计工作组织安排、审计工作要求。

审计机关业务部门编制的审计工作方案应当按照审计机关规定的程序审批,在年度审计项目计划确定的实施审计起始时间之前,下达到审计项目实施单位。

审计组在实施审计时,如果认为需要对审计工作方案进行调整的,需报经原制定机关批准。

(二)审计实施阶段

国家审计的审计实施阶段是指从审计机关根据审计项目计划所确定的审计项目,选派审计人员组成审计组,到制定审计方案,并对内部控制状况进行初步调查与评

价，对被审计单位进行实质性测试并检查重大违法行为的这一段时间。实施阶段的工作主要包括：

1. 成立审计组，并组织审前学习和调查

审计机关应当根据审计项目计划所确定的审计事项，按照项目特点和要求，综合考虑人员素质、审计项目人员的连续性、回避制度的需要等诸多因素的前提下，选派适当的审计人员组成审计小组。审计组由审计组组长和其他成员组成，审计组实行审计组组长负责制。审计组组长由审计机关确定，审计组组长可以根据需要在审计组成员中确定主审，主审应当履行其规定职责和审计组组长委托履行的其他职责。

2. 发出审计通知书，提出书面承诺要求

按照《审计法》的规定，审计机关应当根据年度审计项目计划的安排，在实施审计3日前，向被审计单位送达审计通知书，特殊情况经本级人民政府批准，审计机关可以直接持审计通知书实施审计。审计通知书应由审计机关的负责人签发，在发送被审计单位的同时，还应抄送被审计单位的上级主管部门和有关部门。

审计通知书的内容主要包括被审计单位名称、审计依据、审计范围、审计起始时间、审计组组长及其他成员名单和被审计单位配合审计工作的要求。同时，还应当向被审计单位告知审计组的审计纪律要求。采取跟踪审计方式实施审计的，审计通知书应当列明跟踪审计的具体方式和要求。专项审计调查项目的审计通知书应当列明专项审计调查的要求。

为明确审计双方的责任，审计小组在执行审计业务时，应实行承诺制度，一方面，审计机关在向被审计单位送达审计通知书的同时，应当书面要求被审计单位负责人就与审计事项有关的会计资料的真实、完整和其他相关情况做出承诺。另一方面，审计组在实施审计过程中，还应当根据情况，随时向被审计单位提出书面承诺要求。被审计单位要对其做出的承诺承担责任。承诺书可以与通知书一起送交被审计单位，被审计单位负责人要在做出承诺和签字后，按规定时间交回审计组。审计组应将被审计单位交回的承诺书作为审计证据编入审计工作底稿。

3. 调查了解被审计单位

审计组在发出审计通知书后，应根据审计目标和被审计单位的实际情况，运用职业判断确定调查了解的范围和程度。对于定期审计项目，审计人员可以利用以往审计中获得的信息，重点调查了解已经发生变化的情况。通过调查了解被审计单位及其相关情况，为做出下列职业判断提供基础：①确定职业判断适用的标准；②判断可能存在的问题；③判断问题的重要性；④确定审计应对措施。

审计人员可以从下列方面调查了解被审计单位及其相关情况：①单位性质、组织结构；②职责范围或者经营范围、业务活动及其目标；③相关法律法规、政策及其执行情况；④财政财务管理体制和业务管理体制；⑤适用的业绩指标体系以及业绩评价情况；⑥相关内部控制及其执行情况；⑦相关信息系统及其电子数据情况；⑧经济环境、行业状况及其他外部因素；⑨以往接受审计和监管及其整改情况；⑩需要了解的其他情况。

为合理确定审计风险，突出审计重点，并确保审计方案的切实可行，审计人员还应当对被审计单位的内部控制状况进行调查，并对其可信赖程度做出初步评价，初步评价内容主要包括内部控制设置的健全性和合理性两个方面。审计人员可以从下列方面调查了解被审计单位相关内部控制及其执行情况：①控制环境，即管理模式、组织结构、责权配置、人力资源制度等；②风险评估，即被审计单位确定、分析与实现内部控制目标相关的风险，以及采取的应对措施；③控制活动，即根据风险评估结果采取的控制措施，包括不相容职务分离控制、授权审批控制、资产保护控制、预算控制、业绩分析和绩效考评控制等；④信息与沟通，即收集、处理、传递与内部控制相关的信息，并能有效沟通的情况；⑤对控制的监督，即对各项内部控制设计、职责及其履行情况的监督检查。

审计人员可以采取下列方法调查了解被审计单位及其相关情况：①书面或者口头询问被审计单位内部和外部相关人员；②检查有关文件、报告、内部管理手册、信息系统的技术文档和操作手册；③观察有关业务活动及其场所、设施和有关内部控制的执行情况；④追踪有关业务的处理过程；⑤分析相关数据。

审计人员在调查了解被审计单位及其相关情况的过程中，可以选择下列标准作为职业判断的依据：①法律、法规、规章和其他规范性文件；②国家有关方针和政策；③会计准则和会计制度；④国家和行业的技术标准；⑤预算、计划和合同；⑥被审计单位的管理制度和绩效目标；⑦被审计单位的历史数据和历史业绩；⑧公认的业务惯例或者良好实务；⑨专业机构或者专家的意见；⑩其他标准。审计人员应当结合适用的标准，分析调查了解的被审计单位及其相关情况，判断被审计单位可能存在的问题。

4. 编制审计实施方案

审计实施方案是审计组为了完成审计项目任务，从发送审计通知书到处理审计报告全部过程的工作安排，是保证审计工作取得预期效果的重要手段，也是审计机关检查、控制审计质量和进度的基本依据。审计实施方案由审计组编制，经审计组所在部门负责人审核，报审计机关主管领导批准后，由审计组负责实施。审计组编制审计实施方案前，应当调查了解被审计单位的有关情况，运用重要性和谨慎性原则，在评估被审计单位存在重要问题的可能性的基础上，围绕审计目标确定审计的范围、内容、步骤和方法。对于审计机关已经下达审计工作方案的，审计组应当按照审计工作方案的要求编制审计实施方案。在实施审计时，审计组应当对被审计单位相关内部控制进行测试、分析和评价的基础上进一步确定审计重点、步骤和方法，必要时可以调整审计实施方案。

审计实施方案的主要内容包括：①编制的依据；②被审计单位的名称和基本情况；③审计的目标；④审计的范围；⑤审计内容、重点及审计措施，包括审计事项和审计应对措施；⑥重要性的确定及审计风险的评估；⑦审计工作要求，包括项目审计进度安排、审计组内部重要管理事项及职责分工等；⑧审计组组长、审计组成员及其分工；⑨编制的日期；⑩其他有关内容。

采取跟踪审计方式实施审计的，审计实施方案应当对整个跟踪审计工作做出统筹安排。专项审计调查项目的审计实施方案应当列明专项审计调查的要求。

5. 进入被审计单位

根据审计通知书所确定的实施审计的时间,审计组可进入被审计单位开展具体审计事宜。如果审计机关执行的是报送审计,则审计组不进入被审计单位,审计通知书应提前寄发,并向被审计单位开列详细的送审资料清单。

6. 对被审计单位进行内部控制测试

在审计实施阶段,审计人员认为存在下列情形之一的,应当测试相关内部控制的有效性:①某项内部控制设计合理且预期运行有效,能够防止重要问题的发生;②仅实施实质性审查不足以为发现重要问题提供适当、充分的审计证据。

审计人员开展内部控制测试,深入审查收集有关资料,据此对内部控制的可信赖程度做出总体评价。审计组应当根据对被审计单位内部控制测评的结果,重新审查原拟定的审计方案的可行性。如果发现原审计方案所确定的对内部控制的依赖水平及由此确定的审计重点、范围、具体实施步骤和方法与内部控制测评的结果不符,则必须按照规定的程序及时修订审计方案,对实质性测试的范围和重点做出切合实际的调整。修订后的审计方案需经派出审计组的审计机关主管领导批准后方可组织实施。

被审计单位规模较小、业务比较简单的,审计人员可以对审计事项直接进行实质性审查。审计人员决定不依赖某项内部控制的,可以对审计事项直接进行实质性审查。

7. 对被审计单位进行实质性测试

审计人员需要正确运用各种具体的审计技术方法,包括检查、监盘、观察、询问、函证、计算、分析性复核等方法,对被审计单位的现金、实物、有价证券、银行开户情况、会计凭证、会计账簿、会计报表和有关的经济业务进行审查,取得具有充分证明力的审计证据,并认真编制审计工作底稿,为撰写审计报告提供依据。审计人员获取的审计证据,应当具有适当性和充分性。审计人员为取得审计证据向有关部门和人员进行调查时,应当出示自己的工作证件和审计通知书副本。

审计组对于实施审计过程中的重要事项以及审计人员做出的专业判断,均应记入审计工作底稿。如遇到的问题重大,应当及时向审计机关请示汇报。审计机关对审计组的工作情况应随时进行监督检查,对于审计组成员在审计过程中的重大过失和违法行为,应当追究其责任。

此外,审计组在实施审计时,可以利用经核实确认后的内部审计机构或社会审计组织的审计结果。在审计中如有特殊需要,还可以聘请专门机构或专家参与某些特殊项目的审计。审计组在计算机信息系统环境下进行审计时,不应改变审计方案所确定的审计目标和范围。

8. 检查重大违法行为

审计人员执行审计业务时,应当保持职业谨慎,充分关注可能存在的重大违法行为。重大违法行为是指被审计单位和相关人员违反法律法规、涉及金额比较大、造成国家重大经济损失或者对社会造成重大不良影响的行为。审计人员检查重大违法行为,应当评估被审计单位和相关人员实施重大违法行为的动机、性质、后果和违法构成。

审计人员调查了解被审计单位及其相关情况时，可以重点了解可能与重大违法行为有关的下列事项：①被审计单位所在行业发生重大违法行为的状况；②有关的法律法规及其执行情况；③监管部门已经发现和了解的与被审计单位有关的重大违法行为的事实或者线索；④可能形成重大违法行为的动机和原因；⑤相关的内部控制及其执行情况；⑥其他情况。审计人员根据被审计单位实际情况、工作经验和审计发现的异常现象，判断可能存在重大违法行为的性质，并确定检查重点。审计人员在检查重大违法行为时，应当关注重大违法行为的高发领域和环节。

发现重大违法行为的线索，审计组或者审计机关可以采取下列应对措施：①增派具有相关经验和能力的人员；②避免让有关单位和人员事先知晓检查的时间、事项、范围和方式；③扩大检查范围，使其能够覆盖重大违法行为可能涉及的领域；④获取必要的外部证据；⑤依法采取保全措施；⑥提请有关机关予以协助和配合；⑦向政府和有关部门报告；⑧其他必要的应对措施。

（三）审计报告阶段

审计报告阶段的主要工作内容包括：①编审、复核、审理、签发审计报告和审计决定；②公布审计结果；检查审计整改情况；③整理审计文件，进行审计小结。

1. 编审、复核、审理、签发审计报告和审计决定

（1）整理归纳审计证据和审计工作底稿

审计组在撰写审计报告前应集中所有审计人员手中的审计证据和审计工作底稿，并按照审计项目的性质和内容进行分类、归集、排序和分析整理。如果发现审计工作底稿中存在事实不清、证据不足的情况，应及时采取补救措施以保证审计证据的充分性。

审计组组长或其授权的委托人要对审计工作底稿进行复核，并签署复核意见。经复核审定后的审计工作底稿，不得再增删或修改，如确需改动，应当另行编制审计工作底稿并做出书面说明。

（2）拟定提纲，撰写审计报告

按照《审计法》的规定，审计组对审计事项实施审计后，应当向审计机关提出审计组的审计报告。为保证审计报告的质量，撰写报告前，应先拟定审计报告提纲，对审计报告应说明的事项做出初步认定。

审计报告一般应由审计组组长负责统一起草，也可按审计方案中的人员分工，由各部分主审人员分别提出所审部分的报告初稿，然后由审计组组长综合。初稿完成后，应交由审计组充分讨论，修改完善。凡重大问题的定性和处理建议，应事先征求派出审计机关领导的意见。

审计组在向审计机关提交审计报告前，应当书面征求被审计单位的意见。被审计单位应自接到审计组的审计报告之日起10日内，提出书面意见。审计组应当针对被审计单位所提出的书面意见，进一步核实情况，对审计组的审计报告作必要修改。如果被审计单位在规定的期限内没有提出书面意见，则可视其对审计报告没有异议，并由审计人员在报告中予以注明。审计报告定稿后，由审计组组长签字或盖章。提交审计

报告时，应连同被审计单位反馈的书面意见及审计组的书面说明，一并报送派出审计组的审计机关。

采取跟踪审计方式实施审计的，审计组在跟踪审计过程中发现的问题，应当以审计机关的名义及时向被审计单位通报，并要求其整改。跟踪审计实施工作全部结束后，应当以审计机关的名义出具审计报告。审计报告应当反映审计发现但尚未整改的问题，以及已经整改的重要问题及其整改情况。

专项审计调查报告除符合审计报告的要素和内容要求外，还应当根据专项审计调查目标重点分析宏观性、普遍性、政策性或者体制、机制问题并提出改进建议。

（3）审计机关对审计报告进行复核和审定，出具审计决定书

审计机关在收到审计组提交的审计报告后，应由专门的复核机构或专职的复核人员，对审计报告进行复核，并提出复核意见。审计报告经复核后，由审计机关进行审定。一般审计事项的审计报告，可以由审计机关主管领导审定；重大事项的审计报告，应由审计机关审计业务会议审定。

对审计或者专项审计调查中发现被审计单位违反国家规定的财政收支、财务收支行为，依法应当由审计机关在法定职权范围内做出处理处罚决定的，审计机关应当出具审计决定书。

2. 公布审计结果

审计机关依法实行公告制度，审计机关的审计结果、审计调查结果依法向社会公布，审计机关公布审计和审计调查结果应当客观公正。审计机关公布的审计和审计调查结果主要包括下列信息：①被审计（调查）单位基本情况；②审计（调查）评价意见；③审计（调查）发现的主要问题；④处理处罚决定及审计（调查）建议；⑤被审计（调查）单位的整改情况。

在公布审计和审计调查结果时，审计机关不得公布下列信息：①涉及国家秘密、商业秘密的信息；②正在调查、处理过程中的事项；③依照法律法规的规定不予公开的其他信息。涉及商业秘密的信息，经权利人同意或者审计机关认为不公布可能对公共利益造成重大影响的，可以予以公布。

3. 检查审计整改情况

审计机关应当建立审计整改检查机制，督促被审计单位和其他有关单位根据审计结果进行整改。审计组在审计实施过程中，应当及时督促被审计单位整改审计发现的问题。审计机关在出具审计报告、做出审计决定后，应当在规定的时间内检查或者了解被审计单位和其他有关单位的整改情况。审计机关主要检查或者了解下列事项：①执行审计机关做出的处理处罚决定情况；②对审计机关要求自行纠正事项采取措施的情况；③根据审计机关的审计建议采取措施的情况；④对审计机关移送处理事项采取措施的情况。

审计机关可以采取下列方式检查或者了解被审计单位和其他有关单位的整改情况：①实地检查或者了解；②取得并审阅相关书面材料；③其他方式。

对于定期审计项目，审计机关可以结合下一次审计，检查或者了解被审计单位的整改情况。检查或者了解被审计单位和其他有关单位的整改情况应当取得相关证明材

料。审计机关指定的部门负责检查或者了解被审计单位和其他有关单位整改情况，并向审计机关提出检查报告。

4. 整理审计文件，进行审计小结

审计组在项目审计过程中向被审计单位借阅的各种资料，应在审计结束后整理全部归还被审计单位，并办理必要的归还手续。在提交审计报告后，审计人员应将需要保存的审计文件按照一定的规则进行归集和整理，建立审计档案，并及时移交档案管理部门负责保管。

当所有属于审计组的审计工作程序完成后，审计组应及时对本项目进行总结，以便在今后的工作中克服不足之处，不断提高审计工作质量。

（四）审计流程的延续

后续跟踪审计和复审主要适用于国家审计、部门审计等强制性审计的情况。

后续跟踪审计是审计机关检查被审计单位执行审计结论和决定的审计，对于维护审计决定的严肃性，实现审计工作的目的，增强审计机关的权威性，具有重要意义。后续审计是针对审计决定落实情况和审计建议采纳情况进行的审计，应在年初列入审计项目计划，按照审计项目执行程序进行，同其他审计项目一样，需要按照要求提交审计报告。如果发现被审计单位超过90日仍未执行审计决定，则审计机关应当报告人民政府或者提请有关主管部门在法定的职权范围内依法做出处理，或者向人民法院提出强制执行的申请。但是，如果在后续跟踪过程中发现审计报告和审计决定存在不当之处，审计机关应进行复查予以纠正，并重新做出审计决定。

复审是审计机关对原来的审计工作进行全部或部分的复查，以确定原来所做的审计结论的正确性。引起复审的原因可以归纳为以下三个方面：①被审计单位对审计结论提出异议；②审计机关对于审计小组的工作进行检查，为保证审计质量进行复审；③法律诉讼引起复审。

在审计实践中，后续跟踪审计和复审的重点和范围，一般只限于审计决定中所涉及的内容。

四、社会审计的审计程序

社会审计的审计程序由准备阶段、实施阶段和终结阶段三个阶段组成。由于社会审计与国家审计、内部审计的审计主体所处地位、履行的职能、所承担的社会责任的不同，其审计程序有其自身的独特性，主要体现在两个方面：一是由于社会审计是受托审计，因此社会审计通常不编制年度审计项目计划；二是由于社会审计组织不具有行政处理处罚权，因此社会审计在出具审计报告后，不做出审计处理处罚的决定。

（一）准备阶段

1. 成立审计组，并组织审计前学习和调查，了解被审计单位的基本情况

会计师事务所应当根据审计项目计划（或委托）所确定的审计事项，按照其特点

和要求，选派适当的审计人员组成审计组，并指定审计组组长，审计组实行审计组组长或主审负责制。

成立审计组时应注意三个方面的问题：①人员素质。对于有特殊需要的项目，审计机构可以从外部聘请有关专家。②保持连续性。审计组中应尽量包括曾经对该项目进行过审计的人员或以此类人员为主，保持审计人员的连续性，还有利于检查被审计单位对以往审计决定的落实情况。必要时也需对审计人员作适当轮换。③严格遵守回避制度。凡是与被审计单位或审计事项有利害关系的人员，均不得进入审计组。

审计人员一般需要了解被审计单位以下基本情况：①被审计单位的业务性质、经营规模以及所属行业的基本情况；②被审计单位的经营情况及经营风险；③被审计单位的组织结构和内部控制制度；④关联方及关联交易的情况；⑤以前年度接受审计的情况；⑥其他需要了解的相关事项。

审计人员了解被审计单位的基本情况的方法主要包括：①查阅上一年度的工作底稿；②查阅行业业务经营资料；③查阅公司章程、重要的合同及协议、董事会和股东大会的会议记录等；④实地察看被审计单位的生产经营环境；⑤询问内部审计人员和管理当局等。

2. 签订审计业务约定书

审计业务约定书是审计机构与委托人共同签订的，据以确认审计业务的委托与受托关系，明确委托目的、审计范围及双方责任与义务等事项的书面合约。

审计业务约定书应当包括以下基本内容：①签约双方的名称；②委托目的；③审计范围；④会计责任与审计责任；⑤签约双方的义务；⑥审计报告的使用责任；⑦审计收费；⑧违约责任；⑨应当约定的其他事项。

审计业务约定书由审计机构和委托人双方的法定代表人，或其授权的代表签订，并加盖委托人和审计机构的印章。对审计业务约定书概念的理解需注意以下几点：①审计业务约定书是由会计师事务所与委托方共同签订的；②签订审计业务约定书的目的是确认审计业务的委托与受托关系；③审计业务约定书应当明确委托目的、审计范围及双方应承担的责任与义务，即委托目的、审计范围及双方应承担的责任与义务构成了审计业务约定书的主要内容；④签订审计业务约定书时，必须采用书面形式，而不能采用口头形式；⑤审计业务约定书是一种合约，即审计业务约定书是一份经济合同文书；⑥审计业务约定书具有法定约束力，即审计业务约定书不仅在法律上约束着会计师事务所履行其责任，也约束着委托人履行其责任，任何一方违约，都要追究责任。

会计师事务所接受审计委托时应采取以下步骤：①初步了解被审计单位的基本情况；②评价自身执行审计业务的能力；③评价自身的独立性；④评价自身保持应有的谨慎（关注）的能力；⑤签订审计业务约定书。

3. 初步评价被审计单位的内部控制制度

初步评价实际上就是评价被审计单位的内部控制制度在防止或发现重要的错报或漏报中有效性的过程。内部控制制度的初步评价主要包括对其健全性和合理性的评价。

4. 确定重要性

重要性是指被审计单位会计报表中错报或漏报的严重程度，这一程度在特定的环境下可能影响会计报表使用者的判断或决策。

重要性与可容忍误差之间的关系。审计人员应根据编制审计计划时对审计重要性所做的评估，确定实质性测试的可容忍误差。重要性与可容忍误差之间的关系密切，实际上，账户层次的重要性水平就是实质性测试的可容忍误差。

5. 分析审计风险

审计风险是指会计报表存在重大的错报或漏报，而审计人员发表不恰当审计意见的可能性。

审计风险与审计证据的关系：

第一，一般而言，计划的审计风险水平越高，对审计证据的充分性要求就越低，即对审计证据的数量要求就越低；反之，则相反。两者呈一种反向变动关系。例如，计划审计风险水平为5%所需的审计证据，就比计划审计风险水平为10%所需的审计证据多。

第二，由于审计证据是通过实质性测试获取的，进一步从审计风险各组成要素的角度分析，在一定的总体审计风险计划水平的要求下，固有风险和控制风险的计划水平越高，对检查风险的计划水平的要求就越低，进而对审计证据的充分性的要求就越高；反之，则相反。因此，固有风险和控制风险与审计证据的关系是一种正向变动关系，检查风险与审计证据的关系是一种反向变动的关系。

6. 编制审计计划

审计计划是审计人员为了达到预期的审计目的，在具体实施审计流程之前编制的工作计划，它是审计人员在审计实施阶段的工作指南。审计计划的繁简程度取决于被审计单位的经营规模和预定审计工作的复杂程度。审计计划包括总体审计计划和具体审计计划。

总体审计计划是对审计的预期范围和实施方式所做的规划，是审计人员从接受审计委托到出具审计报告整个过程基本工作内容的综合计划。

具体审计计划是依据总体审计计划制定的，对实施总体审计计划所需要的审计流程的性质、时间和范围所做的详细规划与说明。具体审计计划的编制可以通过编制审计流程表完成。

具体审计计划是依据总体审计策略制定的，对实施总体审计策略，将审计风险降至可接受的低水平，项目组成员拟实施的审计程序的性质、时间和范围等所做的详细规划与说明。为了实现预期的审计目标，审计人员应当为审计工作制定具体审计计划，内容包括：风险评估程序、计划实施的进一步审计程序、计划实施的其他审计程序。

7. 发出审计通知书，提出书面承诺要求

审计通知书是会计师事务所通知被审计单位接受审计的书面文件，是审计组执行审计任务、进行审计取证的依据。审计通知书的主要内容包括：被审计单位名称（主送单位），审计依据、范围、内容和方式，必要的追溯、延伸事项、审计起始和终结日期，审计组组长及成员姓名、职务，以及对被审计单位配合审计工作提出的要求、会计师事务所公章及签发日期等。在审计通知书正文之后，通常还有一些附件：要求被审计单位配合审计工作的一些调查材料和表格、审计委托书复印件，以及要求被审计单位负责人就与审计事项有关的空间资料的真实、完整和其他相关情况做出的书面承诺书。

8. 其他相关要求

第一，对项目组成员工作的指导、监督与复核。对项目组成员工作指导、监督与复核的性质、时间和范围取决的主要因素是：①被审计单位的规模和复杂程度；②审计领域；③重大错报风险；④执行审计工作的项目组成员的素质和专业胜任能力。当评估的重大错报风险增加时，审计人员通常会扩大指导与监督的范围，增强指导与监督的及时性，执行更详细的复核工作。在计划复核的性质、时间和范围时，审计人员还应考虑单个项目组成员的素质和专业胜任能力。

第二，对计划审计工作的记录。对计划审计工作记录的内容包括：①对总体审计策略的记录；②对具体审计计划的记录；③对计划的重大修改的记录。记录的形式和范围取决于被审计单位的规模和复杂程度、重要性、具体审计业务的情况以及对其他审计工作记录的范围等事项。

第三，与治理层和管理层的沟通。

第四，首次接受审计委托的补充考虑事项包括：首次接受审计委托前执行的程序以及首次接受审计委托情况下应考虑的事项。

（二）实施阶段

1. 对内部控制进行符合性测试

符合性测试是在内部控制初步了解和评价的基础上，对内部控制制度的状况以及是否得到贯彻执行而进行的测试。审计实施阶段，审计人员应按照审计方案的安排，对拟予以信赖的内部控制开展符合性测试，对被审计单位内部控制的可信赖程度及控制风险做出进一步的评价，内部控制的有效性评价种类可分为高信赖程度、中信赖程度和低信赖程度三种。并据此确定实质性测试的范围和重点，如果认为在准备阶段对内部控制的评价有误，则应及时修订原审计方案。

符合性测试并不是每个特定的审计项目都必须执行的。若出现下列情况之一时，审计人员可不进行符合性测试，而直接实施实质性测试流程：①相关内部控制不存在；②相关内部控制虽然存在，但审计人员通过了解发现其并未有效运行；③符合性测试的工作量可能大于进行符合性测试所减少的实质性测试的工作量。

2. 对会计报表项目进行实质性测试

实质性测试是指在内部控制测试的基础上，审计人员运用各种审计技术方法，对被审计单位会计报表各项目认定的正确性与公允性搜集直接证据所进行的证实性测试，包括对交易和余额的详细测试和对会计信息及非会计信息的分析性测试。前者用于审定某项交易和账户余额认定的恰当性，后者用于审定会计报表各项目间数据关系的合理性，其目的是为取得审计人员赖以做出审计结论的足够的审计证据。如果实质性测试的结果表明，控制风险的实际水平高于控制风险的初步评估水平，则可能意味着根据对控制风险初步评估水平而设计的实质性测试程序，将不能使检查风险降低至可接受的水平。此时，审计人员应当考虑是否追加相应的审计程序。对于通过风险评估和经内部控制测试后被确认为风险较高的会计报表项目或业务循环，审计人员应给予特别关注。

实质性程序的性质是指实质性程序的类型及其组合。实质性程序的两种基本类型包括细节测试和实质性分析程序。细节测试是对各类交易、账户余额、列报的具体细节进行测试，目的在于直接识别会计报表认定是否存在错报。实质性分析程序从技术特征上看仍然是分析程序，主要是通过研究数据间关系评价信息，用以识别各类交易、账户余额、列报及相关认定是否存在错报。实质性分析程序的范围有两层含义：对什么层次上的数据进行分析，审计人员可以选择在高度汇总的财务数据层次进行分析，也可以根据重大错报风险的性质和水平调整分析层次。需要对什么幅度或性质的偏差展开进一步调查。

审计人员实施的实质性程序应当包括下列与会计报表编制完成阶段相关的审计程序：①将会计报表与其所依据的会计记录相核对；②检查会计报表编制过程中做出的重大会计分录和其他会计调整。审计人员对会计分录和其他会计调整检查的性质和范围，取决于被审计单位财务报告过程的性质和复杂程度以及由此产生的重大错报风险。实质性测试通常采用抽样方式进行，其抽样的规模需根据内部控制的评价和符合性测试的结果来确定。如果实质性测试扩大到最大规模，实质性测试就成为详细检查。

根据审计准则的要求，审计人员在实质性测试中要做的主要工作包括：盘点实物、检查凭证、核实账户记录的余额、核对有关记录、对相关资产和负债的期末余额进行函证、对计算结果进行复算、向有关人员进行查询以及其他必要的工作，获取所需要的审计证据。审计人员应对所获取证据的充分性、适当性做出鉴定，并在审计工作底稿中予以清晰、完整地记录，常见的记录方式包括文字叙述、问卷、核对表和流程图等。对在审计过程中所发现的、尚有疑虑的重要事项，应进一步获取审计证据以证实或消除疑虑，如果在实施了必要的审计手续后仍无法获取所需的审计证据，则审计人员应出具保留意见或无法表示意见的审计报告。

3. 比较实质性程序的时间选择与控制测试的时间选择

两者的共同点是两类程序都面临着对期中审计证据和对以前审计获取的审计证据的考虑。

两者的差异主要体现在：在控制测试中，期中实施控制测试并获取期中关于控制运行有效性审计证据的做法更具有一种"常态"；而由于实质性程序的目的在于更直接地发现重大错报，在期中实施实质性程序时更需要考虑其成本效益的权衡。在本期控制测试中拟信赖以前审计获取的有关控制运行有效性的审计证据，已经受到了很大的限制；而对于以前审计中通过实质性程序并获取的审计证据，审计准则采取了更加慎重的态度和更严格的限制。

关于审计实施阶段的工作，需要说明的几点：①实质性测试是实施阶段必不可少的工作；②实质性测试和符合性测试的结果是互相补充的；③实质性测试和符合性测试在执行时间上有时存在交叉，实质性测试中的有些工作，可以与符合性测试同时进行；④实质性测试和符合性测试是一个整体的各个阶段，对各阶段中的工作及其结果都应作好审计工作底稿，以便进一步对所取得的证据进行分析和综合，据以发表审计意见。

（三）终结阶段

审计终结阶段是指实施阶段结束以后，审计人员根据审计工作底稿编制审计报告，并将有关文件整理归档的全过程。

1. 复核审计工作底稿

根据《会计师事务所质量控制准则第5101号——业务质量控制》的要求，会计师事务所应当建立多层次的审计工作底稿复核制度。目前，我国普遍采用的是主任会计师（所长或指定代理人）、部门经理（或签字注册会计师）和项目经理（或项目负责人）的三级复核制度。复核的内容主要包括：①所引用的有关资料是否翔实可靠；②所获取的审计证据是否真实可靠、充分适当；③审计判断是否有理有据；④审计结论是否恰当。若发现证据不足，则应立即补充收集、获取新的证据材料。

对已收集审计证据的评价主要包括三个方面：①评价列报的适当性。在评价会计报表列报时，审计人员通常考虑会计报表各组成部分的格式、内容、报表项目的分类、所使用术语的可理解性、所披露金额或其他信息的详细程度等方面。②完成审计工作前对进一步审计程序所获取审计证据的评价。它主要体现在根据发现的错报或控制执行偏差考虑修正重大错报风险的评估结果。③形成审计意见时对审计证据的综合评价。

在评价审计证据的充分性和适当性时，审计人员应当考虑下列一系列因素：①认定发生潜在错报的重要程度，以及潜在错报单独或连同其他潜在错报对会计报表产生重大影响的可能性；②管理层应对和控制风险的有效性；③在以前审计中获取的关于类似潜在错报的经验；④实施审计程序的结果，包括审计程序是否识别出舞弊或错误的具体情形；⑤可获得信息的来源和可靠性；⑥审计证据的说服力；⑦对被审计单位及其环境的了解。

对已收集审计证据的取舍标准主要依据金额的大小和问题性质的严重程度。

2. 出具审计报告

审计人员在实施了必要的审计程序后，应当以经过核实的审计证据为依据，形成审计意见，出具审计报告。审计报告中应当说明审计的范围、审计的依据、会计责任与审计责任以及所实施的主要审计程序等事项；还应当说明被审计单位会计报表的编制是否符合国家颁布的企业会计准则和相关会计制度的规定，在所有重大方面是否公允地反映了其财务状况、经营成果和现金流量。

在审计结束阶段，审计人员需要汇总尚未更正的错报，并评价尚未更正错报的汇总数对会计报表的影响。尚未更正错报的汇总数包括：已经识别的具体错报（包括对事实的错报和涉及主观决策的错报）；推断误差（包括通过测试样本估计出的总体错报减去在测试中发现的已经识别的具体错报和通过实质性分析程序推断出的估计错报）。在评价尚未更正错报的汇总数的影响时，审计人员应当从特定的某类交易、账户余额及列报认定层次和会计报表层次考虑这些错报的金额和性质，以及这些错报发生的特定环境，尚未更正错报与会计报表层次重要性水平相比，可能出现的情况，并结合职业经验，对会计报表中是否存在可能导致报表使用者改变其决策的重大遗漏或歪曲做出判断，以便据此出具恰当类型的审计报告。审计人员应对其出具的审计报告的真实性、合法性负责。

审计报告经会计师事务所签章后，即可报送委托人，无须经其他单位审定。对于审计结果的处理和做出何种处理决定，以及对决定的监督执行，也完全属于委托人的事情，与审计人员及其会计师事务所无关。但如果是办理审计机关交办的委托事项，则审计报告应交由委托的审计机关审定，并由审计机关做出审计决定。

3. 审计资料的整理归档

审计人员应当对审计工作底稿进行分类整理，形成审计档案。通常可根据对审计资料的使用期限和作用大小，将审计工作底稿归类为永久性档案和当期档案加以分档保管。对于保管期限届满的审计档案，会计师事务所必须履行必要的手续后方可销毁。

为保障审计档案的完全完整，会计师事务所应当制定审计档案保管和保密制度，对审计档案妥善管理，并对审计档案中所涉及的商业秘密及有关内容予以保密。对于有关人员确因工作需要要求查阅审计档案的，会计师事务所必须履行严格的借阅手续。

五、内部审计的审计程序

同国家审计一样，内部审计也需要制定年度审计项目计划，具体审计项目的审计程序也分为准备、实施和终结三个阶段。因内部审计的审计程序与国家审计的审计程序具有较大的一致性，个别处存在细微差异，如制定年度审计计划，内部审计机构主要考虑组织战略和组织年度工作目标、组织重大的风险因素以及高级管理层的需要，并统筹一定的审计资源，在此基础上对年度审计项目进行规划。年度审计计划一般由内部审计机关负责人制定后报送组织适当管理层批准后施行。具体的审计准备阶段、实施阶段和终结阶段的工作内容就不再一一详述。

第三节 审计过程中重要性水平的判断

一、重要性的含义

重要性是指被审计单位会计报表中错报或漏报的严重程度，这一程度在特定的环境下可能影响会计报表使用者的判断或决策。可见，重要性可以被视为会计报表中包含的错报、漏报单独或汇总起来能否影响会计报表使用者对会计报表全面反映的整体理解的"临界点"，超过该"临界点"，就会影响其做出正确的判断或决策。如果会计报表中存在的错误能够使会计信息的使用者改变其原来决策，则这种错误即为重要错误，反之即为不重要错误。

（一）对重要性概念的理解

结合《中国注册会计师审计准则第1221号——计划和执行审计工作时的重要性》的规定，对重要性概念的理解需注意以下几点：

第一，重要性概念是针对会计报表而言的。重要性是指被审计单位会计报表中错报或漏报的严重程度，这一程度在特定环境下可能影响会计报表使用者的判断或决策。判断一项错报或漏报重要与否，应视其在会计报表中的错报或漏报单独或汇总起来对会计报表使用者所做决策的影响程度而定。如果一项报表中的错报或漏报单独或汇总起来足以改变或影响报表使用者的判断，则该项错报或漏报就是重要的，否则就是不重要的。

第二，理解重要性概念时，必须从会计报表使用者整体共同的财务信息需求的基础上来考虑，这是因为会计报表是为了满足会计报表使用者对信息的需求而编制的，会计报表的使用者包括企业的投资者、债权人、政府、社会公众等，他们需要利用会计报表提供的信息，做出各种经济决策。这里首先审计人员对会计报表使用者做出合理假定：会计报表使用者是指拥有经营、经济活动和会计方面的适当知识，并有意愿认真研究会计报表中的信息，理解会计报表是在运用重要性水平基础上编制、列报和审计的，认可建立在对估计和判断的应用以及对未来事项的考虑的基础上的会计计量具有固有的不确定性，依据会计报表中的信息做出合理的经济决策的使用者。其次，由于不同会计报表使用者对财务信息的需求可能差异很大，因此不考虑错报对个别会计报表使用者可能产生的影响。

第三，重要性具有数量和质量两个方面的特征。一般来说，金额大的错报或漏报比金额小的错报或漏报更重要，但是在许多情况下，某项错报或漏报从量上看并不重要，但其性质却可能是恶劣的。

第四，对于重要性水平的判定，是审计人员的一种专业判断，不同的审计人员对同一会计报表的重要性的判断可能存在差异。重要性的概念贯穿于整个审计过程。

第五，重要性的判断离不开特定的环境。不同的企业面临不同的环境，因而判断重要性的标准也不相同。例如，某一金额对某家企业的会计报表来说是重要的，而对另一家企业的会计报表来说可能并不重要。此外，对某一特定企业而言，重要性也会因时间的不同而改变。

（二）重要性原则的运用情形

审计人员在审计过程中，需要运用重要性原则的有两种情形：

第一，在审计计划阶段，确定审计程序的性质、时间和范围。此时，重要性被看作是审计所允许的可能或潜在的错报或漏报的限度，即审计人员在运用审计程序以检查会计报表的错报或漏报时所允许的误差范围。初步判断的目的是确定所需审计证据的数量，即计划证据量。并据此决定审计程序的性质、时间和范围。（计划）重要性水平与（计划）审计证据之间成反向关系。也就是说重要性水平越低，应当获取的审计证据越多。

重要性水平不同于重要的审计项目，审计项目越重要，所需收集的审计证据越多。例如，存货占资产总额30%的审计项目，就比存货占资产总额20%的审计项目需要更多的审计证据。

第二，评价审计结果。此时，重要性被看作是某一错报或漏报或汇总的错报或漏报是否影响到会计报表使用者的判断和决策的标志。

二、影响重要性水平的因素

审计人员在对重要性水平作初步判断时应考虑的因素包括以下六个方面。

（一）以往的审计经验

以往的审计中所运用的重要性水平如果较为恰当，可以作为本年度确定重要性水平的重要依据。审计人员可以依据这一重要性水平，考虑被审计单位经营环境和经营业务的变化，对其加以修正。

（二）有关法规对财务会计的要求

如果企业存在可以由管理当局自主决定处理的会计事项，审计人员应从严确定重要性水平。

（三）被审计单位的经营规模及业务性质

规模不同的企业，其重要性水平也有所不同。规模大的企业，其重要性水平的绝对值一般比规模小的企业大，其相对值一般比规模小的企业小。此外，企业所处行业的性质对重要性水平也有较大的影响。因为不同行业的企业，其会计核算的工作组织以及所遵循的会计准则均存在较大的差异。

（四）内部控制与审计风险的评估结果

如果内部控制较为健全，可信赖程度高，可以将重要性水平定得高一些，以节省审计成本。由于重要性水平与审计风险之间是反向关系，如果审计风险被评估为高水平，则意味着重要性水平较低，应收集较多的审计证据，以降低审计风险。

（五）会计报表各项目的性质及其相互关系

会计报表各项目的重要程度存在差别，会计报表使用者对某些报表项目要比另外一些报表项目更为关心。一般而言，会计报表使用者十分关心流动性较强的项目，因此，审计人员应当从严制定重要性水平。会计报表各项目之间是相互联系的，审计人员在确定重要性时，不得不考虑这种相互关系。

（六）会计报表各项目的金额及其波动幅度

会计报表各项目的金额及其波动幅度可能会成为会计报表使用者做出反应的信号。因此，审计人员在确定重要性水平时，应当深入研究这些项目的金额及其波动幅度。

三、重要性水平的选取

（一）会计报表层次重要性水平的选取

一般来说，审计人员应当首先分别计算出资产负债表和利润表等的重要性水平，然后对其进行比较。由于会计报表之间相互关联，为谨慎起见，应收集更充分的审计证据，选择最低的重要性水平，作为会计报表层次的重要性水平。在编制审计计划时，如果被审计单位尚未完成会计报表的编制，审计人员应当根据期中会计报表，推算出年度会计报表，或者根据被审计单位经营环境和经营情况变动，对上年度会计报表做必要的修正，以确定会计报表层次的重要性水平。

在确定报表层次的重要性水平时，通常需要确定判断基础和计算比率。

1. 重要性水平的判断基础

会计报表层次重要性水平的判断基础通常包括被审计单位的资产总额、净资产、营业收入、费用总额、毛利、净利润等汇总财务指标，审计人员应当合理选用。对于投资者来说，他们最关心是企业的经营成果，因此，在会计报表各项目中，利润便成为对审计重要性的判断中最为关键的要素。由于不同的企业有不同的性质和特点，所以必须对其加以区分，合理地选用判断基础。

①当被审计单位处于盈亏平衡点时，将净利润作为重要性水平的判断基础就会失去意义，在这种情况下，应当考虑选择营业收入指标，作为判断基础。

②当被审计单位的资产大而利润相对较小时，选择总资产或净资产指标作为判断基础是比较适当的。

③对金融、保险机构等特殊行业而言，会计报表的使用者最关心的要么是企业的总资产，要么是企业的总负债或所有者权益。因此，在判断重要性水平时，就应当以这类因素作为判断基础。

④被审计单位净利润的波动幅度较大时，不应将当年的净利润作为重要性水平的判断基础，而应选择近几年的平均净利润。

⑤如果被审计单位是一个集团，则确定该公司会计报表重要性水平时应注意以下两点：如果不需对该子公司的会计报表单独出具审计报告，那么从审计效率的角度考虑，子公司的重要性水平通常参照集团的总体情况而不是子公司本身的情况来确定，对子公司的审计也将在有限的范围内进行；如果需要对公司的会计报表单独出具审计报告，那么确定重要性水平时则应以子公司本身的情况为基础，将其与子公司的报表项目相联系，并将所有相关因素纳入考虑范围。

2. 重要性水平的计算比率

重要性水平的计算比率有固定比率法、变动比率法两种：

①固定比率法，即在选定判断基础后，乘以一个固定百分比，求出会计报表层次的重要性水平。以下是实务中用来判断重要性水平的一些参考数值：税前净利润的5%~10%（净利润较小时用10%，较大时用5%）；资产总额的0.5%~1%；净资产的1%；营业收入的0.5%~1%。

②变动比率法，即百分比随判断基础金额的变化而改变。其基本原理是：规模越大的企业，允许错报或漏报的金额比率就越小。一般是根据资产总额或营业收入两者中较大的一项确定一个变动百分比。

（二）账户或交易层次的重要性水平

各类交易、账户余额、列报认定层次的重要性水平称为"可容忍错报"。可容忍错报的确定以审计人员对会计报表层次重要性水平的初步评估为基础。在确定各类交易、账户余额、列报认定层次的重要性水平时，审计人员应当考虑的主要因素有两点：各类交易、账户余额、列报的性质及错报的可能性；各类交易、账户余额、列报的重要性水平与会计报表层次重要性水平的关系。

由于审计意见是在对会计报表相关各账户和各交易进行审计的基础上得出的，因此，在制定具体审计程序前，根据会计报表层次的重要性水平，采用分配的方法或不分配的方法，确定各账户或交易层次的重要性水平。在实务中，很多审计人员选择资产负债表账户作为分配的基础，各账户或交易层次的重要性水平称为"可容忍误差"。

审计人员在确定各账户或各类交易的重要性水平时，应当考虑以下主要因素：

①各账户或各类交易的性质及错报或漏报的可能性。对于重要的账户或交易，审计人员应当从严制定重要性水平；各账户或各类交易的重要性水平与会计报表层次的重要性水平的关系。各账户或交易层次的重要性水平之和应当小于或等于会计报表层次的重要性水平。

②在实务中，审计人员还应考虑账户或交易的审计成本因素。对于出现错报或漏报的可能性较大的账户或交易，因其审计成本可能较大，可以将重要性水平定得高一些，以节省审计成本。确定各账户或交易层次的重要性水平时应以其绝对值为准，在确定损益表各项目的重要性水平时，应独立考虑各项目，而不应考虑损益表各项目之间的因果关系。

（三）确定账户或交易层次重要性水平的方法

1. 账户或交易层次重要性水平的确定方法——分配法

采用分配方法时，分配的对象一般是资产负债表账户。假设某公司的总资产构成见表3-2，审计人员初步判断的会计报表层次的重要水平是资产总额的1%，即资产账户可容忍的错报或漏报金额为140万元。审计人员按照这一重要性水平，将其分配给各资产账户。具体分配方案见下表。

3-2 重要性水平的分配

单位：万元

项目	金额	甲方案	乙方案
现金	150	1.5	0.5
应收账款	4800	48	60
存货	5200	52	70
固定资产	5700	57	28
总计	15850	158.5	158.5

在该表中，甲方案是按1%进行同比例分配。一般来说，这种分配方法没有考虑审计成本因素，因此并不可行，审计人员必须对其加以修正。由于应收账款和存货的错报或漏报的可能性较大，所以应分配给其较高的重要性水平，以节省审计成本，如乙方案。假定对存货进行审计之后，仅发现错报和漏报50万元，并且审计人员认为所执行的审计程序已经足够，则可以将剩下的20万元再分配给应收账款。

2. 账户或交易层次重要性水平的确定方法——不分配法

按照国外某著名国际会计公司通常采用的经验数值，可以根据各账户或各类交易的性质及错报或漏报的可能性，将各账户或交易的重要性水平确定为会计报表层次重要性水平的20%～50%（具体比率需综合考虑账户的重要性水平和规模大小等相关因素），审计过程中只要发现该账户或交易的错报或漏报超过这一水平，就建议被审计单位调整其相应报表数据。最后，在编制未调整事项汇总表时如果发现未调整事项的错报或漏报合计数超过报表层次的重要性水平，也应建议被审计单位调整其错报或漏报。

（四）确定账户或交易层次重要性水平注意事项

审计人员在确定账户或交易层次重要性水平时应注意以下三方面。

第一，会计报表层次的重要性水平为10000元，分配到其中的存货账户3000元，应收账款2000元，固定资产4000元。如经审计后发现，存货余额多计5500元，应收账款少计4000元，固定资产少计4000元。假如确定重要性水平时不取绝对值，那么上述三个账户的错报合计数为2500元，小于已确定的会计报表层次的重要性水平，实际上上述三个账户的错报绝对值合计为13500元，已超过会计报表层次的重要性水平，并且各账户的错报数也超过了各账户的重要性水平。

第二，应收账款的重要性水平为2000元，如果审计后发现某明细账户多计3000元，另一明细账户少计3000元，则正的错报与负的错报相抵后，结果为0，表明应收账款的错报金额未超过其重要性水平。而实际上，如果确定重要性水平时以绝对值为准，那么上述两个错报金额均超过了其重要性水平。

第三，由于会计报表各账户之间是相互关联的，如果期末预提费用出现借方余额，就应调整到待摊费用或当期费用中。而此项错报对资产负债表左、右两方或利润表的影响是相同的。这就要求在确定重要性水平时，应对资产、负债和损益类账户分别加以确定，而不必考虑各项目之间的联系。例如，如果确定的会计报表层次的重要性水平是100万元，那么资产类账户的重要性水平之和、负债类账户的重要性水平之和及损益类账户的重要性水平之和都为100万元。

四、重要性的记录

《中国注册会计师审计准则第1221号——计划和执行审计工作时的重要性》规定，"注册会计师应当在审计工作底稿中记录下列金额以及在确定这些金额时考虑的因素：（一）财务报表整体的重要性；（二）特定类别的交易、账户余额或披露的一个或多个重要性水平（如适用）；（三）实际执行的重要性；（四）随着审计过程的推进，对本条第（一）项至第（三）项内容作出的任何修改。"据此，审计人员应当将会计报表层次重要性水平的判断基础的选用、计算方法的确定、有关比率的确定、计算过程及计算结果等记录于工作底稿。对于账户和交易层次的重要性水平，如果采用分配的方法，应将分配的过程及分配的结果记录于工作底稿；如果采用不分配的方法，也应当将这些账户和交易的重要性水平的确定过程和确定结果记录于工作底稿。

第四节 审计风险与重大错报风险

一、审计风险概述

（一）审计风险的含义

审计风险是指会计报表存在重大错误或漏报，而审计人员审计后发表不恰当审计意见的可能性。国际审计准则第25号《重要性和审计风险》将审计风险定义为："审计风险是指审计人员对实质上误报的财务资料可能提供不适当意见的风险。"《柯勒会计词典》把审计风险解释为：一是已鉴定的会计报表，实际上未能按公认会计原则公允地反映被审计单位财务状况和经营成果的可能性；二是在被审计单位或审计范围中存在重要的错误，未被审计人员觉察的可能性。《美国审计准则说明》第47号认为，"审计风险是审计人员无意地对含有重要错报的会计报表没有适当修正审计意见的风险。"加拿大特许会计师协会的观点是：审计风险是审计程序未能觉察出重大错误的风险。《中国注册会计师审计准则第1101号——注册会计师的总体目标和审计工作的基本要求》规定，"审计风险，是指当会计报表存在重大错报时，注册会计师发表不恰当审计意见的可能性。审计风险取决于重大错报风险和检查风险。"

（二）合理确定计划审计风险水平时应考虑因素

1. 对计划重要性水平的考虑

审计计划的重要性水平越高，计划审计风险水平就越低；反之则相反。

2. 对审计风险环境因素的考虑

审计风险环境因素是与审计风险的形成和评价相关的各种因素。包括：被审计单位的业务经营环境、管理状况、财务状况、业务关系者的状况，社会对被审计单位的评价，审计工作开展的顺利程度，审计的服务性质和服务范围的大小，审计能力的大小，等等。审计人员通过对上述因素的综合考虑，可以合理地评价审计风险实际可能存在的水平。

3. 对历年审计风险水平情况的考虑

在根据历年审计风险水平来确定本年的计划审计风险水平时，还应考虑有关变动因素的影响。此外，从审计风险管理的角度来看，对于同一被审计单位的计划审计风险水平的确定，应保持前后期之间的相对稳定。

4. 外部使用者对会计报表的信赖程度

如果外部使用者较大程度地信赖会计报表，则降低审计风险是恰当的。外部使用者对会计报表的信赖程度判断基础：客户的规模、所有权的分布、负债的性质和金额。

5. 审计报告日后客户陷入财务困境的可能性

在审计人员认为客户财务失利或遭受损失的可能性较大时，就应降低期望风险水平。这样，如果事后受到指控，审计人员就能够更成功地为审计结果辩护。下列因素有助于审计人员预料财务失利：流动性状况、以前年度的盈利（或亏损）、筹资的方法、客户经营的性质、管理人员的能力。

（三）重要性与审计风险之间的关系

审计人员应当考虑重要性与审计风险之间的关系。审计风险的高低往往取决于审计人员对重要性的判断，如果审计人员确定的重要性水平越高，审计风险越低，反之，重要性水平越低，审计风险越高，即重要性与审计风险之间成反向关系。在这里，重要性水平的高低指的是金额的大小。一般来说，6000元的重要性水平比4000元的重要性水平高。6000元的重要性水平的审计风险要比4000元的重要性水平的审计风险低，因为对后者而言，金额在4000～6000元之间的错报或漏报就会影响会计报表使用者的判断与决策，审计人员应通过执行有关审计程序查出金额在4000～6000元之间的错报与漏报。

审计人员应当保持应有的职业谨慎，合理确定重要性水平。重要性水平偏高导致审计人员执行的审计程序比原来应当执行的审计程序少，审计范围也会相应地缩小，而这样做必然会导致他得出错误的审计结论。重要性水平偏低将导致他扩大审计程序的范围或追加审计程序，而实际上这样做并没有必要，只能是浪费时间和人力。

考虑重要性与审计风险的关系对审计程序的影响。审计人员对重要性及其与审计风险的关系的考虑贯穿于审计人员审计工作的全过程。在不同的审计阶段，如审计计划阶段、审计执行阶段、评价审计程序结果阶段，重要性与审计风险的关系都会对审计程序产生影响。

二、审计风险模型

（一）传统审计风险模型

美国注册会计师协会发布的第47号审计标准说明中提出了审计风险模型：审计风险＝固有风险×控制风险×检查风险。

可见，审计风险是由固有风险、控制风险和检查风险三个要素构成。

1. 固有风险

固有风险指在不考虑被审计单位相关的内部控制政策或程序的情况下，其会计报表上某项认定产生重大错报的可能性。它是独立于会计报表审计之外存在的，是审计人员无法改变其实际水平的一种风险。审计人员无法知道固有风险的实际水平，他们的行为既不会引发固有风险，也不能控制固有风险的水平，只能主观地确定他们愿意接受的固有风险水平的高低。一般认为，固有风险的水平主要取决于财务报告中所体现的经济业务对差错或不法行为的敏感程度。敏感程度越高，固有风险越大；反之，敏感程度越低，固有风险就越小。不同种类的经济业务具有不同的固有风险，对固有风险的计量，必须针对某个循环、某个账户，甚至某个具体目标而言。因此，能否比较正确地评价固有风险，获取与某个循环、账户或具体目标有关的经济业务的信息就成为关键。固有风险有如下几个特点：

①固有风险水平取决于会计报表对于业务处理中的错误和舞弊的敏感程度。业务处理中的错弊引起报表失实的越多，固有风险越大；反之，固有风险越低。经济业务发生问题的可能性越大，固有风险水平越高；反之则越小。就是说，对于不同的业务，固有风险水平也不同。

②固有风险的产生与被审计单位有关，而与审计人员无关。会计师无法通过自己的工作来降低固有风险，只能通过必要的审计程序来分析和判断固有风险水平。

③固有风险水平受被审计单位外部经营环境的间接影响。被审单位外部经营环境的变化会引起固有风险的增大。例如，由于科技的进步会使被审计单位的某些产品过时，这就带来了存货计价是否正确的风险。

④固有风险独立存在于审计过程中，又客观存在于审计过程中，且是一种相对独立的风险。这种风险水平的大小需要经过审计人员的认定。

影响固有风险的因素是指影响重大差错和非法事件在会计报表中发生的事项。可以分为两类：

第一，对账户和交易有广泛影响的因素：①客户在同行业中的相对获利能力；②经营结果受经济因素影响的敏感度；③持续经营问题；④在前次审计中所发现的差错和可能发生的差错的性质、成因及金额的大小；⑤管理人员的变动情况、声誉和会计技能；⑥技术进步时企业经营和竞争能力的影响。

第二，只对特定事项和交易有影响的因素：①难审查的账户或交易。②关联方之间的交易、非常规的交易以及这些交易形成的账户，由于不是正常进行的交易，因而存在错报的可能性较大。③引起争论或难以处理的会计问题。④盗用的可能性。⑤

对认定运用判断的程度。许多认定存在着大量的估计和判断，如坏账准备、过时的存货、担保货款负债以及银行贷款损失准备、资产减值准备等，涉及大量判断的认定固有风险是很高的。⑥价值对经济因素的敏感度。有价证券、往来账款等账户的余额受经济因素的影响较大，在经济衰退时的固有风险就较高。

针对固有风险的评价，目前职业界虽然尚未建立确定固有风险的准则或指南，固有风险的计量也没有特定的模式，一般稳健的做法是在各种情况都比较好的情况下，反映重要错误的可能性较小，固有风险的水平应大大高于50%；反之，如果有某种迹象表明有可能存在重大错报，就应该将固有风险确定为100%。

2. 控制风险

控制风险是指被审计单位内部控制未能及时防止或发现其会计报表上某项错报或漏报的可能性。同固有风险一样，审计人员只能评估其水平而不能影响或降低它的大小。控制风险有以下几个特点：

（1）控制风险水平与被审计单位的控制水平有关

如果被审计单位的内部控制制度存在重要的缺陷或不能有效地工作，那么错弊就会进入被审计单位的会计报表系统，由此产生了控制风险。

（2）控制风险与审计人员的工作无关

同固有风险一样，审计人员无法降低控制风险，但审计人员可以根据被审计单位相关部分的内部控制的健全性和有效性情况，设定一定控制风险的，计划估计水平。

（3）控制风险是审计过程中一个独立的风险

控制风险独立存在于审计过程中。这种风险与固有风险的大小无关。它是被审计单位内部控制制度或程度的有效性的函数。有效的内部控制将降低控制风险，而无效的内部控制将增加控制风险。由于内部控制制度不能完全保证防止或发现所有错弊，因此，控制风险不可能为零，它必然会影响最终的审计风险。

3. 检查风险

《中国注册会计师审计准则第1101号——注册会计师的总体目标和审计工作的基本要求》中规定，"检查风险，是指如果存在某一错报，该错报单独或连同其他错报可能是重大的，注册会计师为将审计风险降至可接受的低水平而实施程序后没有发现这种错报的风险。"可见，检查风险是审计人员通过预定的审计程序未能发现被审计单位会计报表上存在的某项重大错报或漏报的可能性，是审计风险要素中唯一可以通过审计人员进行控制和管理的风险要素。其特点是：

①它独立地存在于整个审计过程中。不受固有风险和控制风险的影响。

②检查风险与审计人员工作直接相关。是审计程序的有效性和审计人员运用审计程序的有效性的函数。其实际水平与审计人员的工作有关。它直接影响最终的审计风险。在实践中审计人员就是通过收集充分的证据来降低检查风险，从而把总审计风险保持在可接受的水平上。检查风险水平和重要性水平一道决定了审计人员需要实施的实质性测试的性质、时间和范围以及所需收集证据的数量。

（二）新准则下的审计风险模型

国际会计师联合会（IRAC）下属的国际审计和鉴证准则委员会（AASB）于2003年10月发布了一系列审计风险准则，包括《A计报表审计的目标和基本原则准则》《了解被审计单位及其环境和评估重大错报的风险准则》《注册会计师针对评估的风险的反映程度准则》和《审计证据准则》，从2004年12月15日起正式施行。新准则对审计风险模型和相应的审计程序进行了修订和调整，强调注册会计师应深入地了解被审计单位及其环境，有效地执行风险评估，把重点集中在会计报表出现错报的高风险领域，同时将风险评估与审计程序紧密联系起来。新准则制定了新的审计风险模型：审计风险＝重大错报风险×检查风险。其中，重大错报风险包括两个层次：一是会计报表整体层次；二是交易类别、账户余额、披露和相关陈述层次。会计报表整体层次的重大错报风险是指同会计报表整体关系紧密的重大错报风险或对许多认定都有潜在影响的重大错报风险。它通常同控制环境和其他环境因素相关。交易类别、账户余额、披露和相关陈述层次的重大错报风险由固有风险和控制风险两部分构成。对于会计报表整体层次的重大错报风险评估水平，新准则要求注册会计师应该做出整体反应。

三、重大错报风险

（一）重大错报风险的含义

《中国注册会计师审计准则第1101号——注册会计师的总体目标和审计工作的基本要求》中规定，"重大错报风险，是指会计报表在审计前存在重大错报的可能性。重大错报风险分为会计报表层次的重大错报风险和认定层次的重大错报风险。认定层次的重大错报风险由固有风险和控制风险两部分组成。固有风险，是指在考虑相关的内部控制之前，某类交易、账户余额或披露的某一认定易于发生错报（该错报单独或连同其他错报可能是重大的）的可能性。控制风险，是指某类交易、账户余额或披露的某一认定发生错报，该错报单独或连同其他错报可能是重大的，但没有被内部控制及时防止或发现并纠正的可能性。"

评估重大错报风险的前提，在于界定经营风险等影响重大错报风险的因素。经营风险＝战略风险×经营流程风险。来自外部环境的威胁一般称为战略风险，来自企业内部各经营流程的风险可称为经营流程风险。即重大错报风险由战略风险、经营流程风险、控制风险和会计风险组成。

$$重大错报风险＝战略风险×经营流程风险×控制风险×会计风险$$

审计准则要求了解被审计单位及其基本情况的内容能够获得上述各因素的相关信息，这些内容包括：①行业状况、法律环境与监管环境以及其他外部因素；②被审计单位的性质；③被审计单位对会计政策的选择和运用；④被审计单位的目标、战略以及相关经营风险；⑤被审计单位财务业绩的衡量和评价；⑥被审计单位的内部控制。

其中，获得战略风险的信息可以通过了解第1项和第4项中对被审计单位目标和战略的了解；了解第2项和第4项可以确定被审计单位的经营流程及经营风险；第6项反映的是被审计单位应对经营风险的效果，这些衡量和评价指标中的财务指标作为会计报表的一部分形成会计风险；第3项影响的是会计风险。

在上述构成因素中。战略风险通常只影响报表层次，而经营流程由于可以区分各经营环节。因此经营流程风险影响业务循环中各交易和账户的认定层次的重大错报风险，控制风险和会计风险也影响具体交易或账户的认定层次的重大错报风险。这样就明确了分别根据什么因素来确定会计报表层次和认定层次的重大错报风险。

（二）重大错报风险的识别与评估

1. 分析重大错报风险需要做以下工作

（1）了解被审计单位及其环境的目的

了解被审计单位及其环境的目的是为了确定重要性水平，并随着审计工作的进程评估对重要性水平的判断是否仍然适当；考虑会计政策的选择和运用是否恰当，以及会计报表的列报（包括披露）是否恰当；识别需要特别考虑的领域，包括关联方交易、管理层运用持续经营假设的合理性，或交易是否具有合理的商业目的等；确定在实施分析程序时所使用的预期值；设计和实施进一步审计程序，以将审计风险降至可接受的低水平；评价所获取审计证据的充分性和适当性。审计人员对被审计单位及其环境了解的程度，要低于管理层为经营管理企业而对被审计单位及其环境需要了解的程度。

风险评估程序是指审计人员为了解被审计单位及其环境而实施的程序。审计人员应当实施下列风险评估程序，以了解被审计单位及其环境：询问被审计单位管理层和内部其他相关人员；实施分析程序：分析程序是指审计人员通过研究不同财务数据之间以及财务数据与非财务数据之间的内在关系，对财务信息做出评价。分析程序还包括调查识别出的、与其他相关信息不一致或与预期数据严重偏离的波动和关系。分析程序既可用作风险评估程序和实质性程序，也可用于对会计报表的总体复核。观察和检查。观察和检查可以印证对管理层和其他相关人员的询问结果，并可提供有关被审计单位及其环境的信息，审计人员应当实施下列观察和检查程序：观察被审计单位的生产经营活动；检查文件、记录和内部控制手册；阅读由管理层和治理层编制的报告；实地察看被审计单位的生产经营场所和设备；追踪交易在财务报告信息系统中的处理过程（穿行测试）。

（2）了解被审计单位及其环境

审计人员应当从下列方面了解被审计单位及其环境：行业状况、法律环境与监管环境以及其他外部因素；被审计单位性质；被审计单位对会计政策的选择和运用；被审计单位的目标、战略以及相关经营风险；被审计单位业绩的衡量和评价；被审计单位的内部控制。

被审计单位及其环境的各个方面可能会相互影响，审计人员在对被审计单位及其环境的各个方面进行了解和评估时，应当考虑各因素之间的相互关系。

评价对被审计单位及其环境了解的程度是否恰当，关键是看审计人员对被审计单位及其环境的了解是否足以识别和评价会计报表重大错报风险。如果了解被审计单位及其环境获得的信息足以识别和评估会计报表重大错报风险，设计和实施进一步审计程序，那么了解的程度就是恰当的。

2. 识别和评估会计报表层次以及认定层次的重大错报风险

①识别和评估重大错报风险的审计程序：在了解被审计单位及其环境的整个过程中识别风险，并考虑各类交易、账户余额和列报，将识别的风险与认定层次可能发生错报的领域相联系；考虑识别的风险是否重大，即考虑识别的风险导致会计报表发生重大错报的可能性。审计人员应当利用实施风险评估程序获取的信息，包括在评价控制设计和确定其是否得到执行时获取的审计证据，作为支持风险评估结果的审计证据。

②可能表明被审计单位存在重大错报风险的事项和情况。

③识别两个层次的重大错报风险：在对重大错报风险进行识别和评估后，审计人员应当确定，识别的重大错报风险是与特定的某类交易、账户余额、列报的认定相关，还是与会计报表整体广泛相关，进而影响多项认定。

④控制环境对评估会计报表层次重大错报风险的影响。

⑤控制对评估认定层次重大错报风险的影响。

⑥考虑会计报表的可审计性。如果通过对内部控制的了解发现下列情况，并对会计报表局部或整体的可审计性产生疑问，审计人员应对考虑出具保留意见或无法表示意见的审计报告：被审计单位会计记录的状况和可靠性存在重大问题，不能获取充分、适当的审计证据以发表无保留意见；对管理层的诚信存在严重疑虑。必要时，审计人员应当考虑解除业务约定。

3. 特别风险

（1）特别风险的含义

作为风险评估的一部分，审计人员应当运用职业判断，确定识别的风险哪些是需要特别考虑的重大错报风险，这些风险通常简称为特别风险。在确定风险的性质时，审计人员应当考虑的事项有：①风险是否属于舞弊风险；②风险是否与近期经济环境、会计处理方法和其他方面的重大变化有关；③交易的复杂程度；④风险是否涉及重大的关联方交易；⑤财务信息计量的主观程度，特别是对不确定事项的计量存在较大空间；⑥风险是否涉及异常或超出正常经营过程的重大交易。

（2）非常规交易和判断事项导致的特别风险

①非常规交易；②判断事项：对涉及会计估计、收入确认等方面的会计原则存在不同的理解；③所要求的判断可能是主观和复杂的，或需要对未来事项做出假设。

（3）考虑与特别风险相关的控制

由于与重大非常规交易或判断事项相关的风险很少受到日常控制的约束，审计人员应当了解被审计单位是否针对该特别风险设计和实施了控制。如果管理层未能实施控制以恰当应对特别风险，审计人员应当认为内部控制存在重大缺陷，并考虑其对风险评估的影响。审计人员应当考虑就此类事项与治理层沟通。

（4）仅通过实质性程序无法应对的重大错报风险

①作为风险评估的一部分，如果认为仅通过实质性程序获取的审计证据无法将认定层次的重大错报风险降至可接受的水平，审计人员应当评价被审计单位针对这些风险设计的控制，并确定其执行情况。

②在被审计单位对日常交易采用高度自动化处理的情况下，审计证据可能仅以电子形式存在，其充分性和适当性通常取决于与自动化信息系统相关控制的有效性，审计人员应当考虑仅通过实施实质性程序不能获取充分、适当审计证据的可能性。

③审计人员对认定层次重大错报风险的评估应以获取的审计证据为基础，并可能随着不断获取审计证据而做出相应的变化。

4. 沟通

（1）就内部控制重大缺陷与治理层和管理层沟通

被审计单位管理层有责任在治理层的监督下，建立、执行和维护有效的内部控制，以合理保证企业经营目标的实现。审计人员在了解和测试内部控制的过程中可能会注意到内部控制存在的重大缺陷，审计人员应当及时将注意到的内部控制设计或执行方面的重大缺陷，告知适当层次的管理层或治理层。内部控制的重大缺陷是指内部控制设计或执行存在的严重不足，使被审计单位管理层或员工无法在正常行使职能的过程中，及时发现和纠正错误或舞弊引起的会计报表重大错报。下列情况通常表明内部控制存在重大缺陷：审计人员在审计工作中发现了重大错报，而被审计单位的内部控制没有发现这些重大错报；控制环境薄弱；存在高层管理人员舞弊迹象（无论涉及金额大小）。

（2）就重大错报风险的控制与治理层沟通

审计人员如果识别出被审计单位存在未加控制或控制不当的重大错报风险，或认为被审计单位的风险识别、风险评估、风险应对过程存在重大缺陷，应当就此类重大错报风险与被审计单位治理层沟通。

5. 针对重大错报风险的应对措施

针对会计报表层次重大错报风险的总体应对措施包括：①向项目组强调在收集和评价审计证据过程中保持职业怀疑态度的必要性；②分派更有经验或具有特殊技能的审计人员，或利用专家的工作；③提供更多的督导。

为应对财务报表重大错报风险，审计人员在选择进一步审计程序时，应当注意使某些程序不被管理层预计或事先了解。采取的方式主要有：①对某些未测试过的低于设定的重要性水平或风险较小的账户余额和认定实施实质性程序；②调整实施审计程序的时间，使被审计单位不可预期；③采取不同的审计抽样方法，使当期抽取的测试样本与以前有所不同；④选取不同的地点实施审计程序，或预先不告知被审计单位所选定的测试地点。

由于财务报表层次重大错报风险可能对财务报表的多项认定产生广泛影响，并相应增加审计人员对认定层次重大错报风险的评估难度，因此，审计人员评估的财务报表层次重大错报风险以及采取的总体应对措施，对拟实施进一步审计程序的总体方案具有重大影响。审计人员需对拟实施审计程序的性质、时间和范围做出总体修改。拟实施进一步审计程序的总体方案包括实质性方案和综合性方案。实质性方案是指审计人员实施的进一步审计程序以实质性程序为主;综合性方案是指审计人员在实施进一步审计程序时,将控制测试与实质性程序结合使用。当评估的会计报表层次重大错报风险属于高风险水平(并相应采取更强调审计程序不可预见性、重视调整审计程序的性质、时间和范围等总体应对措施)时,拟实施进一步审计程序的总体方案往往更倾向于实质性方案。

6. 针对认定层次重大错报风险的进一步审计程序

(1) 进一步审计程序的总体要求

进一步审计程序相对风险评估程序而言,是指审计人员针对评估的各类交易、账户余额、列报(包括披露)认定层次重大错报风险实施的审计程序,包括控制测试和实质性程序。在设计进一步审计程序时,审计人员应当考虑下列因素:①风险的重要性;②涉及的各类交易、账户余额和列报的特征;③被审计单位采用的特定控制的性质;④审计人员是否拟获取审计证据,以确定内部控制在防止或发现并纠正重大错报方面的有效性。

(2) 进一步审计程序的性质

进一步审计程序的性质是指进一步审计程序的目的和类型。其中,进一步审计程序的目的包括通过实施控制测试以确定内部控制运行的有效性,通过实施实质性程序以发现认定层次的重大错报;进一步审计程序的类型包括检查、观察、询问、函证、重新计算、重新执行和分析程序。在确定进一步审计程序的性质时,审计人员首先需要考虑的是认定层次重大错报风险的评估结果,评估的认定层次重大错报风险越高,对通过实质性程序获取的审计证据的相关性和可靠性的要求越高,从而可能影响进一步审计程序的类型及其综合运用。

(3) 进一步审计程序的时间

进一步审计程序的时间是指审计人员何时实施进一步审计程序,或审计证据适用的期间或时点。

(4) 进一步审计程序的范围

进一步审计程序的范围是指实施进一步审计程序的数量,包括抽取的样本量,对某些控制活动的观察次数等。在确定审计程序的范围时,审计人员应当考虑的因素有:①确定的重要性水平;②评估的重大错报风险;③计划获取的保证程度(是指审计人员计划通过所实施的审计程序对测试结果可靠性所获取的信心)。

如果存在下列情形,审计人员依据样本得出的结论可能与对总体实施同样的审计程序得出的结论不同,出现不可接受的风险:①从总体中选择的样本量过小;②选择的抽样方法对实现特定目标不适当;③未对发现的例外事项进行恰当的追查。

第四章 审计方法

第一节 审计方法概述

一、审计方法概述

（一）审计方法的含义

审计方法是指审计人员为了行使审计职能、完成审计任务、达到审计目标，在审计过程中，收集审计证据所采取的方式、手段和技术的总称。审计方法贯穿于整个审计工作过程，而不只存于某一审计阶段或某几个环节。审计工作从制定审计计划开始，直至出具审计意见书、依法做出审计决定和最终建立审计档案，都存在需要运用审计方法的问题。由于审计种类不同，审计的目的、要求、内容不同，审计取证方法也就有所不同。

（二）审计方法的演进

随着审计实践的丰富与审计理论的发展，审计方法也经历了由简单到复杂、由低级到高级、由个别到群体的漫长的历史演变，逐渐形成有系统的方法体系。

1. 从单一听审技术到综合检查技术

审计在技术方法发展过程中，还经历了听审报告、会计检查和综合检查三个阶段。始于我国西周的"上计"制度和西方早期的议会"听审"制度，是早期审计的唯一的技术，实质上是针对审查报告而采用的技术。随着会计工作中普遍运用复式记账的方法，大量的会计资料不可避免地会出现差错和舞弊，为减少差错需要对会计工作进行检查，这就产生了复核、查对、审阅、分析等多种会计检查技术，使审计方法进入了第二个阶段。由于现代的审计活动依然以审查会计资料及会计工作为主，因此查账技术一直是审计的主要技术。随着社会经济管理活动的发展和加强，审计人员不仅要检查和纠正财务会计工作中的差错和舞弊，而且要检查和纠正经营管理中的差错和舞弊，并促进管理效率与经营效益的提高。这时的审计人员仅凭查账技术已不能满足经营管理审计的需要，必须借鉴和吸收现代经营管理技术，综合运用查账技术与管理技术，把经济活动分析方法、工程分析方法、数学分析等与原来的查账技术融合在一起，以适应审计范围扩大的需要，这就促使了审计技术方法发展到第三阶段。

2. 从单项详查到系统抽查

审计方法从单项详查演变到系统抽查，经历了详细检查、一般抽查、依赖控制测试等三个阶段。最初审计人员开展的审计，主要是对被审计资料进行全面详尽的审查，借以揭露会计资料中存在的错误和弊端。随着审计范围的扩大，审计业务量的增加，加之企业管理水平的提高和审计经验的积累，为提高工作效率，审计组织与审计人员必须寻求新的审计方法，抽样审计便应运而生，随着抽样经验的积累，进而产生了判断抽样的方法。现代企业管理水平的提高与现代科学技术尤其是概率数理统计技术在管理中的普遍应用，使审计人员可以借助数理统计技术采用随机抽样方法，通过科学计算抽取样本和数据分析，控制抽样风险，降低判断抽样所造成的审计风险。在审计人员长期的单项详查与一般抽查的过程中，重复出现的许多错误使审计人员意识到可能是被审计单位管理系统与管理制度上出现问题导致这种情况的出现，因此审计人员只有从制度、系统查起，通过建议改变制度及系统的控制才能防止这种错误的反复出现。审计从单项详查与一般抽查，发展到全面审查被审计单位的经营管理、决策、制度等方面，从而产生了全面审计的指导思想。到了20世纪，西方审计界普遍认为决定审计人员运用抽样技术是否成功的先决条件是对内部控制的评价，原有的审计模式被进一步改变为：审计人员首先对被审计单位的内部控制制度进行健全性与符合性测试，然后才在内部控制制度评价的基础上对被审计单位的业务内容进行实质性的测试。在审计报告与结论中，应写进存在的错误、造成错误的原因、纠正错误的措施和建议等内容，以促进被审计单位改善经营管理。在内部控制制度审计的基础上，发展出一种以风险为导向的审计模式，该种审计模式要求审计人员重视对企业环境和企业经营进行全面的风险分析，并以此为出发点，制定审计战略，制定与企业状况相适应的多样化审计计划，以达到审计工作的效率性和效果性。风险导向审计是迎合高风险社会的产物，是现代审计方法的最新发展。

3. 从手工审计手段到电脑技术审计手段

审计操作手段现在正由手工制作向电脑操作方面发展。由于现代科学技术的进步，无论是会计信息还是其他各种管理信息，其处理和存贮方法都普遍引入计算机和信息处理系统，审计人员相应地通过运用专用或通用的审计软件来检查有关信息资料及其反映的经济活动，收集审计证据，进行分析判断，提供审计结论与决定依据。计算机审计手段的运用不仅有利于减轻审计人员的负担，提高审计效率，同时也可以减少人为的差错，促进审计质量的提升。

二、审计方法的选用原则

正确地选用审计方法则是保证有效发挥审计监督的职能作用，实现审计目标的重要条件。要做到选用正确，必须遵循一定的原则和注意相关的问题。

（一）应与审计的特定目的相适应

一般地，审计人员开展财务审计活动时，其审计目的主要是查错纠弊，因此主要运用查账的方法，如审阅法、复核法、核对法、函证法等。在开展经济效益审计时，经济性、效率性和效果性成为其审计目的，审计人员既要运用财务审计的一般方法，又要运用多种分析方法及现代管理方法，如经济活动分析、技术经济分析、决策分析和数学分析等。但就每个具体的审计项目而言，则应具体分析以后才能决定选用何种方法。

（二）应与被审计单位的具体条件和实际需要相适应

被审计单位情况不同，需要选用的审计方法也不相同。如对存货的审计中要求使用监盘法获取实物证据，但由于被审计单位存货的性质或位置等原因导致无法实施存货监盘，审计人员就应当考虑实施替代审计程序，获取有关期末存货数量和状况的充分、适当的审计证据。一般地，不同类型的审计或同一类型的不同审计项目，或是同一审计项目，可能都需要经过不同途径获取多种证据。不同证据要用不同方法才能获得，如实物证据的获得必须运用监盘法，第三方的外来证据要运用函证法或询问法等。

（三）应与审计主体的能力、性质和任务相适应

审计作为一项技术性很强的工作，既要求审计人员具有相应的专业知识和其他学科的专门知识，又要求审计人员具有丰富的实践经验，敏锐的观察力和职业判断能力。因此，为充分利用每个审计人员的业务能力，又能保证收集到所需的合理证据，在选用审计方法时必须考虑审计人员的素质，即该审计人员的素质是否与运用该方法时所需具备的能力相适应。当审计主体是国家审计时，较为强调监督职能的履行，尤其在开展财经法纪审计时，必须以详细审计为主。而社会审计在开展财务报表审计时，主要是鉴证职能的履行，更为重视审计效率的提升，因此主要以运用抽样审计方法为主。

（四）应与审计方式或审计工作的地点相适应

审计方式不同，选用审计的方法也不同。如行政事业单位实行报送审计时，则一般不需要运用监盘法去核实资产（特例除外）；而进行就地审计时，采用监盘法核实资产的实有数则是必需的步骤。在进行全面审计时，一般可以采用逆查法和抽查法；若进行专题审计，则一般要用详查法、顺查法等。在需要真正彻底查清问题时，则需要很多方法配合使用。因此，在选用审计方法时，应该考虑审计的方式。

三、审计取证模式

审计发展过程中，随着审计环境的日益复杂化和审计目标的不断变化，被审计单位经济业务数量日益增多，越来越复杂，以及审计自身社会职责的扩展和强化，审

计人员在保证审计质量的前提下，需要提升审计工作效率，以有限的审计资源发挥更大的社会效益，因此审计人员必须不断地改进和发展审计取证模式。审计取证模式的发展大致经过了三个阶段：账项基础审计阶段、制度基础审计阶段和风险基础审计阶段，审计取证模式的发展极大地促进了审计的发展。

（一）账项基础审计

账项基础审计是审计取证模式发展早期的通用审计取证模式，在审计方法史上占有十分重要的地位。所谓账项基础审计，是指以经济业务、会计事项和账目记录为基础，直接从会计资料的审查入手收集有关审计证据，从而形成审计意见和结论的一种审计取证模式，通常是在被审计单位规模较小、业务较少、账目数量不多以及审计技术和方法不发达的特定审计环境下运用。该种审计取证模式不要求审计人员对内部控制设计的健全性、合理性和执行的有效性进行了解和测试，只是以凭证账目等记录为审计重心，以数据的可靠性为工作着眼点，围绕账表事项进行详细审查，可以直接取得具有实质性意义的审计证据，审计质量较高。这种审计模式对于早期审计目标，即查错防弊而言是恰当的。但由于该种审计取证模式要求审计人员运用详细审计方法，对大量的凭证、账目、财务报表等进行逐项审查，因此其缺点也很突出，审计过程费力、耗时，且无法验证账项、交易的完整性，很难得出可靠的审计意见，审计结论存在很大的局限性。

20世纪40年代以来，世界经济发展迅速，企业规模日益扩大，经济业务数量急剧增多，审计环境发生了很大的变化。财务报表审计业务的增多使审计目标由强调查错防弊转为验证财务信息的真实公允性，即财务报表是否真实、公允地反映了被审计单位的财务状况和经营成果，由于信息失真可能涉及的范围较个别营私舞弊可能涉及的范围广泛得多，加上被审计单位业务活动的复杂性，审计人员的社会责任使审计风险明显加大。同时，企业经营管理水平提高，内部控制系统逐步建立健全，而内部控制系统对财务信息的重要性也逐渐为审计人员所认同，审计人员在未对被审计单位内部控制系统作详细了解和评价的情况下，很难合理确定审计范围和审查重点。基于上述诸多因素的考虑，账项基础审计已无法兼顾审计质量和审计效率两方面的要求，这就要求以新的审计取证模式取代账项基础审计模式，在此背景下，制度基础审计模式应运而生，并逐渐成为主流审计取证模式。

（二）制度基础审计

制度基础审计是审计模式发展的第二个阶段，大约产生于20世纪40年代。制度基础审计是指审计人员的审计工作建立在对内部控制制度评审的基础上，审计人员从检查被审计单位内部控制入手，首先评价内部控制制度中的强点和弱点，根据内部控制制度的状况来确定实质性测试的审查范围、抽样重点和数量，根据检查结果形成审计意见和结论。如果被审计单位的内部控制制度较差，或者内部控制制度不能有效执行，审计人员就应扩大审计的范围和抽样的数量，直至采用详细审计。

制度基础审计产生的理论依据是：设计合理并有效执行的内部控制可以保证财务

报表的可靠性,防止重大错误和舞弊的发生。即如果产生财务信息的各种技术和方法,以及为防止与揭示差错或不法行为而采取的各种措施是可以依赖的,则由这个系统所产生的结果其可信性水平也就较高。

与账项基础审计直接检查和验证凭证、账目和报表,进而对被审计单位财政财务收支的真实性、合法性和效益性做出审计结论相比较,制度基础审计是以内部控制系统为入手点,通过对被审计单位各个控制环节的审查,发现内部控制系统的薄弱环节,并针对这些环节确定检查范围和重点,从而帮助审计人员合理地确定需要直接检查的经济业务和会计事项的数量,以便在不影响审计质量的前提下,提高审计工作效率。运用制度基础审计模式需要大量采用抽样审计,与账项基础审计相比较,制度基础审计中运用的抽样不是仅凭主观判断,而是在充分考虑重要性原则和审计风险水平的基础上,以概率数理统计技术为依托,采用科学的统计抽样方法去判断,因而其审计工作质量能得到保障。

由于制度基础审计模式较好地适应了审计环境和审计目标的变化,提高了审计质量和效率,同时也减少了审计取证的盲目性,降低了审计风险,因此自20世纪50年代起,以控制测试为基础的抽样审计在西方国家得到广泛应用。

制度基础审计模式的运用在提高审计质量和效率的同时,也间接地促进了被审计单位内部控制系统的不断完善,但是,在审计实务中制度基础审计模式也存在如下一些问题:

①当进行内部控制测试所增加的工作量大于所减少的实质性测试工作量时,工作效率的改进并不明显。

②由于不同被审计单位的个体差异性,内部控制设计的健全性、合理性和执行的有效性的整体评价缺乏统一标准。

③内部控制的可信赖程度的评价结论与实质性测试所需要的检查工作量之间缺乏科学的量化对应关系。

④被审计单位即使建立了较为完善的内部控制系统,如果其管理层出于各种特殊原因有意不予以执行,则其内部控制的有效性也很难得到保障。

⑤不能直接解决全部审计风险问题。

(三)风险基础审计

所谓风险基础审计,又称风险导向审计,是指审计人员以审计风险为基础,在对审计活动全过程中面临的各种风险因素进行充分评估分析的基础上,将风险控制方法融入传统审计方法中,进而获取审计证据,形成审计结论,在对审计风险全面控制的基础上实现审计目标的一种审计模式。

风险基础审计产生于20世纪70年代,其基本思想是将对审计风险的评价作为一切审计工作的起点并贯穿于审计过程的始终。由于市场竞争的加剧,企业风险日益扩大,社会公众对审计人员提出了更高的要求,审计人员的社会责任加大,需要审计人员更加关注对审计风险因素的评价。为适应高风险的现代社会,提高审计质量,降低审计风险,更好地履行审计人员的职责,审计职业界开始在运用制度基础审计模式的基础上，逐步融入对风险因素的分析与评价方法，进而产生了风险基础审计模式。风险基础审计模式下，所有审计方案的制定、审计测试的范围和方法确定、审计证据的收集以及审计意见的发表均以审计风险的评价和控制为立足点。审计过程已经成为动员全体审计人员竭尽全力不断克服和降低审计风险的过程，其根本目的就是将审计风险降低到审计人员和社会可以接受的水平。

审计风险取决于重大错报风险和检查风险。审计人员应当实施审计程序来评估重大错报风险，并根据评估结果设计和实施进一步审计程序，以控制检查风险。审计风险模型的出现，从理论上解决了审计人员以内部控制制度评价为基础采用抽样审计的随意性，又解决了审计资源的分配问题，要求审计人员将审计资源分配到财务报表最容易出现错报的领域。从方法论的角度，审计人员以审计风险模型为基础进行的审计，称为风险导向审计。

第二节 审计取证的基本方法

审计取证的基本方法是指与取证的顺序和范围有关的程序性方法。这些方法并不是直接取证的具体方法。

一、顺查法和逆查法

审计取证方法按其取证顺序与记账程序的关系可分为顺查法和逆查法。

（一）顺查法

顺查法是指审计人员的取证顺序是按照会计核算的处理先后顺序，依次对凭证、账簿和报表进行检查核对的一种审计方法。

顺查法的具体做法是：审计人员首先检查原始凭证，查明经济业务的发生原因和事实经过，以及原始凭证编制的真实、合法性。其次，以原始凭证核对记账凭证，检查其是否一致，并审查记账凭证编制的真实性、合法性和正确性。再次，以记账凭证或记账凭证汇总表核对日记账、明细账和总账，检查其是否一致，并经过账账、账实的检查核对，验证编制财务报表的各项依据是否真实可靠。最后将经过核实的账目与财务报表相核对，并分析确定财务报表编制的真实、合法性。

顺查法的主要优点是简便易行，由于它按记账程序逐一地、仔细地核对，审计内容详细，一般说来不容易遗漏账务上的错弊事项，审计结果较为可靠。缺点是事无巨细都同等对待，往往把握不住重点和主次方向，且着重对证账表的机械核对，工作量大，不利于提高审计工作效率，因此一般适用于对规模较小，业务不多的单位审计时采用。

（二）逆查法

逆查法是指审计人员的取证顺序与会计核算程序相反的顺序，从终点查到起点的审计方法。

逆查法的具体做法是：审计人员首先分析检查财务报表，从中发现异常变动和问题线索，确定审计重点。其次，追查至相关的日记账、明细账和总账，通过账账、账实的检查核对，进一步确定需要重点检查的记账凭证。最后，核对记账凭证直至原始凭证，以查明问题的原因和过程。

逆查法的主要优点是从大处着手，审计面较宽，可从审计事项的总体上把握重点，在发现问题线索的基础上明确主攻方向，由于审查的重点和目的比较明确，针对性较强，因此易于突出重点，查清主要问题，可以节省人力和时间，提高审计工作效率。不足之处是由于着重审查分析报表，并据以重点逆查账目，一般不要求对审计事项进行全面的详细审查，因此可能遗漏或疏忽某些更重要的问题，难以全面揭露错弊，而且逆查法难度较大，因此，对审计人员业务素质要求较高。逆查法主要适用于业务规模较大，内部控制系统比较健全，管理基础较好的被审计单位。

综上所述，逆查法和顺查法各有侧重，各有利弊，为了扬长避短，更好地发挥审计作用，实际工作中常将两种方法结合起来运用。在小型企业采用顺查法进行查账时，也可针对重要事项采用逆查法加以检查，在大中型企业采用逆查法审查各类业务活动时，对于需要了解的部分重要审计事项，也可以局部兼用顺查法加以详细查核，以便充分发现问题，防止重大疏漏。

二、详查法和抽查法

审计取证方法按审查经济业务和会计资料的数量和范围大小可分为详查法和抽查法。

（一）详查法

详查法是指审计人员对被审计单位的全部会计资料或某类经济业务和会计资料的全部内容，包括原始凭证、记账凭证、账簿、会计报表等逐一进行全面、详细的审查而达到审计目的的一种审计方法。在审计活动发展的早期，审计取证方法主要就是采用详查法，如传统财务审计以及早期英国民间审计都以查错防弊为目标，为保证查清全部会计记录是否正确，审计人员通常要对大量账簿记录进行逐笔检查。

详查法与全部审计不同。全部审计是指审计的一种类别，是按审查范围大小的不同对审计进行的具体分类，它相对于局部审计而言。而详查法是指审计的方法，是按审计手段对审计方法的分类。而且，全部审计一般不一定采用详查法，视被审计单位的具体情况，根据需要既可以进行详查，也可以不进行详查。如被审计单位的内部控制健全且有效，即使是检查全部会计资料，仍可采用抽查法。

详查法的优点是在审查会计资料的规模上，由于是对整个单位或某类业务期间内会计记录和凭证的全部资料进行逐一验证，既要核对凭证、账簿、报表，又要审查有关的经济资料并加以分析，所以可以有效地揭露出会计工作中存在的各种错弊行为，不易出现遗漏，能较全面地查明问题并能够收集到说明审计事项的完整证据，做出精确的审计结论，审计质量有可靠的保证。其缺点则主要是因为要审查全部账表单证，造成工作业务量极大，几乎相当于重复一次全面的会计核算工作，费时费力，因而必须安排足够的审计人员和时间才能完成审计任务，审计成本太高、工作效率低、审计时间耗费过长。

在审计工作中，由于详查法的缺点限制了它的适用范围。详查法一般应用于经济业务较少、会计核算简单的被审计单位，或者为了揭露重大问题而进行的专案审计，对内部控制比较薄弱的被审计单位以及财经法纪审计项目十分适用，并能取得满意的审计效果。对那些规模较大、经济业务量大、经济资料多的大中型企事业单位，一般不宜采用此法。现代审计以抽查法为主，只是在使用抽查法的过程中，根据被审计对象的重要程度及其危险、复杂程度，适当地使用详查方法。

（二）抽查法

抽查法是指审计人员从被审计单位一定时期内的全部会计资料中，选择其中某一部分或某段时期的会计资料进行审查，根据审查结果，借以推断审计对象总体有无错误和弊端的一种审计方法。其基本特点是：根据审计对象的具体情况和审计目的，经过判断，选取具有代表性的、相对重要的项目作为样本，或者从被审查资料中随机抽取一定数量的样本，然后根据样本的审查结果来推断总体的正确性，或推断其余未抽取部分有无错弊。这种方法的关键在于抽取样本，故又称为抽样审计法。随着企业规模的日益扩大，审计事项日益复杂，审计工作量增加，同时审计目标从传统的差错防弊转为对财务报表真实性、公允性的验证，审计技术不断发展，审计方法从大量运用详查法发展到基本上运用抽查法的阶段，目前抽查法已被广泛地运用于审计实务中。

抽查法不同于局部审计。局部审计作为审计类别的一种，是按审计范围大小不同对审计进行的分类。抽查法作为一种审计方法，是相对于详查法而言。局部审计不一定采用抽查法，对局部审计中的某些审计事项可以采用抽查法，也可以采用详查法。如对货币资金收支类业务进行审查时就可以采用详查法。

抽查法的运用使审计人员从单调、繁琐的工作中摆脱出来，极大地提高了审计工作效率，节省了审计资源，使审计工作起到了事半功倍的效果。由于抽查法是以部分资料的检查结果去推断总体的状况，因而有可能对审计质量产生影响。尤其是对于那些发生频率不高的错弊行为，该方法的运用具有一定的局限性。在审计实务中，抽查法的适用范围比较广泛，对规模较大、经济业务多、内部控制健全有效、会计基础工作较好、组织机构健全的单位进行审计，都可运用抽查法。

第三节　审计取证的具体技术方法

审计取证的具体技术方法，主要是指直接用于收集审计证据的方法，大体可以分为审查书面资料的方法和证实客观事物的方法，此外还包括审计调查方法。审计取证具体技术方法应用于审计程序的准备阶段和实施阶段，其发展水平是衡量审计工作水平的重要尺度。审计取证具体技术方法的选用取决于审计目标、审计证据的需要。

一、审查书面资料的方法

审计取证的具体技术方法,按审查书面资料的技术划分,可分为核对法、审阅法、复算法、比较法、分析法。

(一)核对法

核对法是指对被审计单位的书面资料按照其内在联系相互对照检查,用以验明内容是否一致,计算是否正确,并从中获取审计证据的审计方法,其主要内容包括证证核对、账证核对、账账核对、账表核对和账实核对,其目的是查明证、账、表之间是否相符,证实被审单位财务状况和财务成果的真实、正确、合法。一般要在下列资料间核对:

①原始凭证与有关原始凭证,原始凭证与汇总原始凭证,记账凭证与汇总记账凭证(或科目汇总表)。核对内容是所附或有关的原始凭证数量是否齐全,日期、业务、内容、金额同记账凭证上的会计科目及金额是否相符,原始凭证之间、记账凭证同汇总记账凭证之间内容上是否一致。

②凭证与账簿。核对凭证的日期、会计科目、明细科目、金额同账簿记录内容是否一致;汇总记账凭证(或科目汇总表)与记入总账的账户、金额、方向是否相符。

③明细账同总分类账。主要核对期初余额、本期发生额和期末余额是否相符。

④账簿与报表。以总账或明细账的期末余额或本期发生额为依据,核对账户记录同有关报表项目是否相符。

⑤报表与报表。核对报表是否按制度规定要求编制,报表之间的相应关系是否正确。

核对中如发现错误或疑点,应及时查明原因。特别需要指出的是,采用核对法作为证据的资料必须真实正确,否则核对是毫无意义的。当缺乏依据时,相互核对的数据应至少有两个不同来源,并使其核对相符。

(二)审阅法

审阅法是指审计人员认真阅读和审查凭证、账簿、会计报表及计划、预算、经济合同等书面资料,借以查明财务收支和各项经济活动的合规性、合法性、真实性和正确性,是审计工作中最基本的取证方法。审阅法主要是查证证、账、表等会计资料。

①审阅原始凭证、记账凭证。既要从形式和技术上审查,也要从内容上审查。前者主要是审查凭证是否完整正确,如日期、摘要、金额、大小写、签章等应填写是否齐全,有无涂改;后者主要是审查经济业务是否符合有关手续,有无违反财经纪律、财会制度规定,甚至从事非法经营活动的事实等。

②审阅经济资料的记录是否符合有关原理和原则。如会计账簿中科目使用是否正确、账户对应关系是否正常合理;会计报表是否按制度的规定编制,报表应有的关系是否正确等。

③审阅经济资料的记录有无异常情况。如账簿中是否有涂改、刮擦、挖补、伪造

以及不符合规定的书写和更改变动；报表各项目有无异常的增减变化现象。

（三）复算法

复算法是指审计人员对被审计单位的书面资料的有关数据进行重新计算，用来验证原计算结果是否正确的一种方法。复核验算的主要方面有：

①原始凭证中单价乘数量的积数，小计、合计等。
②记账凭证中的明细金额合计。
③账簿中每页各栏金额的小计、合计、余额。
④报表中有关项目的小计、合计、总计及其他计算。
⑤预算、计划、分析中的有关数据。

复算法一般与审阅法等其他审计方法结合运用，才能取得证明经济活动真实性、合法性和效益性的审计证据，这样可提高审计的保险系数。计算技术的应用需要审计人员首先掌握有关会计核算原理和计算方法。由于计算所获得的证据属于审计人员的亲历证据，因此通常被认为具有较高的可靠性。

（四）分析法

分析法是指通过对会计资料有关指标的观察、推理、分解和综合以揭示其本质和了解其构成要素的相互关系的审计方法。可以分为比较分析法、比率分析法、趋势分析法、因素分析法等。

1. 比较分析法

比较分析法就是通过将被审项目的实际与计划、本期与前期、本企业与同类企业的数额进行对比分析，检查有无异常情况和可疑问题，以便为跟踪追查提供线索，取得审计证据。如与本期的有关项目相比（如利润未同产品销售收入同步增长），以被审项目同其他单位的相同项目相比（如把流动资金周转水平同先进企业比），都可以说明情况，发现问题。也可以根据账户对应关系的原理，对某些账户借贷方发生额及其对应账户进行对照分析，从中找出异常情况。例如将"产品销售""银行存款"和"应收销货款"结合起来进行分析，一方面可以审核有无差错，另一方面可以深入了解产品销售情况和应收账款的情况，如有异常现象则应进一步采用其他方法进行审计。比较法又可分为绝对数比较法和相对数比较法，两者目的只有一个，就是为了更好地进行审计和核对。

2. 比率分析法

比率分析法就是通过对相关项目之间的比率关系，如资金周转率、资金利润率、销售成本率等进行对比分析，从中发现情况，或判断被审单位的经济活动是否经济、合理。

3. 趋势分析法

趋势分析法就是分析某项经济指标在若干时期的发展趋势的方法。运用此法，分三个步骤：首先，确定所要分析的经济指标（如收益、应收账款、应付账款、产成品等）。其次，确定基期数，最后将该指标各年度的数额除以基期数，求出年度对基期的趋势比率。通过这种方法可以观察某项指标不同时期的变动情况和发展趋势，如发现变动过大或过小等异常情况，则需进一步深入审查。

4. 因素分析法

因素分析法就是利用企业经济指标体系分析计算企业各个因素变动对有关经济指标的影响程度的一种统计分析方法，包括连环替代法、差额分析法、指标分解法、定基替代法。连环替代法是将分析指标分解为各个可以计量的因素，并根据各个因素之间的依存关系，顺次用各因素的比较值替代基准值，据以测定各因素对分析指标的影响。差额分析法是连环替代法的一种简化形式，是利用各个因素的比较值与基准值之间的差额，来计算各因素对分析指标的影响。指标分解法是利用指标体系的内在关系将指标值分解为相关指标的乘积。定基替代法是分别用分析值替代标准值，测定各因素对财务指标的影响。

此外，还有对有关账户按期限长短进行归类分析，借以进一步重点追查的期龄分析法；对会计报表相关项目之间的平衡关系、勾稽关系进行对照分析的平衡分析法；按运用方法的时间和目的的不同，分析还有事前分析、事中分析和事后分析之分。上述分析方法主要是运用于经济效益审计、管理审计类。

二、证实客观事物的方法

除了收集书面资料方面的信息，审计工作还必须取得实物存在方面的资料，即证明落实客观事物的形态、性质、存在地点、数量、价值等，以审核是否账目相符，有无错误和弊端。这类方法主要有监督盘点法、调节法和鉴定法。

（一）监督盘点法

监督盘点法是指审计人员根据账簿记录现场监督被审计单位对各项财产物资进行实地清查盘点，检查实物的数量、品种、规格、金额等实际情况，并进行适当的抽查，以确定账存与实存是否相符，查明有无短缺、毁损及贪污、盗窃等问题的一种审计方法。

监督盘点法按其范围可分为全面盘存和局部盘存两种方式。一般情况下，盘点应由被审计单位进行，审计人员只进行现场监督，对于贵重的财产物资，审计人员认为必要时，可以对监盘结果进行抽查复盘。监盘可以为财产物资的存在性提供可靠的审计证据，但不一定能够为权利和义务或计价认定提供可靠的审计证据。因此，审计人员在监盘之外，应对资产的计价和所有权另行审计。

（二）调节法

调节法是指在审查某个项目时，通过调节有关数据，证实所需证明数据正确性的一种方法。如果现成的数据和需要证实的数据在表面不一致时，为了证实数据的真实性，就要运用调节法。调节法就是从一定出发点上的数据着手，对已发生的正常业务而出现的数据进行必要的增减调节的一种方法。例如，通常运用调节法编制银行存款节表，以便根据银行对账单的余额来验证银行存款账户的余额是否正确。此外，调节法还可用于编制有关财产物资的调节表，以验证有关财产物资结账日账面数与实存数是否相符，其基本方法是：当盘点日与书面资料结存日期不同时，先进行实物盘点，然后对实物盘点结果进行调节，加减盘点日至账面结存日之间实物的增减变动数，以调节后的财产物资实存数与账面结存数相核对，即可审查账实是否一致。

（三）鉴定法

鉴定法是指需邀请有关专业人员运用化验分析、物理检验等专门技术对书面资料的真伪、实物的质量和经济活动进行分析、确定和鉴别，获取审计证据的一种检查的方法。如对实物性能、质量、价值、书面资料的真伪以及经济活动的合理性、有效性等的鉴定，当超出了一般审计人员的能力，就需要聘请一定数量的工程技术人员、律师等提供鉴定结论，并做出独立的审计证据。因此，为了更好地工作，审计部门的人员应当在法律部门和生产技术部门人员的配合下，审计结果的质量才能有所保证。

三、审计调查方法

审计实施过程除了审查书面资料和证实客观事物外，还需要对经济活动及其活动资料以内或以外的某些客观事实进行内查外调，以判断真相，或查找新的线索，或取得审计证据，这就需要审计人员深入被审计单位现场进行审计调查。审计调查方法包括观察法、查询法、函证法、专题调查法。

（一）观察法

观察法是指审计人员通过亲临观场对被审计单位进行实地观察，来取得书面资料以外的审计证据，借以查明事实真相的一种调查方法。审计人员进入被审计单位后，应深入到车间、科室、工地、仓库等工作场所，对于生产经营管理活动的开展、财产物资的保管和利用、内部控制制度的执行等，进行直接的观察，注意其是否符合审计标准和书面资料的记载，从中发现薄弱环节和存在的问题，借以收集书面资料以外的证据。

（二）查询法

查询法是指审计人员对审计过程中发现的疑点和问题，通过口头询问或质疑的方式向被审计单位内部或外部的有关人员获取口头或书面证据以证实客观事实或书面资料，取得审计证据的一种调查方法。询问法通常在运用其他方法发现疑点或问题后加以运用，如对可疑账项或异常情况、内部控制制度、经济效益等的审查，或审计人员发现书面资料未能提供充分可靠的信息，或书面资料存在不足之处时，都可以向有关人员提出口头或书面的询问来查明事实真相，并取得真实可靠的审计证据。询问必须尽量采用书面记录，并由答询人员签字盖章。审计人员向有关单位和个人进行调查询问时，应当出示审计人员的工作证和审计通知书副本。询问本身不足以发现认定层次存在的重大错报，也不足以测试内部控制运行的有效性，审计人员还应当实施其他审计程序获取充分、适当的审计证据。

（三）函证法

函证法实际上也是一种查询法，它是指审计人员为证明被审计单位会计资料所载事项而通过给有关单位和个人发函，以了解情况取得证据的一种调查方法。这种方法多用于往来款项的查证，通过发函给被审计单位的债权、债务人及其他有关人，请求核实往来账目、财产和其他事项，借以补充通过检查和询问等审计方法取得的不完整证据。对被审计单位银行、保险公司、法律顾问处和其他单位的情况，也可采用这种办法核对认证。函证法有很强的核对性，在查证方面非常有效，是审计工作必不可少的重要一环。函证时应注意，审计人员必须对整个函证过程加以控制，以保证函证的质量。

函证分为积极函证和消极函证。积极函证也叫肯定式函证，要求收函单位对所函证事项无论与事实相符与否都应予以复函。审计人员收到复函后，应同被审计单位账面记录核对，如有不符可再次发函询证。如果函证未得到回复，审计人员应采用其他替代方法予以查证。消极函证也叫否定式函证，只是在收函单位发现函询事项与事实不符时，才予以复函。发函方经过一段时间未收到复函，则可认为所询证事项与事实相符。两种函询方式各有优缺点，积极函证所获取的审计证据较为可靠，但审计成本较高，通常用于数额较大、有疑点的往来款项，对于重要的往来款项不应以审计成本的高低作为减少审计程序的理由。消极函证因不可知因素的存在，所获取的审计证据较积极函证来说不可靠，但成本相对较低。具体采用哪种方式应根据不同情况做出选择：当个别账户欠款金额较大，或有理由相信欠款可能会存在争议、差错等问题时采用肯定式函证。当符合以下所有条件时，可采用否定式函证：相关的内部控制是有效的；预计差错率较低；欠款余额小的债务人数量很多；有理由确信大多数被函证者能认真对待询证函，并对不正确的情况予以反馈。

由于函证所取得的证据是由独立于被审计单位之外的第三者提供的，因此具有较高的可靠性。

（四）专题调查法

专题调查法是指国家审计机关或内部审计机构对全国、某一地区、某个行业范围内、企业集团内部某些专题组织力量进行审计调查。它是政府加强宏观调控作用的有力手段，是政府决策科学化、合理化的信息保证，也是企业集团加强内部管理的有效措施。

除上述审计方法外，针对特定审计种类，还有一些专门方法，如评审内部控制制度采用的调查表法和流程图法，电算化审计采用的绕过计算机审计和通过电算机审计的方法等。

第四节 审计抽样

一、审计抽样的含义

审计抽样是指从被审计单位一定时期内的会计资料（包括凭证、账簿和报表）按照一定的方法抽出其中的一部分进行审查，根据测试结果，借以推断总体特征的一种审计方法。现代审计广泛采用审计抽样方法的现实基础和理论依据主要是：一是被审计单位的规模随社会经济的发展不断扩大，其经济活动也日益繁杂，如果采取详细审计将耗费审计人员大量的时间和人力、物力、财力，而且随着企业的内部控制日益健全完善，审计的主要目标已经从查错防弊转移到真实性、合法性和效益性方面，因此，为提高审计效率、降低审计成本，审计人员开始广泛采用抽样审计技术。二是随着概率论和数理统计理论的发展，为审计抽样提供了科学的理论依据，使得审计抽样真正实现了科学化。

审计抽样方法的科学运用可以极大地提高审计效率，降低审计成本、防范审计风险，但审计抽样并不适用于审计中的所有程序，如审计抽样可在检查和函证中广泛运用，但通常不用于询问、观察和分析性复核程序。审计抽样通常不适用于以下情况：检查总体的完整性；抽样单位较少；总体中的每笔业务金额均超过重要性水平；可接受检查风险过低或要求审计检查保证程度过高；有特殊风险或需要特别关注的事项；使用审计抽样不符合成本效益原则。

二、审计抽样的种类

根据确定样本数量和以样本推断总体所依据的方法不同，审计抽样可以分为统计抽样法和非统计抽样法。

（一）非统计抽样法

非统计抽样是指审计人员运用专业经验，判断并选取样本的一种抽样方法。非统计抽样法包括任意抽样法和判断抽样法两种。

1. 任意抽样法

任意抽样法是指审计人员不考虑抽样对象金额大小、资料取得的难易程度及个人偏好，在总体中任意抽取一部分进行审计，抽查的出发点纯粹是为了减少审计人员的工作量。选取哪些内容，什么经济资料和经济活动，选取多少内容、多少样本等都无一定规律和依据。因此，它所取得的审计证据，风险较大，有时带有极大的偶然性和任意性。

审计人员在使用随意选样法时，应尽量避免由于项目性质、大小、外观和位置不同而形成偏差。例如，审计人员如果从发票夹中抽取发票，就不能只抽取票夹中间位置的发票，因为这样做会使得前面和后面的发票没有被选取的机会。

2. 判断抽样法

判断抽样法又称重点抽查法，一般是由审计人员根据审计目的、被审计单位内部控制完备程度和所需要的证据，结合专业判断来确定样本量、选取样本和对样本结果进行评估，据以对总体做出推断。这种方法重点突出，针对性强，但由于审计人员可能不自觉地将个人偏见掺杂在样本的选取判断中，而使得样本未能客观地反映总体的真实情况，因此，无法判定所得的抽查结果是否有效。

判断抽样法的优点主要是：由于能够充分利用审计人员的实践经验和专业判断能力来确定样本规模，评价样本结果，因此使用方便灵活。

判断抽样法的缺点很明显：①由于主要依据审计人员主观判断确定样本量，其样本规模的确定欠科学，容易产生样本过多或样本过少的风险。样本抽取过多，会增加审计成本，样本抽取不足，则抽样的准确性降低，有可能影响审计结论的准确性。②由于不采用随机原则选取样本，因此被选取的样本对象不如统计抽样客观。③根据审计人员的经验和主观判断来推断总体特征，容易导致审计结论不够准确，也无法对抽样误差和抽样风险进行计量和控制。④判断抽样过分依赖审计人员的自身素质，如果审计人员本身的经验欠缺，对样本的选取和样本规模的确定等都容易出现偏差，难以得出可靠性较高的审计结论。

尽管非统计抽样法过于强调主观性，客观性较差，不能正确反映审计工作的效果，但只要设计得当，也可达到同统计抽样一样的效果。判断抽样方法在对内部控制运行的内部控制测试中，特别是对差错和舞弊的审计中能起到很好的作用。在此类审计中，它并不需要正确推断出总体的情况，而只需要知道某项控制是有还是没有，已设立的控制是有效还是无效。因此，凭借长期从事审计工作的经验，审计人员便能较快地完成这项工作。

（二）统计抽样

统计抽样方法是概率论和数理统计方法与审计结合的产物，又称为数理抽查法，是指审计人员运用概率论的原理，按照随机原则使用数理统计方法在审计总体中确定样本量，对样本进行评估并推断总体特征的一种审计方法。

统计抽样法具有三个主要特点：①依靠概率论的原理进行抽查，不依赖审计人员的经验和判断能力，样本规模由审计总体的数量因素决定；②样本不是人为的重点选择，而是根据随机原则，保证了被审计项目总体中各部分被选择抽样的机会均等；③根据随机抽取的样本得出的结果来推断总体的特征，较为科学合理。

运用统计抽样的优点主要体现在以下几个方面：①可以科学地确定样本量，避免判断抽样法中样本过多或过少的现象；②采用随机原则进行样本选择，减少了人为的偏见；③审计人员能够将抽样风险量化，并加以控制；④运用概率统计理论对样本结果进行评价推断总体特征，所得出的审计结论具有科学的依据。

审计人员运用统计抽样方法可以了解总体很多不同的特征，有其科学性的明显优势，但统计抽样方法需要审计人员掌握必要的统计抽样技术以及设计和执行抽样计划，因此审计人员需进行相关学习后方能掌握。此外，统计抽样得出的审计结论也只是对总体特征的一种概率推断，仍然无法达到绝对的准确。

由于内部控制测试和实质性测试的性质、工作方法的不同，统计抽样方法在两种测试中的具体运用有两种，一是符合性测试，用来估计总体特征的发生率。二是用于实质性测试，用来估计总体数额的差异值。前者称属性抽样，后者称变量抽样。

（三）抽样方法的选择

非统计抽样与统计抽样相比较，非统计抽样的成本较低，但统计抽样的效果则相对较好。审计人员在实施审计过程中具体选择哪种审计抽样方法，主要取决于审计人员对成本效果方面的考虑。审计人员既可以采用统计抽样方法，也可以采用非统计抽样方法，还可以结合使用这两种抽样方法，只要运用得当，都可以获取审计所要求的充分、适当的审计证据。

由于在审计过程中存在诸多不确定因素，需要审计人员运用正确的判断来解决，因此，审计人员在设计、执行抽样计划和评价抽样结果时，无论是统计抽样还是非统计抽样，都需要合理地运用专业判断，并不会因为采用的是统计抽样而减少审计过程中的专业判断。例如，在决定审计抽样方法时，需要审计人员判断究竟采用统计抽样还是非统计抽样。在决定采用统计抽样后，也需要审计人员运用专业判断以确定审计对象总体及其特征，选择具体抽样方法，评价抽样结果的质量和数量。因此，在审计实务中，审计人员往往需要将统计抽样和非统计抽样结合起来运用，以取得较好的审计效果。

三、审计抽样中样本的选取方法

根据样本的选取方法是否符合概率随机原则，选样方法可以分为随机选样法和非随机选样法。所谓随机选样法，是指审计人员在选取样本时，应使审计对象总体内所有项目均有被选取的机会，以使样本能够充分代表总体。只有这样，才能保证由抽样结果推断出的总体特征具有合理性、可靠性。如果审计人员有意识地选择总体中某些具有特殊特征的项目，放弃其他项目，就无法保证所选样本的代表性，审计人员由此得出的审计结论的正确性就会受到影响。随机选样方法在统计抽样和非统计抽样中均可使用，但统计抽样必须使用随机选样方法，而非统计抽样则不需要一定满足随机原则。

统计抽样审计中，常用的随机选样方法可具体划分为简单随机选样法（包括编号选样法和随机数表法）、系统随机选样法、分层随机选样法和整群随机选样法。

（一）简单随机选样法

简单随机选样法是指审计人员按随机原则从审计对象总体中的所有项目选取样本，总体中的每一个项目都有均等的机会被选中。在简单随机选样中通常利用编号选样或利用随机数选取样本项目。

1. 编号选样法

编号选样法就是把总体中的N个个体编号，把号码写在号签上，将号签放在一个容器中，搅拌均匀后，每次从中抽取一个号签，连续抽取n次，就得到一个容量为n的样本。编号选样法简单易行，适用于总体中的个数不多时。当总体中的个体数较多时,将总体"搅拌均匀"就比较困难,用抽签法产生的样本代表性差的可能性很大。

2. 随机数法

随机数法包括利用随机数表抽取样本和使用计算机自动生成符合要求的随机数两种方式。随机数表也称乱数表,它是由随机生成的从0至9十个数字所组成的数表,每个数字在表中出现的次数是基本一样的,出现在表中的顺序是随机的。表4-1是一个五位数随机数表的一部分:

表4-1 五位数随机数表

	(1)	(2)	(3)	(4)	(5)
1	10480	15011	01536	02011	81647
2	22368	46573	25595	85313	30995
3	24130	48360	22527	97265	76393
4	42167	93093	06243	61680	07856
5	37570	39975	81837	16656	06121
6	77921	06907	11008	42751	27756
7	99562	72905	56420	69994	98872
8	96301	91977	05463	07972	18876
9	89579	14642	63661	10281	17453
10	85475	36857	53342	53988	53060
11	28018	69578	88231	33276	70997
12	63553	40961	48235	03427	49626
13	09429	93069	52636	92737	88974
14	10365	61129	87529	85689	48237
15	07119	97336	71048	08178	77233

使用随机数表时,应遵循如下基本程序:

(1)确定随机数表中的数字与审计对象总体中项目的编号存在一一对应关系

一般情况下,编号可以利用总体项目中原有的某些编号,如凭证号、支票号、发票号等,如果总体中的项目为连续编号,这种一一对应的关系就很容易做到,但有的总体可能不按连续的数字排列,或是按字母顺序排列,因此,审计人员需要给总体项目按一定的方法加上连续的序号,从而使总体项目具有连续编号,或变字母排列为数字排列,使表中的数字与总体中的项目形成一一对应的关系。如审计人员编制的被审计单位应收账款明细表有13页,每页50行,则审计人员可采用4位数编号,前两位数字由01到13的整数组成,表示各项目在明细表中的页数,后两位数字由01到50的整数组成,表示该项目的行次。这样,编号1234表示第12页第34行的应收账款项目。确定了总体项目的编号后,还需要进一步确定总体项目编号与随机数的位数对应关系。如前面所述的应收账款项目编号为4位数，而随机数表为5位数，则可以事先确定使用随机数表中的哪4位数字（这4位数字可以任选，即可以是前4位数字，也可以是后4位数字，甚至可以是1、3、4、5这4位数字）。

（2）确定选取随机数的随机起点

即从随机数表中任意选取一个起始数字作为抽样起点。起点数字可以由审计人员事先随机决定，但一经选定，则应从起点开始抽取样本。

（3）确定从随机数表中连续选取随机数的方法，即确定选取路线

审计人员应事先确定随机数的选取是按随机数表的列从上到下还是从下到上，还是按行从左到右还是从右到左，一列（或行）选完后下一列（或行）是从上（或左）到下（或右），抑或反之。

（4）从随机数表中抽出样本容量所需要的几个随机数

审计人员从起点开始，按照事先确定的选取路线依次查找，符合总体项目编号要求的数字，即为选中的号码，与此号码相对应的总体项目即为样本项目，一直到选足所需的样本量为止。

审计人员利用随机数表从审计对象总体中选取审计样本，在选样过程中，审计人员应将所选择的路线、起始点及所选取的样本记录于工作底稿中。利用随机数表选取样本虽然简单但较为费时，现在审计实务中通常运用计算机取得随机样本，不但可以节约时间，并能减少审计人员选取随机数时发生错误的可能性，而且可以通过审计软件进行自动记录。

例如，从序号为500~5000的现金支票中选取样本，采用随机数表选样，样本量为20。首先确定只用随机数表中所列数字的前四位数来与支票号码一一对应。其次，确定第5列第1个数为起点。第3步，从随机数表中确定选取路线，即确定选号路线为第5列、第4列、第3列、第2列、第1列，并依次进行。最后，从随机数表中选出20个数码：3099，0785，0612，2775，1887，1745，4962，4823，1665，4275，0797，1028，3327，0817，2559，2252，0624，1100，0546，4823。凡是前四位数在500以下或5000以上的，因为与支票号码没有一一对应关系，均不入选。选出20个数码，找出与其对应的20张支票，作为样本，进行审查。

（二）系统选样法

系统选样又称等距选样，是指按照相等间隔，选取样本项目的一种方法。审计人员运用系统选样法的基本步骤是以下3步。

1. 确定选样间隔

抽样间隔的计算公式为：选样间隔 = 总体总量/样本容量。例如，从序号为1~8000的8000张销货发票中，选取400张发票进行审查，则其选样间隔为20。

2. 确定选样起点

选样起点的选择可以是总体项目中的任意一个项目，确定起点项目编号后，该编号前面的所有项目的编号应加上项目总体数重新编号，并放到总体项目最后一个项目后面排队，以保证总体中每一个项目都有被选取的机会。

3. 选取样本

由选样起点开始，按顺序、等距离地选取样本。例如，如果把第101张发票作为选样起点，以后每隔20张选取一个样本，则所选取样本的号码依次是：101，121，141，161，181，…

第n个样本的号码＝起点号码＋（n－1）×选样间隔

系统选样法使用方便，并且可以用于无限总体，但使用系统选样法，总体必须是随机排列的，否则容易发生较大的偏差。所以，在使用这种方法时，必须首先确定总体是否随机排列，若不是随机排列，则不宜使用，否则将会影响系统选样的效果。

例如，某个被审计单位有10个车间，每个车间都是一名领班和14名工人，假设在工资计算表上，每个车间领班的位置都排在最前面。此时，如果采用系统选样法对工资支出进行等距选样，其选出的结果只能是以下两种情况：一种全是工人的工资记录；一种全是领班的工资记录。任何一种情况都不能反映工资支出总体的情况，从而形成偏差。

（三）分层随机选样法

分层随机选样法也称分组随机选样法，是指在抽样时先按一定标准将项目总体分成若干具有相似特征且互不交叉的组，然后在各组中根据各组个体特征按照不同的要求，再运用各种随机选样方法（如简单随机选样、系统随机选样等），从各组独立地抽取一定数量的样本项目进行综合分析，根据分析结果，对总体做出审计结论。

对审计对象总体进行分组时，可以按经济业务的重要性进行，也可以按经济业务的类型进行，也可以选择项目的某一方面的特性作为分组标志，但不管采用何种方法，都必须注意以下几点：①总体中的每一单位抽样单位必须属于一个层次，并且只属于这一层次；②必须有事先能够确定的、有形的、具体的差别或标准来明确区分不同的层次；③必须事先确定每一层次中抽样单位的准确数字。

分层随机选样法的主要特征是审计人员可以利用分组，按各组项目的重要性、变化频率或其他特征选取不同的样本量，能够提高抽样效率，并且针对不同的分组，实施不同的审计程序。通常，审计人员应对包含最重要项目的分组实施全部审查。分层随机选样法主要适用于内部各组成部分具有不同特征的总体。

例如，为函证应收账款，可以将应收账款账户按其金额的重要性大小进行分组。假设将其分为三组，即账户金额在10000元以上的为一组，5000～10000元之间的为一组，5000元以下的为一组，则根据各组的重要性，可以采取不同的选样方法。对于10000元以上的这一组，因其重要性水平最高，应考虑全部进行函证；对于其余的两组，由于其重要性程度相对较低，则可以考虑采用其他抽样方法，选取应该进行函证的样本。

此外，对应收账款账户也可以按账龄的大小分组。假设将其分为四组，即账龄在信用期内的为第一组，超过信用期但账龄在1年以内的为第二组，账龄在1年至3年之间的为第三组，账龄超过3年的为第四组。对于第四组的因其有极大的概率成为坏账损失，因此应考虑全部采取积极函证方式进行函证；而第一组因为还在信用期以内，因此可以使用简单随机选样法选取较小比例的样本采取消极函证方式进行函证。第二组和第三组可以使用系统选样法选取不同比例的样本采取积极函证方式进行函证。

（四）整群随机选样法

整群随机选样法是指在抽取样本时先将总体项目按照一定标准分成若干群，而后运用系统随机选样等方法，按群抽取样本项目。

整群随机选样法的特点：①每次抽取的样本数量包括一个群；②每群的样本数量虽不相等，但不至于只有一个样本。

与分层随机选样法相比，整群随机选样法的分群通常是选择总体项目的某一方面的天然属性作为分群标志。例如，每月抽查月初、月中和月末三天的发料凭证，每抽查一天，就有一群数量不等的发料凭证。被审计单位当期的销售发票共300本时，则以每本发票作为一个群来进行抽取样本，每抽取一本发票，就有25笔销售业务需要进行审查。

四、审计抽样应注意的问题

审计抽样的基本目标是在审计资源有限的条件下，收集充分、适当的审计证据，以形成和支持审计结论。抽样审计通常可以运用顺查、逆查、函证等审计方法，但审计人员在进行询问、观察、分析性复核时，则不直接运用审计抽样。

审计抽样主要运用于符合性测试和实质性测试。根据符合性测试的目的和特点而采用的审计抽样通常称为属性抽样，根据实质性测试的目的和特点而采用的审计抽样通常称为变量抽样。实务中，经常存在同时进行符合性测试和实质性测试的情况，在这种情况下采用的审计抽样称为双重抽样。

（一）样本设计需考虑因素

1. 审计目标

审计人员应当根据具体的审计目标，考虑其所要获取的审计证据的特征及构成误差的条件，确定采用何种审计抽样方法，并据此设计样本。其中，最为关键的是如何根据具体审计目标界定"误差"。

一般地，在符合性测试中，误差是指审计人员认为的能使控制程序失去效能的所有控制失效事件，通常可以将误差定义为会计记录的虚假账户、未经复核的经济业务记录、审批手续不全等各类差错。而在实质性测试中，通常将误差定义为误报货币金额的绝对值或相对比率。

2. 审计对象总体与抽样单位

审计对象总体是指审计人员为形成审计结论，拟采用抽样方法审计的有关会计或其他资料的全部项目。审计人员在确定审计对象总体时，应保证其相关性和完整性。

例如，如果审计目标在于审查应收账款余额是否多记，则审计对象总体应为应收账款明细账；如果审计目标在于审查应付账款是否少记，则审计对象总体不仅包括应付账款明细账，还包括期后付款、未付发票以及足以提供应付账款被少记的证据的其他项目。

抽样单位是指构成审计对象总体的个别项目，即组成审计对象总体的单个要素。一个凭证号码、一笔会计记录、一个账户的余额都可以作为抽样单位。

例如，如果审计目标是确定应收账款账户余额的准确性，则审计人员既可以选择每一应收账款账户余额的准确性，则审计人员既可以选择每一应收账款账户余额作为抽样单位，也可选择各笔经济业务作为抽样单位。至于作何选择，审计人员应当考虑哪一种抽样单位更便于审计程序的执行。

当审计程序是进行应收账款的函证时，则应选择应收账款各明细账户余额作为抽样单位，若审计程序是核对应收账款的账证是否相符，则把抽样单位定义为包括在应收账款余额中的各笔经济业务更加合适。

3. 抽样风险与非抽样风险

抽样审计时存在的不确定因素包括直接与抽样相关的因素和与抽样无直接关系的因素。运用抽样审计带来的风险分为抽样风险和非抽样风险。

（1）抽样风险

抽样风险是指直接与抽样相关的因素所造成的不确定性，即审计人员依据抽样结果得出的审计结论与审计对象总体特征不相符的可能性。抽样风险与样本量成反比，样本量越小，抽样风险越高。

审计人员在进行符合性测试时，应关注以下抽样风险：①信赖不足风险，是指抽样结果使审计人员没有充分信赖实际上应该信赖的内部控制的可能性。信赖不足会导致审计人员执行额外的审计程序，降低审计效率。②信赖过度风险，是指抽样结果使审计人员对内部控制的信赖超过了实际上应该信赖的可能性。信赖过度可能导致审计人员没有执行足够的测试程序，形成不正确的审计结论，从而影响审计的效果。

审计人员在执行实质性测试时，应关注以下抽样风险：①误受风险，是指抽样结果表明账户余额不存在重大错报，而实际上存在重大错报的可能性。错误地接受抽样结果，很可能导致审计人员没有执行足够的实质性测试程序，没有收集到能够证明存在重大错报的审计证据，从而形成不正确的审计结论，影响审计的效果。②误拒风险，是指抽样结果表明账户余额存在重大错报，而实际上并不存在重大错报的可能性。错误地拒绝实际上并不存在的重大错报，很可能导致审计人员执行没必要的实质性测试程序，影响到审计的工作效率，见表4-2。

表4-2 抽样风险对审计工作的影响

审计测试	抽样风险种类	对审计工作影响
符合性测试	信赖过度风险	效果差
	信赖不足风险	效率低
实质性测试	误受风险	效果差
	误拒风险	效率低

（2）非抽样风险

非抽样风险是指审计人员因采用不恰当的审计程序和方法或误解审计证据等而未能发现重大误差的可能性。产生此类风险的原因主要有以下几点：①人为错误；②运用了不切合审计目标的程序；③错误解释样本结果。

审计人员应当通过适当的计划、指导和监督审计工作，坚持质量控制标准，有效地降低非抽样风险。

4. 可信赖程度

可信赖程度是指抽样结果能够代表审计对象总体特征的程度或可能性的大小，通常用百分比表示。在审计过程中，审计人员对可信赖程度的要求越高，所选取的样本量就越大。

可信赖程度与审计风险互补，二者之和为1，即1减去可信赖程度就是审计风险。例如，在符合性测试中，审计人员如果选择一个95%的可信赖程度，那么就是5%的风险导致其对实际无效的内部控制制度做出有效的结论。

5. 可容忍误差

可容忍误差是指审计人员认为抽样结果可以达到审计目的所愿意接受的审计对象总体的最大误差。审计人员应当在审计计划阶段，根据审计重要性原则，合理确定可容忍误差。可容忍误差越小，所选取的样本量越大。

在符合性测试时，可容忍误差应时审计人员不改变对内部控制的可信赖程度所愿意接受的最大误差。也就是说，可容忍误差是指审计人员可以接受的内部控制实际运行中偏离控制政策和程序要求的最大比率。只要实际偏离率低于这一比率，审计人员就可以维持他对内部控制的可信赖程度。

在实质性测试时，可容忍误差是审计人员能够对某一账户余额或某类经济业务总体特征做出合理评价所愿意接受的最大金额误差。实质性测试中可容忍误差的确定通常与重要性的考虑有关。例如，审计人员在编制审计计划时，根据审计重要性原则，将现金账户余额的可容忍误差确定为±1000元，将应收账款账户余额的可容忍误差确定为±1500元，将存货账户余额的可容忍误差确定为±30000元。

6. 预期总体误差

预期总体误差指审计人员在审计时，对某一审计对象存在的总体误差的预计。

预期总体误差的多少与样本量的多少存在同向变动关系，如果预期总体误差较大，则所需选取的样本量较多；如果预期总体误差不存在或很小，则所需选取的样本量较少。

审计人员应当根据前期审计中发现的误差、被审计单位经营业务和经营环境的变化，对内部控制制度的评价及分析性复核的结果等确定审计对象的预期总体误差。

第五章 审计证据

第一节 审计证据概述

一、审计证据的含义

审计人员在开展审计活动时，为实现审计目标，必须收集和评价审计证据。审计人员形成任何审计结论和意见都必须以合理的证据作为基础，否则，审计报告就不可信赖。因此，审计证据是审计中的一个核心概念。目前各种类型的审计所发布的审计准则都强调审计证据对审计意见的重要性。如：《中华人民共和国国家审计准则》中规定，"审计证据是指审计人员获取的能够为审计结论提供合理基础的全部事实，包括审计人员调查了解被审计单位及其相关情况和对确定的审计事项进行审查所获取的证据。"《第2103号内部审计具体准则——审计证据》中规定，"本准则所称审计证据，是指内部审计人员在实施内部审计业务中，通过实施审计程序所获取的，用以证实审计事项，支持审计结论、意见和建议的各种事实依据。"《中国注册会计师审计准则第1301号——审计证据》中规定，"审计证据，是指注册会计师为了得出审计结论和形成审计意见而使用的信息。审计证据包括构成财务报表基础的会计记录所含有的信息和其他信息。"并指出："注册会计师的目标是，通过恰当的方式设计和实施审计程序，获取充分、适当的审计证据，以得出合理的结论，作为形成审计意见的基础。"

综上所述，审计证据是指审计人员在执行审计业务的过程中，为形成审计意见而依法获取的证据。该定义需要注意几点：①审计证据是在执行审计业务的过程中获得的，在非审计过程中获取的信息虽然也有可能成了某种证据，但不能作为审计证据；②搜集审计证据的目的是为了形成审计意见，只要与所形成的审计意见有关，即使不能构成其他类型的证据（如法律证据），同样可以作为审计证据；③审计人员获取的证据本身具有客观性，并经过了审计人员的最终判定。

根据审计证据的定义可以得出审计证据的基本等式：审计证据 = 主要会计资料 + 确认信息（佐证信息）。

审计证据中的主要会计资料包括财务报表以及会计记录中包含的信息和其他信息：

（一）会计记录

会计记录是指对初始会计分录形成的记录和支持性记录。例如，支票、电子资金转账记录、发票和合同；总分类账、明细分类账、会计分录以及对财务报表予以调整但未在账簿中反映的其他分录；支持成本分配、计算、调节和披露的手工计算表和电子数据表。

（二）其他信息

可以用做审计证据的其他信息包括：审计人员从被审计单位内部或外部获取的会计记录以外的信息，如被审计单位会议记录、内部控制手册、询证函的回函、分析师的报告、与竞争者的比较数据等。

（三）审计人员自身编制或获取的可以通过合理推断得出结论的信息

审计证据还包括审计人员自身编制或获取的可以通过合理推断得出结论的信息，如审计人员编制的各种计算表、分析表等。

依据会计记录编制财务报表是被审计单位管理层的责任，审计人员应当依照法定权限和程序测试会计记录以获取审计证据。

被审计单位管理当局的认定是指被审计单位管理当局对财务报表组成要素的确认、计量、列报做出的明确或隐含的表达。审计人员获取审计证据时需要考虑对认定的运用，包括：与各类交易和事项相关的认定：发生、完整性、准确性、截止、分类。与期末账户余额相关的认定：存在、权利和义务、完整性、计价和分摊。与列报和披露相关的认定：发生以及权利和义务、完整性、分类和可理解性、准确性和计价。不同的认定需要相应的证据予以验证，如资产存在认定的验证需要审计人员收集实物证据予以验证。

二、审计证据的特点

在实施审计工作时，审计人员根据审计项目的要求确定审计目标，围绕审计目标运用具体的审计方法获取充分适当的审计证据以证实审计目标，得出审计结论，提出审计意见和做出审计决定。因此，审计工作的质量取决于审计证据的质量，审计任务的完成在很大程度上取决于审计取证工作是否成功。

审计人员在评估存在重要问题的可能性和审计证据质量的基础上，决定应当获取审计证据的数量。根据相关审计准则的规定，审计人员应当根据具体情况设计和实施恰当的审计程序，以获取充分、适当的审计证据。

（一）审计证据的充分性

审计证据的充分性又称足够性。按照相关审计准则的要求，充分性是对审计证据数量的衡量，指审计证据的数量足以支持审计人员对被审计单位的会计资料及其所反映的经济活动的真实性、合法性发表审计意见。因此，审计证据的充分性是审计人员对形成审计意见所需的审计证据的最低数量要求。审计人员需要获取的审计证据的数量受其对重大错报风险评估的影响,并受审计证据质量的影响。审计证据的充分性主要与审计人员确定的样本量有关。

审计人员在判断审计证据是否充分、适当,应当考虑下列主要因素:

1. 审计风险

审计风险由重大错报风险和检查风险两部分组成。在可接受的审计风险水平一定的情况下,重大错报风险越大,则所需收集的证据的数量就越多,从而将检查风险降至可接受的低水平。

2. 具体审计项目的重要性

对于整个审计工作的影响,或者说是对于审计人员所作出的审计意见、审计结论的影响,越是重要的审计项目,审计人员越需要获取充分的审计证据,以支持其审计结论或意见,否则一旦判断失误,就会影响所收集证据的充分性。

3. 审计人员及其助理人员的审计经验

审计人员及其小组成员的审计经验如果比较丰富,就可以从较少的审计证据中判断出被审计事项是否存在错误或舞弊行为。

4. 审计过程中是否发现错误或舞弊

在审计过程中发现舞弊或错误行为,表示出现重大问题的可能性增加,为了降低审计风险,就必须相应增加审计证据的数量。对社会审计而言,如果被审计单位有严重的舞弊行为,审计人员可以选择终止审计或者退出审计。

5. 审计证据质量

审计证据的质量较高,则审计人员所需获取的审计证据的数量就可减少;反之,审计证据的数量就应增加。

6. 总体规模与特征

一般而言,包括在总体中的项目数量越大,所需证据的数量就越多;反之,则可以减少审计证据的数量。总体特征是指总体中各组成项目的同质性或变异性,审计人员对不同质的总体需要较大的样本量和更多的佐证信息。

7. 审计证据的类型与获取途径

如果大多数审计证据是从独立于被审计单位的第三者那里获取的,并且这些证据本身不易伪造,审计证据的质量就比较高,相对而言,此时审计人员所需获取的审计证据的数量就可以减少;反之就需要相应地增加审计证据的数量。

审计人员在判断审计证据是否充分时,还应考虑经济因素。

(二)审计证据的适当性

按照相关审计准则的要求,审计证据的适当性是对审计证据质量的衡量,即审计证据在支持审计结论方面具有的相关性和可靠性。相关性是指审计证据与审计事项及其具体审计目标之间具有实质性联系。可靠性是指审计证据真实、可信。

1. 审计证据的相关性

审计人员只能利用与审计目的相关联的审计证据来支持其审计结论,审计人员在对审计证据的相关性进行分析时，应当关注下列3个方面：①特定的审计程序可能只为某些具体的审计目标提供相关的审计证据，而与其他具体审计目标无关。②针对同一项具体审计目标可以从不同来源获取审计证据或获取不同形式的审计证据。③只与某项特定审计目标相关的审计证据并不能替代与其他审计目标相关的审计证据。

一般而言，审计人员通过符合性测试获取审计证据时，应考虑的相关事项包括：内部控制是否存在，内部控制是否有效，内部控制在审计期间是否得到一贯的遵守。

审计人员通过实质性测试获取审计证据时，应考虑的相关事项主要包括：①存在或发生。资产或负债在某一特定时日是否存在，经济业务是否确实发生，是否与被审计单位有关。②权利或义务。资产或负债在某一特定时日是否归属于被审计单位。③完整性。是否存在没有入账的资产、负债或其他交易事项。④估价或分摊。会计记录的金额是否准确，资产或负债的计价是否准确，收入和费用的配比是否恰当。⑤表达与披露。会计报表项目的分类反映是否恰当并前后一致。

2. 审计证据的可靠性

审计证据的可靠性是指审计证据的可信赖程度。审计证据的可靠性受其来源和性质的影响，并取决于获取审计证据的具体环境。审计证据的相关性只是说明其在性质上具有证明作用，审计证据证明力的强弱则要根据审计证据的可靠性来判别。通常，判别审计证据可靠程度的标准包括以下几个方面。

（1）客观性标准

客观证据比必须经过判断才能确定其是否正确的主观证据更为可靠，客观性越强，证据的可靠程度越高。对主观证据而言，举证人的素质也是决定其可靠程度的一个重要因素。

（2）时效性标准

审计证据的时效性既可以指收集证据的时间，也可以指被审计的时间范围。对资产负债表账户来说，证据越是在临近资产负债表日收集，就越有说服力，其可靠程度也越高；对于损益表账户来说，从整个会计期间内选取的样本中得到的证据，比从一部分时期内选取的样本中得到的证据更有说服力，可靠程度也更高。

（3）独立性标准

外部证据因为是由独立于被审计单位的第三者提供的，所以比内部证据可靠。其中，未经被审计单位持有的外部证据比经由被审计单位持有的外部证据可靠，对于内部证据而言，在外部流转并且已获得独立于被审计单位的第三者确认的，比未获得独立于被审计单位的第三者确认的可靠。

（4）印证性标准

不同来源或不同性质的审计证据能够相互印证时，审计证据就具有较高的可靠性；反之，如果通过某一来源获取的证据与通过其他来源获取的证据不一致，甚至相互矛盾，审计证据的可靠性较低。

（5）内部控制标准

被审计单位的内部控制如果健全、完善，并且得到一贯的遵守，则其提供的内部证据比内部控制差的被审计单位提供的内部证据的可靠性更高。

(6)书面性标准

以书面文件为形式的书面证据,比通过对有关人员的口头询问而得到的言词证据更可靠。

(7)直接性标准

审计人员通过实地检查、观察、计算和检视等直接获取的证据比其从被审计单位间接获取的证据的可靠性更高。

(8)原件获取的审计证据

从原件获取的审计证据比从传真或复印件获取的审计证据更可靠。

(三)审计证据的充分性与适当性之间的关系

审计证据的充分性和适当性是密切联系的,审计证据的适当性影响其充分性。审计证据的相关程度与可靠程度越高,所需的审计证据的数量越少;反之,则需要相应地增加审计证据的数量。

审计证据的证明力只有在综合考虑其适当性和充分性之后才能发挥出来,也就是说,在评价审计证据时,应同时考虑其在质量上是否与审计目标相关,是否有较高的可靠程度,在数量上是否充足。因此,与审计目标不相关,质量再可靠、数量再充分,该审计证据也没有价值;与审计目标相关,质量不可靠、数量不充分,该审计证据也缺乏足够的证明力。尽管审计证据的充分性和适当性相关,但如果审计证据的质量存在缺陷,那么审计人员仅靠获取更多的审计证据可能无法弥补其质量上的缺陷。

评价审计证据的充分性和适当性时,应对以下事项予以特殊考虑:

1. 文件记录可靠性的考虑

如果审计过程中识别出的情况使其认为文件记录可能是伪造的,或文件记录中的某些条款已发生变动,审计人员应当做出进一步调查,包括直接向第三方询证,或考虑邀请专家对文件的真伪性进行评价。

2. 使用被审计单位生成信息的考虑

如果在实施审计程序时使用被审计单位生成的信息,审计人员应当就这些信息的准确性和完整性获取审计证据。

3. 证据相互矛盾时的考虑

如果针对某项审计目标从不同来源获取的审计证据或获取的不同性质的审计证据能够相互印证时,审计证据较具可靠性;如果从不同来源获取的审计证据或获取的不同性质的审计证据不一致,表明某项审计证据可能不可靠,审计人员应当追加必要的审计程序确定审计证据的可靠性,并充分考虑存在的情形对审计其他方面的影响。

4. 获取审计证据时对成本的考虑

审计人员可以考虑获取审计证据的成本与所获取信息的有用性之间的关系,在保证获取充分、适当审计证据的前提下力争成本最小化,但不应以获取审计证据的困难和成本为由减少不可替代的审计程序。

需要指出的是,审计人员在获取审计证据时,可以考虑成本效益原则。如果获取最理想的审计证据需要花费高昂的审计成本,则审计人员可以转而收集质量稍逊的其他证据，只要其能满足审计目的的要求。

例如，审计人员发现一张外地单位的巨额应收票据，他可以采取以下两种方法来证明其可靠性以及能否到期收回：审计人员直接向欠款单位函证，以取得票据金额、到期日和其他书面证据；或者审计人员获准审查该欠款单位的会计报表，并向该欠款单位的开户银行调查其信用情况，以测试票据到期兑现的可能性。

显然，执行第二种方案所取得的审计证据最具可靠性，但其成本会大大超过第一种方案。此时，如果采用第一种方案所取得的审计证据也可以满足审计目的的要求，则选择第一种方案更为明智。也就是说，考虑到获取审计证据的成本效益原则，审计人员并不一定要选取最有力的审计证据。

值得注意的是，对于重要的审计项目，审计人员不应以审计成本的高低或获取审计证据的难易程度作为减少必要审计程序的理由。此时，审计人员如果无法取得充分、适当的审计证据，就应视情况，发表带有保留意见的审计报告或拒绝表示意见的审计报告。

第二节 审计证据的分类

一、按照审计证据的形式分类

按照审计证据的形式，分为实物证据、书面证据、言词证据和环境证据。

（一）实物证据

实物证据是在审计对象作为实物形态而存在的情况下，通过查明其存在性而取得的证据。也就是说，实物证据是通过审计人员的直接观察和实地调查而获得的被审计单位的有关工作情形、财产状况以及诸如此类的审计证据。这类证据通常与存货和现金有关，也适用于有价证券、应收票据以及固定资产的核实。

检查实物是核实资产是否确实存在的一种直接方式，所获取的实物证据也是一种最可靠、最有用的审计证据。一般来说，实物检查是认定资产的数量和规格的一种客观手段，有时也是评价资产的状况和质量的一种有效方法。

实物证据也存在其局限性，实物资产的存在并不能完全证实被审计单位对实物资产拥有所有权，而且实物资产的质量好坏（它将影响到资产的价值）有时也难以通过实物清点来加以判断，因此也不能根据实物检查来确定被审计单位编制的报表对该实物资产所做的估价是否准确。因此，对于取得实物证据的账面资产，还应就其资产的所有权归属、资产的质量和分类取得其他的审计证据。

（二）书面证据

书面证据是审计人员所获取的各种以书面形式存在的、并以其记载内容证明被审计事项的证据。它包括与审计有关的各种原始凭证、会计记录、记账凭证、会计账簿、各种明细表及其他核算资料、各种会议记录和文件、各种合同、通知书、报告书、审计人员进行函询时的往来函件和有关人员出具的书面证明等。

书面证据往往是审计证据的主要组成部分，数量多，来源广，因此也称之为基本证据。

（三）言词证据

言词证据是指由被审计单位的职员或其他与被审计事项有关的人员提供的言词材料所形成的一类证据。通常在审计过程中，审计人员会向被审计单位的有关人员询问会计记录和文件的存放地点、采用特别会计政策和方法的理由、收回逾期应收账款的可能性等问题，被审计单位的有关人员对这些问题的答复就构成了言词证据。一般而言，由于言词往往夹杂个人的观点和意见，有时会影响被调查事项的真实性，因而证明力较差，审计人员不能仅凭言词证据做出审计结论，但审计人员往往可以通过言词证据，发掘出一些重要线索，从而对某些需要审核的情况作进一步的调查，搜集到更为可靠的证据。例如，审计人员在对应收账款进行账龄分析后，可以询问应收账款负责人对收回逾期应收账款的可能性的意见，如果其意见与审计人员自行估计的坏账损失基本一致，则这一言词证据就可成为证实审计人员有关坏账损失判断的重要证据。

在审计过程中，审计人员应把各种重要的言词证据尽快记录下来，并注明这是何人何时在何种情况下所做的口头陈述，必要时还应获得被询问者的签名确认。相对而言，不同人员对同一问题所做的口头陈述相同时，言词证据具有较高的可靠性，不过在一般情况下，言词证据往往还需要其他相应证据的支持。

（四）环境证据

环境证据也称状况证据，是指对被审计单位产生影响的各种环境事实。具体而言，环境证据包括以下几种：

1. 有关内部控制的情况

被审计单位良好的内部控制可以增强其会计资料的可信赖程度。

当审计人员确认被审计单位有良好的内部控制，且其日常管理又一贯地遵守其内部控制相关规定时，就可以认定被审计单位现行的内部控制为会计资料的可靠性提供了强有力的保证，现代制度基础审计模式就是依赖于对被审计单位内部控制的评价基础上开展实质性测试。此外，被审计单位内部控制的可信赖程度还决定着审计人员所需的从其他各种渠道收集的审计证据的数量，被审计单位内部控制越健全有效，所需的其他各类审计证据数量就越少。

2. 被审计单位管理人员的素质

较高的被审计单位管理人员素质可以增强其所提供的相关信息资料的可靠程度。

如被审计单位会计人员的素质越高，其对经济业务的监督越有力，会计记录就越不容易发生错误，因此，会计人员的素质对会计资料的可靠性会产生影响。

3. 各种管理条件和管理水平

被审计单位良好的管理条件和较高的管理水平可以提高其会计资料的可靠程度。

环境证据一般不属于基本证据，但它可以帮助审计人员了解被审计单位及其经济活动所处的环境,是审计人员进行判断时所必须掌握的资料。

上述各种类型证据可用来实现各种不同的审计目标,但是对某一个具体的审计目标而言,审计人员则应选择能以最低成本实现全部审计目标的证据,力求做到证据收集既有效又经济。

二、按照审计证据的证明力分类

按照审计证据的证明力,可分为基本证据和辅助证据。

(一)基本证据

基本证据是指能够用来直接证实被审计事项某一审计目标的重要证据。例如,审计目标是会计账簿登记的正确性,所需的基本证据应该是据以登记账簿的记账凭证。当审计目标是证明资产负债表各项数字的真实、正确性,其基本证据应是据以编制报表的各账户的余额。前面提到的实物证据、书面证据等都可以作为基本证据。

(二)辅助证据

辅助证据是指对基本证据起辅助证明作用的证据,也称旁证或佐证。例如,证明账簿登记正确性的基本证据是记账凭证,记账凭证所附的原始凭证是支持记账凭证证明力的必要补充。

基本证据是证实被审计事项某一特定审计目标的直接证据,因此,取得基本证据最为重要。但是,单凭基本证据很难形成充分、可靠的证据体系,仍需要辅助证据支持基本证据的证明力。例如,记账凭证在编制时歪曲原始凭证所反映的经济业务,此时还应收集验证经济业务真实情况的其他辅助证据。

三、按照审计证据的来源分类

按照审计证据的来源,可分为亲历证据、外部证据和内部证据。

(一)亲历证据

亲历证据是指由审计人员在被审计单位执行审计工作时亲眼目击,亲自参加或亲自动手取得的证据。例如:审计人员参加财产物资的监盘而亲自抽查而取得的审计证据,审计人员观察被审计单位经济业务执行情况所取得的审计证据,或者审计人员为证明某个事项而自己动手编制的各种计算表、分析表形成的证据。这类证据由于是审计人员本人亲自取得,因而具有较强的可靠性,证明力最强。

(二)外部证据

外部证据是由审计人员从被审计单位以外的组织机构或人士处所获取的审计证据,包括其他单位的陈述和外来资料。其他单位的陈述指被审计单位以外的组织机构应审计人员的要求对被审计单位的某一经济业务事项的说明,包括债权、债务情况,寄存物资情况,经济业务往来情况等。外来资料是指审计人员从其他组织机构或人士处取得的证明被审计单位某一经济业务事项的凭证、账目、报表、合同、文件的摘录等。按照证据的处理过程，可以将外部证据进一步划分为：

第一，由被审计单位以外的机构或人士编制，并由其直接递交给审计人员的外部证据。如应收账款回函，被审计单位律师或其他独立的专家关于被审计单位资产所有权和或有负债的证明函件等。此类证据不仅由完全独立于被审计单位的外部机构或人员提供，而且未经被审计单位有关职员之手，其可靠性较强。

第二，由被审计单位以外的机构或人士编制，但由被审计单位持有并提交审计人员的书面证据。如银行对账单、购货发票、顾客订购单、有关的契约、合同等。由于此类证据经过了被审计单位职员之手，在评价其可靠性时，审计人员应当考虑被涂改或伪造的难易程度。

（三）内部证据

内部证据是由审计人员从被审计单位内部机构或职员处获取的审计证据。包括被审计单位职员应审计人员的要求对某些被审计事项所做的介绍和说明；被审计单位内部编制的资料，如会计记录（其可靠性主要取决于被审计单位在填制会计记录时内部控制的完善程度）、被审计单位管理当局的声明书，以及其他各种由被审计单位编制和提供的有关书面文件（如董事会及股东大会的会议记录、重要的计划、被审计单位的或有损失的说明等）；被审计单位提供的与外部其他单位共同编制的资料，如采购合同、销售订单、委托加工合同、租赁合同及主管部门审批的文件等；被审计单位为其他外部机构或人士填制的书面资料等，如为其他单位填制的销售发票、收据等。

按照证据的处理过程，可以将内部证据进一步划分为：

第一，由被审计单位产生，但在被审计单位外部流传，并获得其他单位和个人承认的内部证据，如销售发票、付款支票等，则具有较强的可靠性。

第二，只在审计客户内部流转的证据，如被审计单位的各种账簿资料、管理制度、董事会决议、最高管理当局声明书以及其他各种有关的书面文件等。其可靠程度因被审计单位内部控制的可信赖程度而异，如果被审计单位内部控制较为健全且执行有效，各种内部证据需在不相容的各职能岗位或机构进行流转并留下交易轨迹，则内部证据的可靠程度较高。

一般而言，三类证据中，亲历证据可靠性最强，外部证据次之，内部证据的可靠性最差，第一类外部证据的可靠性超过第二类外部证据，第一类内部证据的可靠性超过第二类内部证据。审计人员应当谨慎利用内部证据，在利用过程中，审计人员应注意内部证据的弱点，保持合理的谨慎和职业怀疑态度。

第三节 审计证据的获取

审计证据是审计人员发表审计意见和出具审计报告的依据，因此对审计证据的收集、鉴定和综合是整个审计工作的核心。

一、审计证据的收集

（一）审计证据收集概述

根据《中华人民共和国国家审计准则》中的规定，审计人员可以采取检查、观察、询问、外部调查、重新计算、重新操作、分析等审计方法向有关单位和个人获取审计证据。

审计人员对收集到的各种审计证据均应将在审计工作底稿中清晰、完整地记录审计证据的名称、来源、内容和时间等项目，并由信息资料提供者签名或盖章。采集被审计单位电子数据作为审计证据的，内部审计人员应当记录电子数据的采集和处理过程。如被审计单位或有关责任人员拒绝签名或盖章的，审计人员应当在审计证据或另附的材料上注明被审计单位或有关责任人员拒绝签名或盖章的理由，不影响事实存在的证明材料仍可作为审计证据。如被审计单位或有关责任人员对审计证据存在异议，则审计人员应当进一步核实清楚，对确有错误或偏差的应当重新取证。

审计人员在收集审计证据时，对认为必要的审计证据应及时取证。在当时不能取得而以后审计证据可能灭失或者难以取得时，国家审计人员应当报县以上审计机关负责人批准，可以先行登记保存。国家审计小组在审计过程中，有证据认为被审计单位可能转移、隐匿、篡改、毁弃财政、财务收支资料的，有权采取取证措施；必要时，经审计机关负责人批准，有权暂时封存被审计单位违反国家规定的财政、财务收支的有关资料。

（二）审计证据收集的相关决策

审计人员在收集相关审计证据的过程中，需做出以下相关决策：

1. 采用何种审计方法（审计测试的方法）

在审计方案中，审计方法就是一些具体指令。例如，对现金支出进行核实的审计方法可以表述如下：取得现金支出日记账，并将已注销支票上的付款人姓名、金额、日期与现金支出日记账进行比较。

2. 检查多大的样本量（审计测试的范围）

样本的大小可以在一项到全部项目之间变动，对于构成某一个账户余额的总体，应当测试其中多少项目，由审计人员根据当时的情况加以判定。

3. 应选择哪些项目（审计测试的对象）

例如，审计人员已决定从总数为2000张的已注销支票中选取100张作为样本，用来和现金支出日记账作比较。他可以采用几种不同的方法来选取需要审查的支票：①选择一周的支票，对其中列在最前面的100张进行审查；②选择其中金额最大的100张支票；③选择他认为最有可能出现错误的那些支票；④混合使用前三种方法。

4. 时间安排（审计测试的时间）

财务报表审计通常针对一段时间，如一年，而审计业务通常要在这一期间的几个星期乃至几个月后才能完成。所以，执行审计测试的时间机动性很强，早可以在会计期间的起始时，迟可以在会计期间结束以后很长一段时间之后。对财务报表审计来说，客户通常要求在会计年度结束后一至三个月内完成审计。

5. 审计方案（审计测试的说明）

对某具体审计项目中有关审计证据收集的决策结果所做的详细说明称为审计实施方案。审计实施方案通常包括一系列审计程序（审计方法），还包括对样本量、选取的项目以及测试的时间等所做的说明。正常情况下，对每项审计的各组成部分都要编一份审计实施方案。所以，存货、销售等都有相应的一份审计实施方案。

（三）审计证据收集过程中的特殊事项处理

第一，审计人员应当依照法律法规规定，取得被审计单位负责人对本单位提供资料真实性和完整性的书面承诺。

第二，审计人员取得证明被审计单位存在违反国家规定的财政收支、财务收支行为以及其他重要审计事项的审计证据材料时，应当由提供证据的有关人员、单位签名或者盖章；不能取得签名或者盖章不影响事实存在的，该审计证据仍然有效，但审计人员应当注明原因。审计事项比较复杂或者取得的审计证据数量较大的，可以对审计证据进行汇总分析，编制审计取证单，由证据提供者签名或者盖章。

第三，审计机关执行审计业务过程中，因行使职权受到限制而无法获取适当、充分的审计证据，或者无法制止违法行为对国家利益的侵害时，根据需要，可以按照有关规定提请有权处理的机关或者相关单位予以协助和配合。

第四，审计人员需要利用所聘请外部人员的专业咨询和专业鉴定作为审计证据的，应当对下列方面作出判断：①依据的样本是否符合审计项目的具体情况；②使用的方法是否适当和合理；③专业咨询、专业鉴定是否与其他审计证据相符。

第五，审计人员需要使用有关监管机构、中介机构、内部审计机构等已经形成的工作结果作为审计证据的，应当对该工作结果的下列方面作出判断：①是否与审计目标相关；②是否可靠；③是否与其他审计证据相符。

二、审计证据的鉴定

审计人员所取得的、准备作为审计结论依据的审计证据，只具有潜在的证明力，要想使其具有现实的证明力，还需要评价其质量特征，通过鉴定筛选出具有充分证明力的证据。审计人员对审计证据的鉴定主要包括对审计证据的客观性、相关性、重要性、合法性和充分性的鉴定。

（一）鉴定审计证据的客观性

审计人员首先需要从不同的方面评价审计证据的客观性，如实物证据，不仅要核实其数量的充分性，还要关注其质量；对书面证据不仅要核对金额，更重要的是还要判别其真伪；对言词证据则要分析提供者的陈述是否客观。通常受个人支配程度越小的审计证据，被篡改和伪造的机会就越少，其客观程度越高。因此，良好的内部控制环境下生成的证据对内部控制薄弱情况下生成的证据更客观；直接产生于经济活动的业务凭证比经过加工汇总编制的资料更客观；从被审计单位外部取得的证据比从被审计单位内部取得的证据更客观。

（二）鉴定审计证据的相关性

审计人员还需要判断审计证据与审计目标是否相关，能否在一定程度上直接或间接地证明被审计事项，审计人员应利用与审计目标相关的审计证据来支持自己的审计结论。如存货的监盘结果只能证明存货的存在性，帮助审计人员判断存货是否毁损、短缺，却不能证明存货的计价是否正确和所有权的归属。此外，审计人员还需判断审计证据与证据之间是否相关，能否相互印证。如果审计证据之间相互矛盾，就应收集更多的相关证据加以判断，并舍弃原来收集的与审计目标无关的资料。

（三）鉴定审计证据的重要性

审计人员在鉴定审计证据相关性时应遵循重要性原则，即某一审计证据对审计结论、审计意见和审计决定是否有重要意义。通常从金额大小和问题性质的严重程度方面予以鉴定。在证明同样性质的问题时，金额大的审计证据比金额小的审计证据更重要。与证明不同性质问题的证据相比较，证明违反财经法纪的证据比证明会计核算错误的证据更重要。如有的审计证据本身所揭露的问题的金额也许并不很大，但这些问题的性质较为严重，可能导致其他重要问题的产生，或者与其他可能存在的重要问题有关。在这种情况下，这类审计证据也应作为重要的证据。同是审计人员也应注意那些表面上看似核算错误，实质却是弄虚作假的严重问题。如审计人员发现成本费用计算有误时，应进一步分析调查，以鉴别被审计单位是否利用成本费用计算结转环节人为调节成本费用，以达到调节利润的目的，再判断已获取证据的重要性。

（四）鉴定审计证据的合法性、充分性

审计人员除关注审计证据的客观性、相关性和重要性外，还需要对审计证据的合法性、充分性予以鉴定。审计证据的合法性是指审计证据的取得是否符合规定的手续、程序。如审计人员在取证的现场应要求证据提供者签名盖章，审计复核人应检查证据的签章是否齐全，内容是否完整。审计证据的充分性是指审计证据的数量是否满足充分性的要求及作为证据的样本项目的代表性。

收集和鉴定审计证据有时是交替进行的，审计人员通常在收集证据时就已经做过一些鉴定工作。但是，无论在审计过程中是否对审计证据进行鉴定，现场审计结束整理审计证据时都需实施审计鉴定程序。

三、审计证据的综合

这一阶段的任务，就是将前面收集到的分散的、个别的审计证据，进行分类、整理和分析，使之条理化、系统化，归集为同类性质或相似性质问题的各种审计证据，并进行综合分析，形成具有充分证明力的证据体系，以便从中归纳出审计意见，得出一个比较正确的审计结论。包括审计证据整理与分析，审计证据的评价两方面工作。

（一）审计证据整理与分析

审计证据整理与分析的具体方法包括以下5个方面。

1. 分类

分类是指将各种审计证据按其证明力的强弱，或者按其与审计目标的关系是否直接等分门别类地排列成序。

2. 计算

计算是指按照一定的方法，对数据方面的审计证据进行计算，并从计算中得到所需的新的证据。

3. 比较

比较包括两方面的内容：①要对各种审计证据进行反复比较，从中分析出被审计单位经济业务的变动趋势及其特征；②还要对各种审计证据与审计目标进行比较，判断其是否符合要求（如不符合要求，则需补充收集有关的审计证据）。

4. 小结

小结是指在上述分类、计算和比较的基础上，对审计证据进行归纳、总结，得出具有说服力的局部的审计结论。

5. 综合

综合是指审计人员对各类审计证据及其所形成的局部的审计结论进行综合分析，最终形成整体的审计意见。

（二）审计证据的评价

审计人员应从审计证据的充分性、适当性、及时性以及审计成本等方面对审计证据加以评价。审计证据的评价活动贯穿于审计全过程，包括以下3个方面。

1. 制定审计计划时对审计证据的评价

制定审计计划时对审计证据所做的评价是一种事前评价。评价的目的是决定在审计过程中应采取何种审计方法以及审计范围和时间安排，也就是决定所取得的审计证据应有的质量和数量。这种评价虽然只是一种间接评价，但却是不可缺少的。

2. 在收集与某一审计目标有关的证据的过程中对审计证据的评价

在收集证据的过程中，应当就所取得的审计证据与所审查的项目是否相关、是否可靠和充分进行评价。如果认为所取得的证据的可靠性不高或数量不充分，应当采取其他方法或扩大测试范围，以取得可靠性更高或更多的证据。

3. 在编制审计报告时对审计证据的评价

在编制审计报告时，必须对已经收集到的所有证据进行综合分析与评价，通过对证据的分析与评价，确定发表何种意见类型的审计报告。在财务报表审计中，审计人员必须以充分、适当的证据，作为发表审计意见的基础。如果在采取了必要的审计手续后，仍然不能获取所需的证据，或无法实施必要的方法，审计人员应在审计报告中发表保留意见或拒绝发表意见。

概括地说，审计过程就是通过对审计证据的收集、鉴定和综合，最后形成审计意见和结论的过程，也就是对审计对象的不断认识、不断深化的过程。

第四节 审计工作底稿

一、审计工作底稿概述

（一）审计工作底稿概述

审计项目确定后，审计人员开始实施项目审计，在实施审计过程中，审计人员需要对审计全过程的工作及其工作成果都做出相应的记录，这些记录就是审计工作底稿。根据《中华人民共和国国家审计准则》规定，审计工作底稿主要记录审计人员依据审计实施方案执行审计措施的活动。审计人员对审计实施方案确定的每一审计事项，均应当编制审计工作底稿。一个审计事项可以根据需要编制多份审计工作底稿。根据《第2104号内部审计具体准则——审计工作底稿》规定，审计工作底稿，是指内部审计人员在审计过程中所形成的工作记录。根据《中国注册会计师审计准则第1131号——审计工作底稿审计》的规定，审计工作底稿，是指注册会计师对制定的审计计划、实施的审计程序、获取的相关审计证据，以及得出的审计结论做出的记录。综上所述，工作底稿是审计证据的载体，是指审计人员在执行审计业务过程中，对制定的审计计划、实施的审计程序、获取的相关审计证据，以及得出的审计结论，形成的全部审计工作记录和获取的资料。

（二）审计工作底稿的作用

审计人员编制审计工作底稿的作用主要有以下6个方面。

1. 审计工作底稿是编写审计报告、发表审计意见或做出审计决定的依据

审计人员在实施审计过程中，应将发现的问题、审计证据、审计依据、审计评价、审计意见、审计决定以及审计建议等——记录在案，既可帮助审计人员在撰写审计报告时确定审计意见、审计决定和审计建议，又可作为审计报告的补充。由于审计报告是审计结论的综合与概括，不可能详细具体地陈述和说明被审计事项及所揭示的问题，这就有可能也有必要借助审计工作底稿给以补充说明。

2. 审计工作底稿是联结整个审计工作的纽带

审计小组一般由3人以上组成，通过合理的分工安排适当的人员完成不同的审计事项和审计程序，而审计工作底稿是记录所有审计工作的共同载体，审计项目负责人可以通过审计工作底稿来组织审计工作，实施审计方案，通过审计工作底稿的检查来协调审计工作，把各项审计工作有机地联结起来，并对审计过程加以控制。因此审计工作底稿是联结整个审计工作的纽带。

3. 审计工作底稿是控制审计工作质量的手段

审计项目负责人在现场审计时可以通过对审计工作底稿的检查来控制审计工作质量。在现场审计结束时，业务部门负责人也要通过对审计工作底稿的复核来检查审计

工作质量。不参加项目审计的专职复核人员还要通过对审计工作底稿的检查来履行复核职能。此外，一旦发生质量事故，审计工作底稿也可作为追究责任的客观依据。

4. 审计工作底稿是明确审计人员责任和考核审计人员的依据

审计人员编制的审计工作底稿需要详细地反映其在审计工作过程中所实施的各项审计工作，通过审计工作底稿也反映出该审计人员工作的质量，即审计人员是否按照实际准则实施了必要的审计程序、程序的选择是否合理、专业判断是否准确等，因此通过对审计工作底稿的检查复核，可以核查审计人员履行审计职责的情况，为了解和考核审计人员的工作业绩提供依据。

5. 审计工作底稿是行政复议和诉讼的重要佐证资料

审计工作底稿用于记录被审计单位的基本情况以及审计的情况，记录审计中查出的问题及相应的审计证据。因此，一旦发生行政复议或诉讼，审计工作底稿可为复议机关或法院的审理提供重要资料依据。

6. 审计工作底稿是总结审计工作和进行审计理论研究的资料

审计工作底稿记录了各类审计的工作方案、审计程序、审计方法的运用和结果等，汇集了审计人员的工作经验，将这些资料积累起来，进行比较研究可以改进和规范审计工作，总结和发展审计理论。

（三）编制审计工作底稿使用的文字和控制程序

《中国注册会计师审计准则第1131号——审计工作底稿》中明确规定：编制审计工作底稿的文字应当使用中文。少数民族自治地区可以同时使用少数民族文字。中国境内的中外合作会计师事务所、国际会计公司成员所和联系所可以同时使用某种外国文字。会计师事务所执行涉外业务时可以同时使用某种外国文字。

会计师事务所对审计工作底稿实施适当的控制程序，以满足下列要求：①安全保管审计工作底稿并对审计工作底稿保密；②保证审计工作底稿的完整性；③便于对审计工作底稿的使用和检索；④按照规定的期限保持审计工作底稿。

为了保证审计工作底稿的完整性，审计人员不得对其进行不当删除、废弃或改动。

（四）审计工作底稿的特点

第一，审计工作底稿形成于审计的全过程。在审计实施阶段，审计人员应将取证过程及有关资料按一定格式和内容系统地编制出一系列的工作底稿。

第二，审计工作底稿的形成方式有两种，即编制与取得。审计工作底稿可以由审计人员根据所收集的审计证据和所作出的专业判断来编制，也可以由审计人员从被审计单位及其他方面取得。但是，对于所取得的有关资料，只有在经过审计人员亲自审核后，才能作为审计工作底稿。

第三，审计工作底稿既包括审计人员对审计工作的记录，也包括审计人员所取得的、用以支持审计结论的各种相关资料。

第四，任何审计工作的内容都可以用审计工作底稿来反映，而且必须用审计工作底稿来记录。

第五，审计工作底稿的格式可以根据审计工作的内容和特点预先设计。

第六，审计工作底稿虽然也是一种审计记录，但它比通常所指的审计记录包括的内容更广泛。审计记录通常记录审计过程中发现的问题、线索，而审计工作底稿除了注重这些内容以外，更注重对审计程序和步骤的记录。

二、审计工作底稿的存在形式与基本内容

（一）审计工作底稿的形式

审计工作底稿可以以纸质、电子或其他介质形式存在。无论审计工作底稿以哪种形式存在，审计机构都应当针对审计工作底稿设计和实施适当的控制，以实现下列目的：①使审计工作底稿清晰地显示其生成、修改以及复核的时间和人员；②在审计业务的所有阶段，尤其是在项目组成员共享信息或通过互联网将信息传递给其他人员时，保护信息的完整性和安全性；③防止未经授权改动审计工作底稿；④允许项目组和其他经授权的人员为适当履行职责而接触审计工作底稿。

在审计实务中，为便于审计机构内部进行质量控制和外部职业质量检查或调查，审计人员可以将以电子或其他介质形式存在的审计工作底稿通过打印，转换成纸质形式的审计工作底稿，并一一归档。

（二）审计工作底稿的内容

审计工作底稿通常包括总体审计策略、具体审计计划、分析表、问题备忘录、重大事项概要、询证函回函、管理层声明书、核对表、有关重大事项的往来信件（包括电子邮件），以及对被审计单位文件记录的摘要或复印件等。此外，审计工作底稿通常还包括业务约定书、管理建议书、项目组内部或项目组与被审计单位举行的会议记录，与其他人员（如其他审计人员、律师、专家等）的沟通文件及错误汇总表等。

1. 分析表

分析表主要是指对被审计单位财务信息执行分析程序的记录。

2. 问题备忘录

问题备忘录一般是指对某一事项或问题的概要的汇总记录。审计人员通常记录该事项或问题的基本情况、执行的审计程序或具体的审计步骤，以及得出的审计结论。

3. 核对表

核对表一般是指审计机构内部使用的，为便于核对某些特定审计工作或程序的完成情况的表格。通常以列举的方式列出审计过程中审计人员应当进行的审计工作或程序，以及特别提醒注意的问题，并在适当的情况下索引至其他工作底稿，便于审计人员核对是否已按照审计准则的规定进行审计。

在审计实务中，审计机构通常基于审计准则以及在实务中的经验等，统一制定某些格式、索引及涵盖内容等方面相对固定的审计工作底稿模板和范例。在此基础上，审计人员再根据具体业务的特点加以必要的修改，以制定适用于具体项目的审计工作

底稿。

审计工作底稿通常不包括已被取代的审计工作底稿的草稿或财务报表的草稿、对不全面或初步思考的记录、存在印刷错误或其他错误而作废的文本，以及重复的文件记录等。

三、审计工作底稿的种类

（一）按审计工作底稿的内容分类

按审计工作底稿的内容不同可将其分为综合类工作底稿、业务类工作底稿和备查类工作底稿。

1. 综合类工作底稿

综合类工作底稿是指审计人员在审计计划和审计报告阶段，为规划、控制和总结整个审计工作，并发表审计意见所形成的审计工作底稿。主要包括审计业务约定书、审计计划、审计报告书未定稿、审计总结、试算平衡表、审计差异调整表、管理建议书、被审计单位的声明书以及审计人员对整个审计工作进行组织、管理的所有记录和资料等综合性的审计工作记录。一般来说，综合类工作底稿是在审计机构的办公地完成的。

2. 业务类工作底稿

业务类工作底稿是指审计人员在审计实施阶段执行具体审计程序所形成的审计工作底稿。主要包括审计人员在执行预备调查、符合性测试和实质性测试等审计程序时所形成的工作底稿。如符合性测试工作底稿，各资产、负债、权益、损益类项目的实质性测试工作底稿，须关注的期后事项工作底稿，等等。一般来说，业务类工作底稿是在审计外勤工作时完成的。

3. 备查类工作底稿

备查类工作底稿是指审计人员在审计过程中形成的，对审计工作仅具有备查作用的审计工作底稿。主要包括与审计约定事项有关的重要法律性文件、重要会议记录与纪要、重要经济合同与协议、企业的设立批准证书、企业营业执照、公司章程、组织机构及管理人员结构图、相关的内部控制及其调查和评价的记录报告等原始资料的副本或复印件。

（二）业务类工作底稿按编制顺序分类

业务类工作底稿按编制顺序分为分项目审计工作底稿和汇总审计工作底稿。

1. 分项目审计工作底稿

分项目审计工作底稿是指根据审计方案确定的项目内容，审计小组的每位成员按分工逐个项目编制形成的一项一稿或一事一稿的审计工作底稿。如调查记录表、应收账款账龄分析表、账户审查记录等。

2. 汇总审计工作底稿

汇总审计工作底稿是指在分项目审计工作底稿编制完成的基础上，按分项目工作底稿的性质、内容加以分类归集综合编制的审计工作底稿。如账项调整表。

（三）业务类审计工作底稿按其内容不同分类

业务类审计工作底稿按其内容的不同可以分为审计日记、调查类、审查类、盘点类及专项审计工作底稿等。

1. 审计日记

审计日记是审计小组成员以个人为单位按时间顺序反映其每日实施审计全过程，逐日编写的书面记录。审计项目负责人可以通过每日对小组每位成员的审计日记开展检查来协调和控制审计工作，并可作为考核审计人员工作的依据。

2. 调查类审计工作底稿

调查类审计工作底稿是指审计小组成员为了了解被审计单位的有关情况或审计事项的实际情况，收集审计证据所做的各种审计调查记录。如被审计单位基本情况表、内部控制调查表、调查记录表等。

3. 审查类审计工作底稿

审查类审计工作底稿是指审计小组成员在审查会计凭证、账簿和报表过程中所编写的各种工作记录。因为小组成员的分工不同，其审查的项目及其记录的具体内容都不一样，该类工作底稿很难有统一的格式。

4. 盘点类审计工作底稿

盘点类审计工作底稿是指负责对被审计单位各种实物资产及现金、有价证券等进行监盘的审计小组成员在监盘过程中取得或编制的工作记录。如库存现金盘点表、库存现金监盘表、原材料盘点表等。

5. 专项审计工作底稿

除上述各类常规审计业务工作底稿外，审计人员对查清关于伪造凭证、贪污盗窃、行贿受贿、严重损失浪费等违法乱纪事项应视不同情况设计不同格式的审计工作底稿，详细说明审计过程、审计证据、问题性质、金额、被审计单位或个人的态度和审计人员的意见等。

（四）按审计工作底稿的格式分类

审计工作底稿按其格式可分为专用审计工作底稿和通用审计工作底稿两种。

1. 专用审计工作底稿

专用审计工作底稿是指具有特定用途的审计工作底稿。审计机构根据审计项目的特点预先设计好具体的格式，供审计人员在实施某项特定审计活动时使用。如其他货币资金余额明细表、资本公积审定表等。这种审计工作底稿在设计时应力求简明实用，便于审计人员填写和编制。专用审计工作底稿的使用有利于提高审计工作效率和审计规范化，因此，审计机构应尽可能地设计各种审计项目的专用审计工作底稿以供审计人员使用，对审计人员而言，凡是能够使用专用审计工作底稿的审计事项，审计人员都应尽量采用专用审计工作底稿。

2. 通用审计工作底稿

通用审计工作底稿是指不预先设计特定的格式，而是审计人员在审计时根据实际情况，或用文字记录，或临时设计表格、图表加以反映的审计工作底稿。使用通用审计工作底稿时，一般按一事一稿的原则编制，以便于归类整理。在实际工作中，审计人员总是同时使用这两类审计工作底稿。

四、审计工作底稿的编制和取得

（一）审计工作底稿的格式

由于审计工作底稿的种类不同，其记录的内容也各不相同，因此其格式很难统一。就业务类工作底稿而言，通常包括以下基本要素：

第一，被审计单位名称。即接受审计的单位或者审计项目的名称。

第二，审计事项名称。即审计实施方案确定的审计事项。

第三，会计期间或者截止日期。即审计事项所属会计期间或者截止日期。

第四，审计过程记录。审计工作底稿中应清楚地记录审计人员实施的审计程序及审计活动的过程。

第五，审计标识及其说明。审计工作底稿中可使用各种审计标识，但应说明其含义，并保持前后一致。在实务中，审计人员也可以根据实际情况运用更多的审计标识。

第六，审计结论或者审计查出问题摘要及其依据。审计人员需要根据所实施的审计程序及获取的审计证据得出结论，并以此作为对财务报表形成审计意见的基础。审计人员应当注意，在审计工作底稿中记录的审计程序和审计证据是否足以支持所得出的审计结论。

第七，索引号及页次。通常，审计工作底稿需要注明索引号及顺序编号，相关审计工作底稿之间需要保持清晰的勾稽关系。在审计实务中，审计人员可以按照所记录的审计工作内容层次进行编号。

第八，编制者姓名及编制日期并签名。在记录实施审计程序的性质、时间和范围时，审计人员应当记录审计工作的执行人员及完成该项审计工作的日期。

第九，复核者姓名、复核意见及复核日期并签名。在需要项目质量控制复核的情况下，审计人员应当记录审计工作的复核人员及复核的日期和范围。

第十，附件。即审计工作底稿所附的审计证据及其他应说明事项等相关资料等。

确定审计工作底稿的格式、内容和范围时应考虑的因素：①实施审计程序的性质；②已识别的重大错报风险；③在执行审计工作和评价审计结果时需要作出判断的范围；④已获取审计证据的重要程度；⑤已识别的例外事项的性质和范围；⑥当从已执行审计工作或获取审计证据的记录中不易确定结论或结论的基础时，记录结论或结论的基础的必要性；⑦使用的审计方法和工具。

审计人员在考虑以上因素时需注意，根据不同情况确定审计工作底稿的格式、内容和范围都是为了达到执业准则中所述的编制审计工作底稿的目的，特别是提供审计证据的目的。

（二）编制审计工作底稿的要求

1. 总体要求

编制审计工作底稿的总体要求是，审计人员编制的审计工作底稿，应当使未曾接触该项审计工作的有经验的专业人士清楚了解以下内容：①按照审计准则的规定实施的审计程序的性质、时间和范围；②实施审计程序的结果和获取的审计证据；③就重大事项得出的结论。

有经验的专业人士，是指对下列方面有合理了解的人士：审计过程；相关法律法规和审计准则的规定；被审计单位所处的经验环境；与被审计单位所处行业相关的会计和审计问题。

2. 具体要求

编制审计工作底稿的具体要求包括：

首先，对于审计人员直接编制的审计工作底稿应做到以下几点。

第一，编写审计工作底稿应做到内容完整、真实，重点突出。审计人员在编写审计工作底稿时，应完整记录审计过程，并记录下审计工作中的重要事项及其专业判断。一切与实现审计目标、提出审计意见和做出审计结论有关的情况和问题都是重要的内容，均应在审计工作底稿中予以反映。底稿必须如实反映被审计单位的财政、财务收支活动，如实反映审计的实施情况，审计人员需对其编制的审计工作底稿的真实性负责。

第二，编写审计工作底稿应做到观点明确，条理清楚，用词恰当，字迹清晰，格式规范。审计人员编制的审计工作底稿中载明的审计事项、时间、地点、当事人、数据、计量计算方法和因果关系必须准确无误，前后一致；相关的证明资料如有矛盾，应当予以鉴别和说明。

第三，相关的审计工作底稿之间应当具有清晰的勾稽关系，相互引用时应注明索引号。

第四，编制汇总审计工作底稿时，应当在详细审阅分项目审计工作底稿，并确定其事实清楚、证据确凿、手续完备的基础上，再进行归纳整理，按其性质、内容进行归集。

第五，编制审计工作底稿所附的重要审计证据材料应当由提供证据的有关人员、单位签名或者盖章。如果有特殊情况无法认定签字时，审计组应做出书面说明。

其次，对于获取的审计工作底稿，审计人员除必须注明资料来源外，还应实施必要的审计程序，形成相应的审计记录。

（三）审计工作底稿的编制重点

在记录审计过程时，审计人员应当特别注意以下两个重点方面。

1. 特定项目或事项的识别特征

识别特征是指被测试的项目或事项表现出的征象或标志。识别特征因审计程序的性质和测试的项目或事项不同而不同。

2. 重大事项

重大事项通常包括：引起特别风险的事项；实施审计程序的结果，该结果表明财务信息可能存在重大错报，或需要修正以前对重大错报风险的评估和针对这些风险拟采取的应对措施；导致审计人员难以实施必要审计程序的情形；导致出具非标准审计报告的事项。审计人员应当及时记录与管理层、治理层和其他人员对重大事项的讨论，包括讨论的内容、地点和参加人员，针对重大事项如何处理矛盾或不一致的情况。

五、审计工作底稿的复核

（一）审计工作底稿复核概述

为保证审计工作底稿的质量，除要求审计人员必须严格按编制要求认真编制以外，审计机构还应建立严格的复核制度，加强对审计工作底稿质量的管理。

根据《中华人民共和国国家审计准则》中的相关规定，审计组起草审计报告前，审计组组长应当对审计工作底稿的下列事项进行审核：具体审计目标是否实现；审计措施是否有效执行；事实是否清楚；审计证据是否适当、充分；得出的审计结论及其相关标准是否适当；其他有关重要事项。审计组组长审核审计工作底稿后，应签署复核意见，并根据不同情况分别提出下列意见：予以认可；责成采取进一步审计措施，获取适当、充分的审计证据；纠正或者责成纠正不恰当的审计结论。经复核审定的审计工作底稿，不得增删或修改。审计人员根据复核意见检查审计工作底稿，确有需要改动的，应当另行编制审计工作底稿，并作出书面说明。审计人员对审计工作底稿的真实性负责，审计人员和复核人员对审计工作底稿中记载的国家秘密和被审计单位的商业秘密负有保密责任。

根据《中国内部审计准则（第2104号内部审计具体准则——审计工作底稿）》的规定，内部审计机构应当建立审计工作底稿的分级复核制度，明确规定各级复核人员的要求和责任。在审计业务执行过程中，审计项目负责人应当加强对审计工作底稿的现场复核。审计工作底稿的复核工作应当由比审计工作底稿编制人员职位更高或者经验更为丰富的人员承担。如果发现审计工作底稿存在问题，复核人员应当在复核意见中加以说明，并要求相关人员补充或者修改审计工作底稿。内部审计人员在审计项目完成后，应当及时对审计工作底稿进行分类整理，按照审计工作底稿相关规定进行归档、保管和使用。审计工作底稿归组织所有，由内部审计机构或者组织内部有关部门具体负责保管。内部审计机构应当建立审计工作底稿保管制度。如果内部审计机构以外的组织或者个人要求查阅审计工作底稿，必须经内部审计机构负责人或者其主管领导批准，但国家有关部门依法进行查阅的除外。

根据独立审计准则的要求，会计师事务所应该对审计工作底稿进行复核的人员级别、复核程序与要点、复核人职责做出明文规定，形成一项制度。通常根据中国会计师事务所的组织规模和业务范围，可以实行对审计工作底稿的三级复核制度。三级复核制度是指审计工作底稿应由项目负责人、部门负责人和审计机构的负责人或专职的复核机构或复核人员对审计工作底稿进行逐级复核的一种复核制度。项目负责人的复核是三级复核制度中的第一级复核，称为详细复核；部门负责人的复核是三级复核制度中的第二级复核，称为一般复核；审计机构负责人的复核是三级复核制度中的第三级复核，称为重点复核。

审计工作底稿复核的主要内容包括：①所引用的有关资料是否翔实、可靠；②所获取的审计证据是否充分、适当；③审计程序和审计方法是否恰当，审计判断是否有理、有据；④审计结论是否恰当。

（二）社会审计三级复核制度中各层次复核人的主要职责

1. 项目经理复核的主要职责

项目经理复核的主要职责包括：①详细复核审计项目的全部工作底稿（包括其所附的审计证据）；②复核在审计中是否对存货进行了抽查核对，是否对应收账款进行了发函询证，对于未取得复函的是否实施了替代程序；③复核审计工作底稿之间的勾稽关系；④复核审计人员是否已就审计结论与委托单位交换过意见，以及双方对调整事项的意见是否一致。

2. 部门经理复核的主要职责

部门经理复核的主要职责包括：①复核"业务登记表"和审计计划是否经过核准，项目经理是否已按要求进行了复核；②审阅审计（验资）计划和内部控制调整记录，审核"重大问题请示报告"和审计报告底稿，并对重点科目的工作底稿进行详细复核；③复核是否对金融性交易、关联性交易、持续经营、期后事项和或有负债等重大事项进行了审核并做出结论；④审核审计报告的内容、类型和披露的问题是否符合中国注册会计师协会和证监会的有关规定。

3. 主任复核的主要职责

主任（副主任）对部门经理复核过的工作底稿进行重点复核的主要职责包括：①复审"业务登记表"和"审计计划"是否经主任（副主任）核准，"重大问题请示报告"是否完备并经逐级审批；②复审"重大问题请示报告"和审计报告底稿，必要时还应抽查支持总体评价的工作底稿；③分析、判断被审计单位是否具备持续经营能力；④以应有的职业谨慎考虑对重大事项的处理意见，并最终审定审计结论与报告类型、重大问题的揭示与文字表述是否符合中国注册会计师独立审计准则的规定，股份有限公司的财务报告是否符合证监会有关信息披露的规定。

逐级复核时如发现有不符合要求的，应要求下一级人员进行补充和修改，直到符合要求为止。

六、审计工作底稿的归档

（一）审计工作底稿归档的期限和性质

1. 国家审计机关审计档案的建立和保管要求

根据国家审计准则的规定，国家审计机关审计档案的建立及保管有以下要求。

第一，审计文件材料归档实行审计组组长负责制。审计文件资料按审计项目立卷。

第二，审计署主管全国的审计档案工作，同时接受国家档案行政管理部门的监督和指导；地方各级审计机关的审计档案工作，接受上一级审计机关和同级档案行政管理部门的监督和指导。

第三，审计案卷内文件材料按结论类文件材料、证明类文件材料、立项类文件材料、备查类文件材料四个单元进行排列。

第四，审计文件材料按审计项目立卷，一个项目可立一个卷或若干卷，不得将几个审计项目合并立为一个卷。跨年度的审计项目，在项目审计终结的年度立卷。

第五，归档时间：应当以审计项目案卷为单位进行交接，归档时间不得迟于该审计项目结束后的次年4月底。

第六，审计档案的借阅。仅限定在审计机关内部，审计机关以外的单位不得查阅。有特殊情况，须经该审计机关分管负责人审批，重大审计事项的档案须经审计机关主要负责人审批。

2. 内部审计机构审计档案的建立和保管要求

根据内部审计准则的相关规定，内部审计机构应当建立审计档案管理制度，加强审计项目工作底稿的归档、保管、查询、复制、移交和销毁等环节的管理工作，妥善保存审计档案。

3. 社会审计机构审计档案的建立和保管要求

根据《中国注册会计师审计准则第1131号——审计工作底稿》中的规定，对社会审计而言，审计档案的建立及保管有以下要求。

第一，注册会计师应当在审计报告日后及时将审计工作底稿归整为审计档案，并完成归整最终审计档案过程中的事务性工作。审计工作底稿的归档期限为审计报告日后60天内，如果审计人员未能完成审计业务，审计工作底稿的归档期限为审计业务中止后的60天内。

第二，如果针对客户的同一财务信息执行不同的委托业务，出具两个或多个不同的报告，会计师事务所应当将其视为不同的业务，根据制定的政策和程序，在规定的归档期限内分别将业务工作底稿归整为最终业务档案。

第三，审计工作底稿归档的性质：在审计报告日后将审计工作底稿规整为最终审计档案是一项事务性的工作，不涉及实施新的审计程序或得出新的结论。

第四，如果在归档期间对审计工作底稿做出的变动属于事务性的，审计人员可以做出变动，主要包括：删除或废弃被取代的审计工作底稿；对审计工作底稿进行分类、整理和交叉索引；对审计档案规整工作的完成核对表签字认可；记录在审计报告日前获取的、与审计项目组相关成员进行讨论并取得一致意见的审计证据。

第五，审计档案的借阅：对于社会审计而言，会计师事务所对于下列情况允许查阅审计档案，而不属于泄密：①法院、检察院及其他部门依法查阅，并按规定办理了必要的手续；②审计人员协会对执业情况进行审查；③不同会计师事务所的审计人员，因审计工作的需要，并经委托人的同意，办理了有关手续，可以查阅有关审计档案。

即使委托人同意，不同会计师事务所之间调阅工作底稿只限于以下情况：①被审计单位更换会计师事务所；②审计合并会计报表；③联合审计。

（二）审计工作底稿归档后的变动

在完成最终审计档案的归档工作后，如果发现有必要修改现有的审计工作底稿或增加新的审计工作底稿，无论修改或增加的性质如何，审计人员均应记录下列事项：①修改或增加审计工作底稿的时间和人员，以及复核的时间和人员；②修改或增加审计工作底稿的理由；③修改或增加审计工作底稿对审计结论产生的影响。

审计人员发现有必要修改现有审计工作底稿或增加新的审计工作底稿的情形有：①审计人员已实施了必要的审计程序，取得了充分、适当的审计证据，并得出了恰当的审计结论，但审计工作底稿的记录不够充分；②在审计报告日后，如果发现例外情况要求审计人员实施新的或追加的审计程序，或导致审计人员得出新的结论。例外情况主要是指审计报告日后发现与已审计财务信息相关，且在审计报告日已经存在的事实，该事实如果被审计人员在审计报告日前获知，可能影响审计报告。例外情况可能在审计报告日后发现，也可能在财务报表报出日后发现。

变动审计工作底稿时，审计人员应当记录：遇到的例外情况；实施的新的或追加的审计程序，获取的审计证据以及得出的结论；对审计工作底稿做出变动及其复核的时间和人员。

对于社会审计而言，相关审计准则规定审计档案的所有权属于承接该项业务的会计师事务所，而不属于具体执行该审计业务的审计人员。

（三）审计工作底稿的保存期限

1. 审计档案的类别

基于具体实务中对审计档案适用的时间而划分为永久性档案和当期档案。

永久性档案是指那些记录内容相对稳定，具有长期使用价值，并对以后审计工作具有重要影响和直接作用的审计档案。如被审计单位的组织结构、批准证书、营业执照、章程、重要资产的所有权或使用权的证明文件复印件等。

如果永久性档案中的某些内容已经发生变化，审计人员应当及时予以更新。为保持资料的完整性以便满足日后查阅历史资料的需要，永久性档案中被替换下来的资料一般也需要保留。

当期档案是指那些记录内容经常变化，主要供当期和下期审计使用的审计档案。

如审计策略、具体审计计划等。

2. 审计工作底稿的保存期限

会计师事务所应当自审计报告日起，对审计工作底稿至少保存10年。如果审计人员未能完成审计业务，会计师事务所应当自审计业务中止日起，对审计工作底稿至少保存10年。

永久性档案应长期保存，不再继续审计的被审计单位，永久性档案的保管期限与最近一年当期档案的保管年限相同。

在完成最终审计档案的规整工作后，审计人员不得在规定的保存期届满前删除或废弃审计工作底稿。

对于保管年限届满的审计档案，会计师事务所可以决定将其销毁。

第六章 内部控制制度

第一节 内部控制概述

一、内部控制的概念及其发展

（一）内部控制的发展

内部控制是管理现代化的必然产物，内部控制理论的发展经过了一个漫长的时期，不同时期内部控制的区别在于其内容的完整性、技术手段的先进性不同。综观国内外有关内部控制的发展历史，比较得到普遍认可的观点是认为内部控制经历了内部牵制思想阶段、内部控制制度阶段、内部控制结构阶段、内部控制整体框架阶段、企业风险管理整体框架阶段等五个阶段。

1. 内部牵制思想阶段

早期的苏美尔文化时代就已出现内部控制，当时负责审核的人员检查会计账目后，在账簿数字的旁边注明已核查的标记。威利亚德·斯通（Williard Stone）教授指出：在古代埃及，法老的中央财政部门运用了内部控制和审计。古代波斯的政府记录官在政府财政机构中起着控制职能的作用，希腊雅典出现了"财务披露"这样的重要概念，古代罗马官厅建立了一套内部牵制制度。我国西周时代实施了分权控制方法、九府出纳制度和交互考核制度这三种原始的内部牵制制度，对财政收支加强核算和控制。

内部牵制思想以账目间的相互核对为主要内容并实施岗位分离，这在早期被认为是确保所有账目正确无误的一种思想的控制方法。20世纪30年代以后，随着审计实务的发展，部分从业人员认识到企业内部牵制系统对会计信息可靠性程度的影响，可以有效地根据企业内部牵制的效果来确定审计抽样的范围，提高审计的工作效率和效果。1936年，阿诺尼模斯（Anonymous）在"审计测试方法"（Test Methods in Auditing）一文中指出："检查内部牵制执行情况并不是审计师的唯一职责，之所以要检查内部牵制系统，是为了确定能在何种程度上依赖内部牵制系统去完成自己的检查工作。"维克托·斯坦普佛（Victor H. Stempf）在"内部控制对审计程序的影响"

（Influence of Internal Control Upon Audit Procedure）一文中指出："注册会计师们已经普遍接受了这样一种做法，即在确定检查范围时，首先要考虑内部控制系统的健全性。"

2. 内部控制制度阶段

随着社会经济的发展，企业规模越来越大，经营管理活动日益复杂，而内部牵制由于仅局限于会计事项内部并单纯以查错防弊为目的，已不能满足加强企业管理的需要。内部控制已从单纯地追求监督、牵制作用转变为追求实现自我衡量、激励员工改进工作，成为既保护企业，也保护员工的一种机制。管理人员在内部牵制制度的基础上，进一步制定和实施了一系列的控制措施，逐渐形成包括组织结构、人员分工、业务程序、业务处理手续、内部稽核、统计分析等内容的内部控制制度。

基于管理理论中对内部控制思想的转变，审计理论界对内部控制也进行了重新审视。内部控制制度思想认为，内部控制应分为内部会计控制和内部管理控制（或称内部业务控制）两个部分，前者在于保护企业资产、检查会计数据的准确性和可靠性，后者在于提高经营效率，促使有关人员遵守既定的管理方针。美国注册会计师协会的审计程序委员会在1958年10月发布的《审计程序文告第29号》中，对内部控制定义进行了修正，重新表述为："内部控制从广义上说包括会计控制（Internal Accounting Control）和管理控制（Internal Administrative Control）。"1973年，该委员会将以前所有的审计程序公告汇编，形成第1期审计准则公告，表述为："管理控制包括但不限于组织计划以及与管理部门授权办理经济业务决策有关的程序及记录。会计控制包括组织计划以及与保护资产和保证财务资料可靠性有关的程序和记录。"该定义对内部会计控制在保护企业资产和保证财务信息可靠性方面的强调，为社会审计所广泛接受。

3. 内部控制结构阶段

在审计实务中，随着财务审计向管理审计发展，审计师工作的重点也从会计控制拓展到管理，会计控制与管理控制已经没有必要作人为区分。20世纪80年代后，内部控制理论有了进一步的发展，对内部控制的研究向控制的具体内容深化。美国注册会计师协会1988年5月发布的《审计准则公告第55号》中提出"内部控制结构"的观念代替"内部控制"概念，认为"内部控制结构包括为提供取得企业特定目标的合理保证而建立的各种政策和程序"，内部控制结构由控制环境、会计系统和控制程序三个要素组成。

可见，随着审计实务的发展，人们也认识到管理控制与会计控制的一体性，认识到企业的系统性特征，并进一步认识到企业的开放性，因此在对企业内部控制的研究中，引入环境因素，注重在开放的系统环境下对企业内部控制的研究。

4. 内部控制整体框架

20世纪90年代美国提出了内部控制整体框架思想，并逐步将各界对内部控制的认识统一起来。1992年，COSO委员会（Committee of Sponsoring Organization of the Treadway Commission）提出报告《内部控制——整体框架》，1994年进行了增补。COSO委员会提出，内部控制是由企业董事会、经理阶层和其他员工实施的、为营运的效率效果、财务报告的可靠性、相关法令的遵循性等目标的达成而提供合理保证的过程。其构成要素应该来源于管理阶层经营企业的方式，并与管理的过程相结合。具体包括：控制环境、风险评估、控制活动、信息和沟通、监督。

从COSO报告中，我们可以看出，审计实务界对内部控制的研究发展到内部控制整体框架阶段，对内部控制的认识，已经越来越体现出整体性、系统论的观点，如报告中所述，对内部控制负责的主体不仅仅包括管理人员、审计人员等高层管理机构、人员，企业中每一个人对内部控制的有效性都负有责任，这种思想体现出全员管理的思想，有利于调动每一个员工的工作积极性和主动性。COSO报告也认识到作为企业经营管理活动一部分的内部控制活动，与企业其他经营活动是并存关系，而不是高高在上。作为管理职能之一的内部控制仅是管理的手段，而不是管理的一切，更不能取代所有的管理职能，这些思想实际已经回归到管理视角对内部控制的认识上。

5. 企业风险管理整体框架阶段

风险管理这个名词最早出现于1950年加拉格尔（Gallagher）的调查报告——《费用控制的新时期——风险管理》（Risk Management，New Phase of Cost Control）中，美国COSO委员会于2001年1月设立了风险管理框架计划，并于2004年及时充实了1994年的内部控制框架，将其扩展为"企业风险管理框架"。依据全面风险管理框架的定义，企业风险管理是一个过程，是由企业的董事会、管理层以及其他人员共同实施的，应用于战略制定及企业各个层次的活动，旨在识别可能影响企业的各种潜在事件，并按照企业的风险偏好管理风险，为企业目标的实现提供合理的保证。COSO的《企业风险管理——整体框架》有三个维度，第一维是企业的目标；第二维是全面风险管理要素；第三维是企业的各个层级。第一维企业的目标有四个，即战略目标、经营目标、报告目标和合规目标。第二维全面风险管理要素有八个，即内部环境、目标制定、风险识别、风险评估、风险应对、控制活动、信息与沟通、监控。第三个维度是企业的层级，包括整个企业、各职能部门、各条业务线及下属各子公司。COSO的《企业风险管理——整体框架》三个维度的关系是，全面风险管理的八个要素都是为企业的四个目标服务的；企业各个层级都要坚持同样的四个目标；每个层次都必须从以上八个方面进行风险管理。在新的COSO报告中，内部控制的主要任务是有效地防范和控制企业的财务和经营风险，内部控制已由过去面向实际过程的控制，转而面向将来过程不确定性的控制。

COSO在2013年更新了其内部控制框架，以此反映了科技与商业环境的变化。这个新的企业风险管理框架草案并没有计划取代或废除内部控制文件，内部控制框架反映了五个主要部分的17条原则之间的联系。比较2004的旧版，新版改动较大，包括双向性的风险定义，风险管理在战略选择中的决定作用，全面风险管理框架的新结构，弃用了熟悉的"立方体"结构。2016年，COSO公布了一个针对2004年ERM框架的修改草案，草案全称为《企业风险管理——通过策略与绩效调整风险》。最新的框架草案主要内容涉及以下诸多方面：由23条原则支撑5个主要部分（原企业风险管理框架包含八个主要组成部分）。新的五个组成部分分别是：风险治理与文化；风险、策略与目标制定；执行中的风险；风险信息、沟通与报告；监测风险管理的绩效。风险管理的新定义强调了风险与价值的关系，重申了对于风险管理整体贯穿于管理的关注，并将它联系到决策过程中去。阐明企业风险管理与内部控制的关系。

（二）内部控制的概念

我国2004年2月1日起施行的《审计机关内部控制测评准则》中规定，"本准则所称内部控制，是指被审计单位为了维护资产的安全、完整，确保会计信息的真实、可靠，保证其管理或者经营活动的经济性、效率性和效果性并遵守有关法规，而制定和实施相关政策、程序和措施的过程。内部控制由控制环境、风险评估、控制活动、信息与沟通和监督五个要素组成。"

我国2007年施行的《中国注册会计师审计准则第1211号——了解被审计单位及其环境并评估重大错报风险》中规定，"内部控制是被审计单位为了合理保证财务报告的可靠性、经营的效率和效果以及对法律法规的遵守，由治理层、管理层和其他人员设计和执行的政策和程序。"同时指出，"内部控制包括下列要素：①控制环境；②风险评估；③信息系统与沟通；④控制活动；⑤对控制的监督。本准则所称的内部控制包括本条前款所述的五项要素；本准则所称的控制包括本条前款所述的一项或多项要素，或要素表现出的各个方面。"2012年1月1日起施行的《中国注册会计师审计准则第1211号——通过了解被审计单位及其环境识别和评估重大错报风险》中规定，"本准则所称内部控制，与适用的法律法规有关内部控制的概念一致。控制，是指内部控制一个或多个要素，或要素表现出的各个方面。"

我国内部审计协会2013年发布的《第2201号内部审计具体准则——内部控制审计》中规定，"内部审计机构可以参考《企业内部控制基本规范》及配套指引的相关规定，根据组织的实际情况和需要，通过审查内部环境、风险评估、控制活动、信息与沟通、内部监督等要素，对组织层面内部控制的设计与运行情况进行审查和评价。"而我国于2009年7月1日起实施的《企业内部控制基本规范》中规定，"本规范所称内部控制，是由企业董事会、监事会、经理层和全体员工实施的、旨在实现控制目标的过程。内部控制的目标是合理保证企业经营管理合法合规、资产安全、财务报告及相关信息真实完整，提高经营效率和效果、促进企业实现发展战略。"

我国2014年1月1日起施行的《行政事业单位内部控制规范》中规定，"内部控制，是指单位为实现控制目标，通过制定制度、实施措施和执行程序，对经济活动的风险进行防范和管控。"

综上所述，所谓内部控制，是指被审计单位为了保证其管理或者经营活动的经济性、效率性和效果性并遵守有关法律法规，维护资产的安全和完整，防止、发现、纠正错误与舞弊，保证会计信息的真实、可靠、完整而制定和实施的一系列政策、程序和措施的过程。广义上讲，一个企业的内部控制是指企业的内部管理控制系统，包括为保证企业正常经营所采取的一系列必要的管理措施，就审计人员而言，与会计系统有关的内部控制的一般目标主要包括：①保证业务活动按照适当的授权进行；②保证所有的交易和事项以正确的金额，在恰当的会计期间及时记录于适当的账户，使会计报表的编制符合会计准则的相关要求；③保证对资产和记录接触、处理均经适当的授权;④保证账面资产与实物资产的定期核对相符。

内部控制的职能不仅包括企业最高管理当局用来授权与指挥购货、销售、生产等经营活动的各种方式、方法,也包括核算、审核、分析各种信息资料及报告的程序与步骤,还包括为对企业经济活动进行综合计划、控制和评价而制定或设置的各项规章制度。因此,内部控制贯穿于企业经营活动的各个方面,只要存在企业经济活动和经营管理,就需要有相应的内部控制。

二、内部控制的作用

被审计单位应当建立健全内部控制,使企业的内部控制发挥出以下作用。

(一)保护单位财产物资的安全完整和有效使用

财产物资是被审计单位正常开展各项经营活动的基本物质条件,若财产物资管理的相关内部控制缺乏,可能导致各项财产物资的流失,使单位遭受重大经济损失。因此,被审计单位必须通过建立健全其内部控制,通过对各项财产物资的采购、验收、保管、领用、清查、记录等各项业务活动实施有效控制,防止或减少贪污盗窃财产物资等不法行为的发生,有效保护其财产物资的安全完整,制止各种损失浪费行为,提高物资使用效率。

(二)保证会计及其他信息资料的真实可靠

被审计单位的各种内部经营管理决策和外部利益相关者的决策,主要依据其会计记录及其他业务记录等各种信息资料,这些资料是否真实、准确、可靠,将极大地影响决策的合理性和正确性。通过建立健全被审计单位的内部控制,可以实现对其经营管理活动的业务处理程序各环节的标准化控制,从而减少错弊的发生,在一定程度上提高会计及其他信息资料的可信度,为决策者的决策提供真实可靠的依据。

(三)促进工作效率的提高和经营目标的实现

被审计单位内部控制通过建立必要的职责分工和规范的工作流程,确保了组织内部各个职能部门、各个工作岗位既各司其职,又能相互协调和制约。各部门根据内部控制规定的职责和授权范围及时地、正确地处理各项业务活动,减少了不必要的请示和报告环节。如果业务处理失误,则可以根据职责分工迅速确定责任人,有效地避免了责任不清、互相推诿的现象。因此,被审计单位建立健全内部控制,可以有效地维护经营管理活动的运行秩序,提高其效率,促进组织目标的实现。

(四)促进国家各项政策、法规和组织规章制度的贯彻落实

任何经济组织都是社会的一员,它的运行绩效和行为必将对整个社会造成影响。因此,被审计单位在其开展经营活动时,必须自觉地接受国家的宏观调控,遵守国家颁布的相关财经法规和财务会计制度。内部控制通过建立自我约束行为机制促使被审计单位内部成员在遵守其内部制定的各项规章制度的同时,实现国家对组织的宏观调

控，并通过各部门责任履行情况的及时反馈，减少政策执行过程中出现的偏差。

（五）为实现制度基础审计提供必要的条件

现代审计工作可以利用内部控制来提高审计效率和效果，制度基础审计就是以对被审计单位内部控制的测评为基础，运用抽样技术得到审计结论的一种审计取证模式。该审计模式既提高了审计效率，又确保了审计结论达到所要求的质量水平。但审计抽样技术的运用，必须建立在企业良好的内部控制基础上，只有被审计单位建立健全其内部控制，才能有效保证组织内部相似业务活动发生后，会计处理信息及生成的其他经济信息的一致性，也才能提高审计抽样的代表性，从而确保抽样结论的可靠性。因此，内部控制为制度基础审计模式的实行提供了前提和可能性。

三、内部控制的分类

内部控制可以根据不同的标准进行分类。

（一）按控制的目的分类

按控制的目的，内部控制可以分为财产物资控制、会计信息控制和经营决策控制。

1. 财产物资控制

财产物资控制是指为了保护财产物资的安全完整所实施的控制。例如库存现金的定期盘点制度、固定资产的定期盘点制度等。

2. 会计信息控制

会计信息控制是指为保证会计信息的真实可靠所实施的控制。例如会计凭证的复核制度、会计记录的定期核对制度等。

3. 经营决策控制

经营决策控制是指为保证经营决策的贯彻执行所实施的控制。例如质量控制、预算控制等。

（二）按控制的功能分类

按控制的功能，内部控制可以分为预防式控制和察觉式控制。

1. 预防式控制

预防式控制是指为防止错弊的发生所实施的控制。例如授权审批制度、职责分工控制等。

2. 察觉式控制

察觉式控制是指为了及时发现、查明已发生的错弊所实施的控制。例如实物资产的盘点、编制银行余额调节表等。

（三）按控制的时间分类

按控制的时间，内部控制可以分为事前控制、事中控制和事后控制。

事前控制、事中控制、事后控制分别是指对某项业务发生前、发生过程中和发生后所实施的控制。

根据不同的具体事项，可以采用不同的控制。例如，对采购业务的控制，需从请购、审批、编制采购计划、签订合同、执行采购、到货验收、入库登记、会计处理等多个环节开展事前、事中、事后的控制，既有会计信息控制，也包括经营决策控制和财产物资控制。一般而言，能在事前进行控制的，就应尽量在事前控制；否则，会降低控制的效果，削弱控制的作用。

四、内部控制的固有限制

审计人员在确定被审计单位所建立的内部控制的可信赖程度时，应当保持应有的职业谨慎态度，充分关注内部控制在实践操作中所固有的局限性。我国内部审计协会2013年发布的《第2201号内部审计具体准则——内部控制审计》第五条规定："内部审计人员应当关注串通舞弊、滥用职权、环境变化和成本效益等内部控制的局限性。"概括来说，被审计单位的内部控制主要包括以下局限性：

第一，内部控制的设计和运行受制于成本与效益的原则，当实施某项控制成本大于控制效果而发生损失时，就没有必要设置控制环节或控制措施。

第二，内部控制一般仅针对常规业务进行控制，而对于个别的、偶然发生的业务，建立控制就较为困难，或者从成本效益的角度分析考虑，建立这方面的内部控制没有必要，如果出现未预计到的业务，原有控制就可能不适用。

第三，即使是设计完整的内部控制，也可能因执行人员的粗心大意、精力分散、判断失误以及对指令的误解而失效，或者因为行使控制职能的人员素质不适应岗位要求，影响内部控制功能的正常发挥。

第四，内部控制可能因为有关人员的相互勾结、内外串通而失效。

第五，内部控制可能因为执行人员滥用职权或屈从于外部压力而失效。

第六，内部控制可能因为经营环境、业务性质的改变而被削弱或失效。

由于被审计单位建立的内部控制存在上述固有局限，因此审计总是存在一定的控制风险，即审计风险模型中的控制风险始终应大于零。这就要求审计人员必须注意，无论被审计单位的内部控制设计得多么健全，其运行得多么有效，都应当选择适当的审计技术方法对被审计单位重要的账户或交易类别进行实质性测试，即内部控制测评不能代替实质性测试。

第二节 内部控制要素

按照COSO委员会的规定，以及我国相关准则、规范的定义，通常认为，内部控制主要由控制环境、风险评估、控制活动、信息与沟通、监督五个要素组成。

一、控制环境

控制环境是指对被审计单位内部控制的建立和实施有重大影响的因素的统称。控制环境的好坏直接决定着组织的其他控制能否实施或实施的效果，它既可以增强，也可以削弱特定控制的有效性。控制环境是内部控制的要素之一，它是内部控制系统赖以依存和运行的、对其建立和实施发生影响的各种内外部因素的总和。2004年9月，COSO委员会发布的《企业风险管理框架》中用"内部环境"代替了"控制环境"，赋予了控制环境较准确的名字。企业的内部环境是其他所有风险管理要素的基础，为其他要素提供规则和结构。作为组织内部控制基础的内部环境主要包括：企业文化，管理当局的经营管理观念、方式和风格，组织结构的设置，董事会与审计委员会的倾向和影响力，授权和分配责任的方法，监督，人力资源政策和实务，外部影响八个方面。

（一）企业文化

企业文化是指企业在长期的生产经营过程中逐步形成的，具有本企业特色的思维方式和行为方式。它包括共同的价值取向、行为准则、道德风范以及企业的习惯、信念等因素。企业文化继承了管理史上各种管理学说的优秀成果，强调以人为本，通过必要的组织、制度、规章等手段对职工实行硬性管理的同时，更注重采用启发、诱导、激励、示范等方法激励职工进行软性管理的思想。一个企业要想使内部控制系统有效发挥其应有的作用，首先必须重视企业文化的建设。

（二）管理当局的经营管理观念、方式和风格

管理当局在组织内部控制的建立过程中起着关键性的作用，他们的经营理念、工作方式和风格将影响企业控制环境的形成。小心谨慎、循规蹈矩的管理当局比粗心大意、滥用职权的管理当局更有可能遵循内部控制的各项规章制度，更有可能督促下属照章办事；而独断专行的管理当局则更有可能逾越内部控制，更有可能限制职责分工，从而导致控制失效。

（三）组织结构的设置

组织结构是指组织计划、协调和控制经营活动的整体框架。一个组织的组织结构包括：确定组织单位的形式和性质，包括确认相关的管理职能和报告关系；为每个组织单位内部划分责任权限制定办法。组织结构是在综合考虑其内外部诸多因素的基础上确立的，这些因素包括组织的生产经营特点、组织的规模、组织管理当局的管理哲学与经营战略、组织员工的素质以及组织所处的文化背景，等等，且组织结构的模式将随着组织生产、技术和经济的发展而不断演进。组织结构通常用组织图来列示，该组织图应准确地反映授权方式和报告关系。作为内部控制的重要载体，组织结构在整个管理系统中起着"骨架"的作用。合理适当的组织结构，将有助于企业塑造一个良好的内部控制环境，能够保证整个组织的组织体系在相互制衡的原则下协调高效的运行。

（四）董事会与审计委员会的倾向和影响力

董事会对企业组织负有重要的受托管理责任，董事会下设的审计委员会将有利于

促使企业组织保持内部控制的有效运行。董事会主要负责监督企业组织的各种重大经营活动，审计委员会则监控企业组织的财务活动。一个有效运行的审计委员会，除了协助董事会履行其职责外，还有助于董事会与组织外部及内部审计人员之间的直接沟通。要使组织保持良好的内部控制，就必须依赖董事会及其所属审计委员会的监督。

（五）授权和分配责任的方法

组织内部建立的授权和分配责任的方法将影响组织各部门及员工对所授予的权利和责任的理解与贯彻。如果管理当局明确地建立了授权和分配责任的方法，就可增强组织的控制意识。例如，若将组织中经营实务、利益冲突及行为规范的相关政策与规定，以正式书面文件的形式落实下来，详尽描述出特定的责任、报告关系和有关限制，并下发到有关人员，督促大家严格遵守，就可以增强有关人员对这些规定的控制意识及履行这些规定的自觉性。

（六）监督

评估内部控制结构运行质量的过程称为监督。它主要包括管理控制方法和内部审计等。

管理控制方法是管理当局对其他人的授权使用情况直接控制和对整个公司的活动进行监督的方法的总称。对不同规模和不同复杂程度的企业，这些方法的重要性也不同，一般来说，企业规模越大、越复杂，这些方法就越重要。这些方法包括：制订经营、预算、预测及利润计划；比较实际业绩与计划目标，并将比较结果通告有关层次管理人员；调查偏离期望值的差异，并及时采取适当的纠正措施；修改和完善手工会计系统的控制政策。

内部审计是组织自我独立评价的一种专业活动，内部审计可通过协助管理当局监督其他控制政策和程序的有效性，来促成好的控制环境的建立。此外，内部审计还能为改进内部控制提供建设性意见。内部审计的有效性与其权限、人员的资格以及可使用的资源紧密相关。内部审计人员必须独立于被审计部门，并且必须直接向董事会或审计委员会报告。

（七）人力资源政策和实务

组织的一切业务活动都是由人来进行的，内部控制活动也概莫能外，而人是组织诸要素中最活跃、最具决定性作用的因素。组织要使内部控制得到有效的运行，则必须确保执行组织政策和程序的人员具备胜任能力和正直的品行、较高的道德水准，必须雇佣足够的人员，并给予其适当的资源配置，使其有能力完成既定任务，这是组织塑造适当的内部控制环境的基础。组织员工的工作胜任能力和正直品行是否具备，在很大程度上取决于组织的有关雇佣、训练、待遇、业绩考核及晋升等人力资源政策和实务的合理程度。人力资源政策应当包括下列内容：①员工的聘用、培训、辞退与辞职；②员工的薪酬、考核、晋升与奖惩；③关键岗位员工的强制休假制度和定期岗位轮换制度；④掌握国家秘密或重要商业秘密的员工离岗的限制性规定；⑤有关人力资源管理的其他政策。

（八）外部影响

外部影响是指来自于被审计单位外部的各种控制措施给其带来的监督和制约，诸如有关管理机构实施的监督及提出的要求等，这也可以强化企业的内部控制意识。当企业受到一个或多个政府管理机构的审查时，将致使管理当局采用特定的控制政策和程序，以通过相关审查。

二、风险评估

风险评估为企业内部控制的基础，它是指企业根据发展战略制定经营战略目标后，对在实现战略目标的经营过程中的风险进行判别和分析，并采取相应的行动。按风险处理流程风险评估分为风险识别、风险分析和风险应对。COSO委员会的《全面风险管理框架》中定义"全面风险管理是一个过程，这个过程受组织的董事会、管理层和其他人员影响，应用于战略制定、贯穿在整个组织之中。全面风险管理旨在识别影响组织的潜在事件并管理风险，使之在企业的风险偏好之内，从而为组织目标的实现提供合理的保证"。在新的COSO报告中，内部控制的主要任务是有效地防范和控制企业的财务和经营风险，内部控制已由过去面向实际过程的控制，转而面向将来过程不确定性的控制。在组织开展经营活动过程中，组织内外部的相关因素都有可能发生变化，甚至发生重大变化，风险处处存在，并给组织目标的实现带来威胁，任何组织都时刻面临来自内外部的各种风险，组织的各个部门必须能够及时识别来自于组织内、外部与实现控制目标相关的各种风险，并针对每一种风险进行评估，确定相应的风险承受度。风险承受度是企业能够承担的风险限度，包括整体风险承受能力和业务层面的可接受风险水平。在此基础上确定其内部控制的重点，采取科学的措施加以防范，以使组织规避风险，减少损失。

（一）内部风险因素

企业识别内部风险，应当关注下列因素：①董事、监事、经理及其他高级管理人员的职业操守、员工专业胜任能力等人力资源因素；②组织机构、经营方式、资产管理、业务流程等管理因素；③研究开发、技术投入、信息技术运用等自主创新因素；④财务状况、经营成果、现金流量等财务因素；⑤营运安全、员工健康、环境保护等安全环保因素；⑥其他有关内部风险因素。

（二）外部风险因素

企业识别外部风险，应当关注下列因素：①经济形势、产业政策、融资环境、市场竞争、资源供给等经济因素；②法律法规、监管要求等法律因素；③安全稳定、文化传统、社会信用、教育水平、消费者行为等社会因素；④技术进步、工艺改进等科学技术因素；⑤自然灾害、环境状况等自然环境因素；⑥其他有关外部风险因素。

（三）风险分析过程

企业进行风险分析，应当充分吸收专业人员，组成风险分析团队，按照严格规范的程序开展工作，确保风险分析结果的准确性。在风险分析过程中应当采用定性与定量相结合的方法，按照风险发生的可能性及其影响程度等，对识别的风险进行分析和排序，确定关注重点和优先控制的风险。然后根据风险分析的结果，结合风险承受度，权衡风险与收益，确定风险应对策略。

企业应当合理分析、准确掌握董事、经理及其他高级管理人员、关键岗位员工的风险偏好，采取适当的控制措施，避免因个人风险偏好给企业经营带来重大损失。

（四）风险应对策略

企业应当综合运用风险规避、风险降低、风险分担和风险承受等风险应对策略，实现对风险的有效控制。

第一，风险规避是企业对超出风险承受度的风险，通过放弃或者停止与该风险相关的业务活动以避免和减轻损失的策略。

第二，风险降低是企业在权衡成本效益之后，准备采取适当的控制措施降低风险或者减轻损失，将风险控制在风险承受度之内的策略。

第三，风险分担是企业准备借助他人力量，采取业务分包、购买保险等方式和适当的控制措施，将风险控制在风险承受度之内的策略。

第四，风险承受是企业对风险承受度之内的风险，在权衡成本效益之后，不准备采取控制措施降低风险或者减轻损失的策略。

企业应当结合不同发展阶段和业务拓展情况，持续收集与风险变化相关的信息，进行风险识别和风险分析，及时调整风险应对策略。

三、控制活动

控制活动是指组织对所确认的风险采取必要的措施，以保证组织目标实现的政策与程序。这些政策和程序是针对组织在实现其既定目标过程中可能遭遇到的风险所建立的各种必要的防范措施。控制活动贯穿于组织的所有层次和各个职能部门，是其内部控制的主要组成部分。与审计相关的控制活动经常被称为控制程序。控制程序也是由为合理保证组织目标的实现而建立的政策和程序组成的。控制程序可以应用于某种交易（如销售），也可以融合应用于控制环境或会计系统的特定组成部分。控制程序可以分为以下五类。

（一）业务授权控制

业务授权控制是指在组织的内部，各层次的管理人员和员工必须经过授权批准，才能对有关的经济业务进行处理。其目的主要在于保证每一笔业务都是管理人员在其授权范围内产生的。经过授权，可以尽可能地减少不合法或不合规、不合理业务的发生，从而保证决策和计划的正确执行。

授权有一般授权和特殊授权之分。前者指在日常经营管理活动中按照既定的职责和程序授权处理一般性常规业务，如制定产品售价、顾客赊销限额的批准等。后者则指在特殊情况、特定条件下授权处理非常规性的、超出常规范围的例外业务，它意味着该项业务必须经过特别批准方可执行，如重大的资产购置、股票的发行等。企业所有人员都应当在其授权范围内行使职权和承担责任。

我国企业内部控制基本规范和行政事业单位内部控制规范中都明确提出，对于重大的业务和事项，应当实行集体决策审批或者联签制度，任何个人不得单独进行决策或者擅自改变集体决策。

业务授权程序通常对"存在或发生"认定以及某些"估价或分摊"认定的控制风险有直接影响。例如业务有时是按授权价格执行的，董事会可能授权子公司、分公司按某一价格购买某子公司，在这种情况下，授权就与"估价或分摊"认定相关。

（二）职责分工控制

职责分工控制是指对于对某业务涉及的各项职责在组织内部必须进行分工负责，不能由一人同时兼任，使每一个人的工作能自动地检查另一个人或更多人的工作。其目的在于预防和及时发现有关人员在履行其职责时所发生的错误或舞弊行为。

1. 通常对于以下一些不相容的职责必须进行分工

①业务的批准与执行相分工。某些经济业务授权批准的职责与执行该项经济业务的职责不应由一人同时兼任。例如，批准采购应与执行采购的职责相分离。

②业务的执行与审核相分工。执行某项经济业务的职责与审核该项经济业务的职责不应由一人同时兼任。例如，执行采购货物应与验收货物的职责相分离。

③业务的执行与记录相分工。执行某些经济业务的职责与记录该项经济业务的职责必须进行分离。例如，采购员不能同时兼任记账、出纳工作。

④资产的保管与会计相分工。保管某项资产的职责与记录该项资产的职责必须进行分离。例如，出纳不得既负责保管现金，又负责登记现金总账和应收账款账，否则就会为出纳发生舞弊行为创造条件，如该出纳可以在将其所收到的客户交来的现金据为己有的同时，采取漏记销货或虚列应收账款贷方发生额的手段调整会计记录，从而达到其掩盖违法行为的目的。

⑤资产的保管与账实核对相分工。保管某项资产的职责与清查该项资产的职责必须进行分离。如库存物资的盘点必须成立专门的财产清查小组，而不能由仓库保管人员进行清查盘点。出纳不能根据银行对账单编制银行存款余额调节表。

⑥各种会计责任之间相互分工。一项业务活动从填制凭证开始到最后过入总分类账的过程应分别由不同的会计人员来完成。例如，记录总账的职责与记录明细账、日记账的职责必须进行分离，记录现金日记账的职责应与记录销售日记账的职责相分离。各种会计责任之间进行适当的分工，可以使不同会计人员间的记录有一个相互核对检验的机会，以减少记账错误的发生。

⑦计算机信息系统（CIS）部门内部，以及信息部门与使用部门之间的职责分工。信息部门内部应分离的职责包括：系统分析、程序设计、计算机操作和数据控制

等,此外,信息部门在组织上应独立于使用部门。

2. 职责划分会影响三种认定的控制风险

①将资产保管同资产会计记录的掌管相分离,可以降低盗窃的风险,因为盗窃者将无法通过减少资产的记录来掩饰盗窃真相("存在或发生")。

②将处理现金支出交易同调节银行账户分离,可以降低不记录支票付款的风险,因为在调节的过程中可以发现这种风险("完整性")。

③付款凭单的批准同支票签发相分离,可以降低支票书写出错的风险("估价或分摊")。

(三)凭证与记录控制

凭证是证明业务发生和交易的价格、性质及条件的证据,也是执行业务和记录业务的依据。凭证与记录控制是指在对经济业务进行会计账务记录时,应设计和使用适当的凭证和记录,以确保所有的资产均能得到恰当的控制,并必须采取的一系列措施和方法,以便保证会计记录所反映的经济活动信息的全面性、及时性和可靠性。常见的凭证有发票、支票、合同和工时记录等,经过签名或盖章,还可以作为交易执行和记录职责的依据。记录包括职工工资记录、永续存货记录、已发出凭证如销售发票和支票的每日汇总、明细账等。会计记录通常包括会计凭证、会计账簿和会计账表。

1. 凭证与记录控制一般有三点要求

第一,建立严格的凭证制度。其内容包括:①凭证种类要齐全。凡经济活动涉及的业务都应能从凭证上反映出来。②凭证内容要完整。如果一项业务涉及不同部门,应能从凭证上反映出不同部门的责任和权力。③凭证要预先连续编号。预先编号的凭证对维持控制和确定职责是很有用的,有助于保证所有交易均已记录和没有交易被重复记录。④空白收据和支票等凭证要由专人负责保管。

第二,建立严格的簿记制度。如对经济业务的会计处理程序实行标准化控制,在整个会计核算过程中,规定严格的凭证传递程序和记账手续等。

第三,建立严格的定期核对、复核与盘点制度。如定期进行表账证之间的核对及其与实物之间的核对。

2. 凭证和记录的控制程序会影响三种认定的控制风险

第一,适当保持的记录,如永续存货记录、应收账款记录、职工工资收入记录等,与"存在或发生"认定有关。

第二,使用预先编号的凭证并按其编号进行会计处理,与"完整性"认定有关。

第三,原始凭证,如销售发票或支票等,提供了交易记录的金额,直接和"估价或分摊"认定相关。

(四)资产接触与记录使用控制

资产接触与记录使用控制是指限制非相关人员接触、使用资产和各种重要记录,以保护资产和记录安全所采取的一系列措施和方法。

保护资产和记录安全的最重要的措施就是采用实物防护措施和人员的防护措施,

前者包括建造抗震、防潮的仓库，设置防盗用的围墙、栅栏、锁、保险柜，设置消防备用水池、灭火器等；后者包括建立财产物资的专人负责保管制度，实行定期或不定期的财产清查盘点制度，加强企业护卫人员的巡视等。对凭证和记录也需要进行实物安全保护，为进一步保证准确、及时地记录会计信息，还可以采用机械保护装置。在这方面，使用现金出纳机和其他自动数据处理设备都是有用的内部控制措施。

资产接触与记录使用控制程序与降低"存在或发生""完整性""估价或分摊"认定的控制风险相关。

（五）独立检查控制

独立检查是指对已记录的经济业务事项由具体经办人之外的独立人员进行核对或验证，以及对与该项业务相关的内部控制程序的履行情况进行检查。它可以有效地保证组织的内部控制在较长时间里处于良好状态。组织应根据自身的经营性质、业务规模大小、管理模式来建立内部稽核制度。例如组织建立定期对所有银行账户编制银行余额调节表制度，以对组织的银行存款进行检查。

四、信息与沟通

信息和沟通这一要素涉及能使组织的工作人员行使责任的、以一定形式和时间框架确认、收集和交换的信息。为了能够准确、及时并最大限度地获取和运用来自组织内、外部与本组织有关的技术、市场和管理等各方面的信息，并在组织内部进行纵向与横向的有效传递，组织必须建立一个良好的信息沟通系统。所谓良好的信息沟通系统，是指该系统不仅能确保组织中的各级管理层和员工及时取得他们在履行生产经营活动时所需的信息，而且能够确保组织中的每个员工都清楚地知道其在组织中所承担的特定职务或所扮演的控制角色和所担负的责任。

就信息沟通系统的构成而言，它应包括信息系统和信息传导机制等内容。

（一）信息系统

组织的信息系统（包括会计系统）是指为了确认、汇总、分析、分类、记录及报告公司交易和相关事件、条件，并维持对相关资产和负债的受托责任而建立的方法和记录。一个有效的会计系统的设计和运行是为了达到以下目标：

第一，确认和记录一切交易和事项。此项目标与会计报表中关于报表项目的存在性、完整性的认定有关。

第二，按照一定的计量属性（如历史成本、现行成本、现行价格、可实现净值、未来现金流量现值），选择适当的计量单位（如名义货币、不变购买力货币），对符合确认标准的交易和事项的经济价值进行计价和量度，使具有不同性质的交易和事项转化为能用同一尺度（货币单位）表述的会计信息，以综合反映某一特定经济主体的经营绩效和财务状况。此项目标与会计报表中关于报表项目的计价认定有关。

第三，以适当的方式（如报表、图表、文字说明等），将业经确认、记录、计量的会计信息及时、充分地呈报给信息使用者。这一目标与会计报表中关于报表项目的充分披露有关。

第四，会计系统包括确认交易、记录、处理和报告能反映交易数据的所有功能和程序。会计系统的一个重要特征是处理交易，形成审计轨迹。交易是因某经营实体与外界交换资产和劳务，以及组织内部转移或使用资产和劳务而形成的。组织的会计系统应为每笔交易提供一个完整的"审计轨迹"或"交易轨迹"。所谓交易轨迹是指通过编码、交叉索引和联结账户余额与原始交易数据的书面资料所提供的一连串的迹象。原始凭证、日记账和分类账是审计轨迹的主要部分。

（二）信息传导机制

信息传导机制对组织收集到大量及时的内外部信息，提供有效信息给适当的人员，并通过有效的沟通，使企业每一位员工都能够知悉其岗位职责的相应责任，实现信息在组织各层次、各部门之间迅速的传递和交流，率先在已有信息基础上进行知识创新，占领市场把握先机具有决定性作用。因此信息传导机制是实施企业内部控制的关键要素，企业可以从加强对信息系统的建设和信息共享及沟通的范围来优化企业内部控制系统，提升系统价值。

五、监督

监督是指由被审计单位内部特定人员对一定时期内部控制的设置和执行情况进行评估和检查的活动。它包括适当及时地评估内部控制的设置和执行情况，以及采取必要的纠正措施。监督可以通过持续监督、个别评估或两者相结合来进行。

监督机构应接受组织最高管理层的领导，以保持较好的相对独立性，充分发挥独立监督的控制作用。在组织实行分级管理的情况下，通过独立监督制度对组织各级管理部门的经营管理活动开展评价，保证组织经营方针和管理政策得到严格贯彻执行，组织的经营战略目标得以实现。例如，对许多组织来说，内部审计部门在有效监督方面的作用都是非常关键的，为了使内部审计职能得以有效发挥，内部审计部门应当在本单位主要负责人或者权力机构的领导下开展工作。

监督是指验证由另一个人或部门执行的工作和验证所记录金额估价的正确性。监督同很多认定相关。例如：

第一，人工计算、稽核发票、工资计算表及存货汇总表的正确性（"估价或分摊"认定）。

第二，比较现有资产和有关记录，如银行存款余额调节表、零用现金盘点表及实物存货记录等（"存在或发生"认定、"完整性"认定、"估价或分摊"认定）。

第三，管理当局复核、汇总账户余额详细情况的报告，如应收账款的账龄分析表（"估价或分摊"认定）。至于应在什么时候采取什么方式进行独立稽核，则视具体情况而定。

第三节　内部控制的评价

一、内部控制评价概述

（一）内部控制评价的发展

内部控制评价产生于账项基础审计（transactions based auditing）模式向制度基础审计（system based auditing）模式的转变过程之中，发展至今已有很长的一段历史，在美国和我国台湾地区都有明确的规定和成熟的操作手法。我国1996年12月财政部发布的《独立审计具体准则第9号——内部控制和审计风险》最早提出内部控制概念，借鉴美国提出了内部控制包括控制环境、会计系统和控制程序三要素，以帮助注册会计师调查和测试内部控制，确定控制风险，设计实质性审计测试的性质、时间与范围。2006年2月25日，中国注册会计师协会发布《中国注册会计师审计准则第1211号——了解被审计单位及其环境，评价重大错报风险》，将被审计单位内部控制作为评价被审计单位重大错报风险的重要依据之一。

（二）内部控制评价的作用

内部控制评价在审计中的重要作用主要表现在以下几个方面：

第一，评价被审计单位内部控制的健全性和有效性，据以确定会计和其他经济信息的可依赖性。

审计人员主要通过审查被审计单位的会计和其他经济信息资料来实施审计，而这些资料的可依赖性在很大程度上受其内部控制的影响。被审计单位内部控制健全有效时，其产生的信息资料的可依赖性就较高；反之则低。所以审计人员在开始审计时一般都会先评价被审计单位内部控制的健全性和有效性，进而判断在审计时是否依赖其内部控制。

第二，评估控制风险水平，据以确定对实质性测试的性质、范围、时间和重点的影响，为制定和修改审计方案提供科学依据。

审计人员对被审计单位内部控制进行评价的过程，实质上也是对控制风险水平进行评估的过程。在审计准备阶段，审计人员根据控制风险水平初步评估结果以及已经评估的固有风险水平，确定被审计单位的重大错报风险水平，结合预先确定的可接受审计风险水平，计算出检查风险，据以确定将要实施的实质性测试的性质、范围、时间和重点，为编制审计实施方案提供科学依据。例如，通过评价被审计单位的内部转款，将其缺乏内部控制的重要业务领域，内部控制设计不合理、控制目标不能实现的领域，以及内部控制没有发挥作用的领域确定为实质性测试重点领域，并针对内部控制缺陷和可能产生的后果提出对应的审计措施，确定实质性测试的具体方法。

第三，提高审计工作效率，节约审计成本，保证审计质量。

现代审计活动中，被审计单位规模扩大，业务量增加，而审计资源有限，审计人员已不可能对被审计单位所有的业务活动进行详细的审查。而在评价内部控制的基础上，如果认为被审计单位内部控制值得依赖，则可以使用抽样审计的方法开展实质性测试，这样不但可以减少审查业务和凭证账册的数量，还使审计抽样规模的确定更具科学性，增加审计判断的准确性，合理控制审计风险，从而减少了审计工作量，节约了审计成本。此外，将内部控制评价中发现的控制弱点作为重点审计领域，可以帮助审计人员合理分配有限的审计资源，提高审计工作效率，保证审计工作的质量。

第四，向被审计单位提出健全和加强内部控制的建议，帮助其提高经济效益。

审计人员通过评价被审计单位内部控制，获得其内部控制设置和执行方面的信息，对于在评价中发现的内部控制的重要缺陷，通过与被审计单位的沟通，出具管理建议书，向被审计单位提出相应的改进建议，有利于被审计单位进一步健全内部控制，保证内部控制的执行有效性，进而改进其管理水平，提高经济效益。

（三）内部控制评价的概念

综上所述，所谓内部控制评价，是指审计人员通过调查了解被审计单位内部控制的设置和运行情况，并进行相关测试，对内部控制的健全性、合理性和有效性做出评价，以确定是否依赖内部控制和实质性测试的性质、范围、时间和重点的活动。

二、内部控制评价的步骤和方法

审计人员在实施审计活动过程中，对被审计单位内部控制的评价按下列五个步骤进行。

（一）调查了解内部控制

审计人员为了确认被审计单位可能发生的潜在重要错报的种类，考虑影响重要错报风险的因素，应设计适当的审计程序，关注被审计单位会计和内部控制的相关政策和程序，并且将对会计和内部控制相关方面的了解同固有风险、控制风险的评价有机结合起来。

在为计划审计工作而了解内部控制时，审计人员也可获得对内部控制设计和执行情况的了解。如审计人员执行的"穿行测试"，所谓"穿行测试"就是追查几笔通过会计系统的业务。如果审计人员选出的业务活动在通过会计系统的那些业务活动中具有代表性，那么该程序可作为控制测试的一部分，但"穿行测试"的性质和范围决定了其并不能为评价控制风险处于低水平提供充分、适当的审计证据。

1. 了解内部控制的程序

审计人员在了解内部控制时，应当合理利用以往的审计经验。对于重要的内部控制，通常还可实施以下程序：①询问被审计单位的有关人员，并查阅相关内部控制文件；②检查内部控制生成的文件和记录；③观察被审计单位的业务活动和内部控制的运行情况；④选择若干具有代表性的业务活动进行"穿行测试"。

审计人员了解内部控制所执行的程序的性质、时间和范围，主要取决于以下因素：①被审计单位经营规模及业务复杂程度；②被审计单位数据处理系统类型及复杂程度；③审计重要性；④相关内部控制类型；⑤相关内部控制的记录方式；⑥固有风险的评估结果。

2. 了解内部控制的方法

审计人员可以采用以下方法对被审计单位内部控制进行调查了解。

第一，审计人员通过复核以前与被审计单位交往的情况，直接查阅以前年度的审计档案，可以了解以前审计时所发现的错弊种类及其原因。如以前年度的审计工作底稿可显示错弊是否因为：回避既定的控制、缺少适当的控制，或者无经验人员故意不遵守适当控制。根据这些资料，审计人员可通过询问被审计单位管理当局和其他适当的人员，来得知这些错弊是否在当年已得到改正。在连续审计中，审计人员也可将内部控制的强弱点记录下来，这些书面记录有助于审计人员就上次审计后发生变化的部分向有关人员询问。

第二，查阅被审计单位的各项管理制度和相关文件。被审计单位通过制定的政策文件（如公司的行为守则）和制度文件（如会计制度、业务规章和组织系统图等）来设置、执行和维持其内部控制，审计人员通过查阅这些书面资料，对被审计单位的内部控制获得足够的了解。

第三，询问被审计单位的管理人员和其他有关人员。不论是初次审计取得信息，还是更新以前年度审计所获得的信息，都应该询问包括被审计单位管理当局、监督人员和普通工作人员在内的相关人员。通过向不同层次人员询问同一方面的内部控制问题，即实施相互印证式的询问，可以从不同侧面验证被询问者答复的真实性。

第四，观察被审计单位的业务活动和内部控制的实际运行情况。审计人员可以通过运用观察法实地察看被审计单位工作人员工作场所、编制凭证和记录、执行正常会计和控制活动的过程，加深对内部控制设置和执行情况的了解和认识。

第五，检查被审计单位内部控制过程中生成的文件和记录。被审计单位在执行内部控制过程中会产生大量的凭证和记录，如请购单、验收单、工时记录、销售发票和会计记录等。审计人员通过检查这些相关凭证和记录，一方面能更好地理解内部控制制度的精神，增加对内部控制各要素的感性认识；另一方面，还可以提供内部控制执行情况的证据。

（二）描述内部控制

审计人员对于被审计单位内部控制的调查了解结果，应当以书面形式记录或描述出来。常用的方法有文字说明法、调查表法和流程图法。

1. 文字说明法

文字说明法是指审计人员将对被审计单位内部控制的调查结果完全以文字说明的形式记录下来的方法。采用这种方法时，审计人员通常是沿着主要经济业务的运行顺序，按照不同的经济业务循环，把业务的整个处理过程，相关的各个控制环节和控制方式，编写的文件记录、有关凭证和记录的来源和去向，以及是否设置了审批、复核等关键的控制点均用文字说明法详细地加以描述。

文字说明法的优点：①可以对调查对象进行比较深入和具体的描述，弥补调查表只能对调查对象做简单肯定或否定的不足；②使用范围广泛，不受被审计单位类型的限制。

文字说明法的缺点：①有时很难用简明扼要的语言来描述内部控制的细节；②对于规模较大、内部控制系统复杂的被审计单位，有时文字表述比较冗赘、头绪繁多，不能有效地从总体上进行内部控制分析以及为控制风险评价提供依据；③文字说明会因每个人的行文习惯和叙述风格不同而异，如果对某项控制环节表述不清或文字表达含混，则很容易引发对某项控制内容的误解。

因此，文字说明法作为调查表法和流程图法的补充加以利用时效果较好，如果单独采用这种方法，则仅适用于内部控制程序比较简单且易于描述的小企业。

2. 调查表法

调查表法是指审计人员利用事先设计好的标准化格式的内部控制调查表对被审计单位内部控制进行记录和描述的方法。这种方法需审计人员将那些与保证会计记录的正确性和可靠性以及与保证资产的完整性有密切关系的事项列作调查对象，由会计师事务所自行设计成标准化的调查表，对每一个审计项目的内部控制提出一系列问题，交由被审计单位有关人员填写，或由审计人员根据调查的结果自行填写。调查表大多采用问答式，要求被审计单位有关人员就调查表中列出的问题逐项给予"是"或"否"的回答。

调查表一般要按照被审计单位的业务特点分项目编制，不宜在一张表内描述一个企业中整个的内部控制。调查表中的"问题"应该针对被审计单位为了确保会计记录的可靠性、资产的完整性和经营的有效性所必须采取的制度、组织、方法和手续等具体事项来设置，用回答"是"或"否"的方式来表明内部控制的状况。此外，对于"问题"的拟定，应尽量符合控制标准的要求，以保证调查的全面性和彻底性，避免遗漏和疏忽，遇到特殊情况应加以备注。

调查表法的优点：①调查范围明确，问题突出，容易发现被审计单位内部控制中存在的缺陷和薄弱环节；②设计合理的标准调查表，可广泛适用于同类型单位，从而减少审计工作量，使审计人员在审计项目初期就能较快地完成编制调查表；③调查表可由若干人分别同时回答，有助于保证调查效果；④能对所调查的对象提供一个简洁的说明，有利于审计人员进行分析、评价。

调查表法的缺陷：①由于对被审计单位的内部控制只能按项目分别调查，因此往往不能提供一个完整的看法；②反映问题不全面，仅限于被调查事项的范围；③调查表仅要求做出"是"或"否"的回答，难以反映审计事项的具体情况和存在问题的程度；④此外，标准问题的调查表缺乏弹性，难以适用于各类型被审计单位，尤其是特殊行业的被审计单位或小规模的被审计单位，往往会因"不适用"的回答太多而影响调查效果，显得不太适用。

因此，调查表法比较适用于调查了解被审计单位的控制环境和各主要业务领域的控制点。

3. 流程图法

流程图法是指审计人员采用特定的符号和图形，辅之以简要的文字或数字，以业务流程加以联结，将某项业务的处理程序（包括凭证和记录的产生、传递、检查、保存及其相互关系）和内部控制用图解的形式直观地反映出来的方法。流程图绘制有直式流程图和横式流程图两种基本方式。

流程图法的优点：①可以将被审计单位各项业务的职责分工、授权批准和复核验证等各项控制措施与功能完整地显示出来，并且形象直观，能够突出现有的控制点，有助于审计人员全面了解内部控制的运行情况，及时识别内部控制中的不足之处；②便于随时根据业务控制程序的变化对流程图做出修改。

流程图法的缺点：①由于缺少文字说明，较复杂的业务不易理解其流程图；②绘制流程图需具备较熟练的技术，花费较多的时间，尤其是较复杂的业务，绘制难度更大；③内部控制的弱点有时很难在图上明确地表达出来。

在审计实践活动中，上述三种方法并不相互排斥，对于不同的业务环节可以采用不同的描述方法。三种方法结合使用，往往比单一采用某一种方法效果更好。

（三）对内部控制进行初步评价，评估控制风险

审计人员在完成了对被审计单位内部控制的调查了解之后，要对内部控制做出初步评价，以便评估出控制风险水平，并对是否依赖被审计单位的内部控制及依赖程度做出决策。初步评价的内容包括健全性和合理性两个方面。

1. 健全性评价

审计人员对内部控制健全性的评价主要是评价应有的控制环节是否设置齐全。具体包括：①分析在内部控制中的关键点上是否都设立了强有力的内部控制（内部控制的强点）；②分析在内部控制中是否存在薄弱环节（内部控制的弱点）。

2. 合理性评价

审计人员对内部控制合理性的评价主要包括：①分析内部控制的布局是否合理，有无多余的和不必要的控制；②有无把一般控制点误作为关键控制部位；③控制职能是否划分清楚；人员间的分工和牵制是否恰当，既不分工过细，又能起到牵制作用。此外，还要考虑内部控制的成本和效益状况。

经过初步评价，如果认为内部控制正常，相关的内部控制能够防止或发现和纠正重大错弊，则审计人员就应适当减低控制风险的评估水平，并根据所确定的内部控制测试范围，转入内部控制测试阶段。但如果认为内部控制的设置极为有限，或审计人员不宜进行内部控制测试时，则审计人员不再对内部控制进行测试，而直接转入实质性测试阶段。

通常出现以下情况之一时，审计人员应将重要账户或业务活动的某些或全部认定的控制风险评估为高水平：①被审计单位内部控制失效；②审计人员难以对内部控制的有效性做出评价；③审计人员不拟进行控制测试，即审计人员认为采用内部控制测试所减少的实质性测试的工作量小于进行必要的内部控制测试的工作量，该内部控制测试是不经济的。

（四）如果决定依赖内部控制，则实施内部控制测试

内部控制测试是为了确定内部控制的设计和执行是否有效而实施的审计程序。它

是在调查了解内部控制设置状况的基础上，对其执行的有效性所进行的测试，因此也常常被称为遵循性审计。测试内部控制包含两层含义：一是控制设计测试；二是控制执行测试。

控制设计测试所要解决的问题：被审计单位的控制政策和程序是否设计合理、适当，能不能防止或发现和纠正特定错弊的发生。例如，审计人员了解到，被审计单位管理当局控制政策和程序要求将存货储存在加锁的仓库里。据此可认为，该项控制可以防止或大大地减少存货"存在或发生"认定产生错弊的风险。

控制执行测试所要解决的问题：被审计单位的控制政策和程序是否实际发挥作用。被审计单位的某项控制设计得再好，如不实际发挥作用，也不能减少错弊发生的风险。因此，在上面对存货控制设计进行测试，认为该控制设计合理之后，还应实地观察存货是否实际储藏在加锁的仓库里。在测试控制执行的有效性时，审计人员应当从下列方面获取关于控制是否有效运行的审计证据：①控制在所审计期间的不同时点是如何运行的；②控制是否得到一贯执行；③控制由谁执行；④控制以何种方式运行（如人工控制或自动化控制）。

作为进一步审计程序的类型之一，控制测试并非在任何情况下都需要实施，当存在下列情形之一时，注册会计师应当实施控制测试：①在评估认定层次重大错报风险时，预期控制的运行是有效的；②仅实施实质性程序不足以提供认定层次充分、适当的审计证据。如果被审计单位在所审计期间内的不同时期使用了不同的控制，注册会计师应当考虑不同时期控制运行的有效性。

1. 内部控制测试的方式

内部控制测试一般采取两种方式：一是业务程序测试（简称业务测试），即纵向的内部控制测试。它是指审计人员选择若干具体的典型业务，沿着业务处理过程检查业务处理程序中的各项内部控制是否得到执行。二是功能性测试，即横向的内部控制测试。它是指审计人员针对某项控制的某个控制环节，选择若干时期的同类业务进行检查，查明该控制环节的处理程序在被审计期内是否按规定发挥了作用。

2. 内部控制测试的范围

内部控制测试的范围主要是指某项控制活动的测试次数。审计人员无论采用哪种方式的内部控制测试，在实施测试前，均需要恰当确定内部控制测试的范围，以获取控制在整个拟信赖的期间有效运行的充分、适当的审计证据。就理论上而言，内部控制测试的范围越大，所能提供的用以证明内部控制政策或控制执行有效性的证据就越充分。但在审计实务中，内部控制测试的范围并不是越大越好，它要受到审计效率和审计成本的制约。

（1）确定内部控制测试范围的考虑因素

审计人员在确定某项控制的测试范围时通常考虑的一系列因素：

①在整个拟信赖的期间，被审计单位执行控制的频率。控制执行的频率越高，控制测试的范围越大。

②在所审计期间，审计人员拟信赖控制运行有效性的时间长度。拟信赖期间越长，控制测试的范围越大。

③通过测试与认定相关的其他控制获取的审计证据的范围。当针对其他控制获取审计证据的充分性和适当性较高时，测试该控制的范围可适当缩小。

④在风险评估时拟信赖控制运行有效性的程度。审计人员在风险评估时对控制运行有效性的拟信赖程度越高，需要实施控制测试的范围越大。

⑤控制的预期偏差。预期偏差可以用控制未得到执行的预期次数占控制应当得到执行次数的比率加以衡量（也可称作预期偏差率）。控制的预期偏差率越高，需要实施控制测试的范围越大。如果控制的预期偏差率过高，审计人员应当考虑控制可能不足以将认定层次的重大错报风险降至可接受的低水平，从而针对某一认定实施的控制测试可能是无效的。

此外，除非系统（包括系统的表格、文档或其他永久性数据）发生变动，审计人员通常不需要增加自动化控制的测试范围。对于一项自动化应用控制，一旦确定被审计单位正在执行该控制，审计人员通常无须扩大控制测试的范围，但为了确定该控制持续有效运行，需要考虑执行的测试：测试与该应用控制有关的一般控制的运行有效性；确定系统是否发生变动，如果发生变动，是否存在适当的系统变动控制；确定对交易的处理是否使用授权批准的软件版本。

（2）确定内部控制测试抽查范围的方法

确定内部控制测试的抽查范围时可选择以下两种方法：

①统计抽样法。即根据总体规模、预计总体错误率、审计结论的精确限度和审计结论的可靠性程度等因素，运用统计抽样公式计算或查表来确定应该抽查的业务量。

②经验估计法。即凭经验按业务活动执行的次数多少来估计应该抽查的业务量。通常情况下，某项业务活动执行的次数越多，则该项业务发生差错的概率就越大。

由于审计主体、审计客体、审计目的、审计人员经验的不同，每个审计人员对应收集的证据在数量和质量上的要求不同，致使内部控制测试的范围，即抽样规模的确定常常带有一定程度的主观性。但是，一般情况下，内部控制测试的范围直接受审计人员对控制风险估计水平的影响。例如，当审计人员初步评价控制风险为较高水平时，则表明内部控制的可依赖程度很低或者根本不能依赖，因此，审计人员可执行很小范围的内部控制测试，而实质性测试就需要扩大执行范围。但如果将控制风险评价为较低水平时，则表明内部控制的可依赖程度很高，因此，审计人员应执行更大范围的内部控制测试，进而减少实质性测试的范围。

3. 内部控制测试的方法

审计人员可以通过检查文件资料、询问、实地观察、重复执行等方法来测试内部控制是否得到有效执行。

（1）检查文件资料

检查文件资料，即审计人员抽取一定数量的账表、凭证等书面文档和其他有关资料文件，检查其是否存在控制措施线索，以判断内部控制是否得到有效贯彻执行的方法。例如，被审计单位规定生产单位根据生产通知单填写领料单，由部门经理批准后，交仓库部门领料。审计人员就可通过检查领料单上是否有部门经理的核准意见及签字,来判断在实际工作中是否执行了该批准控制手续。

（2）询问

询问,即审计人员为了了解被审计单位各项业务操作是否符合内部控制要求,而向有关人员询问某项业务执行情况的方法。尽管询问所获得的口头证据证明力不强,但对于了解内部控制的执行情况却十分有用。例如,审计人员通过询问出纳人员,来确定未经授权人员是否曾经被允许接近保险柜。

（3）实地观察

实地观察,即审计人员亲临现场观察有关人员执行业务的流程,以判断业务处理程序是否遵循了内部控制的规定。例如,审计人员前往材料仓库,察看储藏设施是否坚实可靠,材料到达时是否经过严格检验、正确登记并及时入库,库存材料存放是否井然有序等,即可证实上述控制措施是否切实得到执行。

值得注意的是,为了尽量避免人为干扰,确保观察结论的客观真实性,审计人员不应以一次观察的结果作为结论,而应选择在不同的时间进行多次观察,并且应尽可能地采用突击的方式进行观察。

（4）重复执行

重复执行,即审计人员按照被审计单位所规定的内部控制程序,选择若干笔业务独立地重新执行一遍,以复核验证与该业务有关的控制手续的遵循情况。在被审计单位的控制活动中,有的虽然要利用凭证和记录,但这些凭证和记录上的内容并不能完全满足审计人员评价内部控制被有效执行与否的目的。例如,被审计单位规定由一位人员负责将销货发票与标准定价表核对,但此程序并未在销货发票中做出记载,针对该项控制,审计人员通常需要重复执行这一控制程序,即将销售单价与销货业务发生当日应遵循的价格表进行核对,如果未发现错误,就可以认为这一控制程序是按要求执行的。

另外,审计人员也可以充分利用以前年度审计中获得的有关控制有效性的证据。审计人员在评价以前年度审计中获得的有关控制有效性的证据的恰当性时,应考虑以下四个方面的问题：这些证据所涉及的认定的重要性；以前年度审计中所评价的特定内部控制；所评价的政策和程序被适当设计和有效执行的程度；用来做出这些评价的符合性测试的结果。审计人员在考虑使用以前年度的证据时,还必须考虑以下两点：执行符合性测试的时间间隔的长短。一般来说,时间间隔越长,所能提供的保证就越小。在以前年度审计以后,控制政策和程序的设计或执行有无重大变化。一般来说,这种变化越大,以前年度审计的证据对本年度审计所能提供的保证就越小。此时,本年度审计测试数目就应增大。

4. 内部控制测试的时间

内部控制测试的时间包含两层含义：一是何时实施控制测试；二是测试所针对的控制适用的时点或期间。

如果已获取有关控制在期中运行有效性的审计证据,并拟利用该证据,审计人员应当实施下列审计程序：获取这些控制在剩余期间变化情况的审计证据；确定针对剩余期间还需获取的补充审计证据。另外,审计人员还应当考虑的因素主要包括：评估的认定层次重大错报风险的重大程度；在期中测试的特定控制；在期中对有关控制运行有效性获取的审计证据的程度；剩余期间的长度；在信赖控制的基础上拟减少进一步实质性程序的范围；控制环境等。

除了上述的测试剩余期间控制的运行有效性，测试被审计单位对控制的监督也能够作为一项有益的补充证据，以便更有把握地将控制在期中运行有效性的审计证据延伸至期末。

鉴于特别风险的特殊性，对于旨在减轻特别风险的控制，不论该控制在本期是否发生变化，审计人员都不应依赖以前审计获取的证据。

（五）对内部控制进行再评价

对内部控制的再评价，是指在初步评价的基础上，根据内部控制测试的结果对控制风险水平做出进一步评价。由于内部控制测试只能查证内部控制的功能和可靠性，却不能直接查证由某项内部控制程序所产生的数据的真实性和正确性，因此，审计人员还需要根据内部控制测试的证据，对控制风险水平做出进一步的评价，以确定完成审计工作所需执行的实质性测试的范围和重点。

控制风险的水平，可以用高、中、低的概念来表示，也可以将控制风险量化为百分比来表示。

1. 低控制风险

低控制风险是被审计单位内部控制健全、合理，且在符合性测试检查有关的经济业务和会计资料时，未发现任何差错或仅发现极少差错，表明其执行情况良好，审计人员应评价为低控制风险。对于这类被审计单位，审计人员可以较多地依赖、利用内部控制，执行有限的实质性测试，减少实质性测试的数量和范围。

2. 中控制风险

中控制风险是被审计单位内部控制比较健全，尚存在一定的薄弱环节或缺陷，它们在某种程度上会影响经济业务和会计资料的真实性和正确性。在测试检查有关的业务活动时，发现有一定程度的差错，审计人员应评价为中控制风险。对于这类被审计单位，审计人员应有保留地信赖内部控制，为减少审计风险，应扩大实质性测试的深度和广度，适当增加审计检查的数量和范围。

3. 高控制风险

高控制风险是被审计单位内部控制设置极不健全，或虽设计了良好的内部控制，但却未予有效执行，从而导致经济业务和会计资料大部分失控。在测试检查有关的业务活动时，差错的发生非常频繁，差错发生率很高，审计人员应评价为高控制风险。对于这类被审计单位，审计人员无法信赖内部控制，此时，审计人员通常要对经济业务和财务数据实施较为详细的实质性测试，以获得支持审计结论的足够证据。

小规模企业的内部控制通常都较为薄弱，审计人员通常将其控制风险设定为高控制风险，主要或全部依赖实质性测试程序来获取审计证据，以保证审计的质量。

若审计人员认为内部控制完全不能预防或发现错误，就应将控制风险定为100%。内部控制越有效，控制风险就越低。

审计人员应将内部控制再评价的过程和结果在工作底稿中加以记录。审计人员在工作底稿中记录对内部控制的评价的基本要求：当控制风险被评价为最高水平时，只需记录这一评价结果；当对控制风险的评价低于最高水平时，还必须记录这一评价的依据。

三、内部控制评价结果的运用

审计人员对被审计单位实施内部控制评价的结果在审计工作中的运用主要表现在两个方面。

（一）确定实质性测试的性质、范围、重点和方法

现代制度基础审计模式要求，审计人员运用内部控制符合性测试结果，可确定实质性测试的性质、范围、重点和方法。

1. 确定实质性测试的性质

针对某项业务活动，为了实现一个特定的具体审计目标，可以有多种不同的实质性测试措施供选择，但究竟应采取何种实质性测试措施，需要根据所审查业务的内部控制情况来判断。不同的控制措施和控制水平下，可供审计人员选择的实质性测试措施是有差别的。审计人员在评价内部控制的基础上，可以选择最有效的和节约的方法去收集所需要的审计证据。

2. 确定实质性测试的范围

通常情况下，在控制评价所认定的失效控制和控制薄弱的业务活动环节，包括初步评价认为控制不完善或较不完善，以及控制测试后认为控制未得到执行或执行不力的系统和环节，固有风险较大的经济业务都应当纳入实质性测试的范围。

3. 确定实质性测试的重点

通常情况下，确定实质性测试重点领域时应考虑以下三个方面：缺少内部控制的重要业务领域；内部控制设置不合理、控制目标不能实现的领域；内部控制没有发挥作用的领域。

4. 确定实质性测试的方法

对于列入审计重点的项目，一般应采用详细审计的方法；对于列入审计范围的非重点业务，一般应采用抽样审计方法，选择较大规模的样本进行审查；对于未列入审计重点和审计范围的业务，一般可以选择较小规模的样本进行略查，或者不作检查。确定实质性测试的具体方法时，应当针对内部控制缺陷和可能产生的后果提出对应的检查措施，以核实相关的财政收支、财务收支和会计处理是否真实、合法。

（二）提出改进内部控制的建议

审计不仅要监督被审计单位的经济活动，而且应该结合审计中发现的问题，向被审计单位提出改进财政财务收支管理，以及改善经营管理的建议。在测试和评价被审计单位内部控制的基础上，审计人员应当将在审计过程中注意到的内部控制的失控环节和控制薄弱环节，以及与被审计单位的沟通情况记录于审计工作底稿，并可以根据

这些底稿提出改进内部控制的建议。

　　管理建议书是指审计人员针对审计过程中注意到的、可能导致被审计单位会计资料产生重大错弊的内部控制重大缺陷提出的书面建议。审计人员对审计过程中注意到的内部控制重大缺陷，应当告知被审计单位管理当局，必要时，可出具管理建议书；对审计过程中注意到的内部控制的一般问题，可以口头或用其他适当方式向被审计单位有关人员提出。管理建议书提及的内部控制重大缺陷，仅为审计人员在审计过程中注意到的，并非内部控制可能存在的全部缺陷，因此，管理建议书不应被视为审计人员对被审计单位内部控制整体发表的意见，也不能减轻或免除被审计单位管理当局建立健全内部控制的责任。审计人员出具管理建议书，不应影响其应当发表的审计意见。

第二篇　审计实务篇

业务循环是指处理某类经济业务的工作程序和先后顺序。按业务循环开展的审计称之为循环审计方法；按财务报表项目开展的审计称之为分项审计方法。一般而言，分项审计方法与多数企业账户设置体系及会计报表格式相吻合，所以具有操作方便的优点，但它也有与按业务循环进行的内部控制测试严重脱节，审计内容存在交叉重复的弊端；而业务循环审计方法则不仅与按业务循环进行的内部控制测试直接联系，加深审计人员对企业经济业务的理解，而且便于审计人员的合理分工，将特定业务循环所涉及的会计报表项目分配给一个或数个审计人员，减少重复工作量，并使其能够对不同会计报表项目进行交叉复核，以提高审计的效率，提升审计的效果。

审计测试包括内部控制测试和交易、账户余额的实质性测试。内部控制测试通常按照业务循环采用审计抽样的方法进行，其目的在于帮助审计人员更好的了解企业的经济业务和内部控制情况，合理确定实质性测试的范围与重点，确保审计工作质量，提高审计工作效率和效果。交易、账户余额的实质性测试既可按会计报表项目，也可按业务循环组织实施。审计人员评估重要账户的余额及相关风险，决定运用哪些审计程序和方法，在多大范围内实施这些程序和方法。

由于企业的业务性质和规模不同，其业务循环的划分也有所不同。一般而言，在会计报表审计中可将企业的所有交易和账户余额划分为4个、5个、6个甚至更多个业务循环。本书将企业经济业务循环划分为销售与收款、采购与付款、生产与存货、筹资与投资四个循环以及货币资金业务，共五个部分，分章阐述各业务循环以及货币资金业务的审计，按照各会计报表项目与业务循环的相关程度，各业务循环与其所涉及的主要会计报表项目之间的对应关系见下表：

企业业务循环与其所涉及的主要会计报表项目

业务循环	资产负债表项目	利润表项目
销售与收款循环	应收票据、应收账款、坏账准备、预收账款、应交税费、其他应交款	主营业务收入、营业税金及附加、销售费用、其他业务收入和其他业务成本
采购与付款循环	预付账款、固定资产、累计折旧、固定资产减值准备、工程物资、在建工程、固定资产清理、应付票据、应付账款	
生产与存货循环	存货（包括在途物资或材料采购、原材料、材料成本差异、库存商品、发出商品、商品进销差价、委托加工物资、包装物及低值易耗品、生产成本、制造费用、劳务成本、存货跌价准备）、待摊费用、应付工资、应付福利费、预提费用	主营业务成本
筹资与投资循环	交易性金融资产、应收股利、应收利息、其他应收款、持有至到期投资、持有至到期投资减值准备、可供出售金融资产、长期股权投资、长期股权投资减值准备、投资性房地产、未实现融资收益、无形资产、累计摊销、无形资产减值准备、商誉、长期待摊费用、递延所得资产、短期借款、应付股利、应付利息、其他应付款、预计负债、长期借款、长期债券、长期应付款、专项应付款、递延所得税负债、实收资产（股本）、资本公积、盈余公积、未分配利润	管理费用、财务费用、资产减值损失、公允价值变动损益、投资收益、营业外收入、营业外支出、所得税
货币资金业务	库存现金、银行存款、其他货币基金	

第七章 销售与收款循环审计

第一节 销售与收款循环的特性

一、销售与收款循环概述

销售与收款循环是企业经营活动的主要业务循环之一,涉及销售商品和提供劳务的各项业务活动过程,由顾客提出订货单开始,经一系列业务活动,直至企业收到货款为止,在企业的整个经营活动中占有重要地位。

根据财务报表项目与业务循环的相关程度,销售与收款循环涉及的资产负债表项目主要包括应收票据、应收账款、长期应收款、预收账款、应交税费等;所涉及的利润表项目主要包括营业收入、营业税金及附加、销售费用等。

销售与收款循环的特性主要包括两部分的内容:一是本循环涉及的主要业务活动;二是本循环所涉及的主要凭证和会计记录。

二、销售与收款循环涉及的主要业务活动

销售与收款循环涉及可供销售的商品和劳务的所有权转让的各项业务和过程,从客户提出订货要求开始,将商品或劳务转化为应收款项,并最终以收回货币资金结束。

(一)接受顾客订单

企业销售与收款循环的起点是顾客向企业销售管理部门提出订货要求,销售部门必须按照管理当局的要求对顾客提出的订单进行审核,在满足管理当局要求的销售条件时予以批准,对特殊顾客的订单要求必须提交有相关授权的管理层进行审批。

销售部门在批准了顾客订单之后,应依据已授权批准的商品价目表编制一式多联的销售单,必要时应首先签订销售合同,相关销售条件应依据授权原则予以审批确定。销售单是证明管理当局有关销售业务"存在或发生"认定的原始凭证之一,也是企业销售业务交易轨迹的起点。

（二）批准赊销信用

企业销售业务可以分为现销和赊销两种基本方式，现代商业活动中信用的广泛使用使得赊销已成为目前各企业较为普遍采用的销售方式。在赊销方式下，销售部门编制的销售单需提交信用管理部门，信用管理部门一般应在年初根据管理当局确定的本年度赊销政策，确定对每位顾客应授予的信用额度。信用管理部门的员工在收到销售单后，应将销售单与该顾客已被授权的赊销信用额度以及至今尚欠的账款余额比较。对新顾客必须按照赊销政策调查其信用状况，包括获取信用评审机构对顾客信用等级的评定报告，经过合法授权人员批准客户的赊销额。执行人工赊销信用检查时，还应合理划分工作职责，以切实避免销售人员为扩大销售而使坏账损失超过正常水平，产生信用风险。无论批准赊销与否，被授权的信用管理部门人员都必须在销售单上签署意见，然后再将已签署意见的销售单送回销售单管理部门。

设计信用授权批准控制的目的是降低企业信用风险，因此该控制与应收账款净额的"估价或分摊"认定有关。

（三）按销售单供货

仓储部门收到经过审批后的销售单发运商品是该业务循环中出让资产的起点，商品的发出往往是确认销售成立的标志之一。仓储部门发出商品时需要编制出库单，且必须是一式多联和连续编号，如果企业采用永续盘存制，则出库单还是逐日登记存货记录的依据。

设立该控制程序的目的是防止仓储部门在未经授权的情况下擅自发货。因此，已批准销售单的一联通常应送达仓储部门，作为仓储部门按销售单供货和发货给运输部门的授权依据。

（四）按销售单装运商品

企业设立独立的运输部门，将按销售单供货与按销售单发货职责相分离，有助于避免运输部门的员工在未经授权的情况下发送商品。运输部门在装运发送商品之前，必须进行独立验证，以确保仓储部门是按照审批后的销售单发出的商品，并且与批准的销售单的内容完全一致。

发运凭证通常是一式多联的、连续编号的提货单，可由电脑或人工编制，按序归档的发运凭证通常由运输部门保管。发运凭证提供了商品确实已装运的证据，是向客户开出账单必不可少的凭证，因此，它是证实销售业务"存在或发生"认定的另一种形式的凭证。而定期检查以确定在编制的每张发运凭证后均附有相应的销售发票，则有助于保证销售业务"完整性"认定的正确性。

（五）向顾客开具账单

财会部门向顾客开具账单包括编制和向顾客寄送事先连续编号的销售发票，销售发票是一式多联单，财会部门应保管相应的副联以备检查。为保证及时、正确地开出账单,降低遗漏、重复、错误计价或其他差错的风险,财会部门应设立相关的控制程序,包括:财会部门应有专人负责检查是否对仓储部门和运输部门转来的发运凭证记录的所有发运商品都开具了账单;财会人员在编制每张销售发票之前,应独立检查是否存在发送凭证和相应的已审批的销售单,两者的商品类别、数量等内容是否一致,销售单上的价格与已授权批准的商品价目表是否一致;财会人员应依据已授权批准的商品价目表编制销售发票,并派专人独立检查销售发票计价和计算的正确性。

上述控制程序的目的是确保用于记录销售业务的销售发票的正确性,与销售业务的"存在或发生"认定、"完整性"认定以及"估价或分摊"认定有关。

(六)记录销售业务

记录销售业务的过程主要包括区分赊销、现销,按销售发票编制转账记账凭证或现金、银行存款收款凭证,再据以登记销售明细账和应收账款明细账或现金、银行存款日记账。审计人员重点关注的是销售发票是否记录正确,并归属到适当的会计期间。

为保证恰当地记录销售业务,财会部门通常采取的控制程序包括:财会人员只依据附有有效发运凭证和销售单的销售发票记录销售,且这些发运凭证和销售单应能证明销售业务发生的真实性及其发生的日期;财会部门应有专人控制所有事先连续编号的销售发票;财会部门应有专人负责独立检查已处理销售发票上的销售金额同会计记录金额的一致性;记录销售业务的职责应与前面说明的处理销售业务的其他功能相分离;对记录过程中所涉及的有关记录的接触应予以限制,以减少未经授权批准的记录的发生;财会部门应定期独立检查应收账款的明细账与总账的一致性。

上述控制程序与销售业务的"存在或发生"认定、"完整性"认定以及"估价或分摊"认定有关。

(七)定期对账和催收账款

财会部门应定期编制并向顾客寄送应收账款对账单,并与顾客核对账面记录,保证所有的应收账款都能正确地记录,如存在差异,则应及时查明原因并调整。财会部门还应编制应收账款账龄分析表,对已超过正常信用期限、长期拖欠货款的顾客还要以各种方式催收货款并通知信用管理部门修订该顾客的信用评分。

(八)收取货款并记录现金、银行存款收入

财会部门收取货款后,需记录现金、银行存款的增加及应收账款的减少,重点关注的是货币资金的安全性。货币资金的失窃可能发生在货币资金收入登记入账之前,也可能发生在登记入账之后。处理货币资金收入时最重要的是要保证全部货币资金都必须能做到如数及时地记入现金、银行存款日记账和应收账款明细账,并如数及时地将现金存入银行。为实现控制目的,一是要注意不相容职务的分离,二是严格保管汇款通知单并及时复核检查。

（九）审批销售退回与折让

顾客如果对不符合其订货要求的商品不满意提出退货要求，销售企业一般都会同意接受退货，或给予一定的销货折让；如果顾客提前支付货款，则可能会给予一定的销货折扣。发生此类事项时，应由负责收款和记录应收账款以外的人员（通常由销售部门主管）根据退货验收单和入库单批准退货，对销货折让则同样需由具备审批权的管理人员审批后执行，并据此编制贷项通知单，财会部门根据销售退回与折让业务凭证及时、正确地记录。

（十）注销坏账

当企业发生顾客因宣告破产、死亡等原因而造成应收账款无法收回时，首先应当获取货款无法收回的确凿证据，经企业管理当局审批后将其注销，由财会人员冲减相应的应收账款总账和明细账。为加强对已注销应收账款的管理，财会部门应设置已注销应收账款备查簿，防止以后收回已注销的应收账款时出现漏记、错记或被贪污的情况。

（十一）提取坏账准备

按照谨慎性的会计原则，企业应当定期或者至少于每年年度终了对应收款项进行全面检查，预计各项应收款项可能发生的坏账，计提坏账准备，提取的数额必须能够抵补企业以后可能无法收回的销货款。

三、销售与收款循环涉及的凭证和会计记录

为加强对销售与收款循环涉及的相关业务流程的控制，企业通常会使用很多的凭证和会计记录，典型的销售与收款循环涉及的主要凭证和会计记录有以下类型。

（一）顾客订货单

顾客订货单是顾客提出的书面购货要求，企业通过销售部门或其他途径，如采用电话、传真、信函、计算机网络等方式接受现有的或潜在的顾客发送的订货单。订货单的设计应能够提供确定所有销售业务都得到恰当授权和完整记录的要素，如订货单的预先连续编号、核准文件的编制、正式的赊销批准、商品的销售价格、订购商品的货运条款的描述，以及经批准的账单地址等各种要素。

（二）销售单

销售单是用于记录顾客所订商品的名称、规格、数量和其他与顾客订货单有关资料的凭证，作为销售企业内部处理顾客订货单的依据，通常用于赊销的批准或者发货的审批。

（三）销售合同

销售合同是供需双方所签订的具有法律效力的文件。合同需明确双方的责任，包括所订商品的品种、规格、数量、质量、价格、付款方式以及供货时间等，合同要经双方签字盖章后生效。

（四）出库单

出库单是仓储部门发出商品时编制的，用以记录发出商品的名称、规格、数量和其他有关数据的凭证，作为财务部门记录销售业务的依据。

（五）发运凭证

发运凭证是运输部门在发运商品时编制的，用以反映运输商品的名称、规格、数量和其他有关数据的凭证，发运凭证的一联寄送给顾客，其余联次由销售企业各部门保留。发运凭证可用作向顾客开票收款的依据。提货单也属于发运凭证的一种形式，是运输部门和销售企业之间有关商品收发业务的书面凭证。

（六）销售发票

销售发票是销售企业用来证明已销商品的名称、规格、数量、价格、金额、运费和保险费的价格、付款条件和其他有关数据的凭证。销售发票的一联寄送给顾客，向顾客说明货款数额和付款期限，其余联次由销售企业自行保留，作为企业在会计账簿中登记销售业务的基本凭证。

（七）商品价目表

商品价目表是列示已经授权批准的、可供销售的各种商品的价格清单。

（八）贷项通知单

贷项通知单是销售企业用来表示由于销货退回或经批准的折让而引起的应收销货款减少的凭证，其格式通常与销售发票的格式相同，但是用来说明应收账款的减少而不是增加。

（九）销售日记账或明细账

销售日记账是用来记录销售业务的日记账，通常记载不同类别的销货总额、应收账款分录、其他各项明细记录等，常常只汇总记入每天的合计数，再将有关明细记录汇总记入总账。主营业务收入明细账是用来记录销售业务详细情况，按销售商品品种、规格等反映不同类别的销售总额。

（十）销售退回及折让日记账或明细账

销售退回及折让日记账或明细账是用来核算企业销售商品时，按销售合同规定为了及早收回货款而给予顾客的销货折扣和因商品品种、质量等原因而给予顾客的销售折让情况的日记账或明细账，与销售日记账基本相同。

（十一）汇款通知书

汇款通知书是与销售发票一起寄给顾客，由顾客在汇款时再随同付款支票一并交回销售企业的凭证，通知书上需注明顾客名称、销售发票号码、金额、销售企业开户银行账号等内容。如果顾客没有将汇款通知书随同货款一并交回，一般应由收受货款的人员在收取货款时再代编一份汇款通知书。采用汇款通知书能使收取的货款立即存入银行，从而改善资产的管理控制情况。

（十二）现金和银行存款日记账

现金和银行存款日记账是用来记录应收账款的收回或现销收入以及其他各种现金、银行存款和支出的日记账，以收付款凭证为记账依据。

（十三）坏账审批表

坏账审批表是用来批准将某些应收款项注销为坏账的凭证，仅在企业内部使用。

（十四）应收账款明细账

应收账款明细账是用来记录每个顾客各项赊销、货款收回、销售退回及折让的明细账，所有应收账款明细账的余额合计数与应收账款的总账余额相等。

（十五）转账凭证

转账凭证是指记录各项转账业务的记账凭证，根据有关转账业务（即不涉及现金、银行存款收付的各项业务）的原始凭证编制。

（十六）收款凭证

收款凭证是指用来记录现金和银行存款收入业务的记账凭证。

（十七）顾客月末对账单

顾客月末对账单是按月定期寄给顾客的用于购销双方定期核对账目的凭证，凭证上注明应收账款的月初余额、本月各项销售业务的金额、本月已收到的货款、各个贷项通知单的数额以及月末余额等内容。

销售及收款循环的主要业务活动、相关部门、常见凭证及相关账户见表7-1。

表7-1 销售及收款循环的主要业务活动、相关部门、常见凭证及相关账户

业务类型	业务活动	相关账户	常见凭证和会计记录	相关部门
销售活动	接受顾客订单	主营业务收入	顾客订货单	销售部门
	批准赊销信用	应收账款	销售单	信用管理部门
	签订销售合同		销售合同	销售部门
	按销售单供货		出库单	仓储部门
	按销售单装运商品		发运凭证	运输部门
	向顾客开具账单		销售发票和商品价目表	财会部门
	记录销售		应收账款总账和明细账	财会部门
办理和记录现金、银行存款收入	收取货款	银行存款、应收票据和应收账款	汇款通知书、转账凭证、收款凭证、顾客月末对账单、库存现金日记账和银行存款日记账	财会部门
办理和记录销售退回、销售折扣与折让	办理和记录销售退回、销售折扣与折让	销售折扣与折让、应收账款	贷项通知单、销售退回、折扣与折让明细账	财会部门、销售部门
注销坏账	注销坏账	应收账款	坏账审批表	管理部门
提取坏账准备	计提坏账准备	坏账准备、管理费用	应收账款总账和明细账	财会部门

第二节 销售与收款循环的内部控制及其测试

一、销售与收款循环的内部控制

企业通过建立健全销售与收款业务循环的内部控制制度，能有效地起到相互牵制、防止发生错误和出现弊端或大大减少错弊发生概率的作用。因此，健全的内部控制是销售与收款循环必不可少的组成部分，主要包括以下四个方面的内容。

（一）建立适当的职责分工

适当的职责分工有助于防止各种有意的或无意的错误，是内部控制中一项重要的控制措施。为了保证销售与收款循环控制系统的有效性，应按业务环节建立明确的职责分工，包括处理客户订单、调查信用、批准信用、发送商品、结算开单、办理销售退回与折让、收取货款、会计记录和核对账目等工作，要分别由不同的职能部门与人员负责，相互制约，防范舞弊行为的发生。主要职责分工如下：

①批准赊销信用与销售相互独立，防止销售部门为增加业绩而放宽信用标准，导致企业信用风险增大；

②批准赊销信用与发货开票相互独立，防止向不符合信用标准的客户进行赊销，增加坏账风险；

③发送货物与开票相互独立，防止发货未经批准，销售业务没有被记录或商品被盗窃；

④发送货物与记账相互独立，防止商品被盗窃并通过篡改记录加以掩饰；

⑤收取货款与销售收入、应收账款记录相互独立，防止客户所付款项被贪污并篡改加以掩饰；

⑥批准销售退回与折让业务和记账业务相互独立，防止收到的货款被贪污；

⑦批准坏账与收款业务、记账业务相互独立，防止不符合规定的坏账被批准，收到的款项被贪污；

⑧编制和寄送客户对账单与收款业务、记账业务相互独立，以检查销售收款业务中的错弊；

⑨执行内部检查与业务办理、记录相互独立，保证内部检查的独立性和有效性等。

（二）信息传递程序控制

企业管理当局对于相关的信息传递程序实施严格有效的控制，具体包括：授权程序、文件和记录的使用、独立检查。

1. 严格的授权审批程序

销售与收款循环各环节要经过适当的授权批准。主要包括以下四个关键控制点上的审批程序：

①向客户提供信用前要进行调查并经授权批准，以控制信用风险；

②发送货物只有在授权批准后才能进行，以防止向虚构的客户发货；

③销售价格、销售条件、运费、退货和折让必须经过授权批准，以防止销售价格、退货和折让背离企业经营管理政策；

④由保管票据以外的主管人员批准应收票据承兑、违约票据冲销。

2. 充分的使用文件和记录（注意文件、记录的名称以及凭证的预先编号）

每个企业应根据自身特点设置充分的记录手续，以实现其各项控制目标。关键性的销货单、销售发票、发运凭证等都应事前按顺序编号使用，以防止遗漏开票或记录销售业务，防止重复开票或记账。如销售部门收到订货单之后，立即编制一式几联的销货单，分别用于批准赊销、批准发货、记录发货数量、向客户开具发票账单，以实现定期清点销售发票防止漏开账单的情况。其他诸如定期编制并向客户寄送对账单；对每个客户建立应收账款明细账；以应收票据结算时，需设置登记簿详细记录票据种类、编号、出票人、票面金额、利率、到期日等情况。

3. 独立检查

企业应规定由内部审计人员或其他独立人员检查销售业务的处理和记录，检查内容包括：

①检查销货单、销售发票、发运凭证，确保其一致性和正确性；

②核对汇款通知单、收款单和存款单等，保证每笔收到的货款都进行了登记；

③检查已批准的销售业务是否编制了销货单；

④定期检查销售日记账和总账、应收账款明细账和总账、现金及银行存款日记账和总账的一致性；

⑤对全部凭证的编号应定期检查，并调查凭证缺号的原因。

（三）实物控制

销售与收款循环的实物控制措施主要包括：

①限制非授权人员接近存货，货物的发出必须有经批准的销货单；对于退货也要加强实物控制，由收货部门进行验收并填写验收报告和入库单；

②限制非授权人员接近各种记录和文件，防止伪造和篡改记录；

③赊销方式下，企业与客户之间的货款结算还包括应收票据，要加强对应收票据的实物控制，保管票据及现金与一般会计记录职责要分离。

（四）定期寄出对账单

由出纳、销售及应收账款记录以外的人员按月向客户寄发对账单，既能督促客户履行合约，也能促使顾客在发现应付账款余额不正确时及时做出说明。为更好地实现控制目标，最好指定一位不掌管货币资金、不记载主营业务收入和应收账款账目的主管人员处理账户余额中出现的所有核对不符的账项。

二、财政部发布的相关内部控制

财政部于2002年12月23日发布的《内部会计控制规范——销售与收款（试行）》中规定的以下与收款交易相关的内部控制内容是应当共同遵循的：

①单位应当按照《现金管理暂行条例》《支付结算办法》和《内部会计控制规范——货币资金（试行）》等规定，及时办理销售收款业务。

②单位应将销售收入及时入账，不得账外设账，不得擅自坐支现金。销售人员应当避免接触销售现款。

③单位应当建立应收账款账龄分析制度和逾期应收账款催收制度。销售部门应当负责应收账款的催收，财会部门应当督促销售部门加紧催收。对催收无效的逾期应收账款可通过法律程序予以解决。

④单位应当按客户设置应收账款台账，及时登记每一客户应收账款余额增减变动情况和信用额度使用情况。对长期往来客户应当建立起完善的客户资料，并对客户资料实行动态管理，及时更新。

⑤单位对于可能成为坏账的应收账款应当报告有关决策机构，由其进行审查，确定是否确认为坏账。单位发生的各项坏账，应查明原因，明确责任，并在履行规定的审批程序后做出会计处理。

⑥单位注销的坏账应当进行备查登记，做到账销案存。已注销的坏账又收回时应当及时入账，防止形成账外账。

⑦单位应收票据的取得和贴现必须经由保管票据以外的主管人员的书面批准。应由专人保管应收票据，对于即将到期的应收票据，应及时向付款人提示付款；已贴现

票据应在备查簿中登记，以便日后追踪管理；并应制定逾期票据的冲销管理程序和逾期票据追踪监控制度。

⑧单位应当定期与往来客户通过函证等方式核对应收账款、应收票据、预收账款等往来款项。如有不符，应查明原因，及时处理。

⑨审计人员应针对每个具体的内部控制目标确定关键的内部控制，并对其实施相应的控制测试。

三、销售与收款循环内部控制测试概述

审计人员通常利用在了解企业内部控制中所获取的资料来评价内部控制风险。销售与收款循环的控制目标、内部控制和测试见表7-2。审计人员应结合表7-2中的内容开展销售与收款循环有关的关键内部控制和相应的控制测试。

表7-2 销售与收款循环的控制目标、内部控制和测试

内部控制目标	关键内部控制	常用的内部控制测试	常用的交易实质性测试
登记入账的销售业务确系已经发货给真实的客户（存在或发生）	所有的顾客订货单都要经过恰当的赊销授权，然后凭此编制销售单和发货 专人负责开具销售发票，并已恰当地登记入账 发运凭证上必须要有承运者的签名，销售业务是以经过审核的发运凭证及经过批准的顾客订货单为依据登记入账的 每月向顾客寄送对账单，对顾客提出的意见作专案追查	检查销售发票副联是否附有发运凭证（或提货单）及顾客订货单 检查顾客的赊购是否经授权批准 检查销售发票连续编号的完整性 观察是否寄发对账单，并检查顾客回函档案	复核主营业务收入总账、明细账以及应收账款明细账中的大额或异常项目 追查主营业务收入明细账中的分录至销售单、销售发票副联及发运凭证 将发运凭证与存货永续记录中的发运分录进行核对 将主营业务收入明细账中的分录与销售单中的赊销审批和发运审批进行核对
所有销售业务均已登记入账（完整性）	发运凭证（或提货单）均经事先编号，并已登记入账 销售发票均经事先编号，并已登记入账，作废的发票应加盖"作废"戳记，并保留在发票本上	检查发运凭证连续编号的完整性 检查销售发票连续编号的完整性	将发运凭证与相关的销售发票和主营业务收入明细账及应收账款明细账中的分录进行核对

续表7-2

内部控制目标	关键内部控制	常用的内部控制测试	常用的交易实质性测试
登记入账的销售数量确系已发货的数量，并已正确开具收款账单并登记入账（估价或分摊）	销售价格、付款条件、运费和销售折扣的确定已经适当的授权批准 由独立人员对销售发票的编制作内部核查	检查销售发票是否经适当的授权批准 检查有关凭证上的内容核查标记	复算销售发票上的数据 追查主营业务收入明细账中的分录至销售发票 追查销售发票上的详细资料至发运凭证、经批准的商品价目表和顾客订货单
销售业务的分类恰当（分类）	采用适当的会计科目表内部复核和核查	检查会计科目表是否适当 检查有关凭证上内部复查和查核的标记	检查证明销售业务分类正确的原始证据
销售业务的记录及时（及时性）	采用尽量能在销售发生时开具收款账单和登记入账的控制方法 内部核查	检查尚未开具收款账单的发货和尚未登记入账的销售业务 检查有关凭证上内部核查的标记	将销售业务登记入账的日期与发运凭证的日期比较核对
销售业务已经正确地记入明细账，并经正确汇总（过账和汇总）	每月定期给顾客寄送对账单 由独立人员对应收账款明细账作内部核查 将应收账款明细账余额合计数与其总账余额进行比较	观察对账单是否已经寄出 检查内部核查标记 检查将应收账款明细账余额合计数与其总账余额进行比较的标记	将主营业务收入明细账加总，追查其至总账的过程

表7-2中分四栏列示出销售与收款循环有关的内部控制目标、关键内部控制以及审计人员常用的相应内部控制测试、交易实质性测试，其目的在于帮助审计人员根据具体审计情况和审计条件设计能够实现审计目标的审计方案。但表中既未包含销售业务所有的内部控制、控制测试和交易的实质性测试，也并不意味着审计实务中必须按此顺序和方法。通常，审计人员在审计实务工作中，应根据表7-2中所列示的内容，从实际出发，综合考虑企业所处行业特性、规模大小、内部控制的健全程度和执行效果、以前期间接受审计的情况，同时还要受审计时间、审计费用的限制，尽可能地消除重复的测试程序，设计更实用、高效的审计计划，运用职业判断和审计抽样技术来合理确定审计测试的样本量，保证检查某一凭证时能够一次完成对该凭证的全部审计测试程序，并按最有效的顺序实施审计测试。

在确定了企业销售与收款循环中关键内部控制中可能存在的薄弱环节，并且对企业的控制风险做出评价后，审计人员应当判断继续实施内部控制测试的成本是否会低于因此而减少对交易、账户余额的实质性测试所需的成本。如果企业的相关内部控制不存在，或企业的相关内部控制未能得到有效执行，或内部控制测试的工作量可能大于进行内部控制测试所减少的实质性测试的工作量，则审计人员不应再继续实施控制测试，而用直接实施实质性测试程序。

四、销售与收款循环的内部控制测试

审计人员在开展销售与收款循环的审计活动时，首先应通过了解内部控制，并进行内部控制测试，收集一定证据，从而对内部控制健全性、有效性做出评价。

（一）了解并描述该循环的内部控制

审计人员在测试前，首先要通过收集和审阅与该循环相关的资料、文件，结合审计人员实地观察的结果，采用文字描述法、调查表法、流程图法等方法对企业的内部控制加以描述，并纳入审计工作底稿。

（二）检查不相容职责的划分

针对企业不相容职责划分情况的检查，审计人员通常需要采取以下审计活动：走访、观察信用部门与应收款项处理部门是否独立，或分别由不同的人员负责；抽取销售退回或折让发票，审查其是否由业务记录以外的人员批准；验证坏账冲销是否经过收款业务、记账业务以外的人员批准；了解应收款项账簿记录人员与出纳员的职责分工。

（三）检查授权审批程序

对于企业的授权审批控制，审计人员重点关注以下关键点的审批控制：在销售业务发生之前，赊销是否已经正确审批；非经正当审批，不得发出货物；销售价格、销售条件、运费、折扣等必须经过审批；审批人员应当根据销售与收款授权批准制度的规定，在授权范围内进行审批，不得超越审批权限；对于超过企业既定销售政策和信用政策规定范围的特殊销售业务，企业应当进行集体决策。前两项控制的目的在于防止企业财产因向虚构的或者无力支付货款的顾客发货而蒙受损失；价格审批控制的目的在于保证销货业务按照企业定价政策规定的价格开票收款；对授权审批范围设定权限的目的则在于防止因审批人决策失误而造成严重损失。如抽查企业已签订的销售合同，检查其签订的必要性、签约的程序和形式的合法性、合同内容的完整性、合同中有关双方权利和义务条款的明确性以及合同的履行情况等进行审查和评价。

（四）检查凭证和记录的控制

由于每个企业的销售业务活动的产生、处理和记录等制度都各有其独特性，因此，较难评价其各项控制是否足以发挥最大的作用，但是至少在企业具备充分的记录手续时有可能实现其他各项控制目标。

对凭证预先进行编号，可以有效防止销售业务发生后忘记向顾客开具账单或登记入账，也可防止重复开具账单或重复记账。在企业对凭证预先编号的情况下，仍需指定专人负责检查和清点凭证。如由收款员对每笔销售开具账单后，将发运凭证按顺序归档，而由另一位员工定期检查全部凭证的编号，并调查凭证缺号的原因，就是实施这项控制的一种方法。

（五）观察对账单是否按期寄出

审计人员通过观察对账单的寄出情况，检查顾客的回复意见处理情况，可以掌握该控制的设计和执行情况。

（六）检查内部核查程序

审计人员可以采用检查内部审计人员的报告，或其他独立人员在他们核查的凭证上的签字等方法检查企业内部核查程序的有效性。

（七）测试内部控制制度的执行情况

审计人员通过向企业有关人员调查、询问、实地观察、抽查有关文件资料，测试检查有关发票制度、发货制度、结算制度的实际执行情况，如抽查销售发票副联是否附有发运凭证、订货单，销售发票是否经授权审批，评价内部控制的健全性和有效性，并发现是否存在违反内部控制规定的行为。

（八）抽查账龄分析表

在测试时，应抽查账龄分析表，检查其是否按期编制，对于超过还款期限，且金额较大的客户，应追查有无信用调查报告与批准文件，是否由独立部门或人员进行。

（九）审查销售折扣与收款的合理性

审计人员通过查阅制度与询问方式，了解企业销售折扣事项，同时抽验部分应收款项账簿记录和销售发票与相应的银行存款日记账或现金日记账核对，揭露不符合折扣政策的项目。

（十）审核坏账损失的账簿记录及相应的手续

审计人员对于数额较大的坏账损失要加以验证，查明有无经过正式的批准，是否由企业授权的主管批准，批准的原因是什么，坏账损失的计算根据是什么，揭露相关人员利用记录坏账损失、坏账准备账户的方式贪污现金的行为。必要时，对已注销的应收款项可采取函证方式加以证实。

（十一）评价销售与收款循环内部控制

通过对销售与收款循环内部控制的了解测试，包括企业经营环境与业务性质、销售业务管理、应收款项及现金、银行存款管理、相关会计科目的复杂性（如分期收款销售、租赁合同、长期工程合同）、以前审计中发现的重大错弊等，评价固有风险，包括管理层道德风险、企业面临的财务风险、实现财务目标后对管理层可能产生的激励等。审计人员确定对内部控制信赖程序，指出存在的薄弱环节与失控点，评价控制风险，明确实质性测试的范围和重点，必要时调整或修订审计计划。

第三节　销售与收款循环的实质性测试

一、营业收入的审计

营业收入项目核算企业在销商品、提供劳务等主营业务活动中所产生的收入，以及企业确认的除主营业务活动以外的其他经营活动实行的收入，包括出租固定资产、出租无形资产、出租包装物和商品、销售材料、用材料进行非货币性交换（非货币性资产交换具有商业实质且公允价值能够可靠计量）或债务重组等实行的收入。

（一）营业收入的审计目标

营业收入的审计目标一般包括：确定利润表中记录的营业收入是否已发生，且与企业有关；确定所有应当记录的营业收入均已记录；确定与营业收入有关的金额及其他数据是否已恰当记录，包括对销售退回、销售折扣与折让的处理是否适当；确定营业收入的会计处理是否正确，是否已记录于正确的会计期间；确定营业收入是否已按企业会计准则的规定在财务报表中做出恰当的列报。

（二）营业收入的实质性测试程序

针对上述审计目标，营业收入的实质性测试程序一般包括以下内容。

1. 获取或编制营业收入明细表

审计人员首先获取或编制营业收入明细表，复核营业收入明细表的数字加计是否正确，并与总账数和明细账合计数核对是否相符，结合其他业务收入科目与报表数核对是否相符，同时检查以非记账本位币结算的营业收入的折算汇率及折算是否正确。

2. 根据企业情况，运用分析性复核方法审查营业收入完整性

分析性复核方法主要是将相关账户或项目进行对比、分析和研究，审计人员在对企业实施分析性复核程序时要考虑诸多因素，包括企业管理层对外报告及这些报告对其绩效评价的影响；企业经营业绩与行业内整体经营形势的不一致；经营业务会计处理是否过于复杂；接近季度末或年末时，企业销售是否发生大幅度增减变动等。具体分析内容包括：

①将本期各月各类营业收入的实际数与计划数进行比较、分析，了解完成计划情况；将本期的营业收入与上期的营业收入进行比较，分析产品销售的结构和价格变动是否异常；将企业的营业收入趋势与经济状况、行业趋势相比较，是否存在异常，并分析异常变动的原因。

②比较本期各月、各类营业收入的波动情况，分析其变动趋势是否正常，是否符合企业季节性、周期性的经营规律，查明异常现象和重大波动的原因，重点分析年末最后一个月销售额占总销售额的比例，是否存在季度末或年末销售激增的现象，查明有无异常现象；如果审计人员注意到6月下旬和12月份营业收入异常增加，就需要对相关业务进行调查。

③计算销售折扣、销售退回及折让占赊销收入的比例，与上期数及行业平均值比

较，是否超过经验及行业平均趋势所给予顾客的折扣等，查明有无异常，并分析异常变动的原因。

④计算本期重要产品和重要客户的销售额和毛利率，与企业上期毛利率及行业平均毛利率比较，检查是否存在异常，各期之间是否存在重大波动，查明原因。

⑤根据增值税发票申报表或普通发票，估算全年收入，与实际收入金额比较，并检查是否存在虚开发票或已销售但未开发票的情况。

⑥依据营业收入和自变量（如营业成本、销售费用或行业总营业收入增长等）之间的关系，审计人员可以使用回归分析，来估计生产线的月营业额。

⑦审计人员还可以通过监盘原材料、在产品、产成品等存货，对收入记录的完整性进行分析，通过比较分析和存货监盘，审计人员可获得企业营业收入在整体上是否合理的证据。

审计人员通过分析，如发现企业存在有上述各种情形，必要时则应实施实质性测试程序来获取审计证据。

3. 审查营业收入确认的正确性

审计实务中常出现企业正好在会计年度截止期前后出现大额销售或销售账户的异常调整，或会计年度最后一个月的销售条件比以前月份对顾客更有利等各种可能存在舞弊的现象。因此，审计人员需审查营业收入的确认条件、方法，注意是否符合企业会计准则，前后期是否一致，特别关注周期性、偶然性的收入是否符合既定的收入确认原则、方法。

根据《企业会计准则第14号——收入》第四条的要求，销售商品收入同时满足下列条件的，才能予以确认：企业已将商品所有权上的主要风险和报酬转移给购货方；企业既没有保留通常与所有权相联系的继续管理权，也没有对已售出的商品实施有效控制；收入的金额能够可靠地计量；相关的经济利益很可能流入企业；相关的已发生或将发生的成本能够可靠地计量。企业在资产负债表日提供劳务交易的结果能够可靠估计的，应当采用完工百分比法确认提供劳务收入。完工百分比法，是指按照提供劳务交易的完工进度确认收入与费用的方法。提供劳务交易的结果能够可靠估计，是指同时满足下列条件：收入的金额能够可靠地计量；相关的经济利益很可能流入企业；交易的完工进度能够可靠地确定；交易中已发生和将发生的成本能够可靠地计量。

根据上述规定，审计人员需索取企业产品出库存根、销售发票副本和各种收入明细账，相互核对，审查企业是否存在混淆营业收入和其他收入、营业外收入界限的情况。审阅一定数量的产品发运单、销售发票副本、各种结算单据、有关明细账以及主要产品的生产进度表，核实企业是否遵循了权责发生制原则。根据生产经营与结算方式的不同特点，测试企业是否依据相关条件确认的产品销售收入，具体包括以下几点：

①采用交款提货销售方式，应于货款已收到或取得收取货款的权利，同时已将发票账单和提货单交给购货单位时确认收入的实现。审计人员应重点检查企业是否已将商品所有权上的主要风险和报酬转移给购货方，企业既没有保留通常与所有权相联系的继续管理权，也没有对已售出的商品实施有效控制，已收到货款或取得收取货款的

权利，发票账单和提货单是否已交付购货单位，应关注企业有无人为扣压结算凭据，将当期收入转入下期入账，或者虚记收入、开假发票、虚列购货单位，将当期未实现的收入虚转为收入记账，在下期予以冲销的现象。

②采用预收账款销售方式，应于商品已经发出时，确认收入的实现。审计人员应重点检查企业是否已收到货款，商品是否已经发出，应关注企业是否存在对已收货款并已将商品发出的业务不入账、转为下期收入，或开具虚假出库凭证、虚增收入等现象。

③采用托收承付结算方式，应于商品已经发出，劳务已经提供，并已将发票账单提交银行、办妥收款手续时确认收入的实现。审计人员应重点检查企业是否发货，托收手续是否办妥，货物发运凭证是否真实，托收承付结算回单是否正确。

④委托其他单位代销商品的，如果代销单位采用视同买断方式，应于代销商品已经销售并收到代销单位代销清单时，按企业与代销单位确定的协议价确认收入的实现。审计人员应重点检查有无商品未销售、编制虚假代销清单、虚增本期收入的现象；如果代销单位采用收取手续费方式，应在代销单位将商品销售、企业已收到代销单位代销清单时确认收入的实现。

⑤采用分期收款结算方式，应按合同约定的收款日期分期确认收入。审计人员应重点检查本期是否收到价款，合同约定的本期应收款日期是否真实，是否存在提前确认收入或收入不入账、少入账、缓入账的现象。

⑥长期工程合同收入，一般应当根据完工百分比法合理确认收入。审计人员应重点检查收入的计算、确认方法是否合乎规定，并核对应计收入与实际收入是否一致，检查有无随意确认收入、虚增或虚减本期收入的情况。

⑦委托外贸企业代理出口、实行代理制方式的，应在收到外贸企业代办的发运凭证和银行交款凭证时确认收入。审计人员应重点检查代办发运凭证和银行交款单是否真实，检查有无内外勾结，出具虚假发运凭证或虚假银行交款凭证的情况。

⑧对外转让土地使用权和销售商品房的，通常应在土地使用权和商品房已经移交并将发票结算账单提交对方时确认收入。审计人员应重点检查已办理的移交手续是否符合规定要求，发票账单是否已交对方。检查企业有无编造虚假移交手续，采用"分层套写"、开虚假发票的行为，防止其高价出售、低价入账，从中贪污货款。如果企业事先与买方签订了不可撤销合同，按合同要求开发房地产，则应按建造合同的处理原则处理。

4. 审查营业收入真实性和账务处理正确性

审计人员应抽取企业部分销售发票，追查销货合同、营业收入明细账、分类账，检查其记录、过账、加总是否正确一致，并与"应收账款""应收票据"以及"银行存款"等账户核对是否相符，以核实其营业收入的真实性和账务处理的正确性。

（1）审查发票和销货合同

审计人员抽查发票时应审查发票的真伪、发票簿的连续编号是否完整，发票是否按规定顺序使用、填制，有无刮、改、涂、擦，作废发票是否加盖"作废"章并全联保存，发票记录的购货单位、商品名称、销售单价、数量、金额是否与销货合同或协议、记账凭证相符。

审计人员应抽取部分发票与发货记录相核对，检查仓储部门发出商品的品名、规格、数量、购货单位等与发票的相符性。抽取本期一定数量的记账凭证，检查入账日期、品名、数量、单价、金额等是否与销售发票、发运凭证、销售合同或协议等一致。

审查销货合同时应获取商品价格目录，抽查售价是否符合定价政策，并注意销售给关联方或关系密切的重要客户的商品价格是否合理，有无低价或高价结算以转移收入和利润的现象。

审查企业有无特殊的销售行为，如附有销售退回条件的商品销售、委托代销、售后回购、以旧换新、商品需要安装和检验的销售、分期收款销售、出口销售、售后租回等，审计人员应针对各种不同情况的销售确定恰当的审计程序进行审核，包括：

①附有销售退回条件的商品销售，如果对退货部分能作合理估计的，确定其是否按估计不会退货部分确认收入；如果对退货部分不能作合理估计的，确定其是否在退货期满时再确认收入。

②售后回购，分析特定销售回购的实质，判断其是属于真正的销售商品业务，还是属于融资行为。

③以旧换新销售，确定销售的商品是否按照商品销售的方法确认收入，回收的商品是否作为购进商品处理。

④出口销售，确定其是否按离岸价格、到岸价格或成本加运费价格等不同的成交方式，确认收入的时点和金额。

⑤售后租回，若售后租回形成一项融资租赁，检查是否对售价与资产账面价值之间的差额单独设置"递延收益"科目核算，并按该租赁资产的折旧进度进行分摊，作为折旧费用的调整；若售后租回形成一项经营租赁，检查是否也对售价与资产账面价值之间的差额单独设置"递延收益"科目核算，并在租赁期内按照租金支付比例分摊。

审计人员可以结合对应收账款的审计，选择主要客户函证本期销售额。对于出口销售，应当将销售记录与出口报关单、货运提单、销售发票等出口销售单据进行核对，必要时向海关函证。

（2）审查营业收入账务处理的正确性

审计人员可采用时间抽样，即选取审计期内某几个时间段落，对全部产品的营业收入账表进行审查。审查时可按结算方式的不同选用不同的方法与相关账户进行对比、核查。具体包括：以现金或支票结算方式销售商品时，可将销售发票存根与"营业收入明细账""现金日记账""银行存款日记账"相核对；以分期收款方式销售商品时，先核查是否按期转入"营业收入明细账"，然后按银行对账单收款项目检查已收货款是否转入"银行存款日记账"；以商业汇票结算方式销售商品时，根据"银行对账单"（或银行收款通知单）及结算凭证与"营业收入明细账"与"应收票据""应收票据备查簿""应收账款"等账簿进行核对。审查中应核对"业务收支明细表"中"营业收入"栏金额与"营业收入明细账"贷方发生额中各种产品的金额及总额是否相符。

同时审计人员还应关注企业是否存在下列问题：只计算营业收入，不计算联产品、副产品的营业收入；只计算合格产品营业收入，不计算残次品营业收入；只计算基准价部分收入，不计算附加价部分收入；将营业收入列入往来账户长期挂账，不通过"营业收入"账户核算；违背配比原则，只记收入、不转成本，或少记、不记收入，只转成本。

涉及外币的销售收入，审计人员还需审查外币收入折算汇算是否正确。

（3）审查营业收入的截止期

截止测试是实质性测试中常用的一种具体审计技术，被广泛运用于货币资金、往来款项、存货、长短期投资、营业收入和期间费用等项目的审计中。对销售实施截止测试，其目的主要在于确定企业营业收入的会计记录归属期是否正确：应记入本期或下期的营业收入有否被推延至下期或提前至本期。检查发票开具日期或者收款日期、记账日期、发货日期三者是否归属于同一适当会计期间是营业收入截止测试的关键所在。围绕上述三个重要日期，审计人员可以考虑选择三条审计路线实施销售收入的截止测试：

①以账簿记录为起点。从报表日前后若干天的账簿记录查至记账凭证，检查发票存根与发运凭证，目的是证实已入账收入是否在同一期间并已开具发票并发货，有无多记收入。优点是比较直观，容易追查至相关凭证记录，以确定已入账收入是否应在本期确认，特别是在连续审计两个以上会计期间时，检查跨期收入十分便捷，可以提高审计效率。缺点是缺乏全面性和连贯性，只能查多记，无法查漏记，尤其是当本期漏记收入延至下期，而审计时企业尚未及时登账时，不易发现应记入而未记入报告期收入的情况。因此，该方法主要审计目的是为了防止多记收入。

②以销售发票为起点。从报表日前后若干天的发票存根查至发运凭证与账簿记录，确定已开具发票的货物是否已发货并于同一会计期间确认收入。具体做法是抽取若干张在报表日前后开具的销售发票的存根，追查至发运凭证和账簿记录，查明有无漏记收入的现象。优点是较全面、连贯，容易发现漏记的收入，缺点是较费时、费力，有时难以查找相应的发货及账簿记录，而且不易发现多记的收入。该路线审计时应关注：相应的发运凭证是否齐全，尤其是有无报告期内已作收入而下期初用红字冲回，并且无发货、收货记录，以此来调节前后期利润的情况；企业的发票存根是否已全部提供，有无隐瞒，因此应检查企业的发票领购簿，尤其应关注普通发票的领购和使用情况。该方法的主要审计目的是为了防止少记收入。

③以发运凭证为起点。从报表日前后若干天的发运凭证查至发票开具情况与账簿记录，确定销售收入是否已记入恰当的会计期间。优缺点与第二条审计路线类似，具体操作中应考虑企业的会计政策才能做出恰当的处理。该方法的主要审计目的也是为了防止少记收入。

审计人员可以考虑在同一企业财务审计中并用这三条审计路线，甚至可以在同一营业收入项目审计中并用。审计实务中，由于企业的具体情况各异，企业管理当局的意图各不相同，有的高估收入，有的少计收入。因此，为提高审计效率，审计人员应当首先凭专业经验和已获知的各种信息、资料预先做出分析判断,选择其中一条或两条审计路线实施更有效的收入截止测试。

5. 审查销售退回、折让及折扣的真实性、账务处理的正确性

由于会计实务中企业往往用销售退回、折让和折扣作为调节营业收入和利润水平的手段,如在第四季度记录大量销售,年度结束后就是大量的销售退回随之而产生。如果企业将退回的商品重新作为新商品销售,则表明其存在舞弊的可能性。因此,审计人员对销售退回、折让和折扣应给予必要的关注。

审查企业的销售退回时,首先,分析企业销售退回原因是否合理,如果市场需求发生变化或价格波动,购货单位购入产品后因产品滞销或价格下跌,为转嫁损失而要求退货是不合理的。其次,审查销售退回的批准手续是否符合规定,应关注是否存在内外勾结、营私舞弊。第三步,结合原始销售凭证检查其会计处理是否正确,如果存在退货凭证,而在"营业收入明细账"中未予以记录,说明有可能存在虚增营业收入、调高利润水平的问题,如果在"营业收入明细账"中有销售退回的记录,而无相关退货的原始凭证,则说明有可能存在隐匿营业收入、虚减利润、偷漏税金的问题。通过"营业收入明细账""营业成本明细账""产成品明细账"等有关账目的核对,审查销售退回账务处理的正确性,查明有无只冲减当期营业收入,而未相应冲减营业成本,或因计算错误多冲营业收入或营业成本等导致当期损益不真实、不正确的问题。第四步,针对个别企业为追求本期销售计划的完成而采用期末虚构销售,开出"空头支票",下期期初再冲回的弄虚作假,审计人员还应当结合应收账款函证程序,检查是否存在未经认可的大额销售。最后,审计人员需结合存货项目审计关注其真实性,检查销售退回的产品是否已验收入库并登记入账,有无形成账外物资的情况。

销售折让是指产品售出后,购买者发现产品品种、规格、质量不符合要求,不要求退货而提出在价格上给予折让的业务。销售折扣是指企业为了扩大销售和及时收回货款,按照一定条件,给予购买单位一定比例的折扣,从而减少的价款。审计人员应首先取得或编制销售折让与折扣明细表,复核加计其正确性,并与报表、总账、明细账核对相符,在此基础上审查销售折扣与折让业务是否真实,内容是否完整,相关手续是否符合规定,折扣与折让的计算和会计处理是否正确。其次取得企业有关折扣与折让的具体规定和其他文件资料,并抽查较大的折扣与折让发生额的授权批准情况,与实际执行情况进行核对,检查其是否经授权批准,是否合法、真实。然后检查销售折让与折扣是否及时足额提交对方,有无虚设中介、转移收入、私设账外"小金库"等情况,可以通过对折让、折扣原因的调查和分析,进行必要的函证,确定合理的折让、折扣比例。最后检查折扣与折让的账务处理是否及时、正确。

6. 审查关联方销售和集团内部销售

由于关联方交易的特殊性,审计人员应给以关注,首先调查企业是否存在关联方销售的情况,如存在,则需记录其交易品种、价格、数量、金额和比例,并记录占总销售收入的比例。对于合并范围内的销售活动,记录应予以合并抵销的金额。

对集团内部销售,审计人员也需要调查其销售情况,记录交易价格、数量和金

额,并追查在编制合并财务报表时是否已予以抵销。

7. 审查营业收入在利润表上的披露是否恰当

(三)其他业务收入的实质性测试程序

①获取或编制其他业务收入明细表,复核加计是否正确,并与总账数和明细账合计数核对是否相符,结合主营业务收入科目与营业收入报表数核对是否相符。

②计算本期其他业务收入与其他业务成本的比率,并与上期该比率比较,检查是否有重大波动,如有,应查明原因。

③审查其他业务收入内容是否真实、合法,收入确认原则及会计处理是否符合规定,择要抽查原始凭证予以核实。

④对异常项目,应追查入账依据及有关法律文件是否充分。对用材料进行非货币性资产交换的,应确定其是否具有商业实质且公允价值是否能够可靠计量。

⑤抽查资产负债表前后一定数量的记账凭证,实施截止测试,追踪到发票、收据等,确定入账时间是否正确,对于重大跨期事项作必要的调整建议。

⑥审查其他业务收入在利润表上的披露是否恰当。

二、应收账款的审计

应收账款指企业因销售商品、提供劳务而形成的债权,即由于企业销售商品、提供劳务等原因,应向购货客户或接受劳务的客户收取的款项或代垫的运杂费,是企业在信用活动中所形成的各种债权性资产。

(一)应收账款的审计目标

应收账款的审计目标一般包括:确定资产负债表中记录的应收账款是否已存在;确定所有应当记录的应收账款是否均已记录;确定记录的应收账款由企业拥有或控制;确定应收账款是否可回收,坏账准备的计提方法和比例是否恰当,计提是否充分;确定应收账款及其坏账准备期末余额是否正确;确定应收账款及其坏账准备是否已按照企业会计准则的规定在财务报表中做出恰当列报。

(二)应收账款的实质性测试程序

1. 取得或编制应收账款明细表

审计人员取得或编制应收账款明细表,复核加计是否正确,并与总账数和明细账合计数核对是否相符;结合坏账准备科目与报表数核对相符,由于应收账款报表数反映企业因销售商品、提供劳务等应向购货方收取的各种款项,减去已计提的相应的坏账准备后的净额。因此,其报表数应同应收账款总账数和明细账减去与应收账款相应的坏账准备总账数和明细账后的余额核对相符;检查非记账本位币应收账款的折算汇率及折算是否正确;分析有贷方余额的项目,查明原因,必要时,建议做重分类调整;结合预收账款等往来项目的明细余额,查明有无同时挂账的项目或与销售无关的其他款项,如有,应做出记录,必要时提出调整建议;标识重要的欠款单位,计算其欠款合计数占应收账款余额的比例。

2. 运用分析性复核程序分析应收账款的总体合理性

审计人员应运用分析性复核程序分析应收账款、营业收入的变动，根据各项比率及其趋势变化，从中找出不符合正常规律变动的情况，从而抓住进一步审核的重点。验证其总体合理性。具体分析内容包括：

①将本期应收账款的余额与上年度相比，了解其变动趋势，分析其波动原因。

②复核应收账款借方累计发生额与主营业务收入是否配比，并将当期应收账款借方发生额占销售收入净额的百分比与管理层考核指标比较，如存在差异应查明原因。

③分析应收账款周转率（赊销额与平均应收账款净额的比率）和应收账款周转天数等指标，并与企业以前年度指标、同行业同期相关指标对比分析，检查是否存在重大异常。

④分析每个主要客户的平均余额、应收账款占流动资产的百分比、应收账款账龄、坏账准备占应收账款的百分比、坏账费用占赊销净额的百分比、本期期末应收账款余额占本期销售额的比重等各项指标，并与上年度同类指标比较，分析其波动原因。

3. 确认已收回的应收账款金额

审计人员应请企业财务人员协助，在应收账款明细表上标出至审计时已收回的应收账款金额，对已收回金额较大的款项进行常规检查，如核对收款凭证、银行对账单、销货发票等，并注意凭证发生日期的合理性，分析收款时间是否与合同相关要素一致。

通过审查确认应收账款已收回的部分，证实了该部分应收账款期末余额的真实性和正确性，从而减少了审计人员函证的工作量。

4. 向债务人函证应收账款

由审计人员直接向债务单位发函询证，是审查应收账款是否真实、正确的最重要和具有决定性意义的方法。函证是指审计人员为了获取影响财务报表或相关披露认定的项目的信息，通过直接来自第三方对有关信息和现存状况的声明获取和评价审计证据的过程。函证应收账款的目的在于证实应收账款账户余额的真实性、正确性，防止或发现企业及其有关人员在销售交易中发生的错误或舞弊行为。

除非应收账款在全部资产中占的比例极小，或者审计人员判断函证很可能是无效的，否则审计人员都必须对应收账款进行函证。审计人员应当考虑企业的经营环境、内部控制的有效性、应收账款账户的性质、被质询者处理询证函的习惯做法及回函的可能性等，以确定应收账款函证的范围、对象、方式和时间。

①函证范围和对象的决定。影响审计人员判断函证范围的因素包括：企业内部控制的强弱，若内部控制制定较健全，则可以相应减少函证，反之则应相应扩大函证范围；以前期间的函证结果，若以前期间函证时发现过重大差异，或欠款纠纷较多，则函证范围应相应扩大一些；函证方式的选择，若采用积极的函证方式，则可以相应减少函证量，若采用消极的函证方式，则要相应增加函证量。

一般情况下，审计人员应选作函证对象的项目有：大额或账龄较长的项目；与债务人发生纠纷的项目；关联方项目；主要客户（包括关系密切的客户）项目；交易频繁但期末余额较小甚至余额为零的项目；可能产生重大错报或舞弊的非正常的项目。

②函证的方式。审计人员可采用积极的或消极的函证方式实施函证，也可将两种方式结合使用。积极的函证方式又称肯定式函证，是指审计人员向第三方发出询证函，要求第三方证实有关信息，审计人员要求被询证者在所有情况下必须回函，确认询证函所列示信息是否正确，或填列询证函要求的信息。消极的函证方式又称否定式函证，是指审计人员向第三方发出询证函，要求第三方证实有关信息，审计人员只要求被询证者仅在不同意询证函列示信息的情况下才予以回函。

当同时存在下列情况时，审计人员可考虑采用消极的函证方式：重大错报风险评估为低水平；涉及大量余额较小的账户；预期不存在大量的错误；没有理由相信被询证者不认真对待函证。

③函证时间的选择。审计人员通常选择以资产负债表日为截止日，在资产负债表日后适当时间内实施函证，如果重大错报风险评估为低水平，审计人员可选择资产负债表日前适当日期为截止日实施函证，并对所函证项目自该截止日起至资产负债表日止发生的变动实施实质性测试程序。

④函证的控制。将被询证者的名称、地址与企业有关记录核对；将询证函中列示的账户余额或其他信息与企业有关资料核对；在询证函中指明直接向接受审计业务委托的会计师事务所回函；询证函经企业盖章后，由审计人员直接发出；将发出询证函的情况形成审计工作记录；将收回的回函形成审计工作记录，并汇总统计函证结果。

⑤对不符事项的处理。收回的询证函若有差异，审计人员应当首先提请企业查明原因，并作进一步分析和核实，不符事项的原因可能是由于双方登记入账的时间不同，或是由于一方或双方记账错误，也可能是企业的舞弊行为。如果不符事项构成错报，审计人员应当重新考虑所实施审计程序的性质、时间和范围。

⑥对函证结果的总结和评价。审计人员函证后，必须编制函证汇总分析表，注明被函证客户名称、金额、询证函签发日期、收回日期、认可金额、原因分析等内容，作为审计工作底稿。分析不同函证结果并做相应处理。

如果函证结果表明没有审计差异，则审计人员可以合理地推论，原账面记录的应收账款期末余额是证实、正确的，并将函证回函编入工作底稿作为审计证据。

如果函证结果表明存在审计差异，审计人员则对此进行分析，并查明产生差异的原因。大致有三种情况：

第一，购销双方登记入账的时间不同。可能的情况包括：询证函发出时，债务人已经付款，而企业尚未收到货款；询证函发出时，企业的商品已发出并已做销售记录，但商品仍在途中，债务人尚未收到商品；债务人由于某种原因将商品退回，而企业尚未收到；债务人对收到货物的数量、质量或价格等有异议而全部或部分拒付货款。审计人员需要针对不同情况，审核期后的现金日记账、银行存款日记账或相关销售退回的明细账记录，查明相关款项或退回的货物是否已经收到。

第二，一方或双方记账错误。审计人员应核实相关货运单据、销售发票和其他单据，查实企业的账面记录是否正确。

第三，存在弄虚作假或舞弊行为。企业通过虚增应收账款从而达到虚增营业收入和虚增利润的目的，或低估应收账款以达到低估营业收入、低估利润和少交税金的目的，审计人员应核实销货合同、发票和发货单等并加以证实。

审计人员应当根据抽样审计结果估算应收账款总额中可能出现的累计差错时多少，估算未被选中进行函证的应收账款的累计差错是多少。为取得对应收账款累计差错更加准确的估计，也可以进一步扩大函证的范围。

审计人员应根据函证结果重新考虑：对内部控制的原有评价是否适当；控制测试的结果是否适当；分析程序的结果是否适当；相关的风险评价是否适当等。

⑦未收到回函的和未函证的应收账款实施替代审计程序。审计人员如采用的肯定式询证函未能在规定时期内收到回复，则应再寄出第二次询证函。二次发出后仍一直不回复，要做具体分析与调查，可能有几种情况：

第一，客户已还账款，不愿再回复。审计人员要核查决算日后一至两个月的现金日记账与银行存款日记账，注意账款是否已收回，收回的金额与期末应收账款账面余额是否一致，由于审计人员前面已提请会计人员标注了已收回的应收账款，而在函证过程中的新发现可能揭露出存在收回货款不入账，从中贪污或故意高估、低估决算日应收账款的行为。

第二，坏账损失发生，即顾客发生重大财务困难或已破产清算。审计人员需向工商行政管理部门、财政金融机构、信用部门了解顾客的正确地点、财务状况与信用情况，确定应收账款还可收回金额，如确属坏账，建议企业按正常审批手续，报经批准后冲减坏账准备，调整有关账户。

第三，根本不存在该顾客，即企业虚构应收账款户名，凭空记入应收账款，此种舞弊的目的一般是为了虚增营业收入，虚增利润，审计人员要予以揭露，并调整账户。

第四，询证函邮寄丢失。由于审计时间限制，审计人员可以不再补寄询证函，而是实施替代审计程序。

如果经过多次发函后，仍没有回复，或者企业应收账款未实施函证的情况下，审计人员可考虑实施替代审计程序来验证这些应收账款的真实性与正确性，即查阅有关销货合同、销货发票、发货单、订货单、现金收入、回款单据以及企业与其顾客之间的书信往来等，验证应收账款的真实性。

5. 获得或编制应收账款账龄分析表，确定应收账款的可实现价值

由于审计人员除了查明应收账款占用的资金数额外，还必须审查应收账款可实现价值，因此，审计人员应向企业财会部门索取或自己编制应收账款账龄分析表。如果应收账款账龄分析表由企业编制，审计人员必须测试计算的准确性。将应收账款账龄分析表中的合计与应收账款总分类账余额相比较，并调查重大调节项目；检查原始凭证，如销售发票、运输记录等，测试账龄核算的准确性。

通常应收账款的账龄越长，可能发生坏账的百分比越大，反之越小，据此确定应收账款可实现价值。对于账龄较长，超过一定时间的，应建议企业一方面要加以催

收，另一方面经确认确实无法收回的，应及时转坏账处理，以便确定资产估价的正确性，以及促进企业加速资金的周转和进行经营决策。

6. 审查坏账准备的提取与坏账的确认和处理

根据会计准则的规定，企业应当定期或至少于年度终了，按照备抵法计提坏账准备，计入资产减值损失。企业发生的坏账损失，冲减坏账准备；收回已核销的坏账，增加坏账准备。审计人员审查坏账准备前必须了解管理层估计和注销坏账的方法，了解管理层如何运用一种或多种方法评价坏账估计的合理性；复核并测试管理层坏账估计所运用的过程。审查时采用将坏账准备账户与应收账款账户核对的方法，验证企业坏账准备计提方法和计提比例的恰当性，计算的金额是否正确。

审计人员应严格审查坏账的注销，各项坏账的处理有无申请核销坏账的申请报告和授权管理人员的审批文件，如有疑问，应派人到债务人处调查，是否存在债务人破产或者死亡的，以其破产或遗产清偿后仍无法收回的情况，或者债务人确实长期不履行清偿义务，以查明坏账注销的正确性。特别是金额巨大的坏账，应加以验证核实，防止以此盗用资金的情况。

审查坏账准备的账务处理时应关注几方面：已经作为坏账损失处理的应收账款重新收回时，应审查其账务处理是否符合规定；分析计算坏账准备余额占应收款项余额的比例，并与以前期间的该比例对比分析是否存在重大差异；审查长期挂账的应收账款明细账和原始凭证，查明企业账务处理的适当性，属于坏账的，应提请予以冲销，检查坏账准备提请方法是否符合一致性原则。

7. 审查应收账款账务处理的正确性

审计人员重点审查应收账款与其他应收款分类是否正确，有无将其他应收款混淆记入应收账款，并对其他应收款进行审查。通过抽查应收账款明细账，并追查有关原始凭证，查证企业有无不属于结算业务的债权，如有，应作记录或建议企业作适当调整。

8. 审查应收账款的贴现、质押或出售

审计人员通过检查银行存款和银行贷款等询证函的回函、会议纪要、借款协议和其他文件，确定应收账款是否已被质押或出售，应收账款贴现业务属质押还是出售，其会计处理是否正确。

9. 审查应收关联方账款及其交易

针对标明应收关联方（包括持股5%及以上的股东）的款项，审计人员应实施关联方及其交易审计程序，并注明合并报表时应予抵销的金额，对关联企业、有密切关系的主要客户的交易事项作专门核查：了解交易事项目的、价格和条件，作比较分析；检查销售合同、销售发票、货运单证等相关文件资料；检查收款凭证等货款结算单据；向关联方、有密切关系的主要客户或其他审计人员函询，以确认交易的真实性、合理性。

10. 审查应收账款在资产负债表上的披露是否恰当

审计人员应向企业询问那些后续期间仍未收回的，尤其是那些大额且长期过期的客户余额的可收回程度，由于应收账款应以可变性净值列示在会计报表上，如果审计人员认为余额不合理，可以要求企业进行调整。因此，审计人员重点审查应收账款是否按减去已计提坏账准备的净额列示，坏账准备的会计政策和应收关联方账款是否已在会计报表附注中予以披露。如果企业为上市公司，则其财务报表附注通常应披露期初、期末余额的账龄分析，期末欠款金额较大的单位账款，以及持有5%以上（含5%）股东的股东单位账款等情况。

三、坏账准备的审计

根据会计的有关规定，企业应当定期或至少年度终了，按照备抵法计提坏账准备，计入资产减值损失。企业发生的坏账损失，冲减坏账准备；收回已经核销的坏账，增加坏账准备，审计人员首先应了解管理当局估计和注销坏账的方法，以及管理当局如何运用一种或多种方法评价坏账估计的合理性，然后复核并测试管理当局提高估计所运用的过程。

审计人员对坏账准备实施的实质性测试程序如下。

①取得或编制坏账准备明细表，复核加计正确，与坏账准备总账数、明细账合计数核对相符。

②将应收账款坏账准备本期计提数与资产减值损失相应明细项目的发生额核对相符。

③审查应收账款坏账准备计提和核销的批准程序，评价坏账准备所依据的资料、假设及计提方法。企业通常应采用备抵法核算坏账损失，计提坏账损失的具体方法由企业自行确定，计提坏账损失的方法主要有账龄分析法、余额百分比法等方法。

④实际发生坏账损失时，检查转销依据是否符合有关规定，会计处理是否正确。

⑤审查长期挂账应收账款。

⑥审查函证结果。对债务人回函中反映的例外事项及存在争议的余额，审计人员应查明原因并做记录，必要时，应建议企业作相应的调整。

⑦实施分析性复核程序。通过计算坏账准备余额占应收账款余额的比例并和以前期间的相关比例比较，评价应收账款坏账准备计提的合理性。

⑧确定应收账款坏账准备的披露是否恰当。

企业应当在财务报表附注中清晰地说明坏账的确认标准、坏账准备的计提方法和计提比例。并且，上市公司还应在财务报表附注中分项披露如下事项：本期全额计提坏账准备，或计提坏账准备的比例较大的（计提比例一般超过40%及以上的）应说明计提的比例以及理由；以前期间已全额计提坏账准备，或计提坏账准备的比例较大但在本期又全额或部分收回的，或通过重组等其他方式收回的，应说明原因、原估计计提比例的理由以及原估计计提比例的合理性；对某些金额较大的应收账款不计提坏账准备或计提坏账准备比例较低（一般为5%或低于5%）的理由；本期实际冲销的应收账款及其理由，其中，实际冲销的关联交易产生的应收账款应单独披露。

第四节　销售及收款循环其他相关账户审计

一、应收票据的审计

应收票据是以书面形式表现的债权资产，其款项具有一定的保证，经持有人背书后可以提交银行贴现，具有较大的灵活性。由于应收票据是在企业赊销业务中产生的，因此对应收票据的审计也必须结合赊销业务一起进行。

（一）应收票据的审计目标

应收票据的审计目标一般包括：确定资产负债表中记录的应收票据是否存在；确定所有应当记录的应收票据均已记录；确定记录的应收票据由企业拥有或控制；确定应收票据及其坏账准备增减变动的记录是否完整；确定应收票据可否收回，坏账准备的计提方法和比例是否恰当，计提是否充分；检查应收票据及其坏账准备期末余额是否正确；确定应收票据及其坏账准备是否已按照企业会计准则的规定在财务报表中做出恰当列报。

（二）应收票据的实质性测试程序

1. 获取应收票据明细表

审计人员应索取企业编制的应收票据明细表，作为应收票据总分类账和明细分类账的具体说明。分析表中应列明出票单位名称、出票日、到期日、金额和利率、交易合同号、承兑人等。审计人员将分析表与有关账户数加以核对，验证账账之间、账表之间是否一致。在此基础上，审计人员应审查部分票据，并追查相关文件，以判断其内容是否正确及有无应转应收账款的逾期应收票据，计息的应收票据还应查明计息是否正确。请企业财务人员协助在应收票据明细表上标出至外勤审计时已兑现或已贴现的应收票据，核对收款凭证等资料，以确认其资产负债表日的真实性。

2. 监盘库存票据

对企业应收票据的监盘与库存现金的监盘工作基本相同，应同时进行。监盘时，审计人员应注意票据的种类、号数、签收的日期、到期日、票面金额、合同交易号、付款人、承兑人、背书人姓名或单位名称、利率、贴现率、收款日期、收回金额等是否与应收票据登记簿的记录相符；关注应收票据内容填写事项是否齐全、签章是否存在疑点；注意是否存在已作质押的票据和银行退回的票据，对于存放在其他处所的应收票据，如作为抵押、提交银行贴现、交由律师代收的也应查实，关注是否对背书转让的票据负有连带责任。审计人员监盘后应填写"应收票据监盘表"，并与应收票据明细账核对是否相符。

3. 函证应收票据

应收票据作为一种债权凭证，审计人员要确认其真实价值，必须得到出票人或债务人的确认，因此审计人员在清点的基础上，需选取部分票据（特别关注有疑问的商业承兑汇票）向出票人函证，证实其存在性和可收回性，并编制函证结果汇总表。具体函证程序与应收账款的函证相同。

4. 审查应收票据发生和收回情况

企业根据内部控制的要求应设立"应收票据备查簿",由出纳员以外的专人负责登记,审计人员应将备查簿与应收票据账户核对,检查收到的票据是否及时入账。对于大额票据,应取得相应销售合同或协议、销售发票和出库单等原始交易资料进行核对,以证实是否存在真实的交易。复核带息票据的利息计算是否正确,注意逾期应收票据是否已按规定停止计提利息,并检查其会计处理是否正确。对于兑现的含息票据,应关注是否将收到利息收入贷记"财务费用——利息收入"科目。

5. 审查贴现的应收票据

应收票据贴现是企业为满足资金需要,以未到付款期的票据向银行融通资金的一种借款行为,银行受理后,根据自贴现日到票据付款日的贴现期及规定的贴现率计收贴现息,并以贴现评价的到期价值扣减贴现息后的余额,作为贴现人的贴现收入支付给申请贴现人。审计人员审查贴现的应收票据时,应关注以下方面:

①贴现票据手续的合规性及贴现款项是否及时足额入账。审计人员应核查应收票据登记簿,对已贴现的票据,特别是金额较大的,应逐笔审查企业票据的贴现是否由负责登记和保管票据以外的主管负责人批准后方才办理,核对银行存款与应收票据账户,检查是否已及时入账,防止利用票据贴现贪污款项。

②票据贴现额计算是否正确。票据贴现的收入等于票据到期值减去贴现息,无息票据的到期值就是票据的面值,含息票据的到期值是票据的面值加上利息,贴现息是由到期值乘以贴现率再乘以贴现期,贴现期就是贴现日至到期日的天数,记头不记尾。审计人员应采用复算的方式核实其贴现收入计算是否正确。

③票据拒付是否及时转账。商业承兑汇票到期时承兑付款人如无款支付,则企业作为贴现申请人,负有向贴现银行偿还贴现票据的责任,因此贴现票据将形成企业的或有负债。审计人员应审查企业是否编制已贴现和已转让但未到期的商业承兑汇票清单,并检查是否存在贴现保证金。在收到银行退回的应收票据和支款通知时是否按所付本息借记"应收账款",贷记"银行存款"科目。如果企业银行存款账户中余额不足,银行作逾期贷款处理时,企业是否借记"应收账款",贷记"短期借款"科目。

6. 分析评价应收票据可兑现程度

应收票据与应收账款一样存在着一定的风险,审计人员在审计应收票据备查簿的基础上,应结合有关方面的资料,分析评价应收票据的可兑现程度。对于用以抵付预期应收账款的票据、未按规定支付的票据以及经营状况不好企业所签发的评价,应客观地分析评价,正确估计其可兑现程度,以帮助企业正确估价资产,及时采取必要措施,促进资金的正常周转。

7. 确认应收票据在资产负债表中的披露是否恰当

审计人员应检查企业资产负债表中应收票据项目的数额是否与审定数相符,是否剔除了有关的风险和报酬业已转移的已贴现票据。如果企业是上市公司,其财务报表附注通常应披露贴现或用做抵押的应收票据的情况和原因说明,以及持有其5%以上(含5%)股份的股东单位欠款情况。

二、预收账款的审计

（一）预收账款的审计目标

预收账款是企业销售前预先收取的部分款项，是随着销售业务发生的，需要结合企业的销售业务对预收账款进行审查。预收账款的审计目标一般包括：确定资产负债表中记录的预收账款是否存在；确定所有应当记录的预收账款是否均已记录；确定记录的预收账款是否是企业应当履行的现时义务；确定预收账款是否以恰当的金额包括在财务报表中，与之相关的计价调整是否已恰当记录；确定预收账款是否已按照企业会计准则的规定在财务报表中做出恰当列报。

（二）预收账款的实质性测试程序

1. 获取或编制预收账款明细表

审计人员获取或自行编制预收账款明细表，复核加计其正确性，并核对其期末余额合计数与报表数、总账数、明细账合计数是否相符。

2. 审查已转销的预收账款

审计人员应请企业财务人员协助，在预收账款明细表上标出截止审计日已转销的预收账款，对已转销金额较大的预收账款进行检查，核对记账凭证、仓库发货单、货运单据、销售发票等，并注意这些凭证日期与相应记录的合理性。

3. 审查相关原始凭证

审计人员应抽样审查与预收账款有关的销货合同、仓库发货记录、货运单据和收款凭证，检查已实现销售的商品是否及时转销预收账款，确定预收账款期末余额的正确性和合理性。

4. 函证预收账款

审计人员应选择预收账款中金额较大或账龄较长的若干项目、主要往来客户、关联单位等进行函证。对于回函中出现的不符情况，需查明原因并在审计工作底稿中加以记录，建议做出调整，对于没有回函的，需再次发函询证或实施替代审计程序，审查决算日后已冲销应收账款是否与发运凭、销售发票相一致，检查其是否真实、正确。审计人员应根据回函情况编制函证结果汇总表。

5. 审查长期挂账的预收账款

审计人员应审查预收账款长期挂账的原因，并做出记录，必要时提请企业予以调整，对账龄超过1年的预收账款应查明企业未结转的原因并做出记录。审计人员还要结合对应交税费的审查，查明应当纳税的预收账款是否及时、足额计缴相关税金。

6. 审查预收账款涉及的预缴税费

对预收账款中按税法规定应预缴税费的预收销售款，审计人员应结合应交税费项目检查是否及时、足额缴纳有关税费。

7. 预收账款的截止期测试

审计人员通过货币资金的期后测试，以确定预收账款是否已计入恰当期间。

8. 审查企业与关联方发生的预付账款

审计人员应请企业财务人员协助，标明预收关联方［包括持股5%以上（含5%）股东］的款项，并执行关联方及其交易审计程序，并注明合并报表时应予抵销的金额。

9. 检查预收账款是否已在资产负债表上恰当披露

对于预收账款存在的借方余额，企业应在财务报表上作为资产列报，其贷方余额则作为负债列报。审计人员应查明预收账款的反映是否符合会计准则的规定。如果企业为上市公司，其财务报表附注通常应披露持有其5%以上（含5%）股东的股东单位账款等情况，并说明账龄超过1年的预收账款未结转的原因。

三、应交税费的审计

企业销售与收款循环过程中将产生纳税义务，这些应交的税金和应交款项按照权责发生制原则记入"营业税金及附加""应交税费"和"其他应交款"等有关账户。企业销售过程中涉及的税金包括增值税、消费税、城市维护建设税、教育费附加。这几种税的共同点就是其计税依据都是营业收入，但其各自的征税范围、税目、税率、纳税环节、减免税规定条件又各具特点，因此其审查内容及要点方面也有所区别。

（一）应交税费的审计目标

应交税费的审计目标一般包括：确定报表中记录的应交税费是否已发生，且与企业有关；确定所有应当记录的应交税费是否均已记录；确定与应交税费有关的金额及其他数据是否已恰当记录；确定应交税费是否已记录于正确的会计期间；确定应交税费中的交易和事项是否已记录于恰当的账户；确定应交税费是否已按照企业会计准则的规定在财务报表中做出恰当列报。

（二）应交税费的实质性测试程序

1. 获取或编制应交税费明细表

审计人员获取或编制应交税费明细表，复核加计是否正确，并与报表数、总账数和明细账合计数核对是否相符。注意印花税、耕地占用税等税金有无错误地记入"应交税费"科目。

2. 审查企业的纳税（费）范围与税（费）种是否符合国家规定

审计人员应审查企业应交税费的征收范围、税目、税率、纳税环节和纳税义务发生时间、计税依据、计算结果等的合规性和正确性。主要审查内容包括以下两方面：

①审查应纳税内容。审计人员应取得企业的纳税鉴定或税务机关汇算清缴文件、企业纳税申报以及征、免、减税的批准文件等有关资料，了解企业适用的税种、计税基础、征、免、减税的范围与期限，确认其在被审计期间的应纳税内容。

②审查计税依据。审计人员应采用审阅、复核等方法，验证各税种的计税依据的正确性，检查有无虚报、缩小计税基础而少交税金的行为，如隐瞒应税营业收入、偷漏流转税。此外，还应审查税目、税率，查明企业销售不同商品所使用税率的合规

性，有无以低税率计算，偷漏税金的情况，审查时不仅关注各项税金交纳与否，还应关注计税时间的及时性，以查明有无不按规定时间计税的情况。

3. 审查增值税

审计人员取得或编制增值税明细表，复核其加计的正确性，与明细账核对相符，明细表与"增值税纳税申报表"核对，审查进项税额、销项税额的记录与申报期间的一致性，其金额是否相符。

①审查进项税。审计人员重点复核采购货物、购进免税农产品、接受应税劳务、接受投资或捐赠等应计进项税额的项目是否按规定进行了账务处理。审查因货物改变用途、发生非常损失应计的进项税额转出数是否正确，如购进货物用于在建工程的增值税是否错误地计入进项税额。审查出口货物退税的计算、记录是否正确。

②审查销项税额。审计人员重点审查存货销售、存货对外投资、捐赠他人、分配给投资者应计的销项税额，以及将自产、委托加工的产品用于非应税项目的销项税额计算、记录是否正确，如将自产的货物用于集体福利却未视同销售计提销项税，以及视同销售处理却以产品成本为基数计算销项税额的问题。此外，还应审查是否存在虚假退货或多冲减营业收入及销项税额的问题。

③审查应纳税额。增值税的应纳税额等于当期销项税额抵扣当期进行税额之后的余额。因此，审计人员除核实当期销项税额和进项税额外，还应审查应纳增值税是否按照组成计税价格计税，有无抵扣增值税以外的其他税额。应关注企业是否存在将应交增值税错误纳入"营业税金及附加"账户核算的问题。对小规模纳税人，主要审查其是否按照主管税务机关核定的征收率计算应纳税额，复核其计算的正确性及会计处理的正确性。

4. 审查消费税

审计人员在了解企业生产经营范围的基础上，认真审阅"营业税金及附加——消费税"明细账，并与"应交税费——应交消费税"明细账及有关记账凭证核对，对照《消费税税目税率（税额）表》，检查企业是否正确地使用了税率，根据审定的本期应税消费品销售额（或数量），按规定适用的税率，分项计算、复核本期应纳消费税税额，检查企业应纳消费税是否正确无误，有无偷漏税行为。

对于需交纳消费税的企业，应在"应交税费"科目下设"应交消费税"明细科目进行核算，审计人员须注意，并非企业所有交纳的消费税都记入"营业税金及附加"账户，只有企业销售或自用了所生产的应税消费品，出口销售应税消费品按规定不予退税或免税的，以及企业以生产的应税消费品换取生产资料、生活资料或抵偿债务，以及支付代购手续费视同销售时，应交消费税才记入"营业税金及附加"账户，审计人员应检查企业会计处理是否正确。

5. 审查资源税

审计人员根据审定的本期应纳资源税产品的课税数量，按规定适用的单位税额，分项计算、复核本期应纳资源税税额，并通过对有关明细账户、记账凭证的审阅与核对，检查会计处理的正确性、入账的及时性。

6. 审查城市维护建设税、教育费附加等项目

审计人员应审查城市维护建设税、教育费附加等项目的计算依据的真实性、税率的合规性和应纳税额的计算正确性，审计人员应按规定适用的税率或费率重新计算、复核本期应纳城建税、教育费附加等。审计人员通过对有关明细账户、记账凭证的审阅与核对，检查会计处理的正确性、入账的及时性。

7. 结合"营业税金及附加"科目的审计，复核其勾稽关系

营业税金及附加是指企业由于销售产品或提供劳务所负担的税金及附加，包括价内税及教育费附加等。在查明被审计单位应交纳税种的基础上，结合"营业税金及附加"账户以及与该账户对应的"应交税费""其他应交款"等账户进行审查。

①取得或编制营业税金及附加明细表，复核加计其正确性，并与报表、总账、明细账核对相符。

②确定被审计单位的纳税范围与税种是否符合税法规定。

③根据审定的营业收入，按规定的税率，分项计算、复核本期应缴纳的消费税、资源税、城建税、教育费附加等项目，检查其是否与本期应纳税额相一致。

④复核各项税费与应交税费、其他应交款等项目的勾稽关系是否正常。

8. 审查营业税金及附加在利润表上的披露是否恰当

审计人员应审查营业税金及附加是否已按照企业会计准则的规定在财务报表中做出恰当列报。如果企业是上市公司，在其财务报表附注中应分项列示本期营业税金及附加的计缴标准及金额。

四、营业成本与销售费用的审计

营业成本是指企业销售商品或提供劳务服务的成本。销售费用是指企业在销售商品过程中发生的各种费用，包括运输费、装卸费、包装费、保险费、展览费、广告费以及专设销售机构的职工工资、福利费、业务费等。

（一）销售费用的审计目标

营业成本与销售费用的审计目标一般包括：确定利润表中记录的营业成本与销售费用是否已发生，且与企业有关；确定所有应当记录的营业成本与销售费用是否均已记录；确定与营业成本与销售费用有关的金额及其他数据是否恰当记录；确定营业成本与销售费用是否已记录于正确的会计期间；确定营业成本与销售费用是否已记录于恰当的账户；确定营业成本与销售费用是否已按照企业会计准则的规定在财务报表中做出恰当的列报。

（二）营业成本与销售费用的实质性测试程序

1. 获取或编制营业成本与销售费用明细表

审计人员获取或编制营业成本与销售费用明细表，复核其加计数是否正确，并与报表数、总账数和明细账合计数核对是否相符；检查明细项目的设置是否符合规定的核算范围和内容；将营业成本与销售费用中的材料费、人工工资、折旧等相关明细项

目与相关的资产、负债科目核对，检查其勾稽关系的合理性。

2. 运用分析性复核程序分析营业成本与销售费用的总体合理性

在营业成本与销售费用中，有些项目的余额或发生额与其业务量直接相关，如销货成本、销售佣金等费用和销售收入之间的关系，如果审计人员有足够的证据认为控制风险较低，且相关账户存在上述勾稽关系，则可以通过比较分析查找其是否存在异常波动。

审计人员分别计算分析各个月份营业成本与销售费用总额及主要项目金额占主营业务收入的比率，并与上一年度进行比较，判断变动的合理性；计算分析各个月份营业成本与销售费用中主要项目发生额及占营业成本与销售费用总额的比率，并与上一年度进行比较，判断其变动的合理性。如存在异常则需进一步分析，通常如果成本费用在合理的范围内下降，则审计人员可以认为审计风险较低，如果成本费用变动的幅度超过了合理的范围，那么审计人员应该找出变化的原因并进一步展开调查分析，调查过程包括向有关人员询问和查找确定的证据（包括详细检查异常变动的费用账户的具体支出情况）。例如，在过去五年里销售佣金支出为销售收入的3%，而被审计年度升高到了5%，就需要查找原因，以判断是因为企业销售佣金政策变动造成，还是存在弄虚作假的问题。

3. 审查分类的正确性

审计人员审查营业成本与销售费用的分类时，重点关注内容包括：

①企业是否存在混淆营业成本与销售费用的界限，把为生产产品领用的包装物费用和材料采购过程中支付的运输费、装卸费、包装费等计入销售费用；或者把应列入销售费用的各项费用错误计入生产成本或采购成本中。

②企业是否存在混淆销售费用与应收账款的界限，把为顾客代垫的运杂费计入销售费用。

③企业是否存在混淆销售费用与其他业务收支的界限，如将应计入营业收入的随同产品出售但单独计价的包装物销售收入错误地冲减销售费用。

④企业是否存在混淆销售费用与营业外收支的界限，如将应计入营业外收入的没收逾期未退包装物押金冲减销售费用。

⑤企业是否存在混淆销售费用与制造费用、管理费用的界限，将应计入制造费用、管理费用的有关人员的工资、应计福利费、差旅费、办公费等各项费用计入销售费用；或者将属于销售部门的经常性费用计入管理费用或制造费用。

4. 审查营业成本金额的准确性

审计人员应对企业商品发出的成本计价方法进行核实，检查不同期间的一致性，结合生产与存货审计业务审查企业营业成本计算的正确性。

5. 审查销售费用开支的合法性、金额的准确性

审计人员应审查企业销售费用项目设置和开支标准是否符合有关规定。运用分析性复核程序将本期销售费用与上期比较，或将本期各月销售费用进行比较，审查是否存在重大波动和异常现象。审查各明细项目是否与企业销售商品和材料、提供劳务以及专设的销售机构发生的各种费用有关，是否合规、合理，计算是否正确，关注企业

需经外汇管理部门审批的费用项目，是否经过批准。审查企业销售佣金支出是否符合规定，审批手续是否健全，是否取得有效的原始凭证；如超过规定，是否按规定进行了纳税调整。审查广告费、宣传费等的支出是否合理，审批手续是否健全，是否取得有效的原始凭证；如超过规定限额，应在计算应纳税所得额时调整。审计人员还需抽样审查重要的或异常的销售费用，审查原始凭证合法性，关注有无将支付的回扣、提出计入销售费用，或以广告样品的名义，变相向职工发放实物，或将招待馈赠费用列入展览费用等。审查企业由产品质量保证产生的预计负债，是否按确定的金额进行会计处理。

如果企业系商品流通企业且已将管理费用科目的核算内容并入本科目核算，应同时实施管理费用审计程序。

6. 营业成本与销售费用的截止期测试

审计人员应抽取资产负债表日前后一定数量的凭证，实施截止测试，若存在异常迹象，应考虑是否有必要追加审计程序，对于重大跨期项目应作必要调整。

7. 审查营业成本与销售费用在财务报表上的披露是否恰当

审计人员应审查营业成本与销售费用是否已按照企业会计准则在财务报表中做出恰当的列报。

第八章 采购与付款循环审计

第一节 采购与付款循环的特性

一、采购与付款循环概述

根据财务报表项目与业务循环的相关程度,采购与付款循环涉及的报表项目主要是资产负债表项目,按其在资产负债表中的列示顺序包括预付账款、固定资产、累计折旧、固定资产减值准备、工程物资、在建工程、固定资产清理、应付票据和应付款项等。

采购与付款循环的特性主要包括两部分的内容:一是本循环所涉及的主要业务活动;二是本循环所涉及的主要凭证和会计记录。

二、采购与付款循环涉及的主要业务活动

采购与付款循环通常要经过请购、订货、验收及付款等一系列程序,对企业而言,根据不相容职责分离原则,应尽量将各项职能活动指派给不同的业务部门或员工执行,从而使每个部门或每位员工都可以独立检查一遍其他业务相关部门和员工工作的正确性。按照这一原则,下面为企业采购与付款循环中的主要业务活动。

(一) 请购物资和劳务

仓储部门根据物资储存管理要求及时对其需要购买的已列入存货清单的项目填写请购单,至于企业其他部门(如行政管理办公室)也可以对所需要购买的未列入存货清单的项目编制请购单。适当的授权审批是该环节控制的关键,根据授权原则,大部分企业对正常生产经营活动中所需要的物资的采购均实行了一般授权,如仓储部门对现有库存已达到再订购点的物资可直接提出采购申请,其他部门对正常的维修工作和类似工作中需要的物资也可直接提出申请。但对资本性支出等非常规性经营活动的采购,则通常要求经特别授权,只允许指定人员提出请购。请购单可由手工或计算机编制,由于企业内可以填列请购单的部门较多,不便于预先编号(信息管理系统较为发达的企业应尽量做到预先连续编号),为加强控制,每张请购单必须经过对这类支出

负预算管理责任的管理人员签字批准。

（二）编制订购单

采购部门在收到经过批准的请购单后可发出订购单。对每张订购单，采购部门都应确定最佳的供应来源。对一些大额、重要的采购项目，为取得购货折扣、降低采购成本、保证供货质量，企业应进行集中订货、招标采购。企业应规定由独立于请购、采购部门之外的其他部门来检查订购单的合理性，该检查与采购业务的"完整性"认定有关。

（三）验收商品和劳务

企业对供应商提供的商品和劳务进行验收是本循环的一个关键点，由企业验收部门检查收到的商品是否与订购单上的项目一致，包括商品的品名、说明、到货时间等，并进行计数、称量、测量、化验等验证外购商品或劳务的数量和质量。验收合格后填制一式多联、预先编号的验收单，作为验收和检验商品的依据。如果验收不合格，则不得签发验收单，而要求采购部门与供应商交涉，采取进一步措施维护企业利益。

验收单是支持资产或费用以及与采购有关的负债的"存在或发生"认定的重要凭证。定期独立检查验收单的顺序以确定每笔采购业务都已编制凭单，则与采购业务的"完整性"认定有关。

（四）储存已验收的商品

企业验收部门验收合格后的商品应及时移交仓储部门或其他请购部门保管，商品的保管责任与采购业务的其他职责的分离可减少未经授权的采购和盗用商品的风险。存放商品的仓储区应相对独立，限制无关人员接近。上述控制与商品的"存在或发生"认定有关。

（五）编制付款凭单

企业应付凭单编制部门应在审核确认订购单、验收单、供应商发票的一致性基础上编制付款凭单。这项活动的控制包括：确定供应商发票的内容与相关的验收单、订购单的一致性；确定供应商发票计算的正确性；编制有预先编号的付款凭单，并附上支持性凭证（如订购单、验收单和供应商发票等），这些支持性凭证的种类因交易对象的不同而不同；独立检查付款凭单计算的正确性；在付款凭单上填入应借记的资产或费用账户名称；由被授权人在凭单上签字，以示批准照此凭单要求付款。

所有未付款的凭单的副联应保存在未付凭单档案中，以待日后付款。经适当批准和有预先编号的凭单为记录采购业务提供了依据，与采购业务的"存在或发生""完整性"和"估价或分摊"认定有关。

(六)确认与记录负债

为正确地确认已验收商品和劳务的债务,企业应准确、及时地对采购业务进行记录,这些记录对企业会计报表反映和企业支付购货款有重大影响。应付款项记账人员一般有责任核查购置的财产,在收到卖方发票时将发票上所列商品的名称、规格、价格、数量、条件及运费等与订购单、验收单等相关凭证上的有关资料核对,并对合计加以复核。审核发票无误后方能登记采购日记账和应付款项明细账,再汇总、过账。根据不相容职责的控制要求,记录现金支出的人员不得经手现金、有价证券和其他资产。

企业所有已批准的未付款凭单应送达财会部门,据以编制有关记账凭证和登记有关账簿,会计主管应监督为采购业务而编制的记账凭证中账户分类是否适当。通过定期核对编制记账凭证的日期与凭单副联的日期,监督入账的及时性。而独立检查会计人员则应核对所记录的凭单总数与应付凭单部门送来的每日凭单汇总表是否一致,并定期独立检查应付款项总账余额与应付凭单部门未付款凭单档案中的总金额是否一致。

(七)付款并记录现金、银行存款支出

企业通常是由应付凭单编制部门负责确定未付凭单在到期日付款,编制和签署付款支票的相关控制包括:由被授权的财会部门人员首先确认付款凭单后附有订购单、验收单、供应商发票作为支持性凭证,方才签署支票,签署支票人员应确定每张支票都附有一张已经适当批准的未付款凭单,并确定支票收款人姓名和金额与付款凭单内容一致;支票一经签署就应在付款凭单和支持性凭证上用加盖印戳或打洞等方式将其注销,以免重复付款;支票签署人不应签发无记名甚至空白的支票;支票应预先连续编号,保证支出支票存根的完整性和作废支票处理的恰当性;独立检查已签发支票的总额与所处理的付款凭单的总额的一致性;应确保只有被授权的人员才能接近未经使用的空白支票。财会部门的出纳员根据签发的支票及时登记银行存款日记账,会计人员登记应付款项明细账,为加强记账环节的控制,应采取以下控制活动:会计主管应独立检查计入银行存款日记账和应付款项明细账的金额的一致性,以及与支票汇总记录的一致性;通过定期比较银行存款日记账记录的日期与支票副本的日期,独立检查入账的及时性;独立编制银行存款余额调节表。

三、采购与付款循环涉及的凭证和记录

同销售与收款循环一样,企业为加强对采购与付款循环涉及的相关业务流程的控制,处理采购与付款业务通常也需要使用很多凭证和会计记录,典型的采购与付款循环所涉及的主要凭证和会计记录有以下几种。

(一)请购单

请购单是由产品制造、资产使用或者仓储部门等有关人员填写,并送交采购部

门，申请购买商品、劳务或其他资产的书面凭证。请购单上面应详细注明所要采购的物品的名称、规格、数量及请购人。

（二）订购单

订购单是由采购部门编制并提交供应商，用来记录企业准备采购的商品和劳务的名称、种类、数量、供应商名称、付款条件、价格及其他有关资料的书面凭证，用于表明商品或劳务采购的批准手续，并将其送交供应商表明采购意愿。

订购单必须是预先连续编号的一式多联单，其正联送交供应商，副联则送至企业内部的验收部门、应付凭单部门和编制请购单的部门。

（三）订货合同

订货合同是由采购部门同供应商签订的，用于明确采购商品的品种、规格、数量、质量、供货日期、付款条件等供需双方责任、权利的书面文件。

（四）验收单

验收单是由验收部门在收到采购的商品时填制的收到商品的名称、种类、数量、供应商名称、订单号及其他资料的书面凭证。验收单是预先编号的一式多联单，其中一联随同商品移交仓储部门或其他请购部门时，应取得经过签字的收据，或要求其在验收单的副联上签收，以确立他们对所采购的资产应负的保管责任。另一联送财会部门作为记录债务的依据。

（五）卖方发票

卖方发票是由供应商开具交给买方以标明采购的商品或劳务的种类、数量、价格、运费、现金折扣条件以及开单日期的书面凭证。

（六）退货或折让通知单

退货或折让通知单是反映由于退货或折让而减少向供应商付款金额的凭证，其格式通常与卖方发票相同，用于证明应付款项减少。

（七）付款凭单

付款凭单是采购方企业的应付凭单部门编制的，载明已收到商品、资产或接受劳务的厂商、应付款金额和付款日期的凭证。它不仅是付款凭单登记簿或采购日记账记录的基础，也是企业支付采购货款的依据。付款凭单正本必须随附卖方发票、验收单和订购单副本。

（八）支票

支票是企业开出的支付到期账款的凭单。

(九)转账凭证

转账凭证是指记录转账业务的记账凭证,是根据有关转账业务(即不涉及现金、银行存款收付的各项业务)的原始凭证编制的。

(十)付款凭证

付款凭证包括现金付款凭证和银行存款付款凭证,是指用来记录现金和银行存款支出业务的记账凭证。

(十一)采购日记账

采购日记账是以付款凭单为依据记录采购业务,对重要的采购类别分设专栏,以及设有应付款项专栏、商品退回与折让专栏等的日记账。

(十二)卖方对账单

卖方对账单是由供应商按月编制的,标明期初余额、本期购买、本期支付款项和期末余额的凭证。卖方对账单是供应商对有关业务的陈述,除了对有争议是事项和时间上的差异,其期末余额通常应与采购方相应的应付款项期末余额一致。

(十三)采购相关的其他会计账簿和备查簿

采购与付款循环涉及的其他会计账簿和备查簿主要包括:现金和银行存款日记账,材料采购明细账和总账,原材料、包装物、低值易耗品明细账和总账,应付账款明细账和总账,应付票据明细账和备查簿,预付账款明细账和总账。

采购与付款循环的主要业务活动、相关部门、常见凭证及相关账户见表8-1。

表8-1 采购与付款循环的主要业务活动、相关部门、常见凭证及相关账户

业务类型	业务活动	相关账户	常见凭证和会计记录	相关部门
购货活动	请购商品和劳务		请购单	物资需求部门
	对外订购		订购单	预算管理部门
	验收商品		验收单	验收部门
	储存商品		入库单	仓储部门
	确认负债		付款凭证	财会部门
	记录采购		应付款项总账和明细账	财会部门
办理和记录现金、银行存款付款	付款并记录该业务	银行存款、应收票据和应收账款	汇款通知书、转账凭证、收款凭证、顾客月末对账单、库存现金日记账和银行存款日记账	财会部门

第二节　采购与付款循环的内部控制及其测试

一、采购与付款循环业务的内部控制

鉴于销售与收款循环一章中已经比较详尽地讨论了与销售业务相关的内部控制和控制测试,而采购业务与销售业务无论在控制目标、关键内部控制方面还是在控制测试与交易实质性测试方面,就原理而言大同小异,因此,以下仅就采购业务在上述方面较为特殊之处予以详细说明。

(一)建立适当的职责分工

采购与付款业务循环涉及采购、验收、保管、付款、记录等多个方面,为保证采购的物资确为企业生产经营所需并符合企业利益,收到的商品安全完整,价款及时正确地支付给供应商,企业应对采购和付款业务实施合理的职责划分,使得在业务执行过程中能够进行有效的复核和监督,从而防止各种有意地或无意地错误。

企业采购与付款循环主要的职责分工如下:
①采购申请的提出与审批相互独立,以便加强对采购的控制;
②批准请购与采购部门相互独立,以防止采购部门购入过量或不必要物资而对企业整体利益产生损害;
③采购审批、询价与确定供应商、合同签订、合同审核相互独立,防止虚列支出;
④验收部门与财会部门相互独立,保证按真实收到的商品数额登记入账;
⑤应付款项记账员不能接触现金、有价证券和其他资产,以保证应付款项的真实性、正确性;
⑥内部检查与相关的执行和记录工作相互独立,以保证内部检查的独立性和有效性。

总之,企业采购与付款循环的不相容岗位至少包括:请购与审批;询价与确定供应商;采购合同的订立与审批;采购、验收与相关会计记录;付款的申请、审批与执行。企业应对上述相关岗位实施适当分离,以确保办理采购与付款业务的不相容岗位相互分离、制约和监督。

企业大宗物资采购要有竞争性报价,还应当根据具体情况对办理采购业务的人员定期进行岗位轮换,防范采购人员利用职权和工作便利收受商业贿赂,产生损害企业利益的风险。

(二)信息传递程序控制

建立健全采购与付款循环相关的内部控制,要求企业管理当局对与此循环相关的信息传递程序实施严格有效的控制。这些控制包括以下三个方面。

1. 严格的授权审批程序

有效的内部控制要求采购与付款业务的各个环节都要经过适当的授权批准,主要有：

①企业应当建立采购申请制度，依据购置商品或劳务的类型，确定归口管理部门，授予相应的请购权，并明确相关部门或人员的职责权限及相应的请购程序，只有经过授权的人员才能提出采购申请。

②企业应当加强采购业务的预算管理。

③企业应当建立采购与付款业务的授权制度和内部分级审核批准制度，并按照规定的权限和程序办理采购与付款业务。

④采购申请必须经独立于采购和使用部门以外的被授权人的批准，以防止采购部门购入过量或不必要的商品，或者为取得回扣等个人私利而牺牲企业利益。

⑤企业应当建立采购与验收环节的管理制度，对采购方式确定、供应商选择、验收程序及计量方法等做出明确规定，确保采购过程的透明化。

⑥签发支票要经过被授权人的签字批准，保证货款是以真实金额向特定债权人及时支付。

2. 充分的使用文件和记录

为了满足业务审批、财产保管和便于记录的要求，企业应当按照请购、审批、采购、验收、付款等规定的程序办理采购与付款业务，并在采购与付款各环节合理设计并使用各种文件和记录、填制相应的凭证，建立完整的采购登记制度，加强请购手续、采购订单、验收证明、入库凭证、采购发票等文件和凭证的相互核对工作。具体包括以下几点：

①财会部门收到购货发票时应将发票上所记的商品规格、数量、价格、条件及运费与订购单、验收单上的有关资料核对相符后入账。

②对关键性凭证要预先连续编号，由经手人按编号归档保存，并由独立人员定期检查存档文件的连续性。

③订购单等原始凭单中要有完整的栏目，足够的空间，以详细反映订货要求等信息。

④建立付款凭单制，以付款凭单作为支付货款的依据。

⑤设置采购日记账，及时完整记录所有采购业务。

⑥分别设立每一位供应商的应付款项明细账，并与总账平行登记，以加强对应付款项的管理。

3. 独立检查

企业应规定由独立于业务经办的人员，如内部审计人员或其他独立人员检查采购业务的处理和记录，检查内容包括：

①企业财会部门在办理付款业务时，应当对采购合同约定的付款条件以及卖方发票、结算凭证、订购单、请购单、检验报告、计量报告和验收证明等相关凭证的真实性、完整性、合法性及合规性进行独立检查，确保实际收到的商品符合订购要求，财会部门应当参与商定对供应商付款的条件。

②企业应当根据规定的验收制度和经批准的订单、合同等采购文件，由独立的验收部门或指定专人对所购物品或劳务等的品种、规格、数量、质量和其他相关内容进

行验收，出具检验报告、计量报告和验收证明。

③定期核对采购日记账和应付款项明细账，检查付款凭单各项目填写是否与卖方发票一致，由专人检查采购形成的负债业务的真实性、实有数额及到期日等。

④按月向供应商取得对账单并与应付款项明细账核对调节，发生差异时查明原因，通过对账确保债务的真实性和正确性，维护企业和债权人双方的利益。

⑤检查付款凭单计算的正确性，检查付款记录的及时性和正确性。

⑥由独立人员按月编制银行存款余额调节表，检查银行存款日记账记录的付款与银行对账单的一致性。

⑦定期检查采购日记账与总账、应付款项明细账与总账、银行存款日记账与总账的金额是否一致，出现差异时，应编制调节表进行调节。

（三）实物控制

采购与付款循环中的实物控制包括两个方面：

①加强对已验收入库的商品的实物控制，限制非授权人员接近存货，验收部门人员应独立于仓储部门人员，同时加强对发生的退货的实物控制，货物的退回要有经审批的合法凭证；

②限制非授权人员接近各种记录和文件，防止伪造和篡改会计资料；

③加强对支票的实物控制，不得让核准或处理付款的人员接触，未签发的支票应予以安全保管，作废的支票予以注销或另加控制，防止重复开具发票。

二、固定资产的内部控制

固定资产与商品存货同属于一个交易循环，在内部控制和控制测试上具有许多共性之处，但鉴于固定资产的特殊性，其内部控制包括以下几个方面。

（一）固定资产的预算制度

预算管理制度是固定资产内部控制中最重要的部分。通常，大企业应编制旨在预测与控制固定资产增减和合理运用资金的年度预算，即使没有正规预算的中小企业也应对固定资产的购建事先提出计划。审计人员重点关注固定资产的取得和处置是否依据预算和计划，对实际发生于预算之间的差异以及未列入预算的特殊事项，应检查其是否履行特别的审批手续。企业的固定资产增减变动如果能处于良好的预算控制之下，则审计人员可适当减少对固定资产的增加或减少审计中的实质性测试样本量。

（二）授权批准制度

被审计单位应建立的固定资产相关授权批准制度包括：企业的资本性预算必须经过董事会等高层管理机构批准后方可生效；所有固定资产的取得和处置均需经企业管理当局的书面认可。审计人员不仅要检查被审计单位固定资产授权批准制度本身的完善性，还要关注授权批准制度执行的有效性。

（三）账簿记录制度

被审计单位在固定资产的账簿管理方面，除设置固定资产总账外，还需设置固定资产明细分类账和固定资产登记卡，按固定资产类别、使用部门和每项固定资产进行明细分类核算。固定资产的增减变化均应有充分的原始凭证。

（四）职责分工制度

被审计单位对固定资产的取得、记录、保管、使用、维修、处置等，均应指定专门的部分和人员负责，并明确划分责任，防止舞弊事项的发生。

（五）资本性支出和收益性支出的区分制度

被审计单位应制定资本性支出和收益性支出的划分标准，需明确资本性支出的范围和最低金额，凡不属于资本性支出的范围、金额低于下限的任何支出，均应列作收益性支出。

（六）固定资产的处置制度

被审计单位应建立包括投资转出、报废、出售等固定资产的处置方面的申请报批程序。

（七）固定资产的定期盘点制度

被审计单位应建立固定资产的定期盘点制度，以验证账面各项固定资产是否真实存在、了解固定资产放置地点和使用状况以及发现是否存在未入账固定资产。审计人员在了解和评价被审计单位的固定资产盘点制度时一并注意查询盘盈、盘亏固定资产的处理情况。

（八）固定资产的维护保养制度

被审计单位应建立严密的固定资产维护保养和定期检修制度，以防止因各种自然和人为的因素而使固定资产遭到损失。

固定资产的保险从严格意义上而言不属于企业固定资产的内部控制范围，但由于其重要性，审计人员在检查、评价被审计单位固定资产方面的内部控制时，应当了解其对固定资产的保险情况。

三、采购与付款循环内部控制测试概述

审计人员通常利用在了解被审计单位内部控制中所获取的资料来评价内部控制风险。采购与付款循环的控制目标、内部控制和测试见表8-2，审计人员应结合表8-2中的内容开展采购与付款循环有关的关键内部控制和相应的控制测试。

表8-2　采购与付款循环的控制目标、内部控制和测试

内部控制目标	关键内部控制	常用的内部控制测试	常用的交易实质性测试
所记录的采购业务都已收到货物或已接受劳务，并符合购货方的利益最大化（存在或发生）	请购单、订货单、验收单和卖方发票齐备，并附在付款凭单后 购货已按正确的授权级别审批 注销凭证以防止重复使用 对卖方发票、验收单、订货单和请购单作内部核查	查验付款凭单后是否附有单据 检查核准购货标记 检查注销凭证的标记 检查内部核查的标记	复核采购明细账、总账及应付款项明细账，注意是否有大额或不正常的金额 检查卖方发票、验收单、订货单和请购单的合理性和真实性 追查存货的采购至存货永续盘存记录 检查取得的固定资产
已发生的购货业务均已登记入账（完整性）	订货单、验收单及卖方发票均经事先编号并已登记入账	检查订货单、验收单据及卖方发票连续编号的完整性	分别从验收单和卖方发票追查至采购明细账
所记录的购货业务估价正确（估价或分摊）	计算和金额的内部核查 采购价格和折扣的批准	检查内部核查的标记 审核批准采购价格和折扣的标记	将采购明细账中记录的业务同卖方发票、验收单和其他证明文件比较 复算包括折扣和运费在内的卖方发票计算的正确性
采购业务的分类恰当（分类）	采用适当的会计科目表分录的内部核查	检查工作手册和会计科目表是否适当 检查有关凭证上内部复查和查核的标记	参照卖方发票，比较会计科目表上的分类
采购业务的记录及时（及时性）	要求一收到商品或接受劳务就记录采购业务 内部核查	检查工作手册并观察有无未记录的卖方发票存在 检查有关凭证上内部核查的标记	将采购业务登记入账的日期与验收单和卖方发票上的日期比较核对
采购业务已经正确地记入明细账，并经正确汇总（过账和汇总）	应付款项明细账作内部核查	检查内部核查标记	通过加计采购明细账，追查过入采购业务总账和应付款项、存货明细账的数额是否正确，用以测试过账和汇总的正确性

表8-2中分四栏列示出采购与付款循环有关的内部控制目标、关键内部控制以及审计人员常用的相应内部控制测试、交易实质性测试，其目的在于帮助审计人员根据具体审计情况和审计条件设计能够实现审计目标的审计方案。审计人员在了解被审计单位内部控制的基础上确定其关键控制点，确认每一目标的有效控制和薄弱环节，初步评估控制风险，通过制定计划确定对哪些控制实施控制测试，进而确定旨在发现金额错误的实质性测试程序。

考虑到采购与付款循环测试的重要性，审计人员通常对这一循环采用属性抽样审

计方法。在测试该循环中的大多数属性时,审计人员通常选择相对较低的可容忍误差。此外,由于采购与付款循环中各报表项目所涉及的业务交易量和金额的大小往往悬殊。因此审计人员在实施审计时常将其中大额的和不寻常的项目筛选出来,全部加以测试。

四、采购与付款循环的内部控制测试

审计人员在开展采购与付款循环的审计活动时,首先应了解本业务循环内部控制,并进行内部控制测试,收集一定证据,从而对内部控制健全性、有效性做出评价。

(一)了解并描述采购与付款业务的内部控制

审计人员通过查阅关于物资采购、仓储保管、付款等方面的制度文件,走访并实地观察采购部门、仓储部门、验收部门和财会部门等,深入了解企业采购与付款业务各方面的管理制度是否健全,手续是否完备,了解购货和付款循环的业务分工,评价分工是否合理,是否能够起到自动复核的作用,并通过实地观察判断这些分工是否得到了执行。它包括观察验收部门是否独立于仓储部门和财会部门,观察采购职责是否与批准采购、货物验收职责分属不同部门,有无分级授权采购制度,主要控制环节是否有效。经过调查了解,采用文字描述法、调查表法、流程图法等方法将被审计单位的内部控制情况记录在审计工作底稿中。一个设计良好的控制系统应该做到以下几点:①能够确保所有的采购都经过批准,能够密切跟踪长期合同,监督过度的请购并确认潜在的损失;②由独立使用者检查存货请购的设计和维护;③有确认企业是否存在检查资产减值的程序等。

(二)检查部分采购业务

为防止企业虚构供应商为没有收到的商品付款,从而转移资金,审计人员需详细了解被审计单位与其供货商之间的关系,并抽查供货数量、时间和质量标准的重要合同,通过购货业务测试,检查本循环控制环节的设置与执行情况,具体抽查的范围根据重要性原则确定。

抽查的方法是从采购部门保管的原始凭据中抽取订货单样本,对采购物资较重要或金额较大的采购业务重点审查,并向被审计单位索取其采购业务的各种文件资料,循着正常的采购业务流程加以追踪检查与验证,具体检查与验证内部包括:

①核对请购单与订购单是否一致,请购单是否经过适当的授权人批准,订购单是否连续编号。

②检查采购部门是否有专人审批购货价格,检查订货单上的采购单价是否都经过事先授权批准。

③检查采购制度中是否规定大额采购应通过招标方式选择供货商,并且检查这一制度是否得到了执行。

④检查合同是否经过有关部门审查,核对卖方发票上所购物品的数量、规格、品

种与合同是否一致,核对采购合同上确定的价格、付款日期与财会部门核准的支付条件是否一致。

⑤检查订货单和验收单是否都已经预先编号,检查作废的单据是否有注销的痕迹并保存良好。

⑥从存货增加的明细账上抽取一定的业务,检查相应的记账凭证以及后附的请购单、订货单、采购合同、验收单、入库单和卖方发票等原始凭证,将这些凭证一一核对,对原始凭证和记账凭证上的授权批准标识和内部审核标识要特别注意。

⑦抽取部分付款凭单,检查其是否附有请购单、订购单、验收单,付款凭单和验收单是否连续编号,验证验收环节的有效性和计算的正确性。

⑧检查企业会计制度的规定,判断企业会计制度的合理性和严密性。

⑨检查购入材料计价正确与否,被审计单位采用永续盘存制核算时,复核计价正确性。

⑩检查存货和应付款项的明细账,检查会计记录是否按照企业会计制度的要求进行。

⑪检查原始凭证、记账凭证和明细账的日期,判断企业的会计核算是否及时。

⑫获取某月末卖方对账单,检查是否进行了核对,注意对不相符的内容的处理程序。

⑬检查对编制的会计报表有无独立审核程序,并核对检查应披露事项。

⑭检查企业有无内部审计制度,内部审计是否定期进行审计和报告。

(三)付款环节的测试

抽查应付款项偿付业务,查明其付款的依据是否正确无误,付款及记录、过账是否及时,对应账户是否正确,有关现金折扣的处理是否符合规定。

①了解应付款项记录、付款业务是否分开,了解有关凭证的传递过程;应付款项总账与明细账是否由不同人员记录;应付款项记录人员与出纳员的职责是否分开。

②抽查应付款项明细账,检查应付款项各明细账向银行存款(或现金)日记账和向总分类账的过账情况,证实应付款项会计记录内部控制的有效性;检查抽取的明细账过账时所附的原始凭证,例如订货单、供货方发票、验收单和已付支票,验收原始凭证的合法性、正确性以及核对原始凭证记载的金额与相关明细账的一致性,证实各有关部门内部控制的有效性。

③审核货款结算手续,检查应付款项明细账上金额与订购单、验收单、卖方发票是否完全一致。

④抽取部分支票,检查签发的支票是否有被授权人的签字,支票中各个项目与卖方发票是否一致。

⑤追查材料采购明细账、原材料账与银行存款日记账或应付款项账户的过账是否正确。

⑥审查现金折扣的合理性。企业购货时的现金折扣如果单独记账,审计人员通过计算当期获得的现金折扣与进货总额的比率,将该比率与以前各期相比较,确定现金

折扣的合理性。现金折扣比率如果显著下降，其原因可能有进货条件变更、未曾取得折扣或有关人员舞弊等，审计人员应对此给予应有的关注。

⑦检查应付票据内部控制。

第一，走访观察应付票据记录与业务经办是否独立，职责分工是否合理。签发票据、记录、付款有无一人负责的情况。如果票据仅由一人签发或名义上虽为两人而实际上其中一人已预先在票据上盖章，或将其印章交由有权签发票据的另一人代办，在这种情况下，审计人员应特别注意。

第二，抽查部分作废的、退回的评价，查明是否予以注销、是否编号保存。

第三，了解应付票据总账与明细账是否定期核对，并且和债权人提供的有关记录相调节。

对每项采购和付款都应该取得适当批准的证据，纸质文件可通过签字提供批准证据，计算机系统通过"限制进入"和"例外报告"实施控制。对这些控制的测试可以在审计人员对数据处理控制方面进行全面审核时实施，而且通过对采购和付款申请的特别测试可以补充相应的测试。如审计人员可能通过审核进入日志以确定是否有未经授权的进入样本存在。

（四）固定资产内部控制测试

1. 了解固定资产的内部控制

审计人员在评价固定资产内部控制健全性、有效性基础上，分别对固定资产的增加、减少、折旧以及结存等方面进行实质性的审查，主要通过审阅固定资产管理制度与有关文件、询问有关人员以及实地观察等方式了解内部控制情况，并记录于工作底稿。

2. 审查固定资产的新增手续

企业每年的新增固定资产业务通常不多，审计人员首先验证明细账记录与有关部门提供的清单是否一致，然后主要审查固定资产的各种手续是否齐全，包括有无购建计划、可行性研究报告、概算预算及审批文件，审批文件上授权签章是否符合规定的级别。

3. 审查固定资产减少手续

审计人员首先抽查固定资产使用记录（开班时数、检修时数等），确定报废、出售、调出以及对外投资的适当性，然后重点检查固定资产报废、出售、对外投资、调出的手续是否齐全，包括有无报废通知单、出售调出计划、对外投资可行性研究，审查这些文件上的各种审批手续是否齐全。

4. 审查固定资产验收报告

审计人员应审查固定资产验收报告，验证其验收部门工作的独立性，验收报告填写的内容是否全面，必要时抽查实物加以核对。

5. 检查固定资产账、卡的设置情况

审计人员应到固定资产管理部门、使用部门检查有无明细账和卡片，是否一物一卡，随时登记增加变动并定期与财会部门的账簿记录相核对。

（五）评价采购与付款循环内部控制

通过对采购与付款循环内部控制的了解测试，包括行业特征、采购过程功能组织、业务特点、相关会计科目的复杂性等，评价固有风险；通过了解内部控制环境、控制程序、会计准则，并实施内部控制测试，确定内部控制是否符合各项要求，有无薄弱环节和失控点，评价内部控制的控制风险，明确账户余额、发生额审查的范围和重点。

由于企业负债审计的重点是关注其是否存在少记的问题，因此审计人员应重点关注企业采购与付款业务内部控制是否存在缺陷，包括验收货物时未用验收单，直到支付货款时才记录采购业务，或由于资金紧张、账款经常过期后才支付；固定资产增长速度高于行业增长水平，而且无战略性计划等。如果这些情况存在，则企业就可能存在应付款项少记的问题，审计人员应就其薄弱环节提出改进建议，并需要进行大范围的账户测试。

第三节 采购与付款循环的实质性测试

一、应付款项的审计

应付款项包括应付款项、应付票据等，是企业在正常经营过程中，因购买材料、商品和接受劳务供应等而应付给供应单位的款项。应付款项审计与应收款项审计有所不同，审计人员的审计重点应放在查明债务入账的完整性上面，审查有无隐匿负债或利用应付款项隐匿利润的情况。由于其发生是随着企业赊购交易的发生而发生的，审计人员应结合赊购业务进行应付款项的审计。

（一）应付款项的审计目标

应付款项的审计目标一般包括：确定应付款项的真实性；确定应付款项的发生和偿还记录是否完整；确定应付款项是否应由被审计单位承担；确定应付款项分类的正确性；确定应付款项期末余额是否正确；确定采购与付款截止期的正确性；确定应付款项在会计报表上的披露是否恰当。

由于企业目前普遍存在为提高自身筹资能力，人为高估资产、低估负债的倾向性，因此，作为负债项目，应付款项完整性的审计是重点。

（二）应付款项的实质性测试程序

1. 获取或编制应付款项明细表

审计人员首先获取或编制应付款项明细表，如应付款项明细表由被审计单位编制，则审计人员首先需审核如下内容：审核应付款项明细表的数字计算是否正确并已和总分类账相互调节，查明二者是否相符，如果不符应查明原因；审核应付款项明细表上应付款项的分类是否正确，有无不应记入的负债记录在应付款项账户。然后进一步审核应付款项明细表上有无过期未付的债务,如发现存在此类事项,则应查明原因。在复核加计正确的基础上,审计人员应将编制的或审核无误的应付款项明细表与会计报表数、总账数和明细账合计数核对是否相符,记录是否一致。如果不符则应查明原因。

2. 根据被审计单位实际情况,对应付款项实施分析性复核程序

审计人员运用分析性复核方法揭示应付款项期末余额的变动是否合理,具体分析内容包括:

①将本期各主要应付款项账户期末余额与上期期末余额比较,分析其波动原因。

②将本期外购商品、材料物资或劳务的有关成本费用账户金额与上年比较,判断应付款项增减变动的合理性。

③对应付款项占采购金额的比率、应付款项占当年流动负债的比率,进行对比分析,评价应付款项整体合理性。

④根据存货、主营业务收入和主营业务成本的增减变动情况,判断应付款项增减变动的合理性。

⑤审查长期挂账的应付款项,要求被审计单位做出解释,分析原因,判断企业是否缺乏偿债能力,尤其注意是否利用应付款项隐匿收入。

经过上述分析后,如果发现应付款项期末余额存在不合理之处,则审计人员应在其他环节加强审核。

3. 抽查应付款项明细账

审计人员通常运用抽样方法对应付款项期末余额的真实性进行核实,即从应付款项明细账上抽取交易,与相关原始凭证核对,检查每笔业务的入账金额,检查带有现金折扣的应付款项是否按发票上记载的全部应付金额入账,待实际获得现金折扣时再冲减财务费用项目。

审计人员在应用抽样审计方法审查应付款项时,其测试的样本量主要取决于应付款项的重要性、未清偿账户数量、以前年度的审计结果以及被审计单位内部控制的健全性和有效性。测试的总体是应付款项明细账账户总数,如果被审计单位财务报表编报日的所有应付款项均在年末后付清,则审计人员也可以把报表决算日后一定期间的所有货币资金支出业务作为总体。在审计人员以应付款项明细账为总体进行抽样审查时,如出现以下情形之一,则应审查总体所有项目:第一,应付款项账户数较少。第二,抽样结果表明误差很大,无法接受总体。第三,应付款项明细账余额加总与总账余额不符,或者发现有其他重大错误。

在运用抽样审计存在困难时,为查明应付款项的真实性、完整性和合法性,审计人员可以把下列应付款项明细账作为重点审查对象:

①应付款项明细账贷方发生额较大或账面余额累计数较大的账户。

②应付款项明细账余额长期未能结清的账户,积欠已久而突然全部结清的账户。

③同一账户应付已付业务发生频繁的账户。

④应付款项明细账未标明欠款单位或欠款单位不明确的账户。

⑤应付款项明细账账面余额很小,而又长期没有变动的账户。

⑥无月结单可供核对的账户。
⑦具有特殊交易的账户。
⑧提供资产担保的账户。
⑨关联单位的账户。

审计人员将抽取的或重点审查的应付款项明细账与其原始凭证及有关附件进行核对，查明应付款项的真实性、正确性。

4. 函证应付款项

在被审计单位内部控制健全有效，卖方对账单齐备的情况下，审计人员可不必函证应付款项。如果付款内部控制存在缺陷，又无卖方对账单可供审核，则审计人员必须实施函证程序，函证对象主要选择：①金额较大、欠账时间较长的账户；②核对时发现账证不符、往来频繁、变动很大的账户；③在资产负债表日金额不大、甚至为零，但为企业重要供货人的账户；④其他有代表性的账户，如与被审计单位正常业务无关的异常项目等。函证时，审计人员应预先向企业采购部门取得本期供应商一览表，以便确定函证对象。如果被审计单位无法提供债权人确切的单位和地址，则可能存在舞弊问题，诸如为逃税或截留利润而将收入转到应付款项账户等。

审计人员对应付款项的函证最好采用肯定形式，并具体说明应付金额。在收到债权人函证回函时，应将其反映在审计工作底稿上，并与企业应付款项数额核对，如果不等则应进一步查明原因，审查有无原始凭证和相关资料，核实究竟是由于未达账项、在途物资、账务处理不及时等原因造成的，还是由于其他原因造成的。

由于多数企业对应付款项进行舞弊的目的是低估应付款项，手段以漏记赊购业务为主，因此，对应付款项的函证并不能完全查明未入账的应付款项，但审计人员在必要的时候仍需执行这一审计程序。

5. 审查应付款项账务处理的正确性

审计人员需审查应付款项与其他应付款划分是否正确，有无将其他应付款记入应付款项，同时对其他应付款进行审查。在财务报表中，应付款项应根据"应付账款""应付票据"和"预付账款"所属明细科目期末贷方余额的合计数填列，并与其他流动负债分别列示；附息债务不能列入应付款项，而应根据其业务分别列作企业债券或借款。企业因付款后退货、重复付款、多付账款、预付货款、记账、过账错误等因素导致某些明细账户借方余额较大时，审计人员应编制重新分类的分录，将付款后退货、重复付款、多付账款、预付账款等原因导致的借方余额在财务报表中列为资产，而不应抵消其他账户的应付款项贷方余额，以担保资产形成的应付款项应在财务报表附注中予以反映，并对担保资产加注对照索引。

按内部控制的要求，企业应每月从各供应商处取得对账单，与应付款项各明细账调节，进行应付款项审查，如果企业已按上述要求予以调节，则审计人员只需复核每月对账单，确定调节是否正确即可。如果企业未进行调节，审计人员应执行这一调节程序。调节供应商对账单时，常见的差异是供应商已经入账并发出的货物，但企业尚未收到，也就没有入账，审计人员应将这些在途货物单独列表反映，不得同那些已验收入库而为了低估负债未作记录的货物相混淆。

此外，审计人员还应检查应付款项长期挂账的原因，做出记录，注意其是否可能无须支付。对于用非记账本位币结算的应付款项，检查其采用的折算汇率是否正确。

6. 查找未入账的应付款项

由于应付款项审查的主要目的是防止企业低估负债，因此其审查的重点是完整性的检查，而查找未记录的应付款项业务要比核实已记录的业务难度大得多，审计人员主要通过对决算日之后的有关支出业务进行审查，查明有无未入账应付款项，或对决算日之前的有关原始凭证进行审查，达到审计目的。

①审查决算日以后货币资金支出的主要凭证。审查决算日之后数周内的支出业务，目的在于查明会计期间结束后的支出业务，是否确实为了偿付决算日的负债，某项支出业务是否为付清当期货款。例如，企业将支票备妥，在决算日之前尚未发出，而会计人员已进行账务处理，借记"应付账款"，贷记"银行存款"，但是这笔分录以及未发出的支票实际上并不表示账款已付，其目的显然仅是为了减少会计报表上应付款项的数额，为真实反映企业决算日的财务状况，此类错误应另作分录予以转回。审查时，通过支出业务与应付款项明细表核对，或者追踪至应付款项账户，查明应付款项是否入账。

②追踪决算日后若干天的购货发票，关注购货发票的日期，审查相应的收货记录，查明其入账时间是否正确，有无推后截止期的情况。

③追踪决算日之前发出的验收单，追查至应付款项明细账。决算日以前已经签发的验收单表明收到了相应的商品或材料物资，与这些业务相关的负债按会计准则要求均应反映在该会计期间的应付款项账户上，审计人员从年末前发出的验收单追踪到应付款项账户，可以查明该项负债是否反映在应付款项中。

④审核卖方对账单，追查应付款项明细表。如果卖方对账单的数据完整，并标明未付账款余额，审计人员可据此追查至相关的应付款项明细表中，或者函证那些余额为零的应付款项账户，查明有无未入账的负债。

⑤审核决算日后数周内应付款项账单及原始凭证，查明是否属于本期应付负债。

⑥结合企业材料、物资和劳务费用业务进行审查，确定有无未入账的负债。如果原始凭证标明的日期所属会计期间与相关业务负债入账期间不同，则属于漏记或未计入恰当会计期间的负债。审计人员应将发现的未入账的应付款项详细记录在审计工作底稿上。

7. 审查应付关联方账款

审计人员应关注是否存在应付关联方账款，通过了解关联交易事项目的、价格和条件，检查采购合同等方法确认该应付款项的合法性和合理性。通过向关联方或其他注册会计师查询或函证等方法，确认交易的真实性。

8. 审查应付款项在资产负债表上的披露是否恰当

一般来说，"应付账款"项目应根据"应付账款"和"预付账款"科目所属明细科目的期末贷方余额的合计数填列。审计人员审计上市公司时，应关注其会计报表附注中是否说明有无欠持有5%（含5%）以上表决权股份的股东单位账款；说明账龄超过3年的大额应付款项未偿还的原因，并在期后事项中反映资产负债表日后是否偿还。

二、固定资产的审计

固定资产是指同时具有以下特征的有形资产：①为生产商品、提供劳务、出租或经营管理而持有的；②使用年限超过一年；③单位价值较高。固定资产折旧则是指在固定资产的使用寿命内，按照确定的方法对应计折旧额进行的系统分摊。鉴于固定资产在企业资产总额中一般都占有较大的比例，固定资产的安全、完整对企业的生产经营影响极大，审计人员应对固定资产的审计予以高度重视。

（一）固定资产的审计目标

固定资产的审计目标一般包括：确定固定资产是否存在；确定固定资产是否完整；确定固定资产是否归被审计单位所有；审查被审计单位对固定资产的所有权是否受留置权等限制；确定固定资产的计价是否恰当；确定固定资产的期末余额是否正确；审查固定资产交易事项会计处理的适当性，确定固定资产在会计报表上的披露是否恰当。

（二）固定资产的实质性测试程序

1. 获取或编制固定资产分类汇总表

审计人员编制或取得固定资产分类汇总表，该汇总表反映固定资产期初余额、本期增加、本期减少和期末余额等。在此基础上检查企业固定资产分类是否正确，复核其加计正确性，并将其与明细账、总分类账、报表核对，查明是否相符，如果不符，应查出从何时起不符，并将当时的明细账与原始凭证核对，查明原因，予以调整。

2. 运用分析性复核程序分析固定资产变动合理性

审计人员通过分析企业固定资产有关的比率及有关项目变动趋势，确定固定资产和折旧业务是否真实、账务处理是否正确、固定资产和折旧变动是否合理。具体分析内容包括：

①固定资产总值除以企业全年生产总产量，将该比率与以前年度相比较，目的在于查明有无已减少的固定资产未在账面上注销或者查明有无闲置的固定资产等问题。

②比较本年度与以前各年度固定资产增加额和减少额。因企业的生产经营情况不同，各个会计年度固定资产增加和减少数额可能会有较大差异。审计人员通过深入分析差异原因，同时根据企业过去和未来的生产经营趋势确定产生差异的原因是否合理。

③比较本年度各个月份，本年度与以前各年度的修理费用，目的在于确定资本性支出和收益性支出的区别是否正确，有无混淆这两类支出的错误。

④本年度计提折旧额除以固定资产总值，将该比率与上年计算数比较，目的在于确定本年度折旧额的计算有无错误。

⑤分析比较各年度固定资产保险费，查明变动有无异常。

3. 审查固定资产的真实性

对企业期末结存的各项固定资产是否确实存在的审查，审计人员通常都是通过监盘加以实现。固定资产的监盘程序与存货的监盘基本相同，但由于企业固定资产的保管方式不同于存货的集中存放模式，而是分散在企业不同的使用地点，因此，审计人员应根据固定资产的类型分别采用不用的监盘方法。一般来说，对房屋、建筑物等无法移动的固定资产，因其固有风险较小，可以采用重点抽查验证的方式，安装使用设备的固有风险也较小，因此也可以在小范围内抽查验证，对可移动的固定资产，因其固有风险较大，则需扩大抽查验证范围。

在对固定资产实物监盘前，审计人员应先将固定资产明细账与固定资产卡片进行核对，做到账卡相符。

在实施监盘时，既要注意固定资产是否完整存在，如主机、辅机、应有配件、备件是否齐全，也要关注固定资产的维护保养情况，鉴定其新旧程度与账面记录是否一致，必要时可以聘请专家对其实际价值进行估价；对监盘中发现的未使用和不需用的固定资产，应调查其购建启用及停用时点，并做出记录；对于暂时闲置的固定资产，应获取相关证明文件，观察其实际状况，检查其是否按规定计提折旧，相关的会计处理是否正确。

监盘完后，对于盘盈、盘亏的固定资产进行深入的调查，如发现因凭证手续不全所造成的账外资产应补记入账。在确认盘盈或盘亏的基础上，审查企业是否将盘盈或盘亏的固定资产，通过"待处理财产损益"和"固定资产减值准备"账户核算。对盘亏的固定资产要查明原因，并审查企业是否根据固定资产账面价值进行了转账处理；对于盘盈的固定资产，审查企业是否按重置价值入账，并按其新旧程度估计累计折旧。

4. 审查固定资产的所有权

对企业的固定资产，除通过监盘确定其存在性外，审计人员还需要收集各种凭证，如契约、产权证明书、财产税单、发票等，以确定固定资产确实属企业所有。

对于初次审计的项目，审计人员需要花费较多的时间收集足够的证据，证明企业固定资产的归属，并将证明企业固定资产所有权的凭单复印件存入审计的永久性档案中。在企业各项记录都健全的情况下，各项购买合同、发票以及证明所有权的各种证据都可以在有关档案资料中找到，但对于个别存在历史较长的企业，在生产经营活动中可能由于机构变动、人员变更、制度变化等诸多原因，造成证明资产所有权的证据不充分或资产移动放置错误等情况，审计人员则需要采取其他方式，多途径找证据证明资产的所有权及抵押情况。

对于再次审计的项目，审计人员虽然不需要如同初次审计一样全面收集所有权证据，但仍要查验固定资产的所有权，可视内部控制情况，抽取一部分资产记录与资产本身进行查对，特别对记录中的一些增减变动项目必须进行查对。

对企业抵押、担保的固定资产，审计人员应结合对银行借款等的检查，了解固定资产是否存在重大的抵押、担保情况，如有则需取证并记录，提请被审计单位作必要披露。

5. 审查固定资产入账价值的准确性

企业会计准则规定，企业的固定资产应当按成本进行初始计量，审计人员对固定资产入账价值的审查，就是对固定资产取得的实际成本是否真实、正确的审查。根据企业取得固定资产的渠道与方式的不同，其实际成本的确定与构成内容也有所不同，审计人员应根据不同的情况开展具体的审查工作。

（1）企业购入固定资产

审计人员应审查其入账价值是否按实际支付的买价、相关税费（不包括购进固定资产的进项税）、使固定资产达到预定可使用状态前所发生的可归属于该项资产的运输费、装卸费、安装费和专业人员服务费等记账，有无将包装费、运杂费或安装成本记入生产成本或管理费用中，混淆固定资产与生产成本界限的情况。

（2）企业自行建造固定资产

审计人员应审查其入账价值是否按照建造过程中实际发生的全部支出记账，有无将固定资产建造过程中发生的料、工、费记入生产成本，或者相反，将日常生产中发生的料、工、费记入固定资产价值中，混淆费用界限，造成固定资产价值不正确以及当前损益不真实的情况。

①审查固定资产建造所耗物资。企业为工程准备购入的物资应在"工程物资"明细科目内核算。审计人员应审查确定工程物资是否存在，与账面记录是否一致，审查的方法与要点可比照存货的审查。

②审查预付工程价款。企业出包工程可以按规定预付承包单位工程价款，工程完工收到承包单位账单时，再补付或补记工程价款。审计人员审查预付工程价款时重点关注：审查出包工程是否合法，是否履行招标程序；审查实际支付的预付工程价款是否与合同规定的比例相符，是否与工程进度以及占全部工程款的比例相适应，必要时应请有关工程技术人员进行评定；审查工程完工后承包单位送来的账单，检查工程价款的计算是否合理、正确，需要补付或补记的工程价款，企业是否及时作了正确的账务处理、披露是否适当。

③审查固定资产的建造成本。企业自行建造固定资产、改扩建固定资产、安装固定资产以及固定资产大修理发生的各项支出应计入"固定资产"科目，企业建造固定资产在试运转过程中所取得的收入扣除税金后抵减建造固定资产开支，其净支出为建造固定资产成本。审计人员审查固定资产建造成本时的重点包括：审计人员应根据固定资产的各明细账，结合有关原始凭证，审查物资、人工、水电费等各项开支是否合法，有无将不属于建造固定资产的一些开支记入了固定资产成本，或将建造固定资产开支列入生产成本的现象；审查建造固定资产借款利息处理的合规性，审查时应注意，企业发生的工程借款利息，只有属于固定资产尚未达到预定可使用状态之前的才应计入固定资产造价；审查固定资产试运转过程中收入处理的完整性，审查时应注意，建造固定资产试运转中各项收入是否全部入账，有无收入不入账等行为，是否将收入扣除税金后冲减了工程成本，账务处理是否正确。

④审查固定资产期末余额。建造固定资产的期末余额为尚未达到预定可使用状态

的实际支出,以及尚未使用的工程物资的实际成本。审计人员应按照固定资产各明细科目所反映的内容分别加以审查,证实其真实性、正确性,并确定建造固定资产减值准备是否适当,计提依据是否充分,账务处理是否正确。

⑤审查工程项目的决算。企业的出包工程或自行建造工程,在工程完工后都需编制竣工决算,以此为依据转入固定资产,因此,审计人员应严格审查工程项目的决算,包括各项费用开支是否遵守预算定额标准,资金的使用是否经济合理,有无弄虚作假和损失浪费的现象;项目完工的工作量是否符合要求,主要设备、辅助设备以及应有零部件是否齐全;工程价款的计算方法是否符合标准,计算额是否正确;完工验收情况如何,是否达到了预期标准;产权关系是否明确等。

(3) 其他单位投资转入的固定资产

审计人员在审查其他单位投资转入的固定资产时,应注意审查其入账价值是否按评估确认或者合同、协议约定的价格记账,合同、协议约定价值有无不公允的情况,影响固定资产价值正确性以及投入资本真实性的情况。

(4) 企业融资租入的固定资产

审计人员在审查融资租入固定资产时,应审查其入账价值是否按租赁协议确定的设备价款、运输费、途中保险费、安装调试等支出记账,是否存在将协议中规定的费用项目漏记、错记或多记的情况,以及是否存在混淆经营租赁与融资租赁界限的情况。

(5) 企业在原有固定资产基础上改建、扩建的固定资产

对此类固定资产的审计,审计人员应注意审查其入账价值是否按原有固定资产账面原值,减去改建、扩建过程中发生的变价收入,加上由于改建、扩建而增加的支出记账,有无将改建、扩建期间发生的料、工、费与生产成本或管理费用相混,或将改建、扩建中发生的固定资产变价收入不入账的情况。

(6) 企业接受捐赠的固定资产

审计人员在审查捐赠所得固定资产时,应注意审查其入账价值是否按照同类资产的公允价值或根据所提供的有关凭证记账,同时包括在接受固定资产时发生的各项费用,是否未按同类资产的市场价格或所提供的有关凭证记账,而只是人为估计价值入账,是否存在将接受固定资产时发生的各项费用记入到管理费用中,或把企业的一些其他开支一并记入接受捐赠的固定资产价值中的情况。

(7) 企业盘盈的固定资产

对盘盈的固定资产,审计人员主要审查其入账价值是否合理估价,有无随意估计价值的情况。

(8) 企业为取得固定资产而发生的借款费用

企业为取得固定资产借入资金需付出一定的代价,包括借款利息、折价或溢价的摊销和辅助费用,以及因外币借款而发生的汇兑差额等,在固定资产达到预定可使用状态之前发生的,应计入固定资产的价值,在此之后发生的,应计入当期损益。审计人员应注意审查企业借款费用处理是否正确,已经记入固定资产价值的借款费用是否符合资本化的条件,有无将不应资本化的借款费用记入固定资产价值的问题,资本化

的借款费用金额是否正确。

（9）企业因清产核资、资产评估调整的固定资产

审计人员对于因清产核资、资产评估调整固定资产的，应取得有关清产核资报告、资产评估报告及政府管理部门的批复或备案报告，并审查其会计处理是否正确。

6. 审查固定资产的增加、减少

（1）企业新增固定资产的审查

企业新增固定资产应借记"固定资产"科目，同时依据其来源渠道不同贷记不同的会计科目。企业自行购入的固定资产应贷记"银行存款"，自行建造的固定资产应贷记"在建工程"，投资者投入的固定资产应贷记"实收资产"或"股本"，接受捐赠的固定资产应贷记"营业外收入"，盘盈的固定资产应贷记"待处理财产损益"，经审批后按规定程序转销时再冲减"待处理财产损益"，贷记"营业外收入"。审计人员应重点关注企业以非现金资产抵债或以应收债款换入的固定资产和以非货币性交易换入的固定资产，是否按照企业会计准则的规定进行了相应的会计处理。

（2）企业减少固定资产的审查

企业固定资产会因为报废、出售、向其他单位投资转出、盘亏等原因减少，审计人员对固定资产减少审查时，应分析固定资产减少情况，查阅涉及固定资产减少的明细账和会计凭证，按固定资产减少的不同情况，分别进行审查：审查报废固定资产时，重点关注报废固定资产是否达到规定的使用年限，是否有授权审批文件，报废后的固定资产残值是否及时收回入账，报废固定资产净损失的计算是否正确，是否按规定记入了"营业外支出"，对提前报废的固定资产应进一步查明其原因。审查出售固定资产时，重点关注出售的合法性，价格是否合理，有无借职务之便以出售固定资产为名谋取私利的行为，固定资产出售后的账务处理是否正确。审查固定资产减少时要结合"固定资产清理""待处理财产损益"账户检查其账务处理的正确性，抽查账面转销额是否正确。审计人员还需检查是否存在未作会计记录的固定资产减少业务，首先要向企业的固定资产管理部门查询本期有无未作会计记录的固定资产减少业务。其次是复核本期是否有新增加的固定资产替换原有固定资产，分析营业外支出等账户，查明有无处置固定资产所带来的收支，如发现企业有某种产品因故停产，则需追查其专用生产设备的处理情况。

（3）企业融资租赁固定资产的审查

对企业融资租赁固定资产的主要审查内容包括：租赁合同是否合法、合规，手续是否完备；融资租入的固定资产计价是否正确，买价、运杂费、途中运输费、安装费、竣工验收前利息费用等是否按规定计入固定资产价值；是否按期计提折旧，折旧计算是否正确；合同到期，所有权转移是否按原定条件执行。

（4）企业经营租赁固定资产的审查

企业采用经营租赁方式租入或租出的固定资产，按合同规定，租入企业只是在规定时间内交付一定租金，享有固定资产的使用权，而固定资产的所有权仍属出租单位，因此，租入企业对临时租入的固定资产，不在"固定资产"账户内核算，只是另设置备查簿进行登记，而租出固定资产的企业仍可继续提取折旧，同时取得租金收

入。审计人员对经营租赁固定资产的审查重点包括：固定资产的租赁是否签订了合同、租约，手续是否完备，合同内容是否符合国家规定，是否经相关管理部门的审批；租入的固定资产是否确属企业必需，或出租的固定资产是否确属企业多余、闲置不用的，双方是否认真履行合同，其中是否存在不正当交易；租金收取是否签有合同，有无多收、少收现象；租入固定资产是否存在浪费损坏现象，租出固定资产有无长期不收租金、缺乏管理，是否有变相馈送、转让等情况；租入固定资产是否已登入备查簿；租入固定资产改良支出的核算是否单设"经营租入固定资产改良"科目核算。

7. 审查企业有无与关联方之间的固定资产购售活动

如果企业存在与关联方之间的固定资产购售活动，审计人员应检查是否经适当授权，是否按正常交易价格进行交易。

8. 审查固定资产是否已在资产负债表上恰当披露

企业会计报表附注有关固定资产的部分通常应说明的内容包括：固定资产的标准、分类、计价方法和折旧方法；融资租入固定资产的计价方法；固定资产的预计使用年限和预计净残值；对固定资产所有权的限制及其金额（这一披露要求是指，企业因贷款或其他原因而以固定资产进行抵押、质押或担保的类别、金额、时间等情况）；已承诺将为购买固定资产支付的金额；暂时闲置的固定资产账面价值（这一披露要求是指，企业应披露暂时闲置的固定资产账面价值，导致固定资产暂时闲置的原因，如开工不足、自然灾害或其他情况等）；已提足折旧仍继续使用的固定资产账面价值；已报废和准备处置的固定资产账面价值。固定资产因使用磨损或其他原因而需报废时，企业应及时对其处置，如果其已处于处置状态而尚未转销的，企业应披露这些固定资产的账面价值。上市公司还应在其会计报表附注中按类别分项列示固定资产期初余额、本期增加额、本期减少额及期末余额；说明固定资产中存在的在建工程转入、出售、置换、抵押或担保等情况；披露通过融资租赁租入的固定资产每类租入资产的账面价值、累计折旧、账面净值；披露通过经营租赁租出的固定资产每类租出资产的账面价值。

审计人员应关注企业会计报表附注是否如实披露了上述相关内容，如果出现漏记、少记的部分应要求企业予以补充完善。

三、累计折旧的审计

在考虑固定资产减值准备的前提下，影响折旧的因素包括折旧的基数（一般指固定资产的账面原值）、累计折旧、固定资产减值准备、固定资产预计净残值和固定资产尚可使用年限五个方面。由于企业在计算折旧时，对固定资产的残余价值和清理费用只能人为估计，而影响固定资产使用年限的资产有形和无形损耗也难以准确计算，固定资产的使用年限也只能估计，至于固定资产减值准备的计提更带有较大的估计成分，因此，企业固定资产折旧主要取决于企业的折旧政策，具有一定程度的主观性。

（一）累计折旧的审计目标

固定资产折旧的特性决定了累计折旧的审计目标主要包括：确定折旧政策和方法是否符合国家有关的财务会计制度、是否一贯遵循；确定累计折旧增减变动的记录是否完整；确定折旧费用的计算、分摊是否正确、合理和一贯；确定累计折旧的期末余额是否正确；确定累计折旧在会计报表上的披露是否恰当。

（二）累计折旧的实质性测试程序

1. 获取或编制固定资产累计折旧分类汇总表

审计人员编制或取得固定资产累计折旧分类汇总表，该汇总表反映固定资产折旧方法、折旧率、期初折旧余额、本期增加折旧、本期减少折旧、期末折旧余额等。在此基础上复核其加计正确性，并将其与明细账、总分类账、报表核对，查明是否相符。如果不符，应查出从何时起不符，并将当时的明细账与原始凭证核对，查明原因，予以调整。

2. 运用分析性复核程序分析固定资产累计折旧合理性

对企业固定资产累计折旧计提的总体合理性进行复核，是测试折旧正确与否的一个有效方法。根据情况，选择以下方法对累计折旧进行分析程序：

①将当年的折旧费用与以前年度折旧费用比较。

②将应计提折旧的固定资产乘以本期的折旧率，分析折旧计提的总体合理性。审计人员在计算前应对本期增加和减少的固定资产、使用年限长短不一的和折旧方法不同的固定资产作适当调整。如果总的计算结果和被审计单位的折旧总额相近，且固定资产及累计折旧的内部控制较健全时，就可以适当减少累计折旧和折旧费用的其他实质性测试工作量。

③计算本期计提折旧额占固定资产原值的比率，并与上期比较，分析本期折旧计提额的合理性和准确性。

④计算累计折旧占固定资产原值的比率，评估固定资产的老化率，并估计因闲置、报废等原因可能发生的固定资产损失，结合固定资产减值准备，分析其是否合理。

⑤将成本费用中的折旧费用明细账记录与"累计折旧"账户贷方的本期折旧计提额比较，查明计提折旧是否计入本期生产成本或期间费用，如发现差异，必须查明原因，差异数额较大时需作出调整。

3. 审查企业所使用折旧方法的适当性

按照企业会计准则的规定，企业固定资产折旧方法可以采用年限平均法、工作量法、年数总和法、双倍余额递减法等，且折旧方法一经确定，不允许任意变动，如需变更应当在财务报表附注中予以说明。审计人员应检查被审计单位制定的折旧政策和方法是否符合国家有关财务会计制度的规定，确定其所采用的折旧方法能否在固定资产使用年限内合理分摊其成本，审查企业折旧计算单和累计折旧账户，以判断其前后期是否一致。

4. 审查企业固定资产折旧计提的正确性

按规定，固定资产的折旧是按月初固定资产原值为基础进行计提，审计人员审查企业应计提折旧的固定资产是否都已计提，不应计提折旧的固定资产是否无计提折旧的情况，例如本月新增的固定资产是否计提了折旧，本月减少的固定资产是否未计提折旧，重点关注以下方面：

①已全额提足折旧但仍在继续使用的固定资产，是否已停止计提折旧。

②已计提部分减值准备的固定资产，计提的折旧是否正确，是否按照该固定资产的账面价值以及尚可商用寿命重新计算确定折旧率和折旧额，审查时要结合固定资产减值准备账户确认其折旧额计算的正确性；已全额计提减值准备的固定资产，是否已停止计提折旧。

③包含土地使用权的固定资产，按规定估价单独入账的土地等是否未计提折旧。

④因更新改造而停止使用的固定资产是否已停止计提折旧，因大修理而停止使用的固定资产是否照提折旧。

⑤对按规定予以资本化的固定资产装修费用是否在两次装修期间与固定资产尚可使用年限两者中较短的期间内，采用合理的方法单独计提折旧，并在下次装修时将该项固定资产装修余额一次全部计入了当期营业外支出。

⑥对融资租入固定资产发生的、按规定可予以资本化的固定资产装修费用，是否在两次装修期间、剩余租赁期与固定资产尚可使用年限三者中较短的期间内，采用合理的方法单独计提折旧。

⑦对采用经营租赁方式租入的固定资产发生的改良支出，是否在剩余租赁期与租赁资产尚可使用年限两者中较短的期间内，采用合理的方法单独计提折旧。

⑧未使用、不需用和暂时闲置的固定资产是否按规定计提折旧。

此外，审计人员还要注意折旧率是否正确，是否符合各类固定资产使用年限的规定，应核实年限平均法的折旧率以及其他的折旧率，并复核折旧额的计算。审计人员可考虑结合固定资产审计，检查其折旧的计提是否正确无误，并追查至固定资产登记卡。

5. 审查累计折旧账务处理的正确性

为确定企业累计折旧账务处理是否正确，审计人员一方面要审查折旧费用的分配是否合理，与上期分配方法是否一致，另一方面还要将"累计折旧"账户贷方的本期计提折旧额与相应的成本费用中的折旧费用明细账户的借方比较，以查明所计提折旧金额是否已全部摊入本期产品成本或费用，如发现存在差异，应及时追查原因，并考虑是否应建议作适当调整。对于因资产评估调整累计折旧的，审计人员应取得资产评估报告，检查其会计处理是否正确。

6. 检查累计折旧是否已在资产负债表上恰当披露

如果被审计单位是上市公司，应在其会计报表附注中按固定资产类别分项列示累计折旧期初余额、本期计提额、本期减少额及期末余额。审计人员应关注企业会计报表附注是否如实披露了上述相关内容，如果出现漏记、少记的部分应要求企业予以补充完善。

第四节 采购与付款循环其他账户的审计

一、预付账款的审计

（一）预付账款的审计目标

预付账款的审计目标一般包括：确定预付账款是否存在；确定预付账款是否归被审计单位所有；确定预付账款增减变动的记录是否完整；确定预付账款期末余额是否正确；确定预付账款在会计报表上的披露是否恰当。

（二）预付账款的实质性测试程序

1. 获取或编制预付账款明细表

审计人员首先从被审计单位获取或自行编制预付账款明细表，复核加计正确，并与报表数、总账数和明细账合计数核对相符；同时请被审计单位协助，在预付账款明细表上标出截止审计日已收到货物并冲销预付账款的项目，抽查复核其真实性和正确性。

2. 运用分析性复核程序分析预付账款的合理性

审计人员根据被审计单位的具体情况，可选择以下方法对预付账款执行分析性复核：

①将期末预付账款余额与上期期末余额进行比较，分析其波动原因。

②了解被审计单位及行业的预付账款惯例以及收回货物的平均天数，并分析预付账款的账龄。如有确凿证据表明企业的预付账款不符合预付账款性质，或者因供货单位破产、撤销等原因已无望再收回所购货物的，是否将原计入预付账款的金额转入其他应收款项目。

③计算预付账款与主营业务成本的比率，与以前各期末比较，分析异常变动的原因。

④将预付账款余额的增减幅度与主营业务成本的增减幅度比较，分析异常变动的原因。

3. 函证预付账款

审计人员在分析预付账款账龄及余额构成基础上，根据审计策略选择大额或异常的预付账款重要项目（包括零账户），函证其余额是否正确，并根据回函情况编制函证结果汇总表。对回函金额不符的应查明原因并做出记录或建议作适当调整。对未收到回函的，可再次发函，也可采用替代审计程序进行检查，如检查该笔债权的相关凭证资料，或抽查资产负债表日后预付账款明细账及存货明细账，核实是否已收到货物、转销预付账款，并根据替代检查结果判断其债权的真实性或出现坏账的可能性。

4. 审查预付账款的账务处理的正确性

为确定预付账款账务处理是否正确，审计人员重点关注以下几方面：

①结合应付款项明细账,查核有无重复付款或将同一笔已付清的账款在预付账款和应付款项这两个项目同时挂账的情况。

②分析明细账余额,对于出现贷方余额的项目,应查明原因,必要时建议作重分类调整。

③检查预付账款长期挂账的原因。

④对于用非记账本位币结算的预付账款,检查其采用的折算汇率和汇兑损益是否正确。

5. 审查企业与关联方发生的预付账款

审计人员应企业关注是否存在预付关联方账款,如存在,则需通过了解关联交易事项目的、价格和条件,检查采购合同等方法确认该应付款项的合法性和合理性。通过向关联方或其他注册会计师查询或函证等方法,确认交易的真实性。

6. 检查预付账款是否已在资产负债表上恰当披露

如果被审计单位是上市公司,应在其会计报表附注中按不同账龄段列示预付账款余额、各账龄段余额占预付账款总额的比例;说明账龄超过1年的应付款项未收回的原因,以及持有5%(含5%)以上表决权股份的股东单位账款等情况。审计人员应关注企业会计报表附注是否如实披露了上述相关内容,如果出现漏记、少记的部分应要求企业予以补充完善。

二、固定资产减值准备的审计

(一)固定资产减值准备的审计目标

企业会计准则规定,企业应当在期末或者至少在每年年度终了,逐项检查固定资产,如果出现市价持续下跌,或技术陈旧、损坏、长期闲置等原因导致其可收回金额低于账面价值的,应当将可收回金额低于其账面价值的差额作为固定资产减值准备。固定资产减值准备应按单项资产计提。审计人员应关注只产生较少的现金流量的资产,这是资产存在潜在减值的标志,或通过现场观察可以发现资产是否被充分利用。

固定资产减值准备的审计目标一般包括:确定计提固定资产减值准备的方法是否恰当;固定资产减值准备的计提是否充分;确定固定资产减值准备增减变动的记录是否完整;确定固定资产减值准备期末余额是否正确;确定固定资产减值准备的披露是否恰当。

(二)固定资产减值准备的实质性测试程序

1. 获取或编制固定资产减值准备明细表

审计人员获取或编制固定资产减值准备明细表,复核加计正确,并与报表数、总账数和明细账合计数核对是否相符。

2. 审查固定资产减值准备计提的合法性

审计人员应审查固定资产减值准备计提的批准程序,取得并核对书面报告等证明文件，主要审查固定资产减值准备的计提方法是否符合制度规定，计提的依据是否充分，计提的数额是否恰当，相关会计处理是否正确，前后期是否一致。

根据企业会计准则的规定，企业应当于期末对固定资产进行检查，如发现存在下列情况，应当计算固定资产的可收回金额，以确定固定资产是否已经发生减值。

①固定资产市价大幅度下跌，其跌幅大大高于因时间推移或正常使用而预计的下跌，并且预计在近期内不可能恢复。

②企业所处经营环境，如技术、市场、经济或法律环境，或者产品营销市场在当期或近期发生重大变化，并对企业产生负面影响。

③同期市场利率等大幅度提高，进而很可能影响企业计算固定资产可收回金额的折现率，并导致固定资产可收回金额大幅度降低。

④固定资产陈旧过时或发生实体损坏等。

⑤固定资产预计使用方式发生重大不利变化，如企业计划终止或重组该资产所属的经营业务、提前处置资产等情形，从而对企业产生负面影响。

⑥其他有可能表明资产已发生减值的情况。

此外，审计人员还应特别关注：企业是否按单项资产计提固定资产减值准备，当企业固定资产长期闲置不用，在可预见的将来不会再使用，且已无转让价值，或由于技术进步等原因，已不可使用，或虽然尚可使用，但使用后产生大量不合格品，或已经毁损，以至于不再具有使用价值和转让价值，或实质上已经不能再给企业带来经济利益时，企业是否按照该固定资产的账面价值全额计提固定资产减值准备。

3. 运用分析性复核程序分析固定资产减值准备的合理性

运用分析程序，分析本期末固定资产减值准备数额占期末固定资产原价的比率，并与期初数比较。如有异常波动，查明波动原因，判断波动的合理性。

4. 审查固定资产减值准备的转销

检查实际发生固定资产损失时，相应固定资产减值准备的转销是否符合有关规定，会计处理是否正确。

5. 确定固定资产减值准备的披露是否恰当

企业应当在会计报表附注中清晰地说明固定资产减值准备的确认标准和计提方法。应按年填报资产减值准备明细表。上市公司会计报表附注中还应分项列示计提的固定资产减值准备金额、增减变动情况以及计提的原因。审计人员应关注企业会计报表附注是否如实披露了上述相关内容，如果出现漏记、少记的部分应要求企业予以补充完善。

三、在建工程的审计

（一）在建工程的审计目标

在建工程的审计目标一般包括：确定在建工程是否存在；确定在建工程是否归被审计单位所有；确定在建工程增减变动的记录是否完整；确定计提在建工程减值准备的方法和比例是否恰当；在建工程减值准备的计提是否充分；确定在建工程的期末余

额是否正确；确定在建工程在会计报表上的披露是否恰当。

（二）在建工程的实质性测试程序

1. 获取或编制在建工程明细表

审计人员获取或编制在建工程明细表，复核加计正确，并与报表数、总账数和明细账合计数核对相符。

企业在建工程报表数反映企业期末各项未完工程的实际支出，包括交付安装的设备价值，未完建筑安装工程已经耗用的材料、工资和费用支出、预付出包工程的价款、已经建筑安装完毕但尚未交付使用的工程等的可收回金额，应根据在建工程科目的期末余额减去在建工程减值准备科目的期末余额后的金额填列。因此，其报表数应同在建工程总账数和明细账合计数减去相应的在建工程减值准备总账数和明细账合计数后的余额核对相符。

2. 审查本期在建工程的增加数

对企业在建工程的本期增加数，审计人员重点关注以下几方面：

①重大建设项目需取得有关工程项目的立项批文、预算总额和建设批准文件，以及施工承包合同、现场监理施工进度报告等业务资料。

②企业支付的工程款项是否按照合同、协议、工程进度或监理进度报告分期支付，付款授权批准手续是否齐备，会计处理是否正确。

③抽取部分领用工程物资的业务，审查其是否有审批手续，会计处理是否正确。

④结合长短期借款、应付债券或长期应付款的审计，审查借款费用资本化的起讫日期的界定是否合规，计算方法是否正确，资本化金额是否合理，会计处理是否正确。

⑤结合管理费用等的审计工作，审查工程管理费用资本化的金额是否合理，会计处理是否正确。

⑥审查企业计缴的土地开发费的合法性、真实性，会计处理是否正确。

⑦审查企业已取得土地使用权的土地开发时，是否将其账面价值转入相关工程成本。

3. 审查本期在建工程的减少数

对企业在建工程的本期减少数，审计人员重点关注以下几方面：

①结合固定资产的审计，对照在建工程转固定资产的政策，审查企业在建工程转销额是否正确，是否存在将已交付使用的固定资产一直列为在建工程从而少计折旧的情形。

②审查已完工的工程项目竣工决算报告、验收交接单等相关凭证以及其他转出数的原始凭证，审查其会计处理是否正确。

4. 审查在建工程的真实性和所有权

审计人员应审查在建工程项目期末余额的构成内容，并实地观察工程现场，确定在建工程是否存在，了解工程项目的实际完工进度；检查是否存在实际已使用但未办理竣工决算手续、未及时进行会计处理的项目。

5. 审查在建工程减值准备的计提

对企业在建工程减值准备计提的审查，审计人员主要应审查在建工程减值准备的计提方法是否符合制度规定，计提的依据是否充分，计提的数额是否恰当，相关会计处理是否正确，前后期是否一致。重点关注以下几方面：

①当企业在建工程存在长期停建并且预计在未来3年内不会重新开工的在建工程，或所建项目无论在性能上还是在技术上都已经落后，并且给企业带来的经济利益具有很大的不确定性，或其他足以证明在建工程已经发生减值的情形，企业是否按规定计提了在建工程减值准备。

②已计提减值准备的在建工程价值又得以恢复时，是否在原已计提减值准备的范围内转回，相关依据是否充分，会计处理是否正确。

③运用分析性复核的方法，分析期末在建工程减值准备数额与在建工程期末账面余额的比率，并与期初数比较，如有异常波动，查明波动原因，判断波动的合理性。

④审查实际发生在建工程损失时，相应减值准备的转销是否符合有关规定，会计处理是否正确。

6. 审查与关联方相关的在建工程

审计人员应关注企业是否存在与关联方相关的工程建造或代开发业务，如存在，则需审查是否经适当授权，是否按正常交易价格进行结算。

7. 确定在建工程在资产负债表上的披露是否恰当

根据企业会计准则的规定，企业应当在会计报表附注中披露在建工程的期初期末数额及增减变动情况。如果企业计提了在建工程减值准备，则应当在会计报表附注中清晰地说明在建工程减值准备的确认标准和计提方法，企业应按年填报资产减值准备明细表，因此，审计人员审查在建工程减值准备的披露是否恰当，除了关注会计报表附注披露上的恰当性外，还应关注企业资产减值准备明细表中有关在建工程减值准备内容披露的恰当性。

审计人员还需结合银行借款等的检查，了解在建工程是否存在抵押、担保情况，如存在则需取证记录，并提请企业作必要的披露。

上市公司会计报表附注中还应分项列示在建工程的名称、预算数、期初余额、本期增加额、本期转入固定资产额、其他减少数、期末余额、资金来源、工程投入占预算的比例；分项列示期初余额、本期增加额、本期转入固定资产、其他减少数和期末余额中所包含的借款费用资本化金额。其中，工程项目资金来源应区分募股资金、金融机构贷款和其他来源等，用于确定利息资本化金额的资本化率应单独披露。如果上市公司计提了在建工程减值准备，还应分项列示计提的在建工程减值准备金额、增减变动情况以及计提的原因。

审计人员应关注企业会计报表附注是否如实披露了上述相关内容，如果出现漏记、少记的部分应要求企业予以补充完善。

四、固定资产清理的审计

(一) 固定资产清理的审计目标

固定资产清理的审计目标一般包括:确定固定资产清理的记录是否完整;确定反映的内容是否正确;确定固定资产清理的期末余额是否正确;确定固定资产清理在会计报表上的披露是否恰当。

(二) 固定资产清理的实质性测试程序

1. 获取或编制固定资产清理明细表

审计人员获取或编制固定资产清理明细表,复核加计正确,并与报表数、总账数和明细账合计数核对相符。

2. 审查固定资产清理的合法性

审计人员应审查固定资产清理的发生是否有正当理由,是否经有关技术部门鉴定,固定资产清理的发生和转销是否经授权批准。

3. 审查固定资产清理账务处理的正确性

审计人员需结合固定资产等账项的审计,审查固定资产、累计折旧等的账面转入额是否正确。审查固定资产清理收入和清理费用的发生是否真实、准确,清理结果(净损益)的计算是否正确,与施工有关的是否计入了工程成本,属于筹建期间的是否计入长期待摊费用,属于生产经营期间的是否计入营业外收支,属于清算期间的是否计入清算损益,属于出售职工住房的是否计入营业外收支,因债务重组发生的清理净收益是否计入资本公积,清理净损失是否计入营业外支出,因非货币性交易发生的,收到补价方确认的收益是否计入营业外收入。

审计人员还应注意企业的固定资产清理是否长期挂账,如有,应做出记录,必要时建议作适当调整。

4. 检查固定资产清理是否已在资产负债表上恰当披露

第九章 生产与存货循环审计

第一节 生产与存货循环的特性

一、生产与存货循环概述

生产与存货循环是企业处理有关生产成本计算和存货管理等业务的工作程序的总称,其涉及的内容主要是存货的管理及生产成本的计算等,由于本循环涉及业务复杂,存货种类、数量繁多,计价方法各异,且生产成本、存货计价直接影响当期损益,因而审计风险较高,审计人员应对本循环的审计予以高度重视。根据财务报表项目与业务循环的相关程度,生产与存货循环涉及的资产负债表项目主要包括存货、应付职工薪酬、预提费用等;所涉及的利润表项目主要包括主营业务成本等项目。其中,存货又包括物资采购或在途物资、原材料、包装物、低值易耗品、材料成本差异、自制半成品、库存商品、商品进销差价、委托加工物资、委托代销商品、分期收款发出商品、生产成本、制造费用、劳务成本、存货跌价准备、代销商品款等。

生产与存货循环的特性主要包括两部分的内容:一是本循环涉及的主要业务活动;二是本循环所涉及的主要凭证和会计记录。

二、生产与存货循环涉及的主要业务活动

生产与存货循环是由原材料转化为产成品的有关活动组成。该循环包括制造产品品种和数量的生产计划,控制、保持存货水平以及与制造过程有关的交易和事项。该循环交易从领料生产到加工、销售产成品时结束。生产与存货循环所涉及的主要业务活动包括以下七个方面。

(一)制订和批准生产计划

生产计划部门的职责是根据顾客订单或者对销售预测和存货需求的分析来制订生产计划,交由被授权人员审批。如决定授权生产,即签发预先编号的生产通知单,安排生产单位生产或执行。该部门通常应将发出的所有生产通知单编号并加以记录控制。此外,还需要编制一份材料需求报告,列示所需要的材料、零部件及其

库存情况。

（二）申请和发出材料

生产单位根据生产通知单，填写领料单，由部门经理批准后，交仓储部门领料。仓储部门的责任是根据从生产部门收到的领料单发出原材料。领料单上必须列示所需材料的品种、名称、规格、数量以及领料部门的名称。在手工系统中，领料单可以一料一单，也可以一单多料，通常需要一式三联，仓储部门发料后须及时登记材料明细账，并留用一联，一联连同材料交还领料单位，一联送财会部门进行材料收发核算和成本核算使用。

（三）生产加工产品

生产部门根据生产通知单领取原材料后，将生产任务分解到每一个生产工人，并将所领取的原材料交给生产工人，据以执行生产任务。生产工人在完成生产任务后，将完成的产品交生产部门查点，并转交检验员检验合格后办理入库手续，或是将所完成的产品移交下一工序以进一步加工。

（四）核算产品成本

企业为了正确地核算产品成本，对在产品进行有效控制，必须建立健全成本会计制度，将生产控制和成本核算有机结合在一起。一方面，生产过程中的各种记录、生产通知单、领料单、计工单、入库单等文件资料都要汇集到财会部门，由财会部门的成本会计人员对其进行检查和核对，了解和控制生产过程中存货的实物流转；另一方面，财会部门要设置相应的会计账户，汇集有关部门生产过程中生成的各种凭证，逐步登记、汇总材料费、人工费用和制造费用，对产品的生产成本进行核算和控制。成本会计制度可以非常简单，只是在期末记录存货余额，也可以是完善的标准成本制度，它持续地记录所有材料处理、在产品和产成品，并产生对成本差异的分析报告。完善的成本会计制度应该提供原材料转为在产品，在产品转为产成品，以及按成本中心、分批生产任务通知单或生产周期所消耗的材料、人工和间接费用的分配与归集的详细资料。

（五）储存产成品

产成品经验收入库时，须由仓储部门先行点验和检查，然后签收，并将实际入库数量通知财会部门，财会部门进行相应记录。据此，仓储部门确立了本身应承担的责任，并对验收部门的工作进行验证。除此之外，仓储部门还应根据产成品的品质特征分类存放，并填制标签，根据入库单填写"仓库货物登记簿"并建立台账，及时反映仓储货物的产、销、供、耗、存情况，并与销售、财会部门定期对账。企业对于在库产成品要有健全的保管制度和记录制度，产成品的入库和出库应根据收、发凭证进行，并及时登记，保证账、卡、物相符。

（六）销售发出产成品

销售部门接到客户订单，商定商品的品种规格、数量质量、价格、交货期、结算方式等相关信息后，报主管人员批准，再签订销售合同、开出销货单，交由独立的发运部门装运产品。经授权人员审批后，仓储部门根据发运单发出产成品并编制出库单，根据出库单登记产成品永续盘存记录。产成品的发出须由独立的发运部门进行，装运产成品时必须持有核准的发运通知单。出库单至少一式四联，一联交仓储部门，一联发运部门留存，一联送交顾客，一联作为给顾客开发票的依据。

（七）存货的报废核销

企业在采购、运输、生产、存储、销售各环节均有可能发生存货报废，无论哪个环节发生的存货报废都要由经办人员填写报废审批单，说明存货报废品种、规格、金额、地点、原因等，经部门主管审批后交由财会部门、管理部门、存储部门、技术部门组成的"资产报废审核小组"审核，出具鉴定意见后，送被授权人批准。

三、生产与存货循环涉及的凭证和记录

为加强对生产与存货循环业务涉及的相关业务的控制，企业通常会使用很多的凭证和会计记录，典型的生产与存货循环涉及的主要凭证和会计记录有以下几种。

（一）生产指令

生产指令即生产任务通知单，是企业生产计划部门下达的制造产品等生产任务的书面文件，用以通知生产车间组织产品制造，供应部门组织材料发放，财会部门组织成本计算。广义的生产指令也包括用于指导产品加工的工艺规程，如机械加工企业的"路线图"等。生产指令通常需要预先连续编号。

（二）领发料凭证

领发料凭证是企业为控制材料发出所采用的各种凭证，主要有领料单、限额领料单、领料登记簿、退料单、材料发出汇总表、入库凭证等。

（三）产量和工时记录

产量和工时记录是登记工人或生产班组在出勤内完成的产品数量、质量和生产这些产品所耗费工时数量的原始记录。产量和工时记录的内容与格式繁多，在不同的企业，甚至同一企业不同生产车间，由于生产类型不同而采用不同格式的产量和工时记录。常见的产量和工时记录主要有工作通知单、工序进程单、工作班产量报告、产量通知单、产量明细表、废品通知单等。

（四）工薪汇总表及工薪费用分配表

工薪汇总表是为了反映企业全部工薪的结算情况，并据以进行工薪结算、总分类

核算和汇总整个企业工薪费用而编制的,是企业进行工薪费用分配的依据。工薪费用分配表反映了各生产车间各种产品应负担的生产工人的工资及福利费。

（五）材料费用分配表

材料费用分配表是用来汇总反映各生产车间生产各种产品所耗费的材料费用的原始记录。

（六）制造费用分配汇总表

制造费用分配汇总表是用来汇总反映各生产车间各种产品所应负担的制造费用的原始记录。

（七）成本计算单

成本计算单是用来归集某一成本计算对象所应承担的生产费用,计算该成本计算对象的总成本和单位成本的记录。通常按成本对象设置,按成本项目反映完工产品成本,同时也反映期末在产品成本。

（八）存货明细账

存货明细账是用来反映各种存货增减变动情况和期末库存数量及相关成本信息的会计记录。该记录根据入库凭证和发出凭证登记,据以进行明细分类核算和实物控制。

（九）存货盘点报告表

存货盘点报告表是用来记录并报告企业的存货品种、规格、数量、质量情况的凭证,由存货清查小组根据盘点结果据实填制,按规定报经相关授权部门审批后作为财会部门进行会计处理的原始凭证。

生产与存货循环的主要业务活动、相关部门、常见凭证及相关账户见表9-1。

表9-1　生产与存货循环的主要业务活动、相关部门、常见凭证及相关账户

业务类型	业务活动	相关账户	常见凭证和会计记录	相关部门
计划和安排生产	计划和安排生产		生产指令	预算部门
生产产品	发出原材料		领发料凭证	仓储部门
	生产产品		产量和工时记录	生产部门
	核算产品成本		工薪汇总表及工薪费用分配表 材料费用分配表 制造费用分配汇总表 成本计算单	财务部门
储存产品	储存产成品		存货明细账	仓储部门

续表9-1

业务类型	业务活动	相关账户	常见凭证和会计记录	相关部门
发出产品	发出产成品		存货明细账	仓储部门 财务部门

第二节　生产与存货循环的内部控制及其测试

一、生产与存货循环的内部控制

生产与存货循环的内部控制包括存货的内部控制、成本会计的内部控制及工薪的内部控制三个部分。为了预防、检查和纠正生产与存货循环中的错弊，健全的存货内部控制主要包括以下三个方面。

（一）建立适当的职责分工

完整的生产与存货循环的主要职责包括：采购及验收材料、储存保管存货、制订审批生产计划、领用材料生产产品、分配归集产品的成本费用、检验和存储产成品、盘点存货、会计记录等。这些职责应当进行明确的分工：
①采购部门与验收、保管部门相互独立，防止购入不合格材料；
②存储部门与生产或使用部门相互独立，防止多领材料或存货被盗；
③生产计划的制订与审批相互独立，防止生产计划不合理；
④产成品生产与检验相互独立，防止不合格产品入库和售出；
⑤存货的保管与会计记录相互独立，防止篡改会计记录、财产流失；
⑥存货盘点由独立于保管人员之外的其他部门人员定期进行，保证盘点真实性。

（二）信息传递程序控制

企业管理当局通过授权程序、成本控制、永续盘存制等信息传递程序实施控制。
1. 严格的授权审批程序

企业生产与存货管理业务都必须经过授权，各项业务要经过严格的批准手续方可办理。具体的授权批准内容包括：
①生产计划应由被授权的企业管理人员审批，经批准后方可下达生产通知单；
②领取材料须经部门经理批准；
③产品完工须经检验人员检验合格后方可核准入库，验收入库时尚须由仓储部门先行点验和检查；
④产品的发出须经核准的发出通知单方可办理；
⑤各业务环节的存货报废须经专门小组审批；
⑥存货的盘盈或盘亏的账务处理由被授权人批准；
⑦会计方法变更须由企业财务主管批准等。

2. 成本控制（生产与存货循环所特有）

生产与存货的价值流转控制主要由财会部门执行，为了正确核算和有效控制生产与存货成本，必须建立健全生产与存货成本管理制度，将生产控制与成本控制有机结合起来，主要包括：制订成本计划、费用预算或控制目标、严格审核原始凭证、设置生产与存货总账及明细账并进行核算、选择适当的成本计算方法科学计算产品成本、进行生产与存货成本分析、建立成本和费用的归口分级管理控制制度等。

3. 永续盘存制（生产与存货循环所特有）

永续盘存记录由财会部门而不是仓储部门负责，以使管物与管账两个不相容职责分离。财会部门应设置存货明细账对存货的收、发、结存进行及时反映，根据有关会计凭证逐日、逐笔登记各种存货的收、发、存数量和金额，随时反映结存数量和金额；设置存货总分类账对存货收、发、存数量和金额及时汇总和记录，并将明细账置于总账的控制之下；经常核对总账与明细账，存货账面结存数与实际库存数核对，保证账账、账实相符。

（三）实物控制

生产与存货循环过程中涉及的存货种类繁多、收发频繁，对存货实物控制贯穿于采购、验收、存储、发货、生产和报废等多个环节，加强实物控制的主要措施包括：

①保管人员对入库存货进行点验并填制入库单，存货分类安全存放和保管，堆放、仓储条件良好，重要存货建立良好的防火、防盗等防护措施；

②限制非授权人员接近存货；

③定期盘点检查存货管理情况，并如实反映盘点结果，对存货盘盈和盘亏的处理经企业主管批准，其处理及时，符合财务制度规定；

④保管与记录严格分工。

二、成本会计制度的内部控制

成本会计制度的内部控制包括成本费用管理控制和成本费用会计控制两个方面。成本费用管理控制包括：确定成本控制目标和成本计划；制定直接材料、人工工资和制造费用的消耗定额；编制成本、费用预算；对各项成本费用指标进行分解，建立成本费用归口、分级管理责任制；定期进行成本费用考核与评价。成本费用会计控制包括：制定成本费用制度，明确成本范围、开支标准、制定报销手续；建立各种支出的审核制度；设置相应的会计账户，选择适当的成本计算方法，合理地归集与分配各项费用，确定产品生产成本；对各项费用的归集与分配结果进行复核；定期进行成本分析，查明企业成本变动的趋势和原因。

成本会计制度的内部控制目标、关键控制程序和常用的实质性测试见表9-2。

表9-2 成本会计制度的内部控制目标、关键控制程序和常用的实质性测试

内部控制目标	关键内部控制	常用的内部控制测试	常用的交易实质性测试
生产业务是根据管理当局一般或特定的授权进行的	对生产指令、领料单、工资三个关键控制点，应通过恰当手续，经过特别审批或一般审批	检查凭证中是否包括这三个关键点的恰当审批	检查生产指令、领料单、工资等是否经过授权
记录的成本为实际发生的而非虚构的（存在或发生）	成本的核算是以经过审核的生产通知单，领发料凭证、产量和工时记录、人工费用分配表、材料费用分配表、制造费用分配表为依据的	检查有关成本的记账凭证是否附有生产通知单、领发料凭证、产量和工时记录、人工费用分配表、材料费用分配表、制造费用分配表，这些原始凭证的顺序编号是否完整	对成本进行分析性复核；将成本明细账与生产通知单、领发料凭证、产量和工时记录、人工费用分配表、产量费用分配表、制造费用分配表相核对
所有耗费和物化劳动均已反映在成本中（完整性）	生产通知单、领发料凭证、产量和工时记录、人工费用分配表、产量费用分配表、制造费用分配表均事先编号并已经登记入账	检查生产通知单、领发料凭证、产量和工时记录、人工费用分配表、产量费用分配表、制造费用分配表的顺序编号是否完整	对成本进行分析性复核；将生产通知单、领发料凭证、产量和工时记录、人工费用分配表、产量费用分配表、制造费用分配表与成本明细账相核对
成本以正确的金额，在恰当的会计期间及时记录于适当的账户（估价或分摊）（分类）	采用适当的成本核算方法，并且前后各期一致；采用适当的费用分配方法，并且前后各期一致；采用适当的成本核算流程和账务处理流程；内部核查	选取样本测试各种费用的归集和分配以及成本的计算；测试是否按照规定的成本核算流程和账务处理流程进行核算和账务处理	对成本进行分析性复核；抽查成本计算单，检查各种费用的归集和分配以及成本的计算是否正确；对重大的在产品项目进行计价测试
对存货实施保护措施，保管人员与记录、批准人员相互独立	存货保管人员与记录人员职务相分离	询问和观察存货和记录的接触以及相应的批准程序	
账面存货与实际存货定期核对相符（过账和汇总）	定期进行存货盘点	询问和观察存货盘点程序	对存货进行监盘

三、工薪的内部控制

工薪的内部控制目标、关键控制程序和常用的实质性测试见表9-3。

表9-3 工薪的内部控制目标、关键控制程序和常用的实质性测试

内部控制目标	关键内部控制	常用的内部控制测试	常用的交易实质性测试
工薪账项均经适当批准	对上工、工作时间（特别是加班时间）、工资薪金或佣金、代扣款项、工资结算表和工资汇总表等五个关键控制点，应通过恰当手续，经过特别审批或一般审批	检查人事档案；检查工时卡的有关核准说明；检查工薪记录中有关内部检查标记；检查人事档案中的授权；检查工薪记录中有关核准的标记	将工时卡同工时记录等进行比较
记录的工薪为实际发生的而非虚构的（存在或发生）	工时卡经领班核准；准确记录生产工时	检查工时卡的核准说明；检查工时卡；复核人事政策、组织结构图	对本期工资费用的发生情况进行分析性复核；将有关费用明细账与工资费用分配表、工资汇总表、工资结算表相核对
所有已发生的工薪支出已记录（完整性）	工资分配表、工资汇总表完整反映已发生的工薪支出	检查工资分配表、工资汇总表、工资结算表，并核对员工工资手册、员工手册等	对本期工资费用的发生情况进行分析性复核；将工资费用分配表、工资汇总表、工资结算表与有关费用明细账相核对
工薪以正确的金额，在恰当的会计期间及时记录于适当的账户（估价或分摊）（分类）	采用适当的工资费用分配方法，并且前后各期一致；采用适当账务处理流程	选取样本测试工资费用的归集和分配；测试是否按照规定的账务处理流程进行核算和账务处理	对本期工资费用进行分析性复核；抽查工资的计提是否正确，分配方法是否与上期一致
人事、考勤、工薪发放、记录之间相互分离	人事、考勤、工薪发放、记录等职务相互分离	询问和观察各项职责执行情况	

四、生产与存货循环的内部控制测试

审计人员通过对内部控制的测试，对生产与存货循环固有风险和控制风险做出客观的评价，指出其存在的薄弱环节和失控之处，并确定对其可依赖的程度，进而确定实质性测试的范围、重点，对期末余额、发生额进行实质性测试。

（一）调查了解生产与存货循环的内部控制

审计人员通过查阅企业关于存货保管、存货领用、成本会计、工薪费用等方面的制度文件，了解控制环境、走访并实地观察生产部门、仓库、验收部门以及财会部

门的工作等方式，深入了解企业生产与存货管理各方面的制度是否健全，手续是否完备。具体调查了解的内容包括以下方面：

①了解被审计单位存货的范围，重点关注代销商品、在途商品、购货约定商品的确认。

②了解被审计单位存货的采购、验收、存储、发货和会计记录等各个方面是否有明确的职责分工。

③了解被审计单位是否建立了严格的采购业务请购审批制度，采购业务是否由独立的采购部门负责，各个部门请购之前是否填制了请购单等；各部门是否恰当地核算收到的存货，并通过独立的测试以证实达到规定标准。

④了解被审计单位对库存存货是否建立了定期盘点制度，采用何种方法进行存货的期末盘点，实地盘存制和永续盘存制各有利弊，应根据具体情况选择使用；是否以永续盘存制为财务报告的基础，确保会计系统能够及时、正确和完整地记录存货交易。

⑤了解被审计单位对发出制造的各种存货是否建立了必要的控制，是否对各工序建立了质量检验制度和统计在产品与产成品的制度。

⑥了解被审计单位是否建立完善的成本会计制度；成本会计系统是否及时更新；产品成本是否被合理地确认和分配；存货的期末计价方法是否采用成本与可变现净值计价；是否及时分析、调查产品成本差异，并将其恰当地分配到存货和销货成本上。

⑦了解被审计单位是否定期检查存货，处理多余的存货，把技术过时造成的存货损失降低到最小的限度；了解被审计单位存货跌价准备的计提方法；对存货的盘盈、盘亏、报废、毁损的处理是否有明确的制度规定。

⑧了解被审计单位财务部门对存货资金的占用与周转的管理。

经过调查了解后，审计人员运用文字报告、内部控制调查表、流程图等方式，将内部控制情况描述记录于审计工作底稿。

（二）检查不相容职责的分离

与存货有关的不相容职责包括：存货的验收、仓储、使用与记账职责；对半成品或产成品的验收与生产部门；存货报废核销、审批与仓储、使用部门；存货业务各账户的总账与明细账登记职责；保管存货与监督定期实地盘点职责等。审计人员应观察、审查生产与存货管理的各个环节上，采购与保管部门、计划部门与生产部门、存货保管与盘点、生产与验收、存货保管与记账、存储与销售是否独立，对企业控制环境、会计准则的应用进行评价。在企业的各部门和岗位严格分工，职责明确分离，相互牵制，每个环节都按照规定的程序、标准和方法运作时，其内部控制风险相对较低。

（三）检查授权审批程序

对于企业的授权审批控制，审计人员可以根据重要性原则，抽取企业部分业务文件，测试各控制环节的执行情况，授权、审核、计量、记录等控制环节是否真正发挥了作用。包括以下内容：

①抽取部分入库单检查。检查内容包括：是否附有验收单并经检验人员签字；核对入库单的数量、日期、规格、型号、价格等是否同实物收发存登记簿记录、存货明细账记录相一致；大额存货采购是否签订了合同，有无审批手续。

②抽取部分出库单检查。检查内容包括：如果是领料，追查有无经主管批准和领用人签字的领料单，领料凭证上反映的手续是否齐备，追查领料的金额是否恰当合理地计入产品成本明细账中；如果是销售，追查销售合同有无领导签字，有无销售主管批准签字的发货单或提货单；出库单记载的数量、日期是否同实物收发存登记簿记录相一致。

③抽查部分"资产报废审批单"，看有无资产报废审核小组或部门负责人审批的签字。

④选取若干标准成本同实际成本差异较大的账户，检查差异的调整是否有差异分析记录和被授权人的批准。

（四）检查凭证和记录的控制

审计人员检查与存货有关的凭证与记录控制，主要审查内容包括：

1. 询问法和实地观察法

采用询问法和实地观察法检查企业是否编制生产计划或进行预算控制，检查生产通知单是否连续编号，成本的归口分级管理制度执行情况如何，检查有关原始凭证的完备性、及时性、正确性。

2. 审阅生产与存货业务

审阅生产与存货业务会计科目是否健全，存货计价方法是否符合财会制度规定，计价方法发生变化有无批准程序；仓储部门是否依据领料单或提货单发货并填写出库单；在产品在各生产部门或工序间的转移有无严格手续和记录。

3. 成本会计制度的测试

成本会计制度的测试，包括直接材料成本测试、直接人工成本测试、制造费用测试和生产成本在当期完工产品与在产品之间分配的测试四项内容。审查产品成本计价方法是否符合会计制度的规定，有无重大波动，如果采用计划成本、标准成本、定额成本、计算产品成本时所分配的材料成本差异和会计处理是否正确，还要关注费用的归属期间、费用的性质等；抽查制造费用明细账记录是否真实，确定制造费用的分配依据和分配率的选定是否适当，根据此分配率和分配基础重新计算制造费用看其与明细账上余额是否一致；观察有无独立人员检查账簿记录的正确性，对企业会计准则的应用进行评价。

（1）直接材料成本的内部控制测试

对采用定额单耗的企业，可选择并获取某一成本报告期若干种具有代表性的产品成本计算单，获取样本的生产指令或产量统计记录及其直接材料的单位实际成本，计算直接材料的总消耗量和总成本，与该样本成本计算单中的直接材料成本核对，并注意下列事项：生产指令是否经过授权批准；单位消耗定额和材料成本计价方法是否适当，在当年度有何重大变更。

对非采用定额单耗的企业，可获取材料费用分配汇总表、材料发出汇总表（或领料单）、材料明细账（或采购业务测试工作底稿）中各该直接材料的单位成本，作如下检查：成本计算单中直接材料成本与材料费用分配汇总表中该产品负担的直接材料费用是否相符，分配的标准是否合理；抽取材料发出汇总表或领料单中若干种直接材料的发出总量和该种材料费用进行比较，并注意领料单的签发是否经过授权批准，材料发出汇总表是否经过适当的人员复核，材料单位成本计价方法是否适当，在当年有何重大变更。

对采用标准成本法的企业，获取样本的生产指令或产量统计记录、直接材料单位标准用量、直接材料标准单价及发出材料汇总表或领料单，检查下列事项：①根据生产量、直接材料单位标准用量和标准单价计算的标准成本与成本计算单中的直接材料成本核对是否相符；②直接材料成本差异的计算与账务处理是否正确，并注意直接材料的标准成本在当年度内有何重大变更。

（2）直接人工成本的内部控制测试

对采用计时工资制的企业，获取样本的实际工时统计记录、职员分类表和职员工资手册（工资率）及人工费用分配汇总表，作如下检查：①成本计算单中直接人工成本与人工费用分配汇总表中该样本的直接人工费用核对是否相符；②样本的实际工时统计记录与人工费用分配汇总表中该样本的实际工时核对是否相符；③抽取生产部门若干天的工时台账与实际工时统计记录核对是否相符；④当没有实际工时统计记录时，则可根据职员分类表及职员工资手册中的工资率，计算复核人工费用分配汇总表中该样本的直接人工费用是否合理。

对采用计件工资制的企业，获取样本的产量统计报告、个人（小组）产量记录和经批准的单位工资标准或计件工资制度，检查下列事项：①根据样本的统计产量和单位工资标准计算的人工费用与成本计算单中直接人工成本核对是否相符；②抽取若干个直接人工（小组）的产量记录，检查是否被汇总计入产量统计报告。

对采用标准成本法的企业，获取样本的生产指令或产量统计报告、工时统计报告和经批准的单位标准工时、标准工时工资率、直接人工的工资汇总表等资料，检查下列项目：①根据产量和单位标准工时计算的标准工时总量与标准工时工资率之积同成本计算单中直接人工成本核对是否相符；②直接人工成本差异的计算与账务处理是否正确，并注意直接人工的标准成本在当年内有何重大变更。

（3）制造费用测试

获取样本的制造费用分配汇总表、按项目分列的制造费用明细账、与制造费用分配标准有关的统计报告及其相关原始记录，作如下检查：①制造费用分配汇总表中，样本分担的制造费用与成本计算单中的制造费用核对是否相符；②制造费用分配汇总表中的合计数与样本所属成本报告期的制造费用明细账总计数核对是否相符；③制造费用分配汇总表选择的分配标准（机器工时数、直接人工工资、直接人工工时数、产量等）与相关的统计报告或原始记录核对是否相符，并对费用分配标准的合理性做出评估；④如企业采用预计费用分配率分配制造费用，则应针对制造费用分配过多或过少的差额，检查其是否作了适当的账务处理；⑤如果企业采用标准成本法，则应检查样本中标准制造费用的确定是否合理，计入成本计算单的数额是否正确，制造费用差异的计算与账务处理是否正确，并注意标准制造费用在当年度内有何重大变更。

（4）生产成本在当期完工产品与在产品之间分配的测试

检查成本计算单中在产品数量与生产统计报告或在产品盘存表中的数量是否一致；检查在产品约当产量或其他分配标准是否合理；计算复核样本的总成本和单位成本，最终对当年采用的成本会计制度做出评价。

4. 工薪内部控制测试

对企业工薪费用相关的内部控制测试主要包括以下方面：

（1）选择若干月份工资汇总表检查

计算复核每一月份工资汇总表；检查每一份工资汇总表是否业经授权批准；检查应付工资总额与人工费用分配汇总表中的合计数是否相符；检查其代扣款项的账务处理是否正确；检查实发工资总额与银行付款凭单及银行存款对账单是否相符，并正确过入相关账户。

（2）从工资单中选取若干个样本（应包括各种不同类型人员）检查

检查内容包括：检查员工工资卡或人事档案，确保工资发放有依据；检查员工工资率及实发工资额的计算；检查实际工时统计记录（或产量统计报告）与员工个人钟点卡（或产量记录）是否相符；检查员工加班加点记录与主管人员签证的月度加班费汇总表是否相符；检查员工扣款依据是否正确；检查员工的工资签收证明；实地抽查部分员工，证明其确在本公司工作，如已离开本公司，需管理当局证实。

（四）实地观察存货有关的实物控制

审计人员应实地查看企业与存货有关的实物控制是否严格执行，包括：①察看存货的存放和保管情况，仓储条件是否良好，有无防护措施。②保管人员是否对入库存货进行点验并填制入库单。③审计人员应检查存货是否建立定期盘点制度，主要抽查企业若干月份的盘点记录，审查盘点范围、组织方式、盘点结果与账面金额是否一致，盘点是否由企业内部审计人员或仓库保管人员以外的人员监督执行。通过存货项目的循环盘点、抽查盘点以及独立盘点对永续盘存制进行定期检查。

（五）评价生产与存货循环内部控制

审计人员通过对生产与存货循环内部控制的了解测试，确定对内部控制的信赖程度，并指出其存在的薄弱环节与失控点，评价控制风险，明确实质性测试的范围和重点，必要时调整或修订审计计划。

（六）生产与存货循环业务活动的实质性测试

生产与存货循环有关业务活动的实质性测试程序见表9-2和表9-3。由表可知，该循环有关业务活动实质性测试的重点是有关成本的测试、分析性复核的运用、存货的监盘以及存货计价的测试。这些测试在后面内容中将逐一介绍，包括存货成本审计、分析性复核、存货的监盘、存货计价审计和截止测试、应付工资的审计及其他相关账户的审计等内容。在生产与存货循环账户余额测试中，存货的实质性测试占有重要位置。这是因为存货是资产负债表中的主要项目，往往也是流动资产中的最大项目。而且存货流动性强、周转快，受市场因素和生产计划的影响很大，在各年度之间往往不平衡，对各年度末的资产和各年度的损益有很大影响。在会计核算上，存货对应的会计账项很多，存货项目的真实性与正确性直接影响到其他会计账项。而在存货的实质性测试中，往往对注册会计师的专业素质和相关业务知识要求较高，所耗用的审计工时较多，使用的审计程序较复杂。

第三节 生产与存货循环的主要审计方法

一、分析性复核

分析性复核在生产循环审计中占有重要的地位。审计人员在本循环审计过程中往往需要大量运用分析性复核来获取审计证据，并协助形成恰当的审计结论。在本循环审计中通常运用的分析性复核方法主要是简单比较法和比率分析法两种。

（一）简单比较法

在生产与存货循环的分析性复核中，审计人员通常进行的简单比较包括：

①比较前后各期及本年度各个月份的各账户余额及其构成，以确定期末账户余额及其构成的总体合理性。

②比较前后各期及本年度内各个月份的各项成本费用（包括主营业务成本、产品生产成本、直接材料、直接人工、制造费用）的总额及单位成本费用，以评价其总体合理性。

③对每月各项成本、费用差异率进行比较，以确定是否存在人为调节成本的现象。

④将存货余额与现有订单、资产负债表日后各期的销售额和下一年度的预测销售额进行比较，以评估存货滞销和跌价的可能性。

⑤将存货跌价准备与本年度存货处理损失的金额相比较，判断被审计单位是否足额计提存货跌价损失准备。

⑥将与关联企业发生存货交易的频率、规模、价格和账款结算条件，与非关联企业对比，判断被审计单位是否利用与关联企业的存货交易虚构业务交易、调节利润。

例题：表9-4列示的是对某被审计单位本年度与上年度制造费用各构成项目的对比分析。从表中可以看出，除工资和上一年度持平外，房租费和折旧费呈现一定幅度的增长，修理费大幅减少，水电费有小幅减少。进一步分析其原因，主要是本年度业务增长，各项费用相应提高所致，尤其是新增一条生产线，固定资产折旧费用大幅提高；修理费大幅减少的原因是上年度进行了固定资产的大修，而本年度未进行固定资产的大修。基于此，审计人员可以对该企业的制造费用予以确认。

表9-4 制造费用各项目分析表

单位：元

项目	本年数	构成百分比	上年数	增减金额	增减比例
工资	50,000.00	43.98%	50,000.00	0	0
房租费	8,400.00	7.39%	7,000.00	14,000.00	20%
折旧费	36,996.69	32.54%	15,574.00	21,422.69	137.55%
修理费	4,813.00	4.23%	12,904.00	−8,091.00	−62.70%
水电费	13,479.71	11.86%	13,749.60	−269.89	−1.96%
合计	113,689.40	100%	99,227.60	14,461.80	14.57%

（二）比率分析法

在生产与存货循环的分析性复核中，审计人员通常运用的比率主要是存货周转率和毛利率。

1. 存货周转率

存货周转率是用以衡量销售能力和存货是否积压的指标。其计算公式为：

$$存货周转率 = (主营业务成本/平均存货) \times 100\%$$

将被审计单位不同会计期间存货周转率进行纵向比较并与同行业其他企业进行横向比较，比较时，要求存货计价持续一致。分析存货周转率变动是否存在以下情况：①存货成本项目发生变动；②存货核算方法变动；③存货储备减少；④存货控制程序变动；⑤存货跌价准备计提基础变动；⑥销售变动。

存货周转率的波动可能意味着被审计单位存在以下情况：①有意或无意地减少存货储备；②存货管理或控制程序发生变动；③存货成本项目发生变动；④存货核算方法发生变动；⑤存货跌价准备计提基础或冲销政策发生变动；⑥销售额发生大幅度变动。

2. 毛利率

毛利率是反映盈利能力的主要指标，用以衡量成本控制及销售价格的变化。其计算公式为：

$$毛利率 = (主营业务收入 - 主营业务成本)/主营业务收入 \times 100\%$$

毛利率的波动可能意味着被审计单位存在以下情况：①销售价格发生变动；②销售产品总体结构发生变动；③单位产品成本发生变动；④固定制造费用比重较大时销售数量发生变动。

例如：被审计单位某主要产品的销售毛利率为6%，审计人员经调查了解，发现该类产品的行业平均毛利率为15%。针对该类产品毛利率低于行业平均毛利率的原因展开分析，审计人员认为可能是产品单位成本高于行业平均水平，或者产品售价低于行业平均水平。

二、存货的监盘

(一) 存货监盘概述

20世纪30年代末以前,存货审计工作通常仅限于审查会计记录。当时的准则并不要求对存货进行观察、实物监盘或实际接触,审计人员并不承担证实存货实际存在的责任,并声称他们并无资格对被审计单位如此庞杂的存货进行确认与计量。直到1939年美国麦克森·罗宾斯(McKesson & Robbins)公司调查案发生,这种情形才发生改变。在美国证券交易委员会的听证会上指出,于纽约证券交易所上市的该公司已审计的会计报表虚增了1,900万美元的资产(约占资产总额的25%),其中虚增存货约为1,000万美元。受该案件的影响,审计职业界不得不考虑承担证实存货存在的责任,否则将被视为未尽到保护会计报表使用者的职责。因此,职业界规定审计人员在绝大多数情况下必须亲自观察存货盘点过程,如果由于商品存储于公共仓库或审计人员无法参加监盘,审计人员必须执行充分的函证或其他程序。

存货的监盘是指审计人员现场监督被审计单位存货的盘点,并进行适当的抽查。根据2010年11月1日修订的《中国注册会计师审计准则第1311号——对存货、诉讼和索赔、分部信息等特定项目获取审计证据的具体考虑》第三章第四条的规定:"如果存货对财务报表是重要的,注册会计师应当实施下列审计程序,对存货的存在和状况获取充分、适当的审计证据:在存货盘点现场实施监盘(除非不可行);对期末存货记录实施审计程序,以确定其是否准确反映实际的存货盘点结果。""在存货盘点现场实施监盘时,注册会计师应当实施下列审计程序:评价管理层用以记录和控制存货盘点结果的指令和程序;观察管理层制订的盘点程序的执行情况;检查存货;执行抽盘。"

根据上述规定,存货的监盘有以下几层意义:①存货的监盘除非客观状况导致不可行,否则是必需的审计程序;②审计人员需评价被审计单位的存货盘点过程中的记录和控制程序的合理性;③审计人员需现场监督被审计单位的存货盘点;④审计人员根据需要进行适当的抽查;⑤审计人员监盘存货的目的是为确定存货的存在性和存货的质量及其保管状况获取充分、适当的审计证据,以便确证被审计单位管理当局对会计报表的有关认定。

(二) 存货监盘计划

1. 制订存货监盘计划的基本要求

审计人员应当根据被审计单位存货的特点、盘存制度和存货内部控制的有效性等情况,在评价被审计单位存货盘点计划的基础上,编制存货监盘计划,对存货监盘做出合理安排。为了避免误解并有助于有效地实施存货监盘,审计人员通常需要与被审计单位就存货监盘等问题达成一致意见,并考虑获取、审阅和评价被审计单位的预定盘点程序。由于存货的存在与完整性的认定具有较高的固有风险,且审计人员通常只有一次机会通过存货的实地监盘对有关认定做出评价,因此,审计人员必须尽量根据计划过程所收集到的相关信息确定参与监盘的地点以及存货监盘的程序。

审计人员应要求企业成立存货盘点小组,将要盘点存货的已发生经济业务全部入账,结出余额。为保证存货盘点工作的独立性和能够有条不紊地进行,审计人员应参与盘点计划的制订,包括确定盘点的范围、重点、方法与时间安排。

存货监盘程序主要包括控制测试与实质性测试两种方式,审计人员需要确定存货监盘程序以控制测试为主还是实质性测试为主,哪种方式更加有效。如果只有少数项目构成了存货的主要部分,审计人员以实质性测试为主的审计方式获取与存在认定相关的证据更为有效,因此,审计人员对于单位价值较高的存货项目,应实施百分之百的实质性测试,而对于其他存货则可视情况进行抽查。在大多数审计业务中,审计人员会发现以控制测试为主的审计方式更加有效,如果审计人员采用以控制测试为主的审计方式,并准备信赖被审计单位存货盘点的控制措施与程序,则绝大部分的审计程序将限于询问、观察以及抽查。

2. 制定存货盘点计划应实施的工作

在编制存货监盘计划时,审计人员应当实施以下工作:①了解存货的内容、性质、各存货项目的重要程度及存放场所;②了解存货会计系统及其他相关的内部控制;③评估与存货相关的固有风险、控制风险和检查风险及重要性;④查阅以前年度的存货监盘工作底稿;⑤考虑实地查看存货的存放场所,特别是金额较大或性质特殊的存货;⑥考虑是否需要利用专家的工作或其他注册会计师的工作;⑦复核或与管理当局讨论其存货盘点计划。

3. 存货监盘计划的主要内容

存货监盘计划应当包括以下主要内容:①存货监盘的目标、范围及时间安排;②存货监盘的要点及关注事项;③参加存货监盘人员的分工;④抽查的范围。

(三)存货监盘程序

1. 观察程序

在被审计单位盘点存货前,审计人员应当观察盘点现场,确定应纳入盘点范围的存货是否已经适当整理和排列,并附有盘点标识,防止遗漏或重复盘点。对未纳入盘点范围的存货,审计人员应当查明未纳入的原因。

对所有权不属于被审计单位的存货,审计人员应当取得其规格、数量等有关资料,确定是否已分别存放、标明,且未被纳入盘点范围。对于被审计单位持有的受托代存存货,审计人员应视情况确定并执行有关的补充程序。此外,审计人员还应当向受托代存存货的所有权人确证受托代存的存货属于所有权人,尤其在无法立即识别存货归属的情况下。

审计人员在实施存货监盘过程中,应当跟随被审计单位安排的存货盘点人员,自始至终地监督盘点工作的进行,注意观察被审计单位事先制定的存货盘点计划是否得到了贯彻执行,盘点人员是否准确无误地记录了被盘点存货的数量和状况。

2. 抽查程序

审计人员应当随时适当抽查盘点记录，对各种存货的名称、数量、单价、金额进行复核，必要时，可直接复点一部分存货，以验证盘点记录的正确性。审计人员应将抽查结果与被审计单位盘点记录相核对，并形成相应记录。抽查的目的既可以是为了确证被审计单位的盘点计划得到适当的执行（控制测试），也可以是为了证实被审计单位的存货实物总额（实质性测试）。如果观察程序能够表明被审计单位的组织管理得当，并存在充分有效的盘点、监督以及复核程序，那么审计人员可决定减少所需抽查的存货项目。当采用实质性测试时，审计人员实施抽查的范围取决于存货的性质或样本选择方法。如果对价值较高的存货项目实施抽查程序，那么即使审计人员主要采用的是控制测试，也能通过该实质性测试获得进一步的确证。审计人员应考虑根据被审计单位的盘点记录选取抽查项目。

抽查的范围通常包括所有盘点工作小组的盘点内容以及难以盘点或隐蔽性较强的存货。如果审计人员对被审计单位的有关程序不满意，或者审计人员未能观察到相当比重的存货盘点项目，审计人员应当实施实质性的盘点程序。需要特别说明的是，审计人员应尽可能地避免被审计单位了解自己将抽取测试的存货项目。

在抽查时，审计人员应当从存货盘点记录中选取项目追查至存货实物，以测试盘点记录的准确性，还应当从存货实物中选取项目追查至存货盘点记录，以测试存货盘点记录的完整性。如果审计人员在实施抽查程序时发现了差异，很可能表明被审计单位的存货盘点记录在准确性或完整性方面存在错误。由于抽查的内容通常仅仅只是存货盘点中的一小部分，因此在抽查中发现的错误很可能意味着在被审计单位的存货盘点中还存在着其他错误。审计人员应当进一步查明原因，及时提请被审计单位更正，审计人员还需考虑错误的潜在范围和重大程度，在可能的情况下，增加抽查范围以减少错误的发生。审计人员还可要求被审计单位重新进行盘点，重新盘点的范围可限制在某一特殊领域或特定盘点小组。

3. 需要特别关注的情况

①审计人员应当特别关注存货的移动情况，防止遗漏或重复盘点。

审计人员在实施存货监盘程序时应当关注存货的移动情况，并确定（例如通过实施必要的截止测试程序）被审计单位是否已经设置了相应程序，以便在适当的期间内对存货做出准确记录。

②审计人员应当特别关注存货的状况以验证存货质量，观察被审计单位是否已经恰当地区分了所有毁损、陈旧、过时及残次的存货。

审计人员在监督盘点过程中，还应注意存货的状况是被审计单位管理当局对存货计价认定的一部分，审计人员在存货监盘过程中，应当特别关注存货的状况，了解并观察被审计单位是否有存货质量，有无过期、失效、毁损或材质下降的情况。必要时应聘请专家对存货的质量与价值加以鉴定，做出必要的调整记录，以合理地反映决算日存货的价值。审计人员还应当把所有毁损、陈旧、过时及残次存货的详细情况记录下来，以便事后追查以及编制存货跌价准备明细表。

③审计人员应当获取盘点日前后存货收发及移动的凭证，检查库存记录与会计记

录期末截止日期是否正确。

审计人员在对期末存货进行截止测试时，通常应当关注：所有在截止日期以前入库的存货项目均已包括在盘点范围内并已反映在账簿之中，且任何在截止日期以后入库的存货项目均未包括在盘点范围内，也未反映在账簿记录之中；所有在截止日期以前装运出库的存货项目均未包括在盘点范围内且未反映在账簿之中，任何在截止日期以后装运出库的存货项目均已包括在盘点范围内，并已反映在账簿之中；所有已确认为销售、但尚未装运出库的商品均未包括在盘点范围内且未反映在账簿之中；所有已记录为购货、但尚未入库的存货均已包括在盘点范围内并已反映在账簿之中；在途存货和被审计单位直接向其顾客发运的存货均已得到了适当的会计处理。

④在存货监盘过程中，审计人员应当获取存货验收入库、装运出库以及内部转移截止等信息，以便将来追查至被审计单位的会计记录。

审计人员通常可观察存货的验收入库地点和装运出库地点以执行截止测试。当被审计单位在存货入库和装运过程中均采用连续编号的凭证时，审计人员应当关注截止日期前的最后编号以及未使用的编号凭证。如果被审计单位没有使用连续编号的凭证，审计人员应当列出截止日期以前的最后几笔装运和入库记录。如果被审计单位使用运货车厢或拖车进行存储、运输或验收入库，审计人员应当详细列出存货场地上满载和空载的车厢或拖车，并记录各自的存货状况。

⑤将盘点结果与存货明细账余额核对，验证存货明细账余额的正确性。

存货明细账余额的正确性要依盘点的结果来证实。在账实进行核对之前，应先将存货明细账所记录的收、发、存的计算加以核实，然后与总账核对，如果发现记录错误，应予以调整。然后在将存货盘点结果与存货明细账验证的基础上，将二者加以核对，证实账实是否相符，如出现不符，应做出盘盈、盘亏记录，并建议查找原因。

4. 存货监盘结束时的工作

在被审计单位存货盘点结束前，审计人员应当：①再次观察盘点现场，以确定所有应纳入盘点范围的存货是否均已盘点；②取得并检查已填用、作废及未使用盘点表单的号码记录，确定其是否连续编号，查明已发放的表单是否均已收回，并与存货盘点的汇总记录进行核对。审计人员应当根据自己在存货监盘过程中获取的信息对被审计单位最终的存货盘点结果汇总记录进行复核，并评估其是否正确地反映了实际盘点结果。

如果存货盘点日不是资产负债表日，审计人员应当实施适当的审计程序，确定盘点日与资产负债表日之间存货的变动是否已作正确的记录。在很多情况下，存货盘点日并不是资产负债表日，而有可能是在资产负债表日之后或之前甚至是在不同日期进行（例如循环盘点的情况）。在不同情况下，审计人员应当根据不同情况的特点实施程度不同的审计程序，以便确定被审计单位对于盘点日与资产负债表日之间的存货变动情况是否已做出了正确的记录。

如果被审计单位采用永续盘存制核算存货，审计人员应当关注永续盘存制下的期末存货记录与存货盘点结果之间是否一致。如果这两者之间存在重大差异，审计人员应当通过追加审计程序查明原因，并检查永续盘存记录是否已做出了适当调整。如果认为被审计单位的盘点方式及其结果无效，审计人员应当提前对被审计单位进行重新盘点。

（四）特殊情况的处理

1. 由于存货的性质和位置而无法实施监盘程序

如果由于被审计单位存货的性质或位置等原因导致无法实施存货监盘，审计人员应当考虑能否实施替代审计程序，获取有关期末存货数量和状况的充分、适当的审计证据。

（1）存货的特殊性质

由于被审计单位存货的性质而可能导致审计人员无法实施存货监盘，这种情况包括但不限于：存货涉及保密问题，例如商品在生产过程中需要利用特殊配方或制造工艺，或者涉及了机密的政府合同；存货系危害性物质，例如辐射性化学物品或气体。对于具有特殊性质的存货审计，通常需要存在值得信赖的内部控制，审计人员应当查阅购货、生产和销售记录以获取必要的审计证据，通常情况下还可向能够接触到相关存货项目的第三方检查人员做出询证。此外，审计人员还可以实施其他替代审计程序，例如，对于危害性存货物质，如果被审计单位对其生产、使用和处置存在正式报告，审计人员可通过追查至有关报告的方式确定此类危害性物质是否存在。

（2）存货的特殊位置

由于被审计单位存货的位置而可能导致审计人员无法实施存货监盘，一种比较典型的情况是在途存货。由于此类项目通常仅占存货中的一小部分，所以一般情况下可通过审查相关凭证加以验证。对于储放在独立于被审计单位的仓库中的存货，可通过询证方式审查。

综上所述，审计人员实施的替代程序主要包括：①检查进货交易凭证或生产记录以及其他相关资料；②检查资产负债表日后发生的销货交易凭证；③向顾客或供应商函证。

2. 因不可预见的因素导致无法在预定日期实施存货监盘或确定审计项目时被审计单位的期末存货盘点已经完成

如果因不可预见的因素导致无法在预定日期实施存货监盘或确定审计项目时被审计单位的期末存货盘点已经完成，审计人员应当评估存货内部控制的有效性，对存货进行适当抽查或提请被审计单位另择日期重新盘点，同时测试在该期间发生的存货交易，以获取有关期末存货数量和状况的充分、适当的审计证据。

（1）不可预见的因素

由于某些不可预见的因素，而导致审计人员无法在预定日期实施存货监盘，有两种比较典型的情况：审计人员无法亲临现场，即由于无法到达存货储放地点而无法参与被审计单位的存货盘点；气候因素，即由于恶劣的天气而导致审计人员无法参与盘点，或是由于天气而无法观察存货（例如木材被积雪覆盖）。对于上述情况，如果被审计单位存在良好的内部控制，审计人员可以考虑改变存货监盘日期，并对预定盘点日与改变后的存货键盘日之间发生的交易进行测试。对于无法亲临现场的情况，审计人员可考虑选派其他人员实施存货监盘。

（2）确定审计项目时被审计单位的期末存货盘点已经完成

如果确定审计时被审计单位的期末存货盘点已经完成，审计人员应当评估存货内部控制的有效性，对存货进行适当抽查或提请被审计单位另择日期重新盘点，同时测试抽查日或重新盘点日与资产负债表日之间发生的存货交易。

3. 委托其他单位保管或已作质押的存货

审计人员在监盘存货时，应对各种存货的所有权加以鉴定，剔除一些代管、代销、代加工的存货，对于产权不明确的，应加以必要的函证和核实。

对被审计单位委托其他单位保管的已作质押的存货，审计人员应当向保管人或债权人函证。如果此类存货的金额占流动资产或总资产的比例较大，审计人员还应当考虑实施存货监盘或利用其他审计人员的工作。

如果被审计单位将存货存放于其他单位，审计人员通常需要向该单位获取委托代管存货的书面确认函。如果存货已被质押，审计人员应当向债权人询证与被质押存货有关的内容。对于此类存货，被审计单位可能设置（或未设置）可与第三方询证函相比较的独立会计记录。如果此类存货比较重要，审计人员可考虑与被审计单位讨论其对委托代管存货或已作质押存货的控制程序，必要时对此类存货实施监盘程序。

4. 首次审计被审计单位的情况

当审计人员首次审计被审计单位，未能对上期期末存货实施监盘，且该存货对本期会计报表存在重大影响时，如果已获取有关本期期末存货余额的充分、适当的审计证据，审计人员应当实施以下一项或多项审计程序，以获取有关本期期初存货余额的充分、适当的审计证据：①查阅以前审计项目的审计工作底稿；②审阅上期存货盘点记录及文件；③抽查上期存货交易记录；④运用毛利百分比法等进行分析。

第四节 生产与存货循环的实质性测试

一、产品成本的审计

产品成本的审计目标包括：①证实生产成本的真实性；②证实成本形成的合规性；③证实截止期正确性；④证实计价正确性；⑤证实成本会计处理的正确性。

产品成本审计的主要内容包括：运用分析性复核检查产品成本的总体合理性，抽查成本计算单，检查成本开支的合法性，直接材料、直接人工、制造费用、辅助生产费用归集和分配的正确性，抽查复核产品成本计算的正确性。

（一）运用分析方法检查产品成本总体合理性

产品成本的审计主要是运用分析方法检查产品成本总体合理性，分析比较的内容主要有：

①分析比较近期各年度和本年各个月份主要产品生产成本和存货余额及其构成的变动情况，以评价生产成本和期末存货余额及其构成的总体合理性。

②分析比较各月材料和产品成本差异率,判断是否存在人为调节生产成本和存货余额的可能。

③分析比较近期各年度和本年度各个月份产品生产成本总额及单位生产成本,以判断本期生产成本的总体合理性。

④分析比较近期各年度待处理财产损溢,判断其总体合理性。

⑤分析比较近期各年度和本年度各个月份制造费用总额及其构成,判断制造费用及其构成的总体合理性。

⑥分析比较近期各年度和本年度各个月份直接材料费,判断直接材料费的总体合理性。

⑦分析比较近期各年度和本年度各个月份直接人工费用,以判断本期直接人工费用的总体合理性。

⑧分析比较近期各年度和本年度各个月份营业成本总额及单位成本,判断营业成本的总体合理性。

⑨计算分析毛利率:毛利率=(销售收入-销售成本)/销售收入,分析其变动合理性。毛利率变动可能存在的原因有:售价变动、产品单位成本变动、产品总体结构变动、产品销售结构变动等。

⑩对关联企业与非关联企业的产品成本、价格、交易量、结算方式比较分析,判断有无虚构业务情况。

(二)审查标准成本系统

对于采用标准成本系统来控制成本、会计处理和计算存货成本的制造业企业,审计人员应该通过询问以了解:企业制定标准成本的方法,包括是否对生产产品的各种材料投入和人工投入进行工艺研究,是否识别制造费用的构成和将制造费用分配到产品的方法。具体包括:

①审核以前年度工作底稿对标准成本系统的描述,询问该系统在本年度发生的主要变化。

②检查上期工作底稿与本年度的差异账户,以此为基础确定由标准成本会计系统确认的差异额,考虑该差异是否意味着应对标准成本系统进行修改。

③询问更新标准成本的程序,以确定其在本年度的修正程度。

④查看厂房设备,记录成本中心、工厂的大致布局、存货的储存;了解本年度企业生产流程是否进行了重大变化,是否有生产创新、增加了新产品。

⑤随机抽取几个产品的标准成本构成,审查产品的成本构成、工薪记录、制造费用分配方法的合理性,确定所有分录是否已经恰当记录。

⑥审核差异报告,确定企业对差异及差异产生原因的分析情况。确定差异产生的原因是否表明了有必要对标准成本系统进行修正;了解企业年末将差异在存货和销货成本之间进行分配的方法,确定该方法的合理性以及是否与以前年度保持了一致。

⑦对企业标准成本系统进行评价并形成书面记录,说明是否可以依赖该标准成本系统将成本分配到年末存货中。

（三）审查成本项目

企业的产品成本主要包括直接材料、直接人工以及按照一定方法分配的制造费用等。首先审查产品成本开支范围的合法性。审计人员应抽取并审阅"生产成本（基本生产和辅助生产）"明细账、"制造费用"明细账和其他有关明细账，证实企业严格地区分了应计入产品成本的费用与不应计入产品成本的费用的界限，查明有无乱挤乱摊成本或转移成本的问题。审计人员应重点关注企业是否存在混淆成本支出的方面，如将购置固定资产、无形资产和其他资产的资本性支出、对外投资支出、由职工福利费开支的费用、由税后利润开支的各项税收滞纳金、罚款及被没收财物损失、企业对外赞助、捐赠及各种非常损失、赔偿金、违约金等营业外支出、国家有关法律、法规规定以外的各种付费及不属于成本开支范围的各种开支列入了企业的成本支出。

1. 直接材料成本的审计

直接材料成本的审计一般应从审阅材料和生产成本明细账入手，抽查有关的费用凭证，验证企业产品直接耗用材料的数量、单价和材料费用分配是否真实、合理。

（1）直接材料成本的审计内容

①抽查产品成本计算单，检查直接材料成本的计算是否正确，材料费用的分配标准与计算方法是否合理和适当，是否与材料费用分配汇总表中该产品分摊的直接材料费用相符。

②进行分析性复核。分析比较同一产品前后各年度的直接材料成本，如有重大波动应查明原因。

③检查直接材料耗用数量的真实性，有无将非生产用材料计入直接材料费用的情况。通常是以审查材料用途的方式进行，抽取部分领料单，审查其"用途"一栏的填写是否明晰，并汇总后，与"材料费用汇总表"核对其一致性。抽查材料发出及领用的原始凭证，检查领料单的签发是否经过授权，材料发出汇总表是否经过适当的人员复核。按规定，材料一经领出即作为消耗，车间已领未用的材料应于期末填写"退库单"办理退库，或者填写红色"领料单"办理假退库。审计中应注意材料耗用量是否真实、是否存在多领未用材料未办理上述手续而虚增本期材料耗用量的问题。

④检查直接材料计价是否准确，单位成本计价方法是否适当，是否正确及时入账。对按实际成本计价的，首先应审查前后期材料计价方法的一致性；其次应进一步审查计价方法运用及其计算结果的正确性。抽取本期与上期"材料明细账"进行复算，证实计价方法的一致性。通过将"材料明细账"中某种（或某几种）材料的期末结存单价与该材料的耗用单价进行比较，如有差异，应追踪调查并查明原因。

⑤对采用定额成本或标准成本的企业，除进行上述检查外，还应审查材料成本差异的计算和分配的真实性和正确性，会计处理是否正确，并查明直接材料的定额成本、标准成本在本年度内有无重大变更。审查中重点注意：期末结转入库材料成本差异额的正确性；成本差异率计算的正确性；发出材料应负担的材料成本差异计算、分配额是否正确。

⑥直接材料费分配的审查。主要包括对直接材料费用分配依据的审查、直接材料

费分配方法的审查以及直接材料费分配结果的审查。

（2）直接材料审计中常见弊端

①领料单中"用途"一项不填或填写不明确，从而造成生产用料与非生产用料、各种产品生产用料界限不清。

②不按材料消耗定额或实际需要领料，缺乏严格的审批手续，从而造成材料的浪费，甚至公料私用。

③期末已领未用材料不退库也不作"假退库"而留作下月使用，导致两个会计期间直接材料费失真。

④生产车间的边角料和废料不退库，或者退库后不做记录，造成直接材料费和产品成本虚增。

⑤在采用实际成本计价时，任意调整发出材料的计价方法，人为调节产品成本。

⑥在采用计划成本计价时，常采用以下手法人为调节成本：不依照规定按材料类别或品种计算成本差异率，而采用综合成本差异率；不依照规定按本月成本差异率计算分配成本差异而根据调节成本的需要任意分配成本差异等。

⑦对不能直接计入某种产品成本的材料费未按规定的原则选用合理的分配方法进行分配，而是根据需要任意分配。

⑧分配方法选用不当，分配结果不正确。

⑨任意改变材料费的分配方法，造成前后期产品成本不可比、不真实等等。

2. 直接人工成本的审计

直接人工成本的审计一般从审阅"生产成本""制造费用""应付职工薪酬"明细账和工资分配表、工资汇总表等入手，抽查有关的费用凭证，验证直接人工成本归集和分配是否真实、合理。其主要内容包括：

①抽查产品成本计算单，检查直接人工成本的计算是否正确，查明人工费用的分配标准与计算方法是否合理和适当，核对是否与人工费用分配汇总表中该产品分摊的直接人工费用相符。

②进行分析性复核。将本年度直接人工成本与前期进行比较，查明其异常波动的原因。分析比较本年度各个月份的人工费用发生额，如有异常波动，应查明原因。

③结合应付职工薪酬的检查，抽查人工费用会计记录及会计处理是否正确。

④对采用定额成本法或标准成本法的企业，应抽查直接人工成本差异的计算、分配与会计处理是否正确，并查明直接人工的标准成本在本年度内有无重大变更。

3. 制造费用的审计

制造费用是企业为生产产品或提供劳务而发生的间接费用，即生产单位为组织和管理生产而发生的费用，包括分厂和车间管理人员的工资、提取的职工福利费、折旧费、修理费、办公费、水电费、取暖费、租赁费、机物料消耗、低值易耗品摊销、劳动保护费、保险费、设计制图费、实验检验费、季节性和修理期间的停工损失以及其他制造费用等。由于制造费用是一种由多种费用项目组成的综合费用项目，其发生的频率较高，且易与管理费用和其他费用项目混淆，故应在审查中予以重视。制造费用审计的基本要点包括：

①制造费用会计处理正确性及合理性的审查。获取或编制制造费用汇总表,复核加计正确,并与明细账、总账核对是否相符。

②进行分析性复核。将本年度制造费用与前期进行比较,查明其异常波动的原因。分析比较本年度各个月份的制造费用发生额,如有异常波动,应查明原因。

③审阅制造费用明细账,检查其核算的真实性。根据制造费用项目繁多的特点,审查工作可有针对性地对制造费用中的重大数额项目和例外项目是否合理、易与其他费用支出混淆的项目(如折旧费、修理费、工资及福利费、水电费等)以及规定有提取或开支标准的项目,重点审查其是否为实际发生,支出或提取标准是否符合有关规定。

④制造费用项目合规性的审查。审阅制造费用明细账,检查其核算内容及范围是否正确,并应注意是否存在异常会计事项。如存在异常,则应进一步追查至记账凭证及原始凭证,重点查明企业有无将非本部门、单位的制造费用混入,有无属于管理费用等期间费用、福利性支出、其他业务支出、营业外支出等不应列入成本费用的支出(如投资支出、被没收的财物、支付的罚款、违约金、技术改造支出等)计入制造费用。

⑤必要时,对制造费用实施截止测试,即检查资产负债表日前后若干天的制造费用明细账及其凭证,确定有无跨期入账的情况。

⑥检查制造费用的分配是否合理。重点查明制造费用的分配方法是否符合企业自身的生产技术条件,是否体现受益原则,分配方法一经确定,是否在相当时期内保持稳定,有无随意变更的情况;分配率和分配额的计算是否正确,有无以人为估计数代替分配数的情况。对按预定分配率分配费用的企业,还应查明计划与实际差异是否及时调整。

⑦对于采用标准成本法的企业,应抽查标准制造费用的确定是否合理,计入成本计算单的数额是否正确,制造费用的计算、分配与会计处理是否正确,并查明标准制造费用在本年度内有无重大变动。对按预定分配率分配费用的企业,还应查明计划与实际差异是否及时调整。

4. 辅助生产费用的审计

(1)审查辅助生产费用的归集

检查各辅助车间的"生产成本——辅助生产成本"并与有关费用分配表、记账凭证核对,确认"辅助生产成本"中所列直接材料费、直接人工费及其他各项费用是否属本车间为基本生产车间和企业管理部门提供产品或劳务而发生。复核各个成本项目及费用总额,证实其正确无误。

(2)审查辅助生产费用的分配

审查所选择的辅助生产费用分配方法是否符合企业及各辅助生产车间生产特点,在一定会计期间内有无人为调节产品而任意改变分配方法。审查辅助生产费用分配依据是否可靠,分配结果是否正确。审查辅助生产费用分配账务处理的正确性。此外,审查时还应注意是否存在将辅助生产车间为福利部门、基建部门提供的产品和劳务混入基本生产车间和管理部门,或者不参加分配,而直接冲减辅助生产费用的问题。

二、在产品和产成品成本的审查

决定在产品成本的主要因素是在产品数量及其计价,故对在产品成本的审查应从以下两方面进行。

(一)在产品结存数量的审查

一般结合存货的监盘采用抽查法进行审查。审查时,应深入生产车间了解在产品盘存情况,检查盘存记录是否完整、正确,核实盘存数量,查明有无多盘、漏盘,以估计代替盘点,以及其他弄虚作假的情况。如果审计期与在产品盘点期不一致,则审计时在产品的数量已发生了变化。为了确认在产品盘存的数量是否真实,审计人员需按下面公式调整计算:

盘存期在产品应存数量 = 审计期在产品实存数量 + 盘存期至审计期产品完工数量 - 盘存期至审计期产品投产数量

然后将计算出的盘存期在产品应存数量与期末计算在产品成本时的盘存记录进行比较。

(二)在产品计价方法的审查

审查在产品计价方法的重点在于计价方法的合理性,还应当审查计价方法在一定期间有无变化。

(三)产成品成本的审查

1. 产成品数量的审查

对产成品数量的审计最主要的方法是运用存货监盘确认其数量的真实性。此外,需要检查生产部门提供的"产量统计表"和财会部门提供的"产品成本计算单"并进行核对,确认产品数量的一致性。检查"产成品明细账",并与"产品成本计算单"相核对,验证其中产品数量是否相符。将成品库的"产品入库单"与生产车间的完工产品记录进行核对,查明产品完工数与入库数是否一致。检查"产品收发结存汇总表",证实本期产品数量的正确性。

审查中应关注有无下列现象存在:①无视产品质量标准或产品质量检验不严格,将不合格产品混入合格产品;②有意将废品充当合格产品虚报产量或隐产不报等。

2. 产品成本计算的审查

产品计算方法主要包括品种法、分批法、分步法等基本计算方法,以及定额法、分类法、标准成本法等辅助方法。产品成本计算的审查主要包括:①审查所选用计算方法的合理性。审查时应以企业生产特点和管理要求为依据,判明企业产品成本计算方法的合理性。②审查产品成本计算的正确性。可综合采用审阅、核对、复算、函证等方法进行。

三、主营业务成本的审计

主营业务成本是指企业对外销售商品、产成品、对外提供劳务等发生的实际成本。它是由期初库存产品成本加上本期入库产品成本,再减去期末库存产品成本求得的。对主营业务成本的审计,应通过审阅主营业务成本明细账、产成品明细账等记录并核对有关的原始凭证和记账凭证进行。

(一)主营业务成本的审计目标

主营业务成本的审计目标一般包括:确定记录的营业成本是否已发生,且与被审计单位有关;确定营业成本记录是否完整;确定与营业成本有关的金额及其他数据是否已恰当记录;确定营业成本是否已记录于正确的会计期间;确定营业成本的内容是否正确;确定营业成本与营业收入是否配比;确定营业成本的披露是否恰当。

(二)主营业务成本的实质性测试程序

①获取或编制主营业务成本明细表,与明细账和总账核对相符。
②编制生产成本及主营业务成本倒扎表,与总账核对相符。
③进行分析性复核。分析比较本年度与上年度主营业务成本总额,以及本年度各月份的主营业务成本金额,如有重大波动和异常情况,应查明原因。
④结合生产成本的审计,抽查主营业务成本结转数额的正确性,并检查其是否与主营业务收入相配比。
⑤检查主营业务成本账户中重大调整事项(如销售退回等)是否有其充分理由。
⑥确定主营业务成本在利润表中是否已恰当披露。

四、存货审计

(一)存货的审计目标

存货的审计目标一般包括:审查与评价存货的内部控制制度是否健全,且一贯有效执行;确定存货是否存在,是否归被审计单位所拥有;确定存货增减变动的记录是否正确,存货的计量和计价方法是否恰当;确定存货入库与发出的手续是否齐全;确定存货期末余额是否正确;确定存货在资产负债表上的披露是否恰当。

(二)存货的实质性测试程序

审查存货余额。一般采用如下程序。

1. 建立存货项目明细表

取得或编制存货项目明细表,与存货明细账和总账、报表数核对是否相符。

2. 运用分析方法检查存货总体合理性

存货的分析性复核主要是简单比较法和比率分析法两种。审计人员通常运用存货周转率衡量销售能力、存货有无积压,分析存货余额存在错弊的可能性。

针对企业存在异常多存货的情况，审计人员应判断企业是否存在潜在的过时存货，主要分析以下方面：存货的增长率是否高于销售增长率；生产费用是否明显高于或低于行业平均水平；各种"准备"是否明显减少；生产费用账户是否发生重大的贷方记录；对审计人员建议的必要内部控制是否缺乏后续措施。

3. 存货监盘

存货的监盘主要应核实其真实性、完整性，鉴别其所有权，与存货账核对，证实账实是否相符。

4. 存货的计价测试

监盘程序只能对存货的结存数量予以确认。为验证报表上存货余额的真实性，还必须对存货的计价进行审计。

计价审计的样本，应从存货数量已经盘点、单价和总金额已经计入存货汇总表的结存存货中选择。选择样本时应着重选择结存余额较大且价格变化比较频繁的项目，同时考虑所选样本的代表性。抽样方法一般采用分层抽样法，抽样规模应足以推断总体的情况。

存货的计价方法多种多样，企业可结合国家法规要求选择符合自身特点的方法，审计人员除了解掌握企业的存货计价方法外，还应对这种计价方法的合理性与一贯性予以关注，没有充分的理由，计价方法在同一会计年度内不得变动。

进行计价审计时，审计人员首先应对存货价格的组成内容予以审核，然后按照所了解的计价方法对所选择的存货样本进行计价审计。审计时，应排除企业已有计算程序和结果的影响，进行独立审计。待审计结果出来后，应与企业账面记录对比，编制对比分析表，分析形成差异的原因。如果差异过大，应扩大范围继续审计，并根据审计结果做出审计调整。

存货的计价审查应从采购、发出、截止期三方面进行审查。

（1）材料采购的审查

材料计价的审查，按实际成本计价的材料，应审查其成本构成项目是否真实、正确，计价方法是否前后期一致；按计划成本计价的材料，则审查材料成本差异处理是否正确。

材料采购成本的审查，审查内容包括：材料采购成本的构成项目是否完整，材料采购费用分配比例是否合理，材料采购成本是否合规、正确，材料采购成本的计算方法是否符合有关规定。

在途材料的审查，应通过有关账、证的核对，确定在途材料的真实性。

（2）存货发出的审查

审查生产领用材料，核实生产计划，核查发出材料的计价。审计人员在审查生产领用的材料时，应特别注意企业虚增或虚减发出材料成本，虚减或虚增企业盈利等弄虚作假的行为，以及利用多转或少转材料成本进行舞弊等行为。

核实产成品出库的成本结转，审计人员应先分析产成品销售与销售收入的变动趋势；在分析趋势的基础上，对一些主要种类的产成品，核实其销售数量与产成品成本结转数量，并根据企业所采用的不同计价方法，验证其结转额的正确性。

材料销售的审查,应注意企业销售材料是否属于特殊情况,是否经过被授权人批准,出售的价格是否合理。

低值易耗品的审查,通过盘点与核对账目的方法,确定账面低值易耗品余额是否真实、准确,同时审查计价方法是否符合规定。检查是否根据低值易耗品的特点,将低值易耗品的价值摊入到有关成本费用中去。

(3) 存货截止期审查

所谓存货截止测试,就是检查截止到12月31日所购入并已包括在12月31日存货盘点范围内的存货。在会计上,就是检查存货及其对应的会计科目是否一并记入当年财务报表内。存货正确截止的关键在于存货实物纳入盘点范围的时间与存货引起的借贷双方会计科目的入账时间都处于同一会计期间。抽查决算日前后的购货发票和验收单或入库单,凡是决算日或决算日前购进的货物,应检查其相应采购发票是否在同期入账,对于未收到采购发票的入库存货,是否单独存放并暂估入账。查明材料有无提前入账或延期入账的问题。

在确定截止审计样本时,一般以截止日为界限,分别向前倒推或向后顺推若干日,按顺序选取较大金额购货业务的发票或验收报告作审计样本。截止审计完成后,对于发现的错误,应提请被审计单位作必要的账务调整。

5. 存货跌价准备的审查

通过对存货跌价准备进行审查,查明存货跌价准备的真实性、转销的合理性、会计记录的完整性、期末跌价准备余额的正确性及披露的正确性。

①取得或编制存货跌价准备及跌价损失明细表。复核加计该明细表的正确性,并与报表、总账、明细账核对相符。

②存货跌价准备计提合理性的审查。了解被审计单位期末是否对存货进行系统分析,存货跌价准备计提的依据、方法是否合理,各个期间采用的方法是否一致,计算及账务处理是否正确、跌价准备余额是否符合规定。存在下列迹象的,表明存货可能发生了减值,应予以重点关注:存货的市价当期大幅度下跌,其跌幅明显高于因时间的推移或者正常使用而预计的下跌;企业经营所处的经济、技术或者法律等环境以及资产所处的市场在当期或者将在近期发生重大变化,从而对企业产生不利影响;有证据表明存货已经陈旧过时或者其实体已经损坏;存货已经或者将被闲置、终止使用或者计划提前处置;其他表明存货可能已经发生减值的迹象。

寻找潜在过时风险存货的审计程序包括:按照产品类别分析产品周转率或产品的寿命,并将周转率与过去的实际情况和当前的预期进行比较;分析引进新技术对产品的影响;比较当期销售额与预期销售额;按照产品类别对目前存货的销售天数进行分析;分析降价销售产品的金额,定期对存货的可变现净值与成本进行比较;根据新产品的开发计划评价当前的存货构成。

③期后售价的审查。审计人员应抽查部分计提存货跌价准备的项目,检查其决算日后销售价格是否低于存货原始成本。

④对存货跌价准备进行分析。审查前后各期存货跌价准备有无异常变动,是否存在利用跌价准备人为调节成本费用的情况。

⑤核对相关会计科目。将存货跌价损失发生额与"存货跌价准备"科目结合进行核对,检查存货跌价准备和跌价损失的账务处理是否正确。

6. 审查存货和存货跌价准备在财务报表中披露的正确性

审查企业是否在财务报表附注中披露与存货有关的下列信息,各类存货的期初和期末账面价值;确定发出存货成本所采用的方法;用于担保的存货账面价值。

在资产负债表日,存货应当按照成本与可变现净值孰低计算。

检查存货跌价准备和存货在财务报表的披露是否适当;是否披露了存货可变性净值的确定依据,存货跌价准备的计提方法,当期计提的存货跌价准备的金额,当期转回的存货跌价准备的金额,以及计提和转回的有关情况等。

五、应付职工薪酬的审计

(一)应付职工薪酬的审计目标

应付职工薪酬的审计目标一般包括:确定期末应付职工薪酬是否存在,是否为被审计单位应履行的支付业务;确定应付职工薪酬计提和支出是否合理,记录是否完整;确定应付职工薪酬期末余额是否正确;确定应付职工薪酬的披露是否恰当。

(二)应付职工薪酬的实质性测试程序

获取或编制应付职工薪酬明细表,复核加计正确,并与报表、总账数和明细账合计数核对是否相符。

对本期工资费用的发生情况进行分析性复核。

①检查各月工资费用的发生额是否有异常波动,若有,则要求被审计单位予以解释。

②将本期工资费用总额与上期进行比较,要求被审计单位解释其增减变动原因,或取得被审计单位管理当局关于员工工资水平的决议。

③抽查应付职工薪酬的支付凭证。

④检查职工薪酬核算内容和计提的正确性,方法是否与上期一致,并将职工薪酬的计提数与相关的成本、费用项目核对是否一致。

⑤检查应付职工薪酬的计量和确认。

⑥检查应付职工薪酬支付和使用情况。

⑦检查应付职工薪酬期末余额中是否存在拖欠性质的职工薪酬。

⑧如果被审计单位是实现工效挂钩的,应取得有关部门确认的效益工资发放额的认定证明,并复核有关合同文件和实际完成的指标,检查其计提额、发放额是否正确,是否需要进行纳税调整。

⑨确定应付职工薪酬在资产负债表上的披露是否恰当。

六、管理费用的审计

（一）管理费用的审计目标

管理费用的审计目标一般包括：确定管理费用的记录是否完整；确定管理费用的计算是否正确；确定管理费用在会计报表上的披露是否恰当。

（二）管理费用的实质性测试程序

①获取或编制管理费用明细表，与报表数、总账数和明细账合计数核对一致。
②检查管理费用明细项目的设置是否符合规定的核算内容与范围。
③进行分析性复核。
④审查管理费用的发生额是否真实、正确。
⑤确认管理费用在会计报表上的披露是否恰当。

第十章 筹资与投资循环审计

第一节 筹资与投资循环的特性

一、筹资与投资循环概述

筹资与投资循环包括筹资活动和投资活动的交易事项。筹资活动是指企业为满足生产活动的需要,通过改变企业资本,债务规模及构成而筹集资金的活动,企业筹集资金的方式主要有资本投入、举债筹资和企业内部积累等。举债筹资包括短期借款、长期借款、应付债券和长期应付款等,举债筹资具有一定的时间限制,到期时,必须用企业的资产或劳务偿还。企业内部积累的资金主要来源于盈利所得,包括利润的形成和按照企业章程或投资协议等规定进行的利润分配等。投资活动是指企业为通过分配来增加财富,或为谋求其他利益,将资产让渡给其他单位而获得另一项资产的活动,主要有权益性投资交易和债权性投资交易。

筹资与投资循环具有如下特征:审计年度内交易数量较少,而每笔交易的金额通常较大;漏记或不恰当地对一笔业务进行会计处理,将会导致重大错误,从而对企业会计报表是否满足公允性产生较大的影响;其交易必须遵守国家法律、法规和相关契约的规定。

根据财务报表所涉及的项目与业务循环的相关程度,筹资与投资循环涉及的资产负债表项目主要包括交易性金融资产、应收利息、应收股利、可供出售金融资产、持有至到期投资、长期股权投资、投资性房地产、短期借款、交易性金融负债、应付利息、应付股利、长期借款、应付债券、实收资本(或股本)、资本公积、盈余公积、未分配利润等;所涉及的利润表项目主要包括财务费用、投资收益等。

筹资与投资循环的特性主要包括两部分的内容:一是本循环涉及的主要业务活动;二是本循环所涉及的主要凭证和会计记录。

二、筹资与投资循环涉及的主要业务活动

筹资与投资循环包括筹资活动和投资活动两方面业务活动。筹资活动从筹资的审批授权开始,通过签订合同或协议取得资金,到计算利息或股息并偿还本息或发放股

利时结束。投资活动从投资的审批授权开始,取得投资和投资收益,到转让债券或其他投资结束。

(一)筹资活动涉及的主要业务活动

1. 确定资金需求量

企业开展筹资活动前应首先确定为满足组织生产、研究开发、投资等各部门的业务发展需求的资金需用量,再交财务部门统筹安排,进一步根据企业的战略发展需求,以及股票、债券投资和联营项目或偿还到期债务、资本结构调整需要等具体业务活动安排决定资金需求量,制定筹资计划。

2. 选择筹资方式

企业财务部门根据收集的信息,研究筹资渠道、筹资可能性、资金成本和财务风险,确定最佳筹资方式。

3. 审批授权

企业财务部门制定的筹资方案需经管理当局的审批,其中债券的发行每次均要由董事会授权,若发行股票还必须依据国家有关法规或企业章程的规定,报经企业最高权力机构(如董事会)及国家有关管理部门批准。

4. 签订筹资合同或协议

企业根据审批的筹资方案,确定筹资协议签订的程序。吸收直接投资的,先由财会部门与投资方协商,再由企业法人代表签订"联营协议"或股东会制订"公司章程";以借款方式筹资的,向银行或其他金融机构融资须签订"借款合同",发行债券须签订债券契约和债券承销或包销合同;以租赁方式筹资的,签订"借款合同";以发行股票或债券方式筹资的,以"招股说明书"或"债券募集办法"代替筹资协议。

5. 取得资金

企业签订相关筹资协议,经办人将协议、合同副本送达财会部门以备记账,并在还本付息时核对。财务部门根据相关协议、合同实际取得银行或金融机构划入的款项,或取得债券、股票的融入资金。

6. 计算利息或股利并偿还本息或发放股利

企业财务部门经授权和审批后,银行的借款或发行的债券应按照筹资协议或合同计算利息并偿还债务资金、支付利息并及时入账,融入的股本根据股东大会的决定及时计算股利并发放股利。

(二)投资活动涉及的主要业务活动

1. 选择投资项目

企业的战略性投资是由企业最高管理层提出,战术性投资项目由投资管理部门或开发部门提出,企业投资部门再根据企业发展战略需要,依据管理层的要求,按照投资目的和投资原则开展投资项目的方案设计,并对各方案实施可行性论证分析,出具投资可行性报告。

2. 投资的审批授权

企业投资部门设计的投资方案首先经企业财务、市场、生产、研究开发等方面专家论证分析后，再交由管理当局审批。根据企业章程的授权规定分别由总经理、董事会或股东会做出相应的投资决策。

3. 签订投资协议并执行

企业做出投资项目决策后，对外直接投资项目应由授权的投资管理部门与受资方或合资方签订相关投资协议，明确各自权利和义务，承担各自的责任。企业投资管理部门可以通过购买股票或债券进行投资，也可以通过与其他单位联合形成投资。以实物或无形资产投资的，先要对这些资产进行评估，确认其价值后再对外投资，并将资产评估报告副本交财务部门作为财务处理依据。

4. 投资项目管理

企业投资管理部门应对取得的投资开展日常管理工作，将有关投资的各种原始文件归档保管，跟踪投资过程。对于股权投资，应区别控股与非控股情况后派出董事长、董事、监事、总经理、财务总监等管理人员参与生产经营或参与重大决策；对于债权性投资，在投资管理部门适时了解投资项目情况之后，及时向管理当局报告。

6. 取得投资收益

企业财务部门对取得股权投资的股利收入、债券投资的利息收入和其他投资收益予以确认记账。

7. 转让证券或收回其他投资

企业投资管理部门根据投资协议到期后收回投资本金和利息，股权投资按投资协议参与利润分配，收取投资收益；债权投资按协议规定收取利息，到期收回本金，也可以通过转让证券实现投资的收回；其他投资一经投出、除联营合同期满，或由于其他特殊原因联营企业解散外，一般不得抽回投资。

三、筹资与投资循环涉及的凭证和记录

（一）筹资活动涉及的凭证和记录

1. 债券

债券是公司依据法定程序发行，并约定在一定期限内还本付息的有价证券。

2. 股票

股票是企业签发的证明股东所持股份的凭证。

3. 债券契约

债券契约是明确债券持有人与发行企业双方所拥有的权利与义务的法律性文件，其内容一般包括：债券发行的标准；债券的明确表述；利息或利息率；受托管理人证书；登记和背书；如系抵押债券，其所担保的财产；对债券发生拖欠情况，以及对偿债基金、利息支付、本金返还等的处理。

4. 股东名册

发行记名股票的公司应记载的内容一般包括：股东的姓名或者名称、住所；各股

东所持股份数；各股东所持股票的编号；各股东取得股份的日期。发行无记名股票的，公司应记载其股票数量、编号及发行日期。

5. 公司债券存根簿

发行记名公司债券的应记载的内容一般包括：债券持有人的姓名或者名称、住所；债券持有人取得债券的日期及债券的编号；债券总额、债券的票面金额、债券的利率、债券还本付息的期限和方式；债券的发行日期及偿还时间等。发行无记名债券的应当在公司的债券存根簿上记载债券总额、利率、偿还期限和方式、发行日期和债券编号。

6. 承销或包销协议

公司向社会公开发行股票或债券时，应当由依法设立的证券经营机构承销或包销，公司应与其签订承销或包销协议。

7. 借款合同或协议

公司向银行或其他金融机构借入款项时与其签订的合同或协议。

8. 有关记账凭证和会计科目的明细账、总账

筹资活动涉及的记账凭证主要是会计人员依据上述原始凭证单据进行会计处理所编制的记账凭证。筹资活动涉及的会计科目主要有：银行存款、短期借款、长期借款、应付债券、长期应付款、股本等。

（1）资本投入中涉及的其他相关凭证、账簿

资本投入涉及的相关凭证和账簿包括：企业申请成立报告、可行性研究报告、投资方的营业执照、法人代表的资格证明、自然人的身份证明、股东名册；企业章程、合同、协议；政府主管部门的批准证书、准予开业的营业执照副本或准予组建筹委会的临时营业执照等；外商投资企业外方进口材料、设备的商检证明、中方财产转移申请表；货币资金投资清单及股票、债券合同、债券存根簿、承销协议等；实物投资清单及有关凭证；无形资产投资合同、协议及有关凭证；资产评估资料及确认文件、验资报告；土地管理部门出具的土地出让、场地使用文件或租赁文件；股东会、董事会决议、会议文件；决算日（或验资基准日）的财务报表、资本投入的有关账簿的凭证，如实收资本和资本公积明细账及总账；股份制企业改造设立或发起设立的有限责任公司和股份有限公司过去三年的财务报表及审计报告；批准的募股文件；招股说明书；股票承销合同、协议和承销商募集股款有关凭证；个人股股东名册、认缴股本、实缴股款及相关凭证等。

（2）举债筹资及其清偿的有关凭证、账簿

举债筹资及其清偿涉及的相关凭证、账簿包括：企业管理部门有关举债筹资决议、借款合同或协议、债券契约和债券承销协议；短期借款明细账与总账；长期借款明细账与总账；应付债券明细账与总账；债券折价溢价摊销表；长期应付款明细账与总账；财务费用明细账与总账；银行对账单。

（3）盈余公积的相关文件和记录

盈余公积涉及的相关文件和记录包括：利润表和利润分配表；投资收益明细账和总账；利润分配决议、分配方案；利润分配明细账；盈余公积明细账和总账。

（二）投资活动涉及的凭证和记录

1. 股票或债券

企业所拥有的股票或债券通常可以证明企业投资的真实性。

2. 经纪人通知书

当投资是通过经纪人代理进行的，对经济人通知书的审查可以证实企业投资的合理性、投资账务处理的正确性。

3. 债券契约

可以证明债券持有人与发行企业双方所拥有的权利与义务的法律性文件。

4. 被投资企业的章程及有关协议

通过对被投资企业章程及有关协议的审查，可以确定投资业务的真实性、核算处理的准确性以及有无不正常交易行为发生。

5. 股票或债券登记簿

通过审查股票或债券登记簿或向被投资企业函证可以证明企业投资的真实性。

6. 有关的记账凭证和相关科目的明细账、总账

主要包括交易性金融资产、可供出售金融资产、持有至到期投资、长期股权投资、投资性房地产、应收利息、投资收益、应收股利、交易性金融负债等科目相关的记账凭证、明细账和总账。

企业筹资与投资循环的主要业务活动、相关部门、常见凭证及相关账户见表10-1。

表10-1　筹资与投资循环的主要业务活动、相关部门、常见凭证及相关账户

业务类型	业务活动	常见凭证和会计记录	相关部门
筹资活动	确定资金需求量	企业各部门预算	生产、研发、投资、财务等部门
	选择筹资方式	可行性报告	财务部门
	筹资的审批授权	审批文件	管理层[①]
	签订合同或协议	承销或包销协议；借款合同或协议；债券契约；股东名册	企业法人代表[②]
	取得资金	债券；股票；公司债券存根簿	财务部门
	计算利息或股息	有关的记账凭证和会计账簿	财务部门
	还本付息或发放股利	有关的记账凭证和会计账簿	财务部门

续表10-1

业务类型	业务活动	常见凭证和会计记录	相关部门
投资活动	选择投资项目	投资可行性报告	财务等部门
	投资的审批授权	审批决议	管理部门[③]
	签订投资协议	股票或债券；经纪人通知书；债券契约；被投资企业的章程及有关投资协议	管理部门
	取得投资	股票或债券登记簿	投资管理部门
	投资项目管理	股票或债券登记簿	投资管理部门
	取得投资收益	有关的记账凭证和会计账簿	财务部门
	收回投资	有关的记账凭证和会计账簿	财务部门

注释：

①企业筹集资金需经管理层的审批，其中：债券的发行每次均要由董事会授权；发行股票必须依据国家有关法规或企业章程的规定，报经企业最高权力机构（如董事会）及国家有关管理部门批准。

②根据不同的筹资渠道和筹资方式，确定筹资协议签订的程序。吸收直接投资的，财务部门与投资方协商，由企业法人代表签订"联营协议"或由股东会制订"公司章程"；以借款方式筹资的，借款人与债权人双方签订"借款合同"；以租赁方式筹资的，签订"租赁合同"；以发行股票或债券方式筹资的，以"招股说明书"或"债券筹集办法"代替筹资协议。

③企业根据投资目的，对投资项目进行可行性研究。战略性投资由企业最高管理层提出，战术性投资项目由投资管理部门或开发部门提出。经财务、市场、生产、研究开发等方面专家论证可行后，交管理当局审批。根据公司章程授权，分别由总经理、董事会或股东会做出相应的投资决策。

第二节 筹资与投资循环的内部控制及其测试

一、筹资业务的内部控制

筹资活动的内部控制主要涉及筹资的授权审批控制、职责分离控制、会计控制、实物保管的控制以及筹资业务在资产负债表上能否得到恰当的披露等。投资业务内部控制的主要内容包括合理的职责分工、健全的资产保管制度、详尽的会计核算制度、严格的记名登记制度、完善的定期盘点制度等。

1. 职责分工

企业内部需经董事会授权并以公司章程形式明确企业最高权力机构与企业管理部门之间的职责。对业务的授权、执行、会计记录及资产的保管等有明确分工，不得由一个人同时负责上述的任何两项工作，如董事会对资本投入的权利、责任，企业管理部门内部管理人员进行有关股票签发、登记相关账簿、现金收支、票据保管等职责的划分。

①筹资、投资决策与执行相互独立，防止舞弊发生；

②筹资、投资业务执行与记录相互独立，以互相牵制；

③筹资、投资业务执行与财会部门监督相互独立，防止资金管理失控；

④财会部门内部对资金的收付、记录、复核相互独立，以保证业务处理正确无误；

⑤盈余公积核算、复核由不同人员完成，有关明细账与总账记录分开，便于核对账面记录的一致性，避免发生错弊。

2. 信息传递程序控制

（1）授权程序

所有的资本交易事项，如股本交易的股票登记、发行、减资或增资等，都必须经过企业最高权力机构的事先审批与授权，其他任何未经授权的企业行政管理部门无权自行决定股本交易事项，最高管理机构制定举债政策及内部批准程序，偿还债务时，要有正式的授权审批程序。企业对筹集的资金进行投资时，必须进行可行性研究，有正式的授权审批程序，决策后授权财会部门执行。企业盈余公积的提取和使用按国家有关规定，由股东大会或董事会做出决定办理，盈余公积中各部分的使用经董事会的授权批准。

（2）文件和记录的使用

作为内部控制的重要措施，企业筹资和投资业务循环需设计或取得相应的原始凭证，并进行相关明细记录。企业财务部门应针对不同投资者设置资本投入的各种明细账、备查簿，将出资者投入的资本金及时地登记入账，并将其后所发生的增资、减资变动及时、完整地登记在明细账与备查簿中，应根据评估、验证并核实后的凭证进行详细登记。对债务的形成、债务资金的使用和归还等，及时、完整地根据有关凭证进行记录，利息支出手续必须完备。对经营形成的利润及利润分配设置明细账进行详细记录。

（3）审核制度

企业应对筹资和投资业务循环建立相应的审核制度。包括对资本金的筹集、存留、增减情况和股息、红利的分配定期进行检查清理，检查这些投资活动和会计处理是否真实、合法、正确，加强对资本金保值、增值的控制；对长期债务资金的实有数、使用情况及归还情况进行经常性检查，以保证债务资金的合理使用，确保债款及其利息的正确记录、及时归还；对股利的分配、公积金和未分配利润账户应定期进行检查清理，验证其真实性、正确性，以正确评价资本是否增值；企业财务部门在进行相关账务处理时对筹资和投资过程中生成的原始凭证应进行严格审核；对涉及的实物资产应定期或不定期盘点检查；企业内部审计部门要定期检查账证表，抽查出纳保管的票据，检查投资收益和利息等计算的正确性及支付的及时性。

3. 实物控制

企业应对筹资和投资业务循环中生成的相关实物文件和实物资产加强实物控制。业务循环中生成的实物文件主要包括筹资计划、筹资协议或合同、股东会纪要、总经理办公会纪要、企业各级领导人批示、投入实物资产验收单、股票或债券发行批件、发行委托书、投资研究方案、投资协议、借款合同、账册凭证等；实物资产主要包括股票、股权证书、债券、支票、机器设备等。企业应建立实物文件和实物资产的保管制度，确保专人负责，并严格限制非授权人接近实物文件和实物资产，以保证各种实物安全。

筹资活动的控制目标、内部控制和测试见表10-2。

表10-2 筹资活动的控制目标、内部控制和测试

内部控制目标	关键内部控制	常用的内部控制测试	常用的交易实质性测试
借款和所有者权益账面余额在资产负债表日确实存在，借款利息费用和已支付的股利是由被审计期间实际发生的交易事项引起的（存在或发生）	借款或发行股票经过授权审批；签订借款合同或协议、债券契约、承销或包销协议等相关法律性文件	索取借款或发行股票的授权批准文件，检查权限是否恰当，手续是否齐全；索取借款合同或协议、债券契约、承销或包销协议	获取或编制借款和股本明细表，符合加计正确，并与报表数、总账数和明细账合计数核对相符；检查与借款或股票发行有关的原始凭证，确认其真实性，并与会计记录核对；检查利息计算的依据，复核应计利息的正确性，并确认全部利息计入相关账户
借款和所有者权益的增减变动及其利息和股利已登记入账（完整性）	筹资业务的会计记录与授权和执行等方面明确职责分工；借款合同或协议由专人保管，如保存债券持有人的明细资料，应同总分类账核对相符，如由外部机构保存，需定期同外部机构核对	观察并描述筹资业务的职责分工；了解债券持有人对明细资料的保管制度，检查被审计单位是否与总账或外部机构核对	检查被审计期间借款和所有者权益增减变动的原始凭证，核实变动的真实性、合法性，检查授权批准手续是否完备，入账是否及时准确
借款均为被审计单位承担的债务，所有者权益确属股东所有（权利与义务）			向银行或其他金融机构、债券包销人函证，并与账面余额核对；检查股东是否已按合同、协议、章程约定时间缴付资金，其出资额是否经审验

续表10-2

内部控制目标	关键内部控制	常用的内部控制测试	常用的交易实质性测试
借款和所有者权益的期末余额正确（估价或分摊）	建立严密完善的账簿体系和记录制度 核算方法符合会计准则和会计制度的规定	抽查筹资业务的会计记录，从明细账抽取部分会计记录，按原始凭证到明细账、总账的顺序核对有关数据和情况，判断其会计处理过程是否合规完整	
借款和所有者权益在资产负债表上的披露正确（表达与披露）	筹资业务明细账与总账的登记职务分离 筹资披露符合会计准则和会计制度的要求	观察职务是否分离	确定借款和所有者权益的披露是否恰当，注意一年内到期的借款是否列入流动负债

投资活动的控制目标、内部控制和测试见表10-3。

表10-3　投资活动的控制目标、内部控制和测试

内部控制目标	关键内部控制	常用的内部控制测试	常用的交易实质性测试
投资账面余额为资产负债表日确实存在的投资，投资收益（或损失）是由被审计期间实际发生的投资交易事项带来的（存在或发生）	投资业务经过授权审批与被投资单位签订合同、协议，并获取被投资单位出具的投资证明	索取投资的授权批准文件，检查权限是否恰当，手续是否齐全 索取投资合同或协议、检查是否合理有效 索取被投资单位的投资证明，检查其是否合理有效	获取或编制投资明细表，复核加计是否正确，并与报表数、总账数和明细账合计数核对相符 向被投资单位函证投资金额、持股比例及发放股利情况
投资增减变动及其收益（或损失）均已登记入账（完整性）	投资业务的会计记录、授权、执行和保管等方面明确职责分工 健全证券投资资产的保管制度，或者委托专门机构保管，或者建立由内部至少两名以上人员联合控制的制度，证券的存取均需详细记录和签名	观察并描述投资业务的职责分工 了解证券资产的保管制度，检查被审计单位自行保管时，存取证券是否进行详细的记录并由所有经手人员签字	检查被审计期间投资增减变动的原始凭证，对于增加项目要核实其入账基础是否符合投资合同、协议的有关规定，会计处理是否正确；对于减少的项目，要核实其变动原因及授权批准手续

续表10-3

内部控制目标	关键内部控制	常用的内部控制测试	常用的交易实质性测试
投资均为被审计单位所有（权利与义务）	内部审计人员或其他独立的第三者定期盘点证券投资资产，检查是否为企业所实际拥有	了解企业是否定期进行证券投资资产的盘点 审阅盘点报告，检查盘点方法是否恰当、盘点结果与会计记录核对情况以及出现差异的处理是否合规	盘点证券投资资产向委托的专门保管机构函证，以证实投资证券的真实存在
投资的计价方法正确，期末余额正确（估价或分摊）	建立详尽的会计核算制度，按每一种证券分别设立明细账，详细记录相关资料 核算方法符合会计准则和会计制度的规定 期末进行成本与市价孰低比较，并正确记录投资跌价准备	抽查投资业务的会计记录，从明细账抽取部分会计记录，按原始凭证到明细账、总账的顺序核对有关数据和情况，判断其会计处理过程是否合规完整	检查投资的入账价值是否符合投资合同、协议的规定，会计处理是否正确，重大投资项目，应查阅董事会有关决议并取证 检查长期股权投资的核算是否按规定采用权益法或成本法；期末各项投资是否计提减值准备 检查长期债券投资的溢价或折价，是否按有关规定摊销
投资在资产负债表上的披露正确（表达与披露）	投资明细账与总账的登记职务分离 投资披露符合会计准则和会计制度的要求	观察职务是否分离	查明库存股票是否已提供质押或受到其他约束，应取证并提请被审计单位作恰当披露 验明投资的披露是否恰当，注意一年内到期的长期投资是否列入流动资产

表10-2和表10-3中分四栏列示出筹资与投资循环有关的内部控制目标、关键内部控制以及审计人员常用的相应内部控制测试、交易实质性测试，其目的在于帮助审计人员根据具体审计情况和审计条件设计实现审计目标的审计方案。在审计实务工作中，审计人员应根据表中所列示的内容，从实际出发，综合考虑被审计单位所处行业特性、规模大小、内部控制的健全程度和执行效果、前期接受审计的情况，同时还要受审计时间、审计费用的限制，尽可能地消除重复的测试程序，设计更实用、高效的审计计划。如果前一年度该企业的审计工作结果令人满意，审计人员应将审计重点放在企业内部控制的变动部分，掌握各项变动的原因和影响，对上一年度审计中提出的内部控制管理建议逐一核实其落实情况，并查明未予落实的原因。

二、筹资与投资循环的内部控制测试

（一）筹资活动的内部控制测试

筹资活动由借款业务活动和股东权益业务活动组成。企业的借款业务活动涉及短期借款、长期借款和应付债券，这些内部控制基本类似，股东权益增减变动的业务较少而金额较大，审计人员在审计中一般直接进行实质性测试。在此以应付债券为例说明其内部控制测试。

审计人员在对应付债券内部控制进行控制测试时，如果被审计单位应付债券业务不多，审计人员可根据成本效益原则决定直接进行实质性测试；如果企业应付债券业务繁多，审计人员则必须对应付债券的内部控制进行控制测试，通常包括如下内容：

1. 资本投入业务的内部控制测试

由于企业资本投入业务较少发生，因此，审计人员通常对企业资本投入业务实行详细审计，并不需要依据相关内部控制的评审确定资本投入业务的审查范围与重点。审计人员应通过研究与评价企业资本投入业务的内部控制制度，以揭露管理上的薄弱环节，促进企业加强管理，确保投入资本的安全性。

（1）了解与描述资本投入业务的内部控制

审计人员应了解企业治理结构及机制，包括股东会、董事会、监事会、总经理等权责分配与制衡情况，调查了解企业的章程、相关财务制度、业务审批授权等情况，并将了解的情况记录在审计工作底稿中。审计人员应查阅企业董事会颁布的有关章程、制度，了解企业对资本投入业务的有关规定，索取并阅读经董事会制定并颁布的有关章程与制度，从中主要了解以下问题：章程、制度中各项内容是否在国家相关法令、制度范围内；企业所规定的资本金筹集、使用、变更和清算等事项的办理程序是否符合国家规定的程序与方法；章程与制度中是否明确授权有关部门与人员负责资本投入交易事项的办理，并注意不相容职务的划分、其他有关规定，如股东会决议、董事会纪要等有关投入资本的约束规定等。

（2）测试资本投入业务的内部控制

审计人员在了解资本投入业务的内部控制后，应认真查阅企业股票发行的有关文件，例如公司章程、股东大会或董事会决议、工商行政管理部门的审批文件、股票发行纪录以及政府有关法令。通过对这些文件记录的审阅，可以较全面地理解企业有关股本交易活动的内部控制设置情况与执行情况，取得相关证据。审计人员还应进一步分析、核实股本账户，对股本账户（或实收资本账户）每一项增减变动情况核实有无正式的董事会批准文件，并收取证据纳入永久性审计档案，以便再次审计时只需核实新的变动情况。

（3）评价资本投入内部控制

审计人员通过对资本投入的内部控制测试，对其内部控制的健全性、有效性做出客观评价，取得一定的审计证据，指出其薄弱环节。

2. 举债筹资业务的内部控制测试

（1）了解举债筹资业务的内部控制

对举债筹资业务的内部控制的了解，一般可以通过编制流程图、撰写内部控制说明、设计问答式调查表等方式进行。在了解举债筹资业务的内部控制时，一般应注意以下问题：①走访企业管理部门，了解举债筹资的过程，查明企业是否把提出问题，确定目标，拟订方案，评估选优等程序作为举债筹资的法定决策程序，借款业务和债券的发行是否根据董事会授权和有关法律规定进行；②借款业务和债券的发行是否履行审批手续；③借款和发行债券的收入是否立即存入银行；④是否按照借款协议和债券契约的规定及时支付借款利息和债券利息；⑤是否将借款和应付债券记入恰当的账户；⑥询问财会部门人员，了解债务资金取得以后是否与债权人定期核对，如出现差异是否采取措施；⑦借款和债券持有人明细账是否指定专人妥善保管；⑧借款和债券的偿还、购回是否根据董事会授权办理。

如果被审计单位上一年度的审计工作是由同一审计机构（或人员）完成，则审计人员本次审计中应将调查重点放在企业内部控制的变动部分，掌握各项变动的原因和影响。如果在上一年度审计中，针对内部控制提出过管理建议，审计人员还应证实各项管理建议是否已得到落实，并弄清未予落实的原因。

（2）测试举债筹资业务的内部控制

审计人员在了解企业举债筹资业务的内部控制后，应运用一定的方法测试其健全、有效程度，具体措施包括：①取得借款和债券发行的法律性文件，检查借款和债券发行是否经董事会授权、是否履行适当的审批手续、是否符合法律的规定；②检查企业借款和发行债券的收入是否立即存入银行；③取得借款协议和债券契约，检查企业是否根据协议和契约的规定支付利息；④了解借款经办人员与记录人员是否独立，了解债务利息计算、记录、复核及支付业务人员职责分工情况；⑤抽查、核对负债形成、偿还的有关记录和文件，检查债券入账的会计处理是否正确，验证发生日期与其记录日期是否接近或一致，金额是否正确，确定记录控制的有效性；⑥检查债券溢（折）价的会计处理是否正确；⑦取得借款和债券偿还、购回时的董事会决议，检查债券的偿还和购回是否按董事会的授权进行。

（3）分析评价举债筹资业务的内部控制

审计人员在完成上述程序后，应对企业举债筹资业务的内部控制进行分析、评价，以确定其在实质性测试工作中的影响，并针对薄弱环节提出改进建议。

3. 盈余公积内部控制测试

（1）了解并描述盈余公积内部控制

审计人员通过收集、审阅与企业利润形成和利润分配有关的文件、资料，并结合调查、询问，在了解相关内部控制的流程及控制环节的基础上，采用调查表法、文字描述法或流程图法，将其描述出来，并纳入审计工作底稿。

（2）测试盈余公积的内部控制

审计人员在了解企业盈余公积的内部控制后，应进一步测试其执行的有效性，具体审查内容包括：①审阅、复核利润计划表编制依据的可靠性、编制方法的科学、合理性，计算数据的正确性，计划指标的可行性以及与其他相关计划的衔接、协调性等，分析利润计划的执行情况并做出评价；②通过实地观察和询问，确定企业在处理盈余公积业务中不相容职务是否分离，有关人员是否职责分明，有无越权办理的情况；③查阅规章制度、文件、岗位责任制，询问有关人员，确定企业是否建立了完备的利润计算制度、营业外收支控制制度、完整的记录和决算制度，了解上述制度的执行情况；④检查决策日损益核算的会计记录，验证期末利润的结转是否按照有关规定的程序，及时办理了各项手续；⑤查阅公司章程、制度，了解企业对盈余公积业务处理的有关规定是否符合国家有关规定，如税后利润的分配程序、盈余公积的提取比例及其使用范围等；⑥查阅盈余公积的提取与使用的有关批准文件，了解企业在盈余公积提取与使用方面的内部控制情况，取得有关审计证据。审计人员需关注股份制企业除按国家规定提取法定盈余公积外，提取任意盈余公积应经股东大会决议，从支付优先股股利之后的利润中提取，无论法定盈余公积还是任意盈余公积的使用都需经股东大会决议通过方可办理。

（3）评价盈余公积的内部控制

经过对盈余公积的内部控制测试，审计人员可以对其健全性、有效性做出客观评价，同时揭露企业在管理中的漏洞，提出相应的改进意见。

（二）投资活动的内部控制测试

1. 了解并描述投资活动的内部控制

审计人员通过调查走访企业投资管理部门，询问相关岗位人员，结合问卷调查形式，了解被审计单位是否存在投资内部控制，并做出适当记录，采用一定的方式对其内部控制加以描述，以便深入进行测试。一般而言，应了解的内容包括：①投资项目是否经授权批准，投资金额是否及时入账；②是否与被投资单位签订投资合同、协议，是否获得被投资单位出具的投资证明；③投资的核算方法是否符合有关财务会计制度的规定，相关投资收益的会计处理是否正确，手续是否齐全；④有价证券的买卖是否经合法授权，是否妥善保管并定期盘点核对。

2. 测试投资活动的内部控制

（1）抽查投资项目的文件记录

审计人员应根据投资项目的重要性，抽查部分投资业务的文件记录，追踪检查投资管理各环节的控制情况。审计人员应检查其有无投资申请报告，有无对接受投资单位的信用调查报告，有无投资所需资金及未来效益的可行性分析，有无经过企业最高领导认可，如股东大会正式审批手续等，以检查投资立项环节内部控制的有效性。

（2）抽查投资项目的会计记录

审计人员可从各类投资业务的明细账中抽取部分会计记录，首先核实其与原始凭证在证券名称、买卖日期、证券编号、购入成本或售价等方面是否相符。其次，按原始凭证到明细账、总账的顺序核对有关数据和情况，判断其会计处理过程是否合规完整，据以核实投资核算有关内部控制的有效性。

(3) 审阅内部盘核报告

审计人员应审阅内部审计人员或其他授权人员对投资资产进行定期盘核的报告，包括盘点人员是否具有独立性，盘点方法是否适当、盘点结果与会计记录相核对情况以及出现差异的处理是否合规。如果各期盘核报告的结果未发现账实之间存在差异（或差异不大），说明投资资产的实物控制得到了有效执行。

(4) 分析企业投资业务管理报告

对于企业的长期投资，审计人员应对照相关投资方面的文件和凭据，分析企业的投资业务管理报告。在做出长期投资决策之前，企业最高管理阶层（如董事会）需要对投资进行可行性研究和论证，并形成一定的纪要。投资业务一经执行，便会形成一系列的投资凭据或文件，如证券投资的各类证券，联营投资中的投资协议、合同及章程等。负责投资业务的财务经理须定期向企业最高管理层报告有关投资业务的开展情况（包括投资业务内容和投资收益的实现情况及未来发展预测），即提交投资业务管理报告书，供最高管理层做出决策和控制。审计人员应认真分析这些投资管理报告的具体内容，并对照前述的有关文件和凭据资料，判断企业长期投资业务的管理情况。

3. 评价投资活动的内部控制

审计人员完成上述步骤并取得有关内部控制是否健全、有效的证据之后，在工作底稿中标明内部控制的强弱点，即可对内部控制做出客观评价，确认对长期投资内部控制的可信赖程度，进而确定实质性测试的程序和重点，并对企业投资管理上的薄弱环节提出改进建议。

第三节 筹资与投资循环的实质性测试

一、筹资业务主要账户的审计

（一）筹资业务的审计目标

筹资业务的审计目标主要包括：确认被审计单位所记录的各项筹资业务是否确实存在，记录金额是否正确；审查所有与筹资有关的业务是否全部得到记录，入账是否及时；确认负债是否为被审计单位所承担，出资者的投资是否为被审计单位所拥有；审查筹资业务的核算和计价是否正确；审查筹资业务是否以恰当的金额包括在财务报表中；审查筹资业务在财务报表中是否得到恰当的披露。

（二）银行借款的实质性程序

银行借款是被审计单位向银行或其他金融机构借入的款项，偿还期在1年以内的为短期借款，偿还期在1年以上的为长期借款。对银行借款进行实质性测试，审计人员应根据被审计单位年末银行借款余额的大小、占负债总额的比重、以前年度发现问题的多少以及相关内部控制的强弱等，确定银行借款实质性测试的审计程序和方法。审计人员对于短期借款的实质性测试主要包括以下内容。

1. 获取或编制银行借款明细表

审计人员应首先获取或编制银行借款明细表，复核其加计数是否正确，并与明细账和总账核对，确定其一致性，如有不符应查明原因。

2. 执行分析性复核

审计人员对银行借款执行分析性复核，主要关注被审计单位的资产负债率、借款成本水平等相关指标，将计算结果与该单位以前年度水平及同行业平均水平进行比较，如果发现问题，则需进行进一步审查。

3. 审查银行借款的合法性

①审计人员应审查被审计单位的管理层或上级主管机关关于借款业务的授权。

②审查被审计单位与银行或其他金融机构签订的借款合同、协议，通过对借款合同、借款协议的审查，了解被审计单位借款数额、借款时间、借款利率和还款日期等详细情况。

4. 确定银行借款期末余额的真实性

①审查有关借款的账簿记录、借款凭证及有关文件，确定借款业务的真实性。

②利用银行借款对账单与短期借款余额核对，并编制调节表进行调节。

③银行借款期末余额较大或有关业务的内部控制存在薄弱环节时，向有关债权人函证。债权单位在外地的可采用函证的方法，债权单位在当地、负债数额较大的可直接向债权单位调查核实。审计人员向银行或其他金融机构函证时，主要了解银行借款的金额、期限、有无抵押等内容。审计人员必须将收到的询证函与被审计单位银行借款明细账及总账进行核对。

5. 审查银行借款抵押、担保情况

①审查借款合同，调查了解抵押资产是否确实存在，其所有权是否确为企业所有，资产及实际状况是否与借款合同规定一致。

②企业以收入作担保借款时，充当担保的收入是否可靠。

③借款有担保人时，查明担保人是否符合法定要求。

④审查企业是否披露了以金融资产作为担保物的有关的信息。

6. 审查银行借款入账的完整性

①审查各项借款的日期、利率、还款期限及其他条件，确定有无低计短期借款或将短期借款记入长期负债账户的问题。

②向被审计单位开户银行或其他债权人函证，确定有无未登记的银行借款。

③分析利息费用账户，了解利息支出、利率及利息支付期限等，验证利息支出是否合理。如果利息实际支出大于账面反映的应付利息，应进一步审查利息支出凭证，证实有无隐瞒借款的情况。

7. 审查银行借款账户分录记录的真实性、及时性及准确性

①审计人员应审阅被审计单位借款业务相关的会计凭证、明细账及总账，对被审计单位所借款项的增加额、减少额及相关的利息费用支出额进行详细审查，查明入账是否及时，科目及数额是否正确。

②对被审计单位外币借款所采用汇率的准确性进行审查，对外币折算差额入账的

准确性和及时性进行审查，对会计核算所采用的会计方法进行审查。

8. 验证利息计算及账务处理的正确性

①根据银行借款的有关资料，验算应付利息费用，将计算结果与期初应付、预付及期末应付、预付核对，当期利息经计算与利息支出数不符时，应加以调整，复核年末是否正确计提了利息费用，并查明相关的会计记录是否正确。

②通过对借款合同进行审查，查明实际支付利息的利率与合同规定的利率是否一致，确定借款合同规定的利率水平与同期金融市场利率水平是否接近。如果发现合同规定的利率明显偏离市场利率，则应进一步审核，以便确定借款业务中发生各种舞弊行为、违法行为的可能性。

9. 审查长期借款合同履行情况

根据长期借款合同有关条款，审查金融机构是否按合同规定及时向借款单位发放足额贷款，借款单位对借款的使用和归还是否符合借款合同的规定，借款的用途和使用是否合理、合法，是否达到预期使用目标，企业有无违约行为。

10. 银行借款偿还的真实性、及时性和合规性的审查

审查账簿记录，验证银行借款账户借方发生额同有关付款凭证是否相符；还款日期与借款合同内容核对，确定还款的及时性。审查银行存款支出等原始凭证，查明归还的借款本金和利息核算是否真实正确。如果逾期偿还，需查明原因和责任。借款转期时，旧借款和新借款是否同时在账上反映，转期手续是否齐备。

11. 审查借款业务在资产负债表中的披露是否恰当

被审计单位从银行或其他金融机构借得的借款，在资产负债表中应在长期借款和短期借款中分别列示，尤其注意审查一年内到期的长期借款是否列为流动负债，如果以前年度已对企业长期借款进行了审查，可以对本年度内发生变动的长期借款进行重点审查。对于重大事项在会计报表附注中应单独说明，被审计单位应恰当、公允地披露借款项目的会计信息。

（三）应付债券的实质性程序

通过发行债券方式筹集资金，是许多企业普遍采用的筹资方式，对应付债券的实质性测试主要包括以下几个方面。

1. 取得或编制应付债券明细表

审计人员应取得或编制应付债券明细表，并将明细表的内容与有关明细分类账及总账进行核对，以便确认应付债券业务的处理情况。应付债券明细表应包括债券名称、面值、折价或溢价的情况、利息支出情况、应付债券的期初、期末数，本期的增减变动情况等。

2. 审查应付债券业务的合法性

发行公司债券，国家有严格规定，审计人员应向被审计单位索取有关文件资料，通过审查被审计单位债券发行和偿付的有关原始凭证，确认发行债券业务审批手续是否完备，是否有国家证券管理部门的正式批文，是否有公司权力机构的正式决议，发行债券的条件是否符合我国《公司法》和其他法律法规的要求。

3. 审查应付债券业务的真实性

审计人员应验证结账日应付债券账户的余额是否真实，账实是否相符，是否有漏列的项目存在。

①审计人员可以直接向债权人或债券的承销商函证应付债券的真实性。函证的内容主要包括债券的名称、面值、利率、发行日期、发行价格、到期日等。审计人员应将函证的结果与应付债券明细表进行核对，与被审计单位有关明细账和总账进行核对。

②审查应付债券形成的有关凭证及偿还的记录，验证其期末余额是否真实。

4. 审查对应付债券业务会计处理的及时性、完整性

①发行收入完整性的审查。查阅企业发行债券收到货币资金的收据、汇款通知单、送款登记簿及相关的银行对账单和债券存根簿，确定债券发行收入是否实际收到，入账金额是否完整。

②会计处理完整性的审查。审计人员通过对被审计单位应付债券业务有关的原始凭证和记账凭证、明细分类账和总账的审核，确认被审计单位对应付债券业务是否及时、准确、完整的进行了会计处理，折价和溢价的会计处理是否正确，利息费用的核算是否正确。

审计人员对未入账负债的审查方法主要包括：①查阅企业管理当局的会议记录，了解企业决定筹集的全部债务资金的来源。②向被审计单位索取债务说明书。③向债权人函证负债金额。④分析利息费用账户，验证利息支出是否合理，确定实际支出利息是否大于账面反映的应付利息，以查明有无付款利息来自于未入账的银行借款。⑤询问取得资产的融资方式、复核货币资金的收入来源等。通过审核银行存款余额调节表的未达账项确认有无借款不入账、支出不入账的问题。

5. 债券溢价或折价摊销的审查

取得或编制有关应付债券的利息、溢价或折价等账户的分析表，审查利息费用、应付利息、溢价或折价摊销的计算是否正确。

（1）债券溢价的审查

根据"应付债券""利息费用""债券溢价摊销计算表"等账表和有关文件、凭证，查明债券溢价发行及其摊销的账务处理是否正确，有无通过溢价摊销调节当期损益的问题。

（2）债券折价的审查

债券折价发行时，根据"应付债券""利息费用""债券折价摊销计算表"等账表及有关凭证，查明债券折价发行及其摊销的账务处理是否正确。

6. 审查债务偿还情况

审核用以偿还债券的支票存根等原始凭证，验证利息费用计算，核对应付债券账户借方发生额与已偿还债券数额是否相符，查明债券偿还的真实性。还要查明：

①发行新债券赎回旧债券时，应注意新旧债券差价的处理是否合法、正确。

②债券提前偿还时，支付的利息计算是否正确，相关的未摊销折价或溢价是否按规定计入当期损益，有无人为调节的情况。

③可转换公司债券符合转换要求时，是否按照发行转换债券的办法向债券持有人换发股票。

④应付债券设有偿债基金或准备账户时，每年划拨数额是否适当，能否履行合同规定的义务。

审查中如果发现有违反偿还规定的情况，违约严重时应要求企业将有关事项反映在财务报表中。如果企业发行债券时已将某些资产抵押或担保，应对抵押或担保资产的处置情况进行核实。

7. 审查应付债券在资产负债表中是否得到恰当的披露

被审计单位的应付债券应按不同的类别在资产负债表中分别列示。按规定应付债券在资产负债表中进行披露时，应列在长期负债项下，对于将于1年内到期的应付债券应当单独列示在流动负债项下"1年内到期的长期负债"项目内进行反映。审计人员应在将明细账和总账核对无误的前提下，重点审核上述内容。

（四）长期应付款的审计

1. 获取或编制长期应付款明细表

获取或编制长期应付款明细表，复核加计是否正确，并与报表数、总账数和明细账合计数核对是否相符；检查长期应付款的内容是否符合企业会计准则的规定。

2. 检查长期应付款的真实性

审查融资租赁合同或引进设备项目的经济合同等各项原始凭证，并与企业会计记录核对，查明长期应付款业务是否真实存在。

3. 审查长期应付款计价的正确性

①查阅融资合同及其他有关文件，验证应付融资租赁费计算是否正确。关注企业对融资租入固定资产的资本化及其金额的确定是否符合有关的规定。审查承租人是否将租赁开始日租赁资产公允价值与最低租赁付款额现值两者中较低者作为租入资产的入账价值，将最低租赁付款额作为长期应付款的入账价值，其差额作为未确认融资费用。承租人在租赁谈判和签订租赁合同过程中发生的，是否按照规定将归属于租赁项目的手续费、律师费、差旅费、印花税等初始直接费用计入租入资产价值。未确认融资租赁费用分摊的会计处理是否正确也会影响长期应付款的真实性，审计人员也应对未确认融资费用账户余额进行审查。

②查阅引进设备项目经济合同及有关凭证、账簿，查明利息计算、外币折算过程及应付引进国外设备价款计算是否正确。

4. 审查租赁合同、引进设备经济合同的履行情况

①审查合同规定的固定资产是否按期到货，询问主管人员，深入现场实地了解其质量、数量、品种规格是否与合同规定一致。

②检查各项长期应付款的相关契约有无抵押情况。

③审查是否按合同规定的期限和方式、数额归还借款，偿还借款本息与相关的支票存根金额是否相符，有无违约行为。对融资租赁固定资产应付款，还应审阅融资租赁合约规定的付款条件是否履行，检查授权批准手续是否齐全，并作适当记录。合同

履行发生纠纷时应查明原因和责任。

5. 向债权人函证重大的长期应付款

长期应付款期末余额较大，或者在以上审查过程中发现异常事项时，应函证债权人，确认应付款项余额是否真实。

6. 审查长期应付款项利息费用处理

①长期负债相关的利息费用在资产尚未达到预定可使用或者可销售状态以前应予以资本化，计入资产价值；在资产达到预定可使用状态后发生的，不应计入资产的价值内。

②审查企业长期负债利息费用是否按规定处理。检查各项长期应付款本息的计算是否准确，会计处理是否正确。

7. 检查与长期应付款有关的汇兑损益的处理

审计人员应查阅有关账簿和原始凭证，确定企业与长期应付款有关的汇兑损益是否按规定进行了会计处理。

8. 检查长期应付款的列报是否恰当

①查明财务报表中长期应付款余额与其账户余额是否一致。

②是否按规定将不同类别的长期应付款在财务报表或其附注中分别列示，注意1年内到期的长期应付款列报入流动负债。

③审查承租人是否在财务报表中，将与融资租赁相关的长期应付款减去未确认融资费用的差额，分别长期负债和一年内到期的非流动负债列示。

（五）借款费用的审查

1. 借款费用资本化的审查

在资本化期间内，每一会计期间的利息（包括折价或溢价的摊销）资本化金额，是否按照下列规定处理：

①为购建或者生产符合资本化条件的资产而借入专门借款的，应当以专门借款当期实际发生的利息费用，减去将尚未动用的借款资金存入银行取得的利息收入或进行暂时性投资取得的投资收益后的金额确定。

②为购建或者生产符合资本化条件的资产而占用了一般借款的，企业应当根据累计资产支出超过专门借款部门的资产支出加权平均数乘以所占用一般借款的资本化率，计算确定一般借款应予资本化的利息金额。资本化率应当根据一般借款加权平均利率计算确定。

③借款存在折价或者溢价的，应当按照实际利率法确定每一会计期间应摊销的折价或者溢价金额，调整每期利息金额。

④在资本化期间内，每一会计期间的利息资本化金额，不应当超过当期相关借款实际发生的利息金额。

⑤在资本化期间内，外币专门借款本金及利息的汇兑差额，应当予以资本化，计入符合资本化条件的资产的价值。

⑥专门借款发生的辅助费用，在所购建或者生产的符合资本化条件的资产达到预

定可使用或者可销售状态之前发生的,应当在发生时根据其发生额予以资本化,计入符合资本化条件的资产的价值;在所购建或者生产的符合资本化条件的资产达到预定可使用或者可销售状态之后发生的,应当在发生时根据其发生额确认为费用,计入当期损益。

⑦符合资本化条件的资产在购建或者生产过程中发生非正常中断,并且中断时间连续超过3个月的,应当暂停借款费用的资本化。在中断期间发生的借款费用应当确认为费用,计入当期损益,直至资产的购建或者生产活动重新开始。如果中断是所购建或者生产的符合资本化条件的资产达到预定可使用或者可销售状态必要的程序,借款费用的资本化应当继续进行。

⑧购建或者生产的符合资本化条件的资产的各部分分别完工,且每部分在其他部分继续建造过程中可供使用或者可对外销售,且为使该部分资产达到预定可使用或者可对外销售所必要的购建或者生产活动实质上已经完成的,应当停止与该部分资产相关的借款费用的资本化。购建或者生产的资产的各部分分别完工,但必须等到整体完工后才可使用或者可对外销售的,应当在该资产整体完工时停止借款费用的资本化。

2. 财务费用的审查

①财务费用确认正确性的审查。财务费用的确认首先应符合财务费用性质的规定,还应检查确认的时间是否符合权责发生制原则和划分资本性支出与收益性支出的原则。

②财务费用发生额真实性的审查。审查其确为筹集生产经营资金的活动而发生,审查其数额确为抵减利息收入、汇兑损益等的净支出;审查其计算的正确性。

③财务费用结转合规性的审查。按规定,财务费用应于期末全部转作当期损益,该账户期末应无余额。

3. 其他项目的审查

①计算短期借款和长期借款各个月份平均余额,利用适当的利息率估算利息费用总额,并与财务费用账簿记录核对,判断被审计单位是否多计或少计利息费用。

②根据审查期内银行借款期限、借款额及利率等资料,复核固定资产已交付使用并已办理竣工决算的,用于购建固定资产的借款利息金额。按借款期限审核各月份的预提数,验证当期利息支出额的正确性。

③复核利息支出净额,查明当期银行存款利息收入是否已扣除。

④检查"现金""银行存款"账户中外币货币资金明细账以及用外币表示的债权、债务账户,证实其期末余额的正确性;根据期末外汇汇率验证汇兑损益的正确性。

⑤通过账证核对,证实有关金融机构手续费的真实性。

在审查中应注意下列可能发生的错误和弊端:首先,未按期预提银行借款利息,或者为调节当期损益,违反规定任意预提利息。其次,企业银行存款的利息收入未冲减当期利息支出。第三,混淆收益性支出同资本性支出的界限,将应列入企业开办费的企业筹建期间的长期借款利息列入财务费用;将应计入固定资产购建成本的用于购建固定资产但尚未达到预定可使用状态之前的长期借款利息列入财务费用。第四,将其他一些不属于企业筹集生产经营资金而发生的费用支出（如违约金等）列入财务费用。最后企业的外币存款、外币债权债务的核算违反权责发生制原则，随意调整汇兑损益。

4. 审查企业在财务报表附注中披露借款费用的正确性

审查企业是否在财务报表附注中披露与借款费用有关的下列信息：当期资本化的借款费用金额、当期用于计算确定借款费用资本化金额的资本化率等。

（六）实收资本（或股本）的实质性程序

1. 获取或编制实收资本（或股本）增减变动情况明细表

获取或编制实收资本（或股本）增减变动情况明细表，复核加计是否正确，与报表数、总账数和明细账合计数核对是否相符。

2. 审查实收资本的真实性

查阅公司章程、股东大会、董事会会议记录中有关实收资本（或股本）的规定。将实收资本明细表与财务报表有关项目及记账凭证、原始凭证相互核对，检查其是否一致。

以下就投入资本的不同形式说明审计要点：

（1）货币资金

审计人员对以货币资金形式投入的实收资本，重点审计内容包括：查明投入货币资金的所有权；审查开户银行或货币资金汇出银行的相关凭证，查明投资者有无以接受投资企业的名义或者以接受投资企业为担保人，向银行或其他机构借款，并以该项借款投资。对以外币资金形式投入的实收资本，无论是否有合同约定汇率，均不采用合同约定汇率折算，而是采用交易日即期汇率折算，这样，外币投入资本与相应的货币性项目的记账本位币金额相等，不产生外币资本折算差额。

（2）实物资产

审计人员对以实物资产形式投入的实收资本，重点审计其真实存在性与所有权，审查其证明文件。必要时，根据实物投资清单的内容深入现场，实地确定房屋、建筑物的存在性。

（3）无形资产

审计人员对以无形资产形式投入的实收资本，重点审计其真实存在性与所有权，对投入的无形资产应审查是否办理了法律手续，有无合法的证明文件。

3. 审查实收资本记录的完整性

审计人员应审查企业实收资本明细表及相关账簿，确定应该记入各资本账户的余额是否全部记入，有无漏记、少记的情况。

4. 审查实收资本业务的合法性

①检查账册、凭证等，查明企业的注册资金数额是否符合国家有关规定，借入资金与资本有无混淆，有无以借入资金顶替资本的情况；有无抽取、侵占国家资本的情况；企业注册资金是否与其经营范围与经营规模相符，是否符合《公司法》等法律的要求。

②审查各投资者是否根据规定投足资金，投入资本是否按时全部到位，有无违约情况。

③审查出资形式的合法性，验算资本投入额，查明有形资产与无形资产投入比例是否符合规定。

④审查资产估价的合法性。根据规定，非货币性资产投入时应进行资产评估。

⑤有外商投资时，应索取国家商检部门出具的商检报告，以确定有关投资业务的合法性。

⑥审查实收资本（或股本）增减变动的合法性。查阅其是否与董事会纪要、补充合同、协议及其他有关法律性文件的规定一致，逐笔追查至原始凭证，检查其会计处理是否正确。对首次接受委托的客户，除取得验资报告外，还应检查并复印记账凭证及进账单。

⑦对于以资本公积、盈余公积和未分配利润转增资本的，应取得股东（大）会等资料，并审核是否符合国家有关规定。

⑧以权益结算的股份支付，取得相关资料，检查是否符合相关规定。

⑨根据证券登记公司提供的股东名录，检查被审计单位及其子公司、合营企业与联营企业是否有违反规定的持股情况。

⑩检查认股权证及其有关交易，确定委托人及认股人是否遵守认股合约或认股权证中的有关规定。

5. 审查实收资本业务账务处理的正确性

①审查股票发行时账务处理的完整性。

审查实收资本账户及其他有关账户及凭证等，查明溢价发行的溢价收入扣除发行费用的余额是否全部记入资本公积账户。

②审查实物资产投资业务处理的正确性。

审计人员应注意审查，企业是否按照投资双方确认的价值确认有关资产账户和实收资本的入账价值。

③审查转增资本账务处理的正确性。

将资本公积金、盈余公积金转作资本金的账务处理，所有者权益总额不变，但各投资者明细账的资本数额应按其原有投资的比例增加，审计人员应注意其处理的正确性。

④审查实收资本明细账与总账余额及财务报表的一致性。

⑤中外合作企业根据合同规定在合作期间归还投资的，检查的内容有：如系直接归还投资，检查是否符合有关的决议与公司章程和投资协议的规定，款项是否已付出，会计处理是否正确。如系以利润归还投资，还需检查是否与利润分配的决议相符，并检查与利润分配有关的会计处理是否正确。

⑥以非记账本位币出资的，检查其折算汇率是否符合规定。

6. 检查实收资本（或股本）的列报是否恰当

确定实收资本相关业务是否按企业会计准则，对有关事项作了充分揭示和详细记录说明，正确地列示于财务报表。

（八）盈余公积的实质性程序

1. 获取或编制盈余公积明细表

复核加计是否正确，并与报表数、明细账和总账的余额核对，在此基础上，针对盈余公积各明细项目的发生额，逐项审查其原始凭证。

2. 审查盈余公积的提取。

根据国家有关规定，企业的法定盈余公积必须从税后利润中提取，主要审查提取是否符合规定并经批准，提取手续是否完备，提取的依据（税后利润）是否真实、正确，提取项目是否完整，提取比例是否合法，有无多提或少提的现象发生。

①审查法定盈余公积从利润中提取的顺序是否符合国家规定。企业缴纳所得税后的利润分配顺序为：首先，抵补被没收的财物损失，支付各项税收的滞纳金和罚款；其次，用于弥补企业以前年度亏损（超过税前补亏期限）；最后，提取法定盈余公积。查明法定盈余公积金的提取顺序有无违反规定，有无税前列支、减少应交所得税的情况。

②审查任意盈余公积提取的合法性、合规性、正确性。

③审查法定盈余公积、任意盈余公积的提取比例是否符合规定。

3. 审查盈余公积合法性

盈余公积的提取与使用应按国家有关规定和公司章程以及股东大会决议方法进行。通过对盈余公积的审查，应证实其提取和使用是否符合国家和公司制度规定。

4. 审查盈余公积分类的正确性

确定盈余公积各项目分类是否合理；盈余公积与未分配利润是否分开记录、处理；盈余公积各项目之间的划分是否合理。

5. 审查盈余公积计价正确性

盈余公积的形成以及增减变动应该及时、完整地登记在有关账户中，确保已经记录的金额是正确的金额。企业账户设置得是否合理、登记是否及时、增减变动时所记录的对方会计科目是否正确。期初余额与上期期末余额是否相符，本期期末余额是否正确等等，以上这些都需审计人员加以证实。

6. 审查盈余公积的列报是否恰当

审查盈余公积账务处理的正确性，以及是否在资产负债表上得到恰当的披露。

（九）未分配利润的实质性程序

①获取或编制利润分配明细表，复核加计是否正确，并与报表数、总账数和明细账合计数核对相符。

②上年度和本年度结转未分配利润实有额的审查。审查本年度未分配利润结转的真实情况，检查未分配利润期初数与上期审定数是否相符，涉及损益的上期审计调整是否正确入账，还应注意利润分配表上最后一项"未分配利润"与资产负债表上该项目口径的一致性。

③未分配利润合规性、合法性和正确性的审查。收集和检查与利润分配有关的董

（七）资本公积的实质性程序

①获取或编制资本公积明细表，复核加计正确，并与报表数、总账数和明细账合计数核对相符。

②收集与资本公积变动有关的股东（大）会决议，董事会会议纪要、资产评估报告等文件资料，更新永久性档案。首次接受委托的，应检查期初资本公积的原始发生依据。

③根据资本公积明细账，对股本溢价、其他资本公积各明细的发生额逐项进行审查，审查投资合同、协议、公司章程及账簿记录、凭证，确定资本溢价的真实性，计价和账务处理的正确性等。

④对股本溢价，应取得董事会会议纪要、股东（大）会决议、有关合同、政府批文，追查至银行收款等原始凭证，注意发行股票溢价收入的计算是否已扣除股票发行费用，确定资本溢价的真实性，审查企业创立后投资者追加资本时，投入资本转为实收资本与资本公积比例的合理性，结合相关科目的审计，检查会计处理是否正确。

⑤检查以权益法核算的被投资单位除净损益以外所有者权益的变动，被审计单位是否已按其享有的份额入账，会计处理是否正确；处置该项投资时，应注意是否已转销与其相关的资本公积。

⑥对拨款转入，审阅政府有关的拨款批文，拨款凭证及项目的完成情况记录和项目决算书等，查明其真实性和完整性，结合专项应付款的审计，检查会计处理是否正确。

⑦以权益结算的股份支付，取得相关资料，检查在权益工具授予日期和行权日的会计处理是否正确。

⑧对自用房地产或存货转换为采用公允价值计量的投资性房地产，若转换日公允价值大于账面价值，差额是否正确记入本科目，若转换日公允价值小于账面价值，检查差额是否正确计入公允价值变动损益；处置投资性房地产，检查相关的资本公积是否已转销。

⑨对于在资产负债表日，满足运用套期会计方法条件的现金流量套期和境外经营净投资套期产生的利得和损失，是否进行了正确的会计处理。

⑩其他资本公积的审查。除了资本溢价（或股本溢价）以外的资本公积项目，是其他资本公积。公司发行的可转换公司债券按此规定转为股本时，审查被审计单位是否按照该项可转换公司债券的权益成分的金额，计入"资本公积—其他资本公积"科目，并进行了正确的业务处理。

⑪检查资本公积各项目，考虑对所得税的影响。

⑫记录资本公积中不能转增资本的项目。

⑬确定资本公积的列报是否恰当。

事会会议纪要、股东（大）会决议、政府部门批文及有关合同、协议、公司章程等文件资料，更新永久性档案。审查利润分配方案、分配方式，查明分配决定有无董事会提出的方案和股东会的决议记录，分配决议方案有无与法律及公司章程相抵触之处，对照有关规定确认利润分配的合法性。检查对资产负债表日后至财务报告批准报出日之间由董事会或类似机构所制定利润分配方案中拟分配的股利，是否在财务报表附注中单独披露。注意当境内与境外会计师事务所审定的可供分配利润不同时，被审计单位进行利润分配的基数是否正确。

④未分配利润账务处理正确性的审查。检查本期未分配利润变动除净利润转入以外的全部相关凭证、账、表，结合所获取的文件资料，确定其会计处理是否正确，账面记录的未分配利润，是否与分配方案相符，确定本期实现利润总额和利润分配结转的方向是否正确。利润调整时，应直接在"未分配利润"明细科目核算，查明有无记入其他账户的情况；确定未分配利润明细账期末余额与资产负债表上该项目是否一致。

⑤了解本年利润弥补以前年度亏损的情况，如果已超过弥补期限，且已因为抵扣亏损而确认递延所得税资产的，应当进行调整。

⑥结合以前年度损益调整科目的审计，检查以前年度损益调整的内容是否真实、合理，注意对以前年度所得税的影响。对重大调整事项应逐项核实其发生原因、依据和有关资料，复核数据的正确性。

⑦确定未分配利润的列报是否恰当。

二、投资业务主要账户的审计

（一）投资业务的审计目标

投资业务的审计目标主要有：确定资产负债表中记录的投资性资产是否存在；确定所有应当记录的投资性资产是否均已记录；确定记录的投资性资产是否由被审计单位拥有或控制；确定投资性资产是否以恰当的金额包括在财务报表中，与之相关的计价调整是否已恰当记录；确定投资性资产是否已按照企业会计准则的规定在财务报表中做出恰当列报。

（二）交易性金融资产的实质性程序

①对期末结存的相关交易性金融资产，向被审计单位核实其持有目的，检查本科目核算范围是否恰当。

②获取股票、债券及基金等交易流水单及被审计单位证券投资部门的交易记录，与明细账核对，检查会计记录是否完整、会计处理是否正确。

③向相关金融机构发函询证交易性金融资产期末数量以及是否存在变现限制（与存出投资款一并函证），并记录函证过程。取得回函时应检查相关签章是否符合要求。

④复核与交易性金融资产相关的损益计算是否准确，并与公允价值变动损益及投

资收益等有关数据核对。

⑤复核股票、债券及基金等交易性金融资产的期末公允价值是否合理，相关会计处理是否正确。

（三）可供出售金融资产的实质性程序

①获取可供出售金融资产明细表，复核加计是否正确，并与总账数和明细账合计数核对相符；获取可供出售金融资产对账单，与明细账核对，并检查其会计处理是否正确。

②检查库存可供出售金融资产，并与相关账户余额进行核对，如有差异，应查明原因，并做出记录或进行适当调整。

③向相关金融机构发函询证可供出售金融资产期末数量，并记录函证过程。取得回函时应检查相关签章是否符合要求。

④对期末结存的可供出售金额资产，向被审计单位核实其持有目的，检查本科目核算范围是否恰当。

⑤复核可供出售金融资产的期末公允价值是否合理，检查会计处理是否正确。

⑥如果可供出售金融资产的公允价值发生较大幅度下降，并且预期这种下降趋势属于非暂时性的，应当检查被审计单位是否计提资产减值准备，计提金额和相关会计处理是否正确。

⑦复核可供出售金融资产划转为持有至到期投资的依据是否充分，会计处理是否正确。

（四）持有至到期投资的实质性程序

①获取持有至到期投资明细表，复核加计是否正确，并与总账数和明细账合计数核对相符；获取持有至到期投资对账单，与明细账核对，并检查其会计处理是否正确。

②检查库存持有至到期投资，并与账面余额进行核对，如有差异，应查明原因，并做出记录或进行适当调整。

③向相关金融机构发函询证持有至到期投资期末数量，并记录函证过程。取得回函时应检查相关签章是否符合要求。

④对期末结存的持有至到期投资资产，核实被审计单位持有的目的和能力，检查本科目核算范围是否恰当。

⑤抽取持有至到期投资增加的记账凭证，注意其原始凭证是否完整合法，成本、交易费用和相关利息的会计处理是否符合规定。

⑥根据相关资料，确定债券投资的计息类型，结合投资收益科目，复核计算利息采用的利率是否恰当，相关会计处理是否正确，检查持有至到期投资持有期间收到利息的会计处理是否正确。检查债券投资票面利率和实际利率有较大差异时，被审计单位采用的利率及其计算方法是否正确。

⑦检查当持有目的改变时，持有至到期投资划转为可供出售金融资产的会计处理

是否正确。

（五）长期股权投资的实质性程序

①获取或编制长期股权投资明细表，复核加计是否正确，并与总账数和明细账合计数核对相符；结合长期股权投资减值准备科目与报表数核对相符。

②根据有关合同和文件，确认股权投资的股权比例和持有时间，检查股权投资核算方法是否正确。

③对于重大投资，向被投资单位函证被审计单位的投资额、持股比例及被投资单位发放的股利等情况。

④对于应采用权益法核算的长期股权投资，获取被投资单位已经注册会计师审计的年度财务报表，如果未经注册会计师审计，则应考虑对被投资单位的财务报表实施适度的审计或审阅程序。

⑤对于采用成本法核算的长期股权投资，检查股利分配的原始凭证及分配决议等。

⑥对于成本法和权益法相互转换的，检查其投资成本的确定是否正确。

⑦确定长期股权投资的增减变动的记录是否完整。

⑧期末对长期股权投资进行逐项检查，以确定长期股权投资是否已经发生减值。

⑨确定长期股权投资在资产负债表上已恰当列报。与被审计单位人员讨论确定是否存在被投资单位由于所在国家和地区及其他方面的影响，其向被审计单位转移资金的能力受到限制的情况。

（六）投资收益的实质性程序

①获取或编制投资收益分类明细表，复核加计是否正确，并与总账数和明细账合计数核对相符，与报表数核对相符。

②与以前年度投资收益比较，结合投资本期的变动情况，分析本期投资收益是否存在异常现象。如有，应查明原因，并做出适当的调整。

③与长期股权投资、交易性金融资产、交易性金融负债、可供出售金融资产、持有至到期投资等相关项目的审计结合，验证确定投资收益的记录是否正确，确定投资收益被计入正确的会计期间。

④确定投资收益已恰当列报，检查投资协议等文件，确定国外投资收益汇回是否存在重大限制，若存在重大限制，应说明原因，并做出恰当披露。

第四节　筹资与投资循环其他相关账户的审计

一、其他应收款的审计

（一）其他应收款的审计目标

其他应收款的审计目标一般包括：确定资产负债表中记录的其他应收款是否存在；确定所有应当记录的其他应收款是否均已记录；确定记录的其他应收款是否由被审计单位拥有或控制；确定其他应收款是否以恰当的金额包括在财务报表中，与之相关的计价调整是否已恰当记录；确定其他应收款是否已按照企业会计准则的规定在财务报表中做出恰当列报。

（二）其他应收款的实质性程序

①获取或编制其他应收款明细表，复核加计是否正确，并与报表数、总账数和明细账合计数核对是否相符；检查其他应收款的账龄分析是否正确；分析有贷方余额的项目，查明原因，必要时作重分类调整；结合应收款明细余额查验是否有双方同时挂账的项目，核算内容是否重复，必要时做出适当调整；标明应收关联方（包括持股5%以上的股东）的款项，并注明合并报表时应予抵销的数字。

②判断并选择针对一定金额以上、账龄较长或异常的明细账户余额发函询证，编制函证结果汇总表。

③对发出询证函未能收到回函的样本，采用替代审计程序，如查核下期明细账，或追踪至其他应收款发生时的原始凭证。特别注意是否存在抽逃资金、隐藏费用的现象。

④检查资产负债表日后的收款事项，确定有无未及时入账的债权。

⑤分析明细账户，对于长期未能收回的项目，应查明原因，确定是否可能发生坏账损失。

⑥对非记账本位币结算的其他应收款，检查其采用的折算汇率是否正确。

⑦检查转作坏账损失的项目，是否符合规定并办妥审批手续。

⑧检查其他应收款的列报是否恰当。

二、其他应付款的审计

（一）其他应付款的审计目标

其他应付款的审计目标一般包括：确定资产负债表中记录的其他应付款是否存在；确定所有应当记录的其他应付款是否均已记录；确定记录的其他应付款是否为被审计单位应当履行的现时义务；确定其他应付款是否以恰当的金额包括在财务报表中，与之相关的计价调整是否已恰当记录；确定其他应付款是否已按照企业会计准则的规定在财务报表中做出恰当列报。

（二）其他应付款的实质性程序

①获取或编制其他应付款明细表，复核加计是否正确，并与报表数、总账数和明细账合计数核对是否相符；分析有借方余额的项目，查明原因，必要时作重分类调整；结合应付账款、其他应付款明细余额，查明是否有双方同时挂账的项目，核算内容是否重复，必要时作重分类调整；标出应付关联方（包括持股5%以上的股东）的款项，并注明合并报表时应予抵销的金额。

②请被审计单位协助，在其他应付款明细表上标出截止审计日已支付的其他应付款项，抽查付款凭证、银行对账单等，并注意这些凭证发生日期的合理性。

③判断并选择一定金额以上和异常的明细余额，检查其原始凭证，并考虑向债权人发函询证。

④对非记账本位币结算的其他应付款，检查其折算汇率是否正确。

⑤审核资产负债表日后的付款事项，确定有无未及时入账的其他应付款。

⑥检查长期未结的其他应付款，并作妥善处理。

⑦检查其他应付款中关联方的余额是否正常，如数额较大或有其他异常现象，应查明原因，追查至原始凭证并作适当披露。

⑧检查其他应付款的列报是否恰当。

三、所得税费用的审计

所得税费用容易发生错报的几个方面包括：根据税法，将会计利润调整为应纳税所得额（包括永久性差异引起的调整）；根据资产负债的账面价值与计税基础之间存在的差异，确定或调整递延所得税资产和递延所得税负债，并结合当期应纳所得税额，倒轧出所得税费用；递延所得税负债确认的完整性和递延所得税资产的可实现性。

（一）所得税费用的审计目标

所得税费用的审计目标一般包括：确定利润表中记录的所得税费用是否已发生，且与被审计单位有关；确定所有应当记录的所得税费用是否均已记录；确定与所得税费用有关的金额及其他数据是否已恰当记录；确定所得税费用是否已记录于正确的会计期间；确定被审计单位记录的所得税费用是否已记录于恰当的账户；确定所得税费用是否已按照企业会计准则的规定在财务报表中做出恰当列报。

（二）所得税费用的实质性程序

①获取或编制所得税费用明细表、递延所得税资产明细表、递延所得税负债明细表，并与报表数、总账数和明细账合计数核对是否相符。

②根据审计结果和税法规定，核实当期的纳税调整事项，确定应纳税所得额，计算当期所得税费用。

③根据期末资产及负债的账面价值与其计税基础之间的差异，以及未作为资产和

负债确认的项目的账面价值与按照税法的规定确定的计税基础的差异,计算递延所得税资产、递延所得税负债期末应有余额,并根据递延所得税资产、递延所得税负债期初余额,倒轧出递延所得税费用(收益)。

④将当期所得税费用与递延所得税费用之和与利润表上的"所得税"项目金额相核对。

⑤确定所得税费用是否已在财务报表中恰当列报。

四、递延所得税资产的审计

(一)递延所得税资产的审计目标

递延所得税资产的审计目标一般包括:确定资产负债表中记录的递延所得税资产是否存在;确定所有应当记录的递延所得税资产是否均已记录;确定记录的递延所得税资产是否由被审计单位拥有或控制;确定递延所得税资产是否以恰当的金额包括在财务报表中,与之相关的计价调整是否已恰当记录;确定递延所得税资产是否已按照企业会计准则的规定在财务报表中做出恰当列报。

(二)递延所得税资产的实质性程序

①获取或编制递延所得税资产明细表,复核加计是否正确,并与报表数、总账数和明细账合计数核对是否相符。

②检查被审计单位采用的会计政策是否恰当,前后期是否一致。

③检查被审计单位用于确认递延所得税资产的税率是否正确。

④检查递延所得税资产增减变动记录,以及可抵扣暂时性差异的形成原因,确定是否符合有关规定、计算是否正确,预计转销期是否适当。

⑤检查被审计单位是否在资产负债表日对递延所得税资产的账面价值进行复核,如果预计未来期间很可能无法获得足够的应纳税所得额用以抵扣递延所得税资产,应当减记递延所得税资产的账面价值。

⑥当适用税率发生变化时,检查被审计单位是否对递延所得税资产进行重新计量,对其影响数的会计处理是否正确。

⑦检查递延所得税资产的列报是否恰当。

五、递延所得税负债的审计

(一)递延所得税负债的审计目标

递延所得税负债的审计目标一般包括:确定资产负债表中记录的递延所得税负债是否存在;确定所有应当记录的递延所得税负债是否均已记录;确定记录的递延所得税负债是否为被审计单位应当履行的偿还义务;确定递延所得税负债是否以恰当的金额包括在财务报表中,与之相关的计价调整是否已恰当记录;确定递延所得税负债是否已按照企业会计准则的规定在财务报表中做出恰当列报。

（二）递延所得税负债的实质性程序

①获取或编制递延所得税负债明细表，复核加计是否正确，并与报表数、总账数和明细账合计数核对是否相符。

②检查被审计单位采用的会计政策是否恰当，前后期是否一致。

③检查被审计单位用于确认递延所得税负债的税率是否正确。

④检查递延所得税负债增减变动记录，以及应纳税暂时性差异的形成原因确定是否符合有关规定，计算是否正确，预计转销期是否适当。

⑤当适用税率发生变化时，检查被审计单位是否对递延所得税负债进行重新计量，对其影响数据的会计处理是否正确。

⑥检查递延所得税负债的列报是否恰当。

六、资产减值损失的审计

利润表项目"资产减值损失"和相关的资产减值准备审计是一个问题的两个方面。资产减值准备包括坏账准备、存货跌价准备、长期股权投资减值准备、可供出售金融资产减值准备、持有至到期投资减值准备、投资性房地产减值准备、固定资产减值准备、工程物资减值准备、在建工程减值准备、无形资产减值准备、商誉减值准备等项目。

（一）资产减值损失的审计目标

资产减值损失的审计目标一般包括：确定利润表中记录的资产减值损失是否已发生，且与被审计单位有关；确定应当记录的资产减值损失是否均已记录；确定与资产减值损失有关的金额及其他数据是否已恰当记录；确定资产减值损失是否已记录于正确的会计期间；确定资产减值损失是否已记录于恰当的账户；确定资产减值损失是否已按照企业会计准则的规定在财务报表中做出恰当列报。

（二）资产减值损失的实质性程序

①获取或编制资产减值损失明细表，复核加计是否正确，并与报表数、总账数和明细账合计数核对是否相符。

②检查资产减值损失核算内容是否符合规定。

③对本期增加变动情况检查如下：对本期增加及转回的资产减值损失，与坏账准备等科目进行交叉勾稽；对本期转销的资产减值损失，结合相关资产科目的审计，检查会计处理是否正确。

④检查递延所得税资产的列报是否恰当。

七、营业外收入的审计

（一）营业外收入的审计目标

营业外收入的审计目标一般包括：确定利润表中记录的营业外收入是否已发生，且与被审计单位有关；确定所有应当记录的营业外收入是否均已记录；确定与营业外收入有关的金额及其他数据是否已恰当记录；确定营业外收入是否已记录于正确的会计期间；确定营业外收入是否已记录于恰当的账户；确定营业外收入是否已按照企业会计准则的规定在财务报表中做出恰当列报。

（二）营业外收入的实质性程序

①获取或编制营业外收入明细表，复核加计是否正确，并与报表数、总账数和明细账合计数核对是否相符。

②检查营业外收入的核算内容是否符合会计准则的规定。

③对营业外收入中的各项目，包括非流动资产处理利得、非货币性资产交换利得、债务重组利得、政府补助、盘盈利得、接受捐赠利得等相关账户记录核对是否相符，并追查至相关原始凭证。

④检查营业外收入的列报是否恰当。

八、营业外支出的审计

（一）营业外支出的审计目标

营业外支出的审计目标一般包括：确定利润表中记录的营业外支出是否已发生，且与被审计单位有关；确定所有应当记录的营业外支出是否均已记录；确定与营业外支出有关的金额及其他数据是否已恰当记录；确定营业外支出是否已记录于正确的会计期间；确定营业外支出是否已记录于恰当的账户；确定营业外支出是否已按照企业会计准则的规定在财务报表中做出恰当列报。

（二）营业外支出的实质性程序

①获取或编制营业外支出明细表，复核加计是否正确，并与报表数、总账数和明细账合计数核对是否相符。

②检查营业外支出的核算内容是否符合会计准则的规定。

③对营业外支出中各项目，包括非流动资产处理损失、非货币性资产交换损失、债务重组损失、盘盈损失、公益性捐赠支出等，与固定资产、无形资产等相关账户记录核对是否相符，并追查至相关原始凭证。

④检查是否存在非公益性捐赠支出、税收滞纳金、罚金、罚款支出、各种赞助会费支出等情况，必要时进行应纳税所得额调整。

⑤对非常损失应详细检查有关资料、被审计单位实际损失、保险理赔情况及审批文件，检查有关会计处理是否正确。

⑥检查营业外支出的列报是否恰当。

第十一章 货币资金审计

第一节 货币资金业务概述

作为企业流动性最强的资产,货币资金是企业资产的重要组成部分,在企业的会计核算中占有重要的地位。根据货币资金的存放地点和用途不同,可分为库存货币、银行存款及其他货币资金。资金审计是指注册会计师对企业货币资金业务的收付和结存情况所进行的审计。

一、货币资金业务与各业务循环的关系

在企业生产经营活动中,大多数经济事项都会涉及货币资金的收付,如销售款的收取、原材料采购款的支付、员工工薪的发放、企业营运税金的解缴、利润的分配发放等。货币资金与各业务循环均直接相关,具体表现如图11-1所示。图中仅选取各业务循环中具有代表性的科目予以图示,并未包括各业务循环中与货币资金相关的全部会计科目。

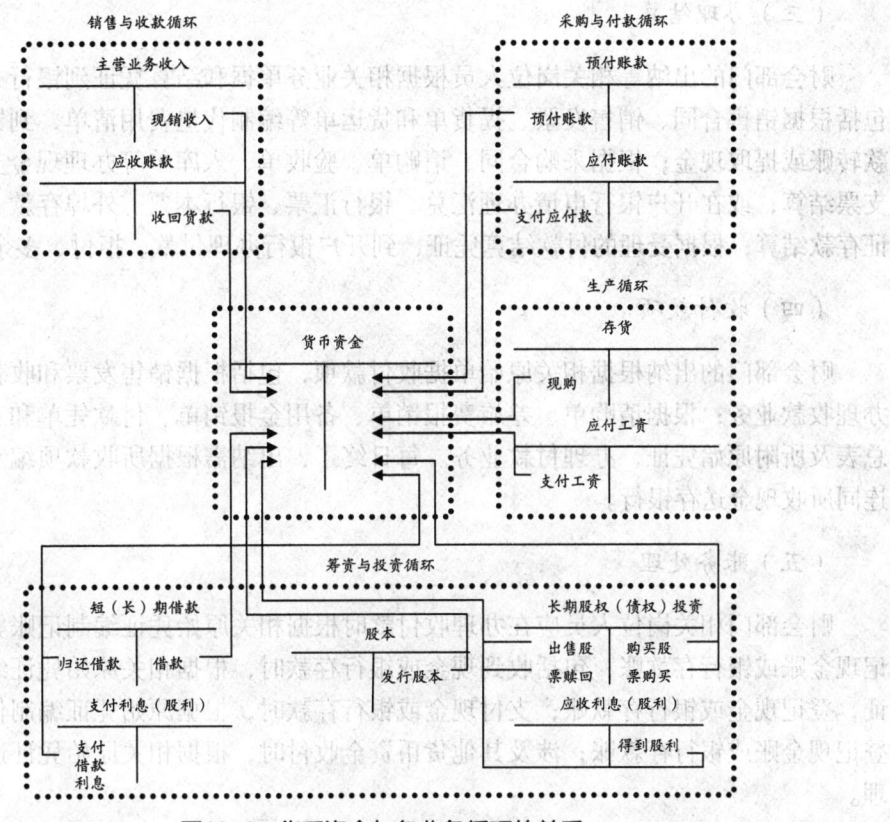

图11-1 货币资金与各业务循环的关系

二、货币资金业务涉及的主要业务活动

货币资金业务主要包括相关业务单据的处理、结算凭证的受理、办理结算、收付款项、账务处理和调节银行存款余额等，具体内容如下。

（一）相关业务单据的处理

处理与货币资金业务相关的单据涉及企业各个职能部门，包括销售部门签订的销售合同、收款部门开具的零星业务收款通知单、收发室受理的汇款单、仓库部门填写的请购单、各部门零星支出填写的差旅费报销单、备用金报销单等、人事部门编制的工资结算汇总表。各职能部门处理这些相关业务单据后统一递交财会部门。

（二）结算凭证的处理

企业销售部门受理的由购货单位或开户银行转来的票据和收款结算凭证，采购部门受理的由供货单位或开户银行转来的付款结算凭证，以及其他部门受理的零星结算凭证，所有的外部转来的结算凭证需先经过销售部门或采购部门等相关职能部门受理后再送交财会部门。

（三）办理结算

财会部门的出纳等相关岗位人员根据相关业务单据和结算凭证到银行办理结算，包括根据销售合同、销售发票、提货单和货运单等编制代垫费用清单，到银行办理收款转账或提取现金；根据采购合同、请购单、验收单、入库单等办理现金支票、转账支票结算，或在开户银行申请办理汇兑、银行汇票、银行本票、外埠存款、国际信用证存款结算；根据受理的付款结算凭证，到开户银行办理付款、拒付、多余款转账。

（四）收付款项

财会部门的出纳根据相关原始单据收付款项，包括根据销售发票和收款通知单，办理收款业务；根据请购单、差旅费报销单、备用金报销单、付款凭单和工资结算汇总表及所附原始凭证，办理付款业务。每日终了，出纳需根据所收款项编制送款单，连同所收现金送存银行。

（五）账务处理

财会部门相关岗位人员应在办理收付款时根据相关原始凭证编制记账凭证，并登记现金账或银行存款账，包括收到现金或银行存款时，根据相关原始凭证编制付款凭证，登记现金或银行存款账；支付现金或银行存款时，根据原始凭证编制付款凭证，登记现金账或银行存款账；涉及其他货币资金收付时，根据相关原始凭证进行账务处理。

（六）调节银行存款余额

企业开户银行于每月初将企业存款账户上月的存款和支款情况，抄具一份"银行存款对账单"，连同注销的支票以及一些费用通知单交送企业核对，企业财会部门相关岗位人员需要对企业存款账户的银行存款余额进行调节。

三、货币资金业务涉及的凭证和记录

为加强对货币资金业务的控制，企业通常会使用很多的凭证和会计记录，典型的货币资金业务涉及的主要凭证和会计记录有以下类型。

（一）原始凭证

企业货币资金收支审核及货币资金支出授权涉及的相关原始凭证主要包括销售合同、收款单据、收款结算凭证和票据、采购合同、支出和报销单据、付款结算凭证和票据、交款单、库存现金日报表、银行对账单、银行存款余额调节表、现金盘点表、与被审计单位开户银行往来询证函等。

（二）现金日记账

现金日记账是对企业现金进行序时登记的账簿，也是企业货币资金业务的主要账簿，通常由企业出纳人员根据审核后的原始凭证进行逐日逐笔序时登记。

（三）银行存款日记账

银行存款日记账是对企业银行存款进行序时登记的账簿，通常由企业出纳人员根据审核后的原始凭证，办理银行存款收付业务，并按照经济业务发生的顺序逐笔登记。

（四）现金总账和银行存款总账

现金总账和银行存款总账是企业用于汇总登记现金和银行存款收、付、余金额的账簿，通常由企业总账会计根据汇总记账凭证或科目汇总表进行登记。

货币资金业务的主要业务活动、相关部门、常见凭证见表11-1。

表11-1 货币资金业务的主要业务活动、相关部门、常见凭证

业务类型	业务活动	常见凭证和会计记录	相关部门/执行人员
处理单据	批量销售业务	销售合同	销售部门
	零星收入	收款通知单	收款部门
	收发汇款单	汇款单	收发室
	请购商品	请购单	仓储部门
	零星支出	差旅费报销单 备用金报销单	零星支出部门
	工资核算	工资结算汇总表	劳动工资部门
受理结算凭证	销售业务的结算	付款单位或开户银行转来票据，收款结算凭证	销售部门
	采购业务的结算	收款单位或开户银行转来票据，付款结算凭证	采购部门
办理结算	办理收款转账或提取现金	销售合同、销售发票、提货单、运单、代垫费用清单	出纳员
	办理现金支票、转账支票结算，或在开户行申请办理汇兑、银行汇票、银行本票、外埠存款、国际信用证存款结算	采购合同、请购单、验收单、入库单	出纳员
	到开户行办理付款、拒付、多余款转账	付款结算凭证	出纳员

续表11-1

业务类型	业务活动	常见凭证和会计记录	相关部门/执行人员
收款与付款	办理收款业务	销售发票、收款通知单	出纳员
	办理付款业务	请购单、差旅费报销单、备用金报销单、付款凭单和工资结算汇总表及所附原始凭证	出纳员
	每日终了现金送存银行	送款单	出纳员
账务处理	登记现金或银行存款账	收款凭证、付款凭证	财会人员
银行余额调节表	银行存款余额调节	"银行存款对账单"、注销支票、费用通知单、银行存款余额调节表	银行非出纳财会人员

第二节 货币资金的内部控制及其测试

一、货币资金的内部控制

由于货币资金是企业流动性最强的资产，加强库存现金的管理对于保护企业资产安全完整具有重要的意义，因此企业必须强化其管理，并建立良好的内部控制制度以防范风险，实现预期的管理目标。财政部于2001年7月12日发布的《内部会计控制规范——货币资金（试行）》，对货币资金的内部控制做出了相关规定。货币资金业务内部控制的关键在于职责分工、信息传递、实物管理。一般而言，基于企业对货币资金的管理目标，一个良好的货币资金内部控制应该达到以下几点：①货币资金收支与记账的岗位分离；②货币资金收入、支出要有合理、合法的凭据；③全部收支及时准确入账，并且支出要有核准手续；④控制现金坐支，当日收入现金应及时送存银行；⑤按月盘点现金，编制银行存款余额调节表，以做到账实相符；⑥加强对货币资金收支业务的内部审计。第四十三条规定："单位应当加强货币资金的核查控制。指定不办理货币资金业务的会计人员定期和不定期抽查盘点库存现金，核对银行存款余额，抽查银行对账单、银行日记账及银行存款余额调节表，核对是否账实相符、账账相符。对调节不符、可能存在重大问题的未达账项应当及时查明原因，并按照相关规定处理。"

为实现对货币资金业务的有效控制，健全的内部控制主要包括以下几方面的内容。

（一）建立适当的职责分工

根据2014年1月1日施行的《行政事业单位内部控制》第四十一条规定，单位应当建立健全货币资金管理岗位责任制，合理设置岗位，明确相关部门和岗位的职责权限，不得由一人办理货币资金业务的全过程，确保办理货币资金业务的不相容岗位相互分离、制约和监督，达到相互制约的目的。主要职责分工如下：

①财会部门应与采购、销售、劳动工资、其他零星收支相互独立，防止作弊。

②收入单据的开具与审核相互独立，防止贪污或挪用。

③支出和报销单据的编制、审批、审核相互独立，防止虚列支出。

④收付款结算办理与审核相互独立，防止差错和舞弊。

⑤支票的签发与出纳相互独立，防止虚列支出、贪污或挪用。

⑥出纳与会计相互独立分管货币资金收支和记录，出纳不得兼管稽核、会计档案保管和收入、支出、债权、债务账目的登记工作，单位不得由一人办理货币资金业务的全过程，防止收入不入账、虚列支出、贪污或挪用。

⑦记账凭证的编制与审核相互独立，防止连贯性差错。

⑧现金、银行存款日记账的登记与总账相互独立，防止连贯性差错。

⑨由出纳员以外人员编制银行存款余额调节表和对现金进行稽核，防止连贯性差错。

⑩严禁一人保管收付款项所需的全部印章，财务专用章应当由专人保管，个人名章应当由本人或其授权人员保管。负责保管印章的人员要配置单独的保管设备，并做到人走柜锁。支票与印章应由不同的人保管，防止管理失控。

（二）信息传递控制

建立必要的授权审批程序、使用文件和记录、业务独立监督检查。

1. 授权审批程序

有效地控制要求单位应当对货币资金业务建立严格的授权批准制度，对货币资金的各项业务均应由主管领导授权或审批后才可办理，明确审批人对货币资金业务的授权批准方式、权限、程序、责任和相关控制措施，规定经办人办理货币资金业务的职责范围和工作要求。审批人应当根据货币资金授权批准制度的规定，在授权范围内进行审批，不得超越审批权限。经办人应当在职责范围内，按照审批人的批准意见办理货币资金业务。对于审批人超越授权范围审批的货币资金业务，经办人员有权拒绝办理，并及时向审批人的上级授权部门报告。

单位应当按照规定的程序办理货币资金支付业务，送交财会部门前，采购合同、付款结算凭证、收款结算凭证、支出单据、支票使用等，须经主管部门领导审批，防止差错、挪用资金、贪污等。

（1）支付申请

单位有关部门或个人用款时，应当提前向审批人提交货币资金支付申请，注明款项的用途、金额、预算、支付方式等内容，并附有效经济合同或相关证明。

（2）支付审批

审批人根据其职责、权限和相应程序对支付申请进行审批。对不符合规定的货币资金支付申请，审批人应当拒绝批准。

（3）支付复核

复核人应当对批准后的货币资金支付申请进行复核，复核货币资金支付申请的批准范围、权限、程序是否正确，手续及相关单证是否齐备，金额计算是否准确，支付方式、支付单位是否妥当等。复核无误后，交由出纳人员办理支付手续。

（4）办理支付

出纳人员应当根据复核无误的支付申请，按规定办理货币资金支付手续，及时登记现金和银行存款日记账。

单位对于重要货币资金支付业务，应当实行集体决策和审批，并建立责任追究制度，防范贪污、侵占、挪用货币资金等行为。

2. 文件和记录的使用

为保证货币资金业务全部收支及时、正确入账，出纳员与会计人员应根据审核后的原始凭证填制连续编号的收、付款记账凭证，及时办理收、付款业务，并在原始凭证上加盖"收讫"或"付讫"戳记，签字盖章以示收付完成。出纳员应及时按顺序登记现金与银行存款日记账，做到日清月结。财务部门应对货币资金实行预算管理，尽可能详细、周密地计划预期的收入和所需的支出，达到有效运用资金的目的，使货币资金产生最大经济效益。

3. 业务的独立监督检查

（1）建立严格的审核制度

企业首先应建立严格的审核制度。会计人员在办理各项货币资金收付款业务以及进行会计核算时，都要审核经济业务内容的合法性、业务处理手续的合规性、原始凭证内容的完整性、真实性，审核后要签字盖章。

（2）建立定期对账制度

企业应建立定期对账制度。企业货币资金业务的核对检查内容主要包括：财务部门通过对账保证总账与日记账、企业账与开户银行账的一致性，会计与出纳要定期核对日记账与总账，保证账账一致；企业应当指定专人定期核对银行账户，每月至少核对一次，通过定期核对银行存款日记账与银行对账单，编制银行存款余额调节表，调整未达账项，使银行存款账面余额与银行对账单调节相符。如调节不符，应查明原因，及时处理；定期开展内部审计，内部审计人员或稽核员应定期或不定期地通过监督盘点库存现金，确保现金账面余额与实际库存相符，发现不符，及时查明原因，做出处理；抽查收付款业务账项和凭证，检查有无错误和弊端。

（3）建立货币资金业务的监督检查制度

企业还应建立货币资金业务的监督检查制度，明确监督检查机构或人员的职责权限，定期和不定期地开展监督检查活动。货币资金监督检查的内容主要包括：货币资金业务相关岗位及人员的设置情况，重点检查是否存在货币资金业务不相容职务混岗的现象；货币资金授权批准制度的执行情况，重点检查货币资金支出的授权批准手续是否健全，是否存在越权审批行为；支付款项印章的保管情况，重点检查是否存在办理付款业务所需的全部印章交由一人保管的现象；票据的保管情况，重点检查票据的购买、领用、保管手续是否健全，票据保管是否存在漏洞。对监督检查过程中发现的货币资金内部控制中的薄弱环节，应当及时采取措施，加以纠正和完善。

（三）实物控制

企业货币资金业务的实物控制措施主要包括以下六个方面。

①企业应设置现金、支票、账簿的相关保管设施，防止失窃，应限制未经授权的机构或人员办理货币资金业务或直接接触货币资金及支票、账簿等重要资料，出纳员主管现金和银行单据的收付与保管，应限制其他人员的接近。

②在企业内部，现金的收取和支付要尽可能集中办理，取得的货币资金收入必须及时入账，不得私设"小金库"，不得账外设账，严禁收款不入账；收到的现金要及时解缴银行，防止坐支现金，因特殊情况需坐支现金的，应事先报经开户银行审查批准；必须根据《现金管理暂行条例》的规定，结合企业的实际情况，确定现金的开支范围，不属于现金开支范围的业务应当通过银行办理转账结算；同时还应当加强现金库存限额的管理，超过库存限额的现金应及时存入银行。

③企业应当加强与货币资金相关的票据的管理，明确各种票据的购买、保管、领用、背书转让、注销等环节的职责权限和程序，并专设登记簿进行记录，防止空白票据的遗失和被盗用。

④企业应当加强银行预留印鉴的管理，财务专用章应由专人保管，个人名章必须由本人或其授权人员保管，严禁一人保管支付款项所需的全部印章，按规定需要有关负责人签字或盖章的经济业务，必须严格履行签字或盖章手续。

⑤企业应当严格按照《支付结算办法》等国家有关规定，加强银行账户的管理，严格按照规定开立账户，办理存款、取款和结算。单位应当定期检查、清理银行账户的开立及使用情况，发现问题，及时处理。单位应当加强对银行结算凭证的填制、传递及保管等环节的管理与控制。

⑥企业应当严格遵守银行结算纪律，不准签发没有资金保证的票据或远期支票，套取银行信用；不准签发、取得和转让没有真实交易和债权债务的票据，套取银行和他人资金；不准无理拒绝付款，任意占用他人资金；不准违反规定开立和使用银行账户。

货币资金的内部控制内容见表11-2：

表11-2 货币资金业务的内部控制

内部控制	具体内容
1. 职责分工	（1）采购、销售、劳动工资、其他零星收支与财会部门相互独立，防止作弊 （2）收入单据的开具与审核相互独立，防止贪污或挪用 （3）支出和报销单据的编制、审批、审核相互独立，防止虚列支出 （4）收付款结算办理与审核相互独立，防止差错和舞弊 （5）支票的签发与出纳相互独立，防止虚列支出，贪污或挪用 （6）出纳与会计相互独立分管货币资金收支和记录，防止收入不入账，虚列支出，贪污或挪用 （7）记账凭证的编制与审核相互独立，防止连贯性差错 （8）现金、银行存款日记账的登记与总账相互独立，防止连贯性差错 （9）由出纳员以外人员编制银行存款调节表和对现金进行稽核，防止连贯性差错 （10）支票与印章应由不同的人保管，防止管理失控
2. 信息传递控制	必要的审批授权程序：货币资金的各项业务均应由主管领导授权或审批后方可办理 文件和记录的使用：原始凭证的审核；收付款记账凭证的连续编号及管理；顺序登账 业务独立监督检查：建立严格的审核制度
3. 实物控制	实物控制：设置现金、支票、账簿保管设施；限制接近货币资金；现金及时解缴银行

二、货币资金内部控制制度的符合性测试

审计人员通过对货币资金业务内部控制的了解测试，包括收付过程、功能组织、收付业务的特点、相关业务的复杂性等，评价固有风险；通过了解控制环境，对控制程序、会计制度进行测试，确定内部控制是否符合各项要求，有无薄弱环节和失控点，评价控制风险，明确审计范围和重点。

1. 调查了解内部控制制度

审计人员应根据被审计单位的实际情况采用不同的方法实现对货币资金内部控制的了解，一般采用编制流程图的方法。审计人员在编制流程图之前应通过走访、询问、实地观察、查阅文件制度等调查手段收集必要的资料，然后根据所了解的情况，对规模较大的企业可采用编制流程图或内部控制调查表的形式，对中小型企业也可采用编写货币资金内部控制说明书的方法。若以前年度审计中已编制流程图，则审计人员可根据当期调查结果加以修正后供本次审计使用。通常在调查了解内部控制时，审计人员还应关注相关内部控制是否建立并严格执行。

以现销业务为例说明货币资金的控制目标、关键内部控制和测试见表11-3。

表11-3 货币资金的控制目标、关键内部控制和测试

内部控制目标	关键内部控制	常用的内部控制测试	常用的交易实质性测试
登记入账的现金收入确系企业已经实际收到的现金（存在或发生）	现金出纳与现金记账的职务分离 现金折扣必须经过适当的审批手续	观察 检查现金折扣是否经过恰当的审批	检查现金收入的日记账、总账和应收账款明细账的大额项目和异常项目
收到的现金收入均已登记入账（完整性）	现金出纳与现金记账的职务分离 每日及时记录现金收入 定期向顾客寄送对账单 现金收入记录的内部复核	观察 检查是否存在未入账的现金 检查是否向顾客寄送对账单，了解是否定期进行 检查复核标记	现金收入的截止测试 抽查顾客对账单并与账面金额核对
已经收到的款项确系企业所有（权利与义务）	定期盘点现金并与账面余额核对	检查是否定期盘点，检查盘点记录	盘点库存现金，如与账面应有数存在差异，分析差异原因
登记入账的现金已经如数存入银行并登记入账（估价或分摊）	定期取得银行对账单 编制银行存款余额调节表	检查银行对账单和银行存款余额调节表	检查调节表中未达账项的真实性以及资产负债表日后的进账情况
现金收入在资产负债表上的披露正确（表达与披露）	现金日记账与总账的登记职责分离	观察	

2. 抽查现金和银行存款的收款凭证

为测试货币资金收款的内部控制健全性和执行的有效性，审计人员应选取适当数量样本的收款凭证，进行相关检查，检查内容主要包括：①收款凭证是否由复核人员和记录人员核对；②收款凭证与账户记录的日期和金额是否相符；③货币资金、银行存款日记账的收入金额是否正确；④收款凭证与银行对账单是否相符；⑤收款凭证与应收账款等相关明细账的有关记录是否相符；⑥核对实收金额与销货发票等相关票据是否一致等。审计人员可抽取一部分现金送款单，以验证企业是否将当日所有现金收入如数、及时地送存银行，如果发现收入现金未能如数、及时送存银行的，应追查原因，分析有无挪用和盗窃现金的行为。还应检查收入支票、汇票登记簿，与送款单和银行存款日记账核对，验证当日收到支票、汇款单的款项是否及时解缴银行，核对完毕后应及时编制相关工作底稿。

3. 审查现金和银行存款的付款凭证

为测试货币资金的付款内部控制，审计人员应选取适当数量样本的货币资金付款凭证，验证各项货币资金的付款业务是否经过适当的审批、授权与审核。检查内容主要包括：①付款凭证是否由复核人员和记录人员核对；②付款凭据上有无规定授权人的审批签章，签章人是否符合授权的层次与范围；③现金或银行存款日记账记录的付款金额是否正确；④现金支出是否符合国家规定的限额和批准用途；⑤核对付款凭证与银行对账单是否相符；⑥核对实付金额与购货发票等相关凭据是否相符等；⑦核对付款凭证与应付账款等相关明细账的记录是否一致。

对重要的货币资金付款业务。审计人员有必要检查其控制功能执行效果，如查验付款业务的合法性，检查会计处理的正确性，包括金额的计算、会计科目的使用等，以此验证货币资金审批授权控制与审核控制的效能发挥情况。审计人员完成上述核对后应及时编制相关工作底稿。

4. 审查现金、银行存款日记账和总账

审计人员应抽取一定期间的现金、银行存款日记账，检查其记录、加总是否正确无误，如果检查中发现问题较多，说明被审计单位货币资金的会计记录不够可靠。还应将现金、银行存款日记账与总账核对，检查其每月金额是否一致，对账账不一致的情况有无调整与说明。同时根据日记账提供的线索，核对总账中的现金、银行存款、应收账款、应付账款等有关账户的记录。

5. 审查库存现金盘点表和银行存款余额调节表

企业健全的内部控制要求建立定期对账与稽核制度，在内部控制测试时，审计人员应该抽查库存现金盘点表，与相应月份的现金日记账核对，验证一致性，并核实溢缺现金的处理是否符合规定。

审计人员为证实银行存款记录的正确性，应检查一定期间的银行存款日记账与银行对账单是否一致。还应检查企业是否定期编制银行存款余额调节表，至少抽查两个月的银行存款收支记录，逐笔核对银行对账单，验证企业银行存款余额调节表编制的正确性。查验其是否由出纳之外的第三者按月正确编制并复核银行存款余额调节表，并将其同以后对账单、银行存款日记账及总账进行核对，检查企业是否及时调节差异。同时注意是否存在出租、出借银行账户的情况，以及存在与本企业无关的收付款业务。

6. 审查企业货币资金业务相关制度的执行情况

审计人员应实地观察、检查企业的账簿制度，检查不相容职务的划分，审查相关制度文件的执行有效性。内容主要包括：①抽查银行存款余额调节表，了解编制人签章是否为出纳员以外的人员；②抽查日记账记录与相应的会计凭证，凭证上是否有会计人员的审核签章；③支票保管、登记与印章的保管是否分别由不同人员负责；④各项货币资金的收、付程序有无明确的制度规定，如差旅费报销手续、借支现金手续等。

7. 审查货币资金业务收付凭证等原始票据的管理

由于货币资金业务收付凭证等原始票据的管理存在缺陷时，可能导致收付款业务出现舞弊问题，因此审计人员应审查企业对货币资金业务收付凭证等原始票据管理，审查重点包括企业的存款单、现金支票、转账支票、付款委托书、银行结算凭证。主要审查内容包括相关原始票据是否有专人保管，是否按顺序使用，是否有发票签发登记簿，作废的凭证是否加盖"作废"戳记，并妥善保管，有无开出空白支票、空头支票等情况。

8. 评价货币资金内部控制制度

审计人员在完成上述程序后，可对货币资金的内部控制进行评价。对货币资金业务内部控制的评价内容包括：评价货币资金业务收入处理程序以及资金在途时间；根据先进标准衡量并评价现金管理、现金预算方法的效率；检查企业与金融机构签署的协议，识别存在的风险，确定是否与管理层或董事会授权一致；评价与电子转账有关的风险；确定现金支出的时间选择是否适当，是否充分利用现金折扣。

审计人员在评价企业货币资金内部控制制度基础上，首先确定货币资金内部控制可信赖的程度及存在的薄弱环节和缺点，其次据以确定在货币资金实质性测试中对哪些环节可以适当减少审计程序，哪些环节应加大审计力量重点审查，以降低审计风险。

第三节　货币资金的实质性测试

一、货币资金的审计目标

作为企业流动性最强的资产，货币资金尽管在企业资产总额中的比重不大，但企业发生的舞弊事件大部分与货币资金有关，因此，审计人员应高度重视货币资金的审计。

货币资金的审计目标一般包括以下五点。

1. 确定企业货币资金业务的真实性和货币资金余额的真实性和所有权

通过对货币资金有关账户记录的审查，核实其各项收入与支出项目发生的真实性，监盘库存现金，核对银行存款，确定其账面金额是否真实存在并为企业所拥有，发现其核算工作中的差错或故意高估账面余额的舞弊行为。

2. 确定企业货币资金收支业务的完整性

审计人员须审查核实企业与货币资金业务有关的经济业务是否全部被记录在有关账户中，财务报表中的货币资金项目与各有关账户的余额是否一致。

3. 确定企业货币资金收支业务的合法性

由于货币资金业务风险性大，其收支频繁并易于转入和被盗用，审计人员应查核货币资金的收、付业务有无违反国家有关法规、制度和违反会计原则的现象，揭露贪污、盗窃、挪用等舞弊行为，并及时提请有关方面加强管理。

4. 确定外币计价的正确性

企业的外币交易须根据有关规定，在编制财务报表时，将外币现金、外币银行存款的账户余额，按照月末的外汇市场价格正确折合为记账本位币金额，审计人员通过审查对其正确性加以证实，并揭露在外币折算中的舞弊行为。

5. 确定货币资金分类的正确性、过账和汇总的正确性，以及货币资金在资产负债表上披露的恰当性

审计人员核实货币资金收、付业务与期末金额后，进一步审查货币资金项目是否按规定进行分类，及时、正确地记录在有关账户中，在财务报表上的列示是否符合会

计准则的要求。

二、货币资金的实质性测试

（一）库存现金的实质性测试

库存现金是指企业存放于财会部门、由出纳人员经管的货币，包括人民币和外币现金。现金是企业流动性最强的资产，尽管其在企业资产总额中的比重不大，但企业发生的舞弊事件大都与现金有关，因此，审计人员应该重视现金的审计。

1. 核对现金日记账与总账的余额是否相符

审计人员测试现金余额的起点，是核对现金日记账与总账的余额是否相符。如果不相符，应查明原因，并做出适当调整。

2. 运用分析性复核方法检查现金总体合理性

审计人员应对不同期间的现金余额进行趋势分析，检查所有的运营报告和内部审计报告，进而了解现金可能发生的潜在变化和风险，了解贷款或债券协议是否对现金使用和营运资金比率有一定的限制，分析这些限制对审计计划可能产生的影响。

3. 库存现金的监盘

审计人员为能正确地确定库存现金的实存数额和应有数额，明确出纳员和有关人员的责任，应适时组织安排库存现金监盘工作。监盘库存现金是证实资产负债表中所列现金存在性的一项重要审计程序，须采取突击式盘点，事先不能通知出纳员，防止出纳员在监盘前采取措施掩盖弊端。审计人员对企业库存现金的监盘应在企业会计主管人员陪同下进行，盘点时间最好选择在上午上班前或下午下班后进行（建议最好选择上午上班前盘点，以检查出纳是否做到"日清月结"），盘点的范围一般包括企业各部门经管的所有现金。

审计人员监盘现金的步骤一般分为以下四步。

（1）组织安排库存现金监盘工作

审计人员应充分了解企业除出纳员保险柜中的现金外，是否还有现金暂存在办理现金收付业务的其他部门，或其他人员手中，对于企业所有的库存现金，无论存放何处，应同时全面地进行清点，或由出纳员将企业所有现金全部放入其保险柜中，必要时可暂作封存。

（2）审阅现金日记账并同时与现金收付凭证相核对

审计人员一方面检查日记账的记录与凭证的内容和金额是否相符，另一方面了解凭证日期与日记账日期是否相符或接近。由出纳员将已办妥现金收付手续的全部收付款凭证登入现金日记账，根据现金日记账进行加计累计数额，结出当日现金日记账余额，填写"现金出纳报告书"，或"现金余额表"。

（3）监督盘点库存现金

出纳员填制"现金出纳报告书"，或"现金余额表"后，应在会计主管人员和审计人员在场的情况下清点保险柜中现金，分币种、面值列示盘点金额，并做出记录。会计主管人员和审计人员在旁观察监督，必要时进行复查。

监盘库存现金工作应注意：监盘时一定要在被审计单位的有关领导或主管会计、出纳员始终在场的情况下，由出纳员自己清点，审计人员只是监盘；如果监盘发现库存现金短缺或溢余，审计人员应要求再次清点，并要求被审计单位确认监盘数据的正确性；监盘中要注意有无利用借条、收据抵库的现象，有无未提现支票、未作报销的原始凭证，应在"库存现金盘点表"中注明或做出必要的调整。

（4）填制"库存现金盘点表"

出纳员清点库存现金以后，应由其填制"库存现金盘点表"（见表11-4），该表由出纳员、会计主管、审计人员共同签字，作为审计工作底稿。库存现金盘点表应反映实际库存现金监盘数、当日现金日记账结余数、账实是否相符即有无溢缺等情况。

表11-4　库存现金盘点表

客户：　　　　编制人：　　　　日期：　　　　索引号：
项目：　　　　复核人：　　　　日期：　　　　页次：
会计期间：
盘点日期：　　年　　月　　日

项目		项次	检查盘点记录			实有现金盘点记录					
			人民币	美元	某外币	人民币		美元		某外币	
						面额	张	金额	张	金额	张	金额
上一日账面库存余额		1	1000元								
盘点日未记账传票收入金额		2	500元								
盘点日未记账传票支出金额		3	100元								
盘点日账面应有金额		4=1+2-3	50元								
盘点实有现金数额		5	10元								
盘点日应有与实有差异		6=4-5	5元								
差异原因分析	白条抵库（张）		2元								
			1元								
			0.5元								
			0.2元								
			0.1元								
			合计								

续表11-4

追溯调整	报表日至查账日现金付出总额			情况说明及审计结论:	
	报表日至查账日现金收入总额				
	报表日库存现金应有余额				
	报表日账面汇率				
	报表日余额折合本位币金额				
	本位币合计				

盘点人:　　　　监盘人:　　　　复核:

4. 库存现金日记账记录的审查

审计人员应抽查1至2个月的现金日记账记录，重点审核内容包括以下方面：

①验算加总额，核实每笔收支记录。通过验算如果发现较多差错，应扩大验算范围，并核实每笔收支记录，要求企业对差错作必要调整。在核实时，注意发现并揭露少计收入、多计支出、贪污盗用现金的现象。

②审阅现金日记账摘要栏，看其现金收支业务是否合法，有无超出规定的结算范围。对于摘要栏记录不清的、违反有关规定的、将应通过银行进行转账而采用了现金结算的收支业务，做出进一步追查。

③审阅现金日记账金额栏，看其现金收支金额是否过大，有无超过国家规定限额。

④审阅对应科目栏，检查各项现金收支业务的账务处理是否正确，会计科目的使用是否正确。

⑤审阅库存现金每日余额，看其是否超过了规定限额，超出部分是否及时解缴银行。

⑥审查有无坐支现象。企业收入的现金，应及时解缴银行，不能直接用来支付自身的开支，需要支付现金的应另外向银行领取。审计人员可通过若干笔序时经济业务的审查，揭示有无收入现金未解缴银行而直接用于支付的现象。

⑦审查现金日记账的序时登记，审计人员应审查现金日记账是否按日期序时登记，揭示前后日期颠倒、故意调剂，以掩饰错弊的情况。

5. 抽查大额现金收支的原始凭证

审计人员应抽查大额现金收支的原始凭证，检查其内容是否完整，有无授权批准，是否合法，凭证本身有无被涂改或伪造的情况，并核对相关账户的进账情况。审计人员在审查原始凭证时应随时与记账凭证核对，包括内容、金额的一致性，所附原始凭证张数的正确性等。如有与被审计单位生产经营业务无关的收支事项，应查明原因，并做相应的记录。

6. 审查现金收支截止期的正确性

被审计单位资产负债表中的现金数额，应以结账日实有数额为准。因此，审计人员应审查决算日前后一段时间内现金收支原始凭证，检查现金收支截止期的正确性，注意有无跨期处理事项。

7. 审查现金溢缺

如果企业存在现金溢缺事项，审计人员应对所有现金溢缺情况给予关注。应审查现金溢缺的会计处理及相关凭证是否合法有效。

8. 检查外币现金的折算是否正确

对于有外币现金的被审计单位，审计人员应检查被审计单位对外币现金的收支是否按所规定的汇率折合为记账本位币金额；外币现金期末余额是否按期末市场汇率折合为记账本位币金额；外币折合差额是否按规定记入相关账户。

9. 检查现金是否在资产负债表上恰当披露

根据有关会计制度的规定，现金在资产负债表中"货币资金"项下反映，审计人员应在实施上述审计程序后，确定现金账户的期末余额是否恰当，据以确定货币资金是否在资产负债表上恰当披露。

（二）银行存款的实质性测试

银行存款是指企业存放在银行或其他金融机构的货币资金。按照国家规定，凡是独立核算的企业都必须在当地银行开设账户。企业收入的款项，除按核定的限额保留库存现金外，或国家另有规定外，都应于当日解缴银行。企业经营过程中发生的一切支出，除在规定的范围内可以用现金支付的以外，在经营过程中所发生的一切货币收支业务，都必须通过银行办理转账结算。相比较库存现金，银行存款业务涉及面广，内容复杂，金额较大，收付款凭证数量较多，因此是财务审计的重要内容。对银行存款的审查主要包括以下方面。

1. 审核银行存款日记账与总账记录

审计人员必须抽取部分银行存款日记账记录加以审核：核对银行存款日记账与总账余额是否相符，如果不符，应查明原因；依次验算其加总额的正确性；抽查银行存款重要业务，验证其合法性和相关性，重点关注是否存在出借银行账户的情况，有无套取现金的情况，有无故意调整记账顺序而掩盖错弊的情况；抽查与银行存款有关的往来账户，查明有无利用往来账户从事非法活动和进行贪污的情况。

2. 分析性复核程序

①分析银行存款中定期存款、存放在非银行金融机构的存款占全部存款的比例，通过分析性复核，判断被审计单位有无非法集资问题、是否存在拆借、拆出资金的可能性，如存在高息资金拆借，应进一步分析拆出资金的安全性，检查高额利差的入账情况。

②审查长期定期存款或限定用途的存款，查明其所有权。

3. 审查银行存款账面余额和银行存款余额调节表

①审查银行存款余额调节表是证实资产负债表中所列银行存款是否存在的重

要程序。企业银行存款余额调节表通常应由被审计单位根据不同银行账户及货币种类分别按期编制。审计人员一般应重点抽查收支业务较为频繁的银行账户，选择其12月和1月至11月中的任何一至两个月的银行存款余额调节表进行检查。审查中可采取编制银行存款余额调节表或复核被审计单位自行编制的余额调节表的方法。

②审计人员复核企业自编的银行存款余额调节表时应取得被审计单位保存的银行对账单的副本，确定其数字的正确性，将调节表上账面余额与银行存款日记账余额加以核对，确定其是否一致。

③审计人员自行独立编制银行存款余额调节表时，首先要求会计人员将银行存款收付凭证全部登记入账，并结出余额，然后向所有被审计年度内存过款的银行或非银行金融机构函证其期末银行存款余额，索取银行对账单，将银行对账单与银行存款日记账和总分类账上的余额加以核对，调节未达账项并审阅企业编制的银行存款余额调节表，最后自编银行存款余额调节表，以证实银行存款日记账与对账单是否一致，同时对有关收支业务合法性作进一步审查。

④取得银行存款余额调节表后，审计人员应检查调节表中未达账项的真实性，对于对账单与银行存款账余额不一致的情况，不仅要调节未达账项，而且要注意，有无账务处理上的差错。检查资产负债表日后的进账情况，如果存在应于资产负债表日之前进账的应作相应的调整。其程序一般包括：验算调节表的数字计算；对于金额较大的未提现支票、可提现却未提现支票以及审计人员认为重要的未提现支票，列示未提现支票清单，注明开票日期和收票人姓名或单位；追查截止日期银行对账单上的在途存款，并在银行账户调节表上注明存款日期；检查截止日仍未提现的大额支票和其他已签发一个月以上的未提现支票；追查截止日银行对账单已收、企业未收的款项性质及款项来源；核对银行存款总账余额、银行对账单加总金额。

4. 检查、函证银行存款余额

审计人员在审计过程中需要以被审计单位名义向有关单位发函询证，以验证被审计单位的银行存款余额是否真实、合法和完整，是证实资产负债表所列银行存款是否存在的重要程序，也是了解企业贷款信息，发现未入账银行借款的重要渠道。

函证时，审计人员应向被审计单位在本年存过款（含外埠存款、银行汇票存款、银行本票存款、信用卡存款、信用保证金存款）的所有银行发函，其中包括存款账户已结清的银行，因为有可能存款账户已结清，但仍有银行借款或其他负债存在。同时，对于审计人员已直接从某一银行获得了银行对账单和所有已付支票的，仍应向这一银行进行函证。

按照国际惯例，财政部、中国人民银行于1999年1月联合印发了《关于做好企业的银行存款、借款及往来款项函证工作的通知》，对函证工作提出明确要求，并提供了银行询证函和企业询证函参考格式。审计人员可按照此格式，向被审计单位在审计期间存过款（含外埠存款、银行汇票存款、银行本票存款、信用卡存款、信用保证金存款）的所有银行发函，其中包括存款账户已结清的银行。对于审计人员已直接从某一银行获得了银行对账单和所有已付支票的，仍应进行函证。

下面表11-5列示的是财政部、中国人民银行制定的运用于审计的银行询证函参考格式：

表11-5 银行询证函

编号：

（银行）：

　　本公司聘请的××会计师（审计）事务所正在对本公司会计报表进行审计，按照中国注册会计师独立审计准则的要求，应当询证本公司与贵行的存款、借款往来等事项。下列数据出自本公司账簿记录，如与贵行记录相符，请在本函下端"数据证明无误"处签章证明；如有不符，请在"数据不符"处列明不符金额。有关询证费用可直接从本公司××存款账户中收取。回函请直接寄至××会计师（审计）事务所。

　　通信地址：

　　邮编：　　　　电话：　　　　传真：

　　截至　　年　　月　　日止，本公司银行存款、借款账户余额等列示如下：

1. 银行存款

账户名称	银行账号	币种	利率	余额	备注

2. 银行借款

银行账号	币种	余额	借款日期	还款日期	利率	借款条件	备注

3. 其他事项

（公司签章）（日期）

结论：1. 数据证明无误

（银行签章）（日期）

2. 数据不符，请列明不符金额

（银行签章）（日期）

5. 检查一年以上定期存款或限定用途存款

一年以上的定期存款或限定用途的银行存款，不属于企业的流动资产，应列入其他资产类下。对此，审计人员应查明情况，做出相应记录。

6. 抽查大额银行存款的收支

审计人员应抽查大额银行存款（含外埠存款、银行汇票存款、银行本票存款、信用证存款）收支的原始凭证内容是否完整，有无授权批准，并核对相关账户的进账情况。如有与被审计单位生产经营业务无关的收支事项，应查明原因并作相应的记录。

7. 核实银行存款收支的截止期

被审计单位财务报表上所列的银行存款余额，应包括当期最后一日下午所收到或支付的银行存款，而不得包括其后收到的款项；同样，企业年终前开出的支票，不得在年后入账。审查时应关注有无人为多列银行存款，决算日不结账，将决算日后收到的银行存款计入财务报表的货币资金项目的情况。如年终前未解缴银行的收入汇票与支票或在途存款列入银行存款，均属于提前入账、高估银行存款的错误。

审计人员可通过对决算日前后数天所发生的银行存款收付业务进行审查以核实截止期的正确性，可采用以下方法：

①审阅支票（包括汇票等各种单据）收入与送存记录，检查年终前未送存银行的支票，其收入记录日期。

②查阅期后银行对账单第一周的银行存款收入，核实银行存款日记账，揭露将期后收入提前入账的错误。

③查验被审计单位决算日签发的最后一张支票序号，并检查在此序号前的支票是否均已寄出并入账，揭露支票已发出而在决算日后才入账、人为控制截止期的不正当行为。

8. 检查外币银行存款的折算是否正确

①对于有外币银行存款的被审计单位，审计人员应检查被审计单位对外币银行存款的收支是否按所规定的汇率折合为记账本位币金额。

②外币银行存款期末余额是否按期末市场汇率折合为记账本位币金额。

③外币折合差额是否按规定记入相关账户。

9. 检查银行存款是否在资产负债表上恰当披露

根据有关会计制度的规定，企业的银行存款在资产负债表上"货币资金"项目下反映。所以，审计人员应在实施上述审计程序后，确定银行存款账户的期末余额是否恰当，从而确定资产负债表上"货币资金"项目中的数字是否在资产负债表上恰当披露。

第四节　外币业务与其他货币资金审计

一、外币业务的审计

外币业务是指不以记账本位币作为计量单位的会计业务。即：以记账本位币以外的货币进行的款项收付、往来结算以及计价等业务，我国境内企业一般以人民币为记账本位币，以其他货币进行收付、结算企业以某种外国货币为记账本位币，那么，非该种外国货币记账的收支、结算和计价业务（包括以人民币）均属企业的外币业务。国内企业之间的交易，只要以记账本位币以外的货币计价结算，也是外币业务。

（一）外币业务的审查内容

对于有外币业务的被审计单位，审计人员应重点审查以下内容：

首先核实记账本位币，审查企业有无随意变动记账本位币的情况，如以外币为记账本位币的，是否属于业务收支以外币业务为主的情况。其次应检查外币业务的收支是否按所规定的汇率折合为记账本位币金额；外币现金、外币银行存款、债权、债务等各种外币账户的期末余额是否按期末市场汇率折合为记账本位币金额；汇兑损益的计算及其账务处理是否正确并符合有关规定。第三是审查外币交易事项的合法性，有无逃汇套汇的情况。

（二）外币交易事项的审查

审计人员应重点审查企业一切外币交易事项是否有完备的账务记录与有关部门的文件，是否存在收支不入账的行为，将外汇收支明细账和有关的原始凭证核对，检查其一致性，确认有无违法行为。

（三）外币业务资产负债表的审查

审查企业资产负债表日是否按照下列规定对外币资产项目进行处理：外币货币性项目采用资产负债表日即期汇率折算；以历史成本计量的外币非货币性项目仍采用交易发生日的即期汇率折算，不改变其记账本位币金额。

审查企业对境外经营的财务报表进行折算时是否遵循下列规定：资产负债表中的资产和负债项目，采用资产负债表日的即期汇率折算，所有者权益项目除"未分配利润"项目外，其他项目采用发生时的即期汇率折算；利润表中的收入和费用项目，采用交易发生日的即期汇率折算，也可以采用按照系统合理的方法确定的、与交易发生日即期汇率近似的汇率折算。

企业处置境外经营时，应当将财务报表中所有者权益项目下列示的、与该境外经营相关的外币报表折算差额，自所有者权益项目转入处置当期损益，部分处置境外经营时，应当按处置的比例计算处置部分的外币报表折算差额，转入处置当期损益。

审查企业外币折算有关信息披露的正确性，重点关注企业是否在报表附注中披露与外币折算有关的下列信息：企业及其境外经营选定的记账本位币及选定的原因，记账本位币发生变更的,说明其变更理由;采用近似汇率的,近似汇率的确定方法;计入当期损益的汇兑差额;处置境外经营对外币报表折算差额的影响。

二、其他货币资金的审计

其他货币资金是指企业现金、银行存款以外的外埠存款、银行汇票存款、银行本票存款、信用卡存款、国际信用证存款、在途货币资金等。与现金和银行存款相比,具有单独的存放地点和专门用途的特点,应按规定单独设置科目进行核算。

其他货币资金的审计目标一般包括:确定被审计单位资产负债表中的其他货币资金在会计报表日是否确实存在,是否为被审计单位所拥有;确定被审计单位在特定期间内发生的其他货币资金收支业务是否均已记录完毕,有无遗漏;确定其他货币资金的余额是否正确;确定其他货币资金在会计报表上的披露是否恰当。

(一)外埠存款的审计

外埠存款是指企业到外地进行临时或零星采购时,汇往采购地银行开立采购专户的款项(企业在外埠开立临时采购账户,需经开户地银行批准)。银行对临时采购账户一般实行半封闭式管理的办法,即只付不收,付完清户。其审计重点包括:

①开立账户是否专门为了采购业务需要,只有业务活动时间较长,发生资金收支较为频繁的经营活动才能够开设账户,有无代其他单位或个人办理结算事项。

②审查支付的商品、材料采购价款和必要的运杂费时,关注有无不正当的开支项目,注意企业是否指定外埠存款的使用者和账户管理者。

③审查余额是否真实,通过函证或索取对账单查证核实。

④审查商品、材料价款是否及时办理了结算,采购任务完成后是否能及时将外埠存款余额转入结算户内。

(二)银行汇票存款的审计

银行汇票是指由银行签发的,由其在见票时按照实际结算金额无条件支付给收款人或者持票人的票据。银行汇票的出票银行为银行汇票的付款人。单位和个人各种款项的结算,均可使用银行汇票。银行汇票可以用于转账,注明"现金"字样的银行汇票也可以用于支取现金。银行汇票存款是指企业为取得银行汇票按规定存入银行的款项,其审计重点包括:

①审查办理此项存款时,是否向银行提交了"银行汇票委托书",是否已取得相应金额的银行汇票,并已记入"其他货币资金——银行汇票"明细科目借方。

②审查企业使用银行汇票存款是否符合规定用途,并根据银行汇票及有关凭证,记入"其他货币资金——银行汇票"明细科目贷方,与注明的"商品采购"等对方科目是否相符。

③审查企业银行汇票存款的设置是否确属企业的业务所需,数额是否适当,多余存款或超过付款期限的银行汇票,是否能及时转回"银行存款"账户。

④审查"其他货币资金——银行汇票"存款余额,是否与银行对账单所列金额核

对相符,以确定其存在性,必要时函证期末存款余额。

(三)银行本票存款的审计

银行本票存款指企业为取得银行本票按规定存入银行的款项。企业办理银行本票,需将款项交存开户银行。本票存款实行全额结算,本票存款额与结算金额的差额一般采用支票或其他方式结清。其审计重点包括:

①审查办理此项存款时,是否向银行提交了"银行本票申请书",是否已取得相应金额的银行本票,并已记入"其他货币资金——银行本票"明细科目的借方。

②审查企业使用银行本票是否符合规定用途,使用银行本票后是否根据发票及其他凭证,及时记入"其他货币资金——银行本票"明细科目的贷方,并说明相应的对方科目。

③审查企业对因超过付款期限及其他原因未使用的本票,是否及时办理了退款并转入"银行存款"账户。

④审查银行本票存款是否与银行的账面相符,根据对账单、凭证,确认其存在性,必要时函证期末存款余额。

(四)国际信用证存款的审计

国际信用证存款是企业采用国际信用证结算方式,同境外销货单位办理结算时,存入开户银行信用证保证金专户的款项。其审计重点包括:

①审查开立国际信用证账户是否符合银行结算制度和经济合同的有关规定;能否按照付款期限结算货款;有无违反财经法规的事项,以确认其合法性。

②审查国际信用证存款的账面余额是否与银行对账单经调整后的余额相符,以确认其存在性。如有不符应查明原因。

③国际信用证存款专户余额,在结算完毕后,能否及时收回,转入银行存款账户。

(五)在途货币资金的审计

在途货币资金指企业、单位同所属单位之间和上下级之间的汇解款项,在月终时尚未到达、处于在途的资金。其审计重点包括:

①审查在途货币资金的结存额是否做到账表、账账相符;有无汇解单位的通知书,检查是否虚构,以确认其存在性。

②审查在途货币资金到达后,是否及时入账,有无长期未到的在途资金,如有应查明原因。

在对企业审计中,除前面四章及本章所讲述的货币资金等具体的会计报表项目审计以外,还有一些特殊项目的审计,有的涉及多个会计报表项目,有的更侧重于会计报表附注披露和审计报告意见。如期初余额的审计,会计政策、会计估计变更和会计差错更正的审计,债务重组的审计,非货币性交易的审计,关联方及其交易的审计,合并会计报表的审计，现金流量表的审计，或有事项的审计，期后事项的审计和持续经营能力的审计等。由于这些项目通常具有内容特殊、性质敏感、金额较大、情况复杂等特点，我国财政部对其中的大部分项目分别制定了相应的企业会计准则，在审计实务中往往是由专业理论知识比较扎实、执业经验比较丰富的审计人员专门实施，并且单独编制相应的审计工作底稿。本书重点在于审计基础知识的讲解，对这些特殊项目的审计就不再一一详述。

第十二章 审计报告

第一节 审计报告概述

一、审计报告的含义

审计报告是指具体承办审计事项的审计人员或审计组织在实施审计后,就审计工作的结果向其委托人、授权人或其他法定报告对象提交的书面文件。它是审计工作和结果的综合反映,是体现审计成果的主要形式。

二、审计报告的作用

审计报告的作用主要体现在以下几个方面:
①审计报告是审计人员评价被审计人承担和履行经济责任情况、发表审计意见和提出审计建议的载体。
②审计报告是国家审计机关向被审计单位做出审计决定的依据。
③审计报告是审计机关编制审计信息、为国家宏观经济决策服务的重要信息来源。
④注册会计师签发的审计报告是具有法律效力的证明文件,可以起到经济鉴证作用。
⑤审计报告是总结审计过程和结果,评价审计人员工作、控制审计质量的重要依据。

三、审计报告的分类

(一)按照审计报告的性质可分为标准审计报告和非标准审计报告

1. 标准审计报告

标准审计报告是指包括标准措辞的引言段、管理层对财务报表的责任段、审计人员的责任段、审计意见段等的审计报告,一般用于审计人员的财务报表鉴证审计业务,审计人员出具的标准审计报告后应附有被审计单位的会计报表。

2. 非标准审计报告

非标准审计报告是指标准审计报告以外的其他审计报告，包括内部审计和国家审计出具的审计报告，以及注册会计师出具的非鉴证业务的审计报告。

需要注意的是，按照2010年11月1日修订的《中国注册会计师审计准则第1501号——对财务报表形成审计意见和出具审计报告》中，也定义了标准审计报告和非标准审计报告，如第十条的规定："标准审计报告，是指不含有说明段、强调事项段、其他事项段或其他任何修饰性用语的无保留意见的审计报告。包含其他报告责任段，但不含有强调事项段或其他事项段的无保留意见的审计报告也被称为标准审计报告。"第十一条规定："非标准审计报告，是指带强调事项段或其他事项段的无保留意见的审计报告和非无保留意见的审计报告。"该分类仅针对注册会计师的财务报表审计报告进行的分类，并不是对所有类型的审计报告的分类。笔者认为，就国家审计报告、内部审计报告和社会审计报告的广泛意义上的通用分类而言，注册会计师开展财务报表审计业务出具的所有审计报告，其实都应该属于标准审计报告范畴，国家审计和内部审计机构出具的审计报告，以及注册会计师出具的非鉴证业务的审计报告都属于非标准审计报告。

（二）按照审计报告使用的目的可分为公布目的的审计报告和非公布目的的审计报告

1. 公布目的的审计报告

公布目的的审计报告，一般是用于对企业股东、投资者、债权人等非特定利益关系者公布的附送会计报表的审计报告，通常用于注册会计师实施的财务报表审计。

2. 非公布目的的审计报告

非公布目的的审计报告，一般是用于经营管理、合并或业务转让、融通资金等特定目的而实施审计的审计报告。这类审计报告是分发给特定使用者的，如经营者、合并或业务转让的关系人、提供贷款的金融机构等，通常用于国家审计、内部审计机构以及注册会计师的非鉴证业务审计。

（三）按照审计报告的详略程度可分为简式审计报告和详式审计报告

1. 简式审计报告

简式审计报告，又称为短式审计报告。它是指审计人员对被审计单位进行审计后用简明的语言扼要地说明审计过程、审计结果，并简略地表达审计意见的审计报告。简式审计报告篇幅较短，内容概括，反映非特定多数的利害关系人共同认为的必要审计事项，它具有记载事项为法令或审计准则所规定的特征，具有标准格式。因而，简式审计报告一般适用于公布目的，具有标准审计报告的特点，通常用于注册会计师实施的财务报表审计。

2. 详式审计报告

详式审计报告，又称长式审计报告。它是指审计人员详细地叙述审计项目基本情况、详细说明和分析被审计单位所有重要的经济业务和情况、审计评价意见、审计建议等的审计报告。详式审计报告主要用于指出被审计单位经营管理中存在的问题和帮助被审计单位改善其经营管理，故内容要较简式审计报告丰富得多、详细得多，篇幅也较长。我国国家审计机关、内部审计机构以及注册会计师的非鉴证业务审计，在实施审计后，通常都要撰写详式审计报告。因此，详式审计报告一般适用于非公布目的，具有非标准审计报告的特点。

第二节 国家审计报告概述

一、国家审计报告的含义

我国国家审计的审计报告是指审计机关实施审计后，对被审计单位的财政收支、财务收支的真实、合法、效益发表审计意见的书面文件，包括审计机关进行审计后出具的审计报告以及专项审计调查后出具的专项审计调查报告。

二、审计报告的分类

根据出具主体的不同，国家审计报告可以分为审计组的审计报告和审计机关的审计报告两种，二者的区别分为以下四个方面。

（一）报告主体

审计组审计报告的报告主体是审计组，而审计机关审计报告的报告主体是审计机关。

（二）报告对象

审计组审计报告的报告对象是审计机关，而审计机关审计报告的报告对象是审计机关以外（通常为被审计单位）。

（三）报告格式

审计组的审计报告反映的是审计机关的初步意见，落款为审计组，由审计组组长签名，征求被审计对象意见时，报告要注明"征求意见稿"，不编号。而审计机关的审计报告反映的是审计机关的最终意见，落款为派出审计组的审计机关，并由审计机关按照公文发文字号编制规则编号。

（四）法律效力

审计组的审计报告是审计组向审计机关提出的内部审计文书，并应当征求被审计对象的意见。而审计机关的审计报告是审计机关对外出具的具有法律效力的审计文书，应当送达被审计单位。

三、审计报告的编审

(一)编审审计报告前相关事项

审计组在起草审计报告前,应当讨论确定下列事项:
①评价审计目标的实现情况。
②审计实施方案确定的审计事项完成情况。
③评价审计证据的适当性和充分性。
④提出审计评价意见。
⑤评估审计发现问题的重要性。
⑥提出对审计发现问题的处理处罚意见。
⑦其他有关事项。

审计组应当对讨论前款事项的情况及其结果做出记录。审计组组长应当确认审计工作底稿和审计证据已经审核,并从总体上评价审计证据的适当性和充分性。

(二)国家审计报告的基本要素

根据《中华人民共和国国家审计准则》中的相关规定,国家审计报告主要包括以下基本要素:
①标题。
②文号(审计组的审计报告不含此项)。
③被审计单位名称。
④审计项目名称。
⑤内容。
⑥审计机关名称(审计组名称及审计组组长签名)。
⑦签发日期(审计组向审计机关提交报告的日期)。
经济责任审计报告还包括被审计人员姓名及所担任职务。

(三)国家审计报告的内容

国家审计报告主要包括以下内容:
①审计依据,即实施审计所依据的法律法规规定。
②实施审计的基本情况,一般包括审计范围、内容、方式和实施的起止时间。
③被审计单位的基本情况。
④审计评价意见,即根据不同的审计目标,以适当、充分的审计证据为基础发表的评价意见。
⑤以往审计决定执行情况和审计建议采纳情况。
⑥审计发现的被审计单位违反国家规定的财政收支、财务收支行为和其他重要问题的事实、定性、处理处罚意见以及依据的法律法规和标准。
⑦审计发现的移送处理事项的事实和移送处理意见,但是涉嫌犯罪等不宜让被审

计单位知悉的事项除外。

⑧针对审计发现的问题，根据需要提出的改进建议。

⑨其他内容：

第一，审计期间被审计单位对审计发现的问题已经整改的，审计报告还应当包括有关整改情况。

第二，经济责任审计报告还应当包括被审计人员履行经济责任的基本情况，以及被审计人员对审计发现问题承担的责任。

第三，核查社会审计机构相关审计报告发现的问题，应当在审计报告中一并反映。

第四，采取跟踪审计方式实施审计的，审计组在跟踪审计过程中发现的问题，应当以审计机关的名义及时向被审计单位通报，并要求其整改。跟踪审计实施工作全部结束后，应当以审计机关的名义出具审计报告。审计报告应当反映审计发现但尚未整改的问题，以及已经整改的重要问题及其整改情况。

第五，专项审计调查报告除符合审计报告的要素和内容要求外，还应当根据专项审计调查目标重点分析宏观性、普遍性、政策性或者体制、机制问题并提出改进建议。对审计或者专项审计调查中发现被审计单位违反国家规定的财政收支、财务收支行为，依法应当由审计机关在法定职权范围内做出处理处罚决定的，审计机关应当出具审计决定书。审计或者专项审计调查发现的依法需要移送其他有关主管机关或者单位纠正、处理处罚或者追究有关人员责任的事项，审计机关应当出具审计移送处理书。

第六，出具对国际组织、外国政府及其机构援助、贷款项目的审计报告，按照审计机关的相关规定执行。

（四）国家审计报告的撰写要求

①在形式结构方面：应格式规范、结构合理、逻辑严谨。
②在内容表述方面：应事实清楚、证据确凿、结论正确。
③在行文用语方面：应行文简练、概念准确、用词适当。

四、审计意见书与审计决定书

（一）审计意见书

审计意见书是国家审计机关根据审计报告，对审计事项做出评价和向被审计单位提出的财政、财务收支的管理意见的书面文件。

（二）审计决定书

审计决定书就是审计机关按照规定的程序，在法定职权范围内，对审计报告进行审定后，对被审计单位违反国家规定的财政、财务收支行为，依法做出的对被审计单位进行处理和处罚的书面文件。

1. 审计处理的种类

审计处理主要包括：责令限期缴纳应当上缴的款项；责令限期退还被侵占的国有资产；责令限期退还违法所得；责令按照国家统一的会计制度的有关规定进行处理；其他处理措施。

2. 审计处罚的种类

审计处罚主要包括：警告、通报批评；罚款；没收违法所得；依法采取的其他处罚措施。

3. 审计决定书的内容

审计决定书的内容主要包括：

①审计的依据、内容和时间。

②违反国家规定的财政收支、财务收支行为的事实、定性、处理处罚决定以及法律法规依据。

③处理处罚决定执行的期限和被审计单位书面报告审计决定执行结果等要求。

④依法提请政府裁决或者申请行政复议、提起行政诉讼的途径和期限。

（三）国家审计报告和审计决定书的编审程序

①审计组起草审计报告和审计决定书。

②审计报告征求被审计对象意见。

③审计组核实被审计对象的书面意见并对审计报告做出必要修改。

④审计机关业务部门复核审计报告和审计决定书。

⑤审计机关审理机构审理审计报告和审计决定书。

⑥审计机关审定审计报告和审计决定书。

⑦签发审计报告和审计决定书。

⑧审计机关依法向社会公布审计结果。

五、审计结果公布

审计机关依法实行审计结果公告制度。审计机关公布审计结果，应保证质量，做到事实清楚，证据确凿，定性准确，评价客观公正。

审计结果公告的主要内容包括：被审计单位的基本情况；审计评价意见；审计发现的主要问题；处理处罚决定及审计建议；被审计单位的整改情况。

（一）审计结果报告

审计结果报告是指审计机关依照法律规定，每年向政府首长和上一级审计机关提出的，关于上一年度审计本级预算执行情况和其他财政收支情况结果的报告。审计结果报告的主要内容包括本级预算执行和其他财政收支的基本情况；审计机关对本级预算执行和其他财政收支情况做出的审计评价；本级预算执行和其他财政收支中存在的主要问题以及审计机关依法采取的措施；审计机关提出的相关建议；本级人民政府要求报告的其他情况。

（二）审计工作报告

审计工作报告是指审计机关依照法律规定，受本级人民政府委托，向本级人大常委会提出的关于审计上一年度本级预算执行和其他财政收支审计工作情况的报告。审计工作报告的主要内容包括：开展本年度预算执行审计工作的基本情况；对本级预算执行情况的总体评价；本级预算执行中存在的主要问题及纠正和处理情况；审计后政府及各部门（单位）的整改情况；加强预算管理的意见；人大常委会要求报告的其他事项。

（三）专题报告

审计机关在审计中发现的下列事项，可以采用专题报告、审计信息等方式向本级政府、上一级审计机关报告：①涉嫌重大违法犯罪的问题；②与国家财政收支、财务收支有关政策及其执行中存在的重大问题；③关系国家经济安全的重大问题；④关系国家信息安全的重大问题；⑤影响人民群众经济利益的重大问题；⑥其他重大事项。

专题报告应当主题突出、事实清楚、定性准确、建议适当。审计信息应当事实清楚、定性准确、内容精炼、格式规范、反映及时。

第三节 内部审计报告

一、内部审计报告的含义

根据《第2106号内部审计具体准则——审计报告》第二条的规定："审计报告是指内部审计人员根据审计计划对被审计单位实施必要的审计程序后，就被审计事项做出审计结论，提出审计意见和审计建议的书面文件。"

作为内部审计活动的最终成果，内部审计报告对被审计单位的经营活动和内部控制进行评价，并且提出改进建议。内部审计报告是内部审计活动成果的体现，是内部审计人员与被审计单位、组织管理层和其他相关各方进行沟通和交往的媒介，也是内部审计活动为组织增加价值、促进组织目标实现的重要手段。

根据内部审计具体准则的规定，内部审计报告的编制应当符合下列要求：
①实事求是、不偏不倚地反映被审计事项的事实。
②要素齐全、格式规范，完整反映审计中发现的重要问题。
③逻辑清晰、用词准确、简明扼要、易于理解。
④充分考虑审计项目的重要性和风险水平，对于重要事项应当重点说明。
⑤针对被审计单位业务活动、内部控制和风险管理中存在的主要问题或者缺陷提出可行的改进建议，以促进组织实现目标。

内部审计机构应当建立健全审计报告分级复核制度，明确规定各级复核人员的要求和责任。

二、内部审计报告的基本要素和内容

（一）内部审计报告

内部审计报告的基本要素应当包括标题、收件人、正文、附件、签章和报告日期等。通常，内部审计报告的正文主要包括下列内容：

①审计概况，包括审计目标、审计范围、审计内容及重点、审计方法、审计程序及审计时间等。

②审计依据，即实施审计所依据的相关法律法规、内部审计准则等规定。

③审计发现，即对被审计单位的业务活动、内部控制和风险管理实施审计过程中所发现的主要问题的事实。

④审计结论，即根据已查明的事实，对被审计单位业务活动、内部控制和风险管理所作的评价。

⑤审计意见，即针对审计发现的主要问题提出的处理意见。

⑥审计建议，即针对审计发现的主要问题，提出的改善业务活动、内部控制和风险管理的建议。

审计报告的附件应当包括针对审计过程、审计中发现问题所作出的具体说明，以及被审计单位的反馈意见等内容。

基于内部审计具体审计业务类型的不同，以及管理层对具体审计项目的要求不同，审计报告内容会有所变化。如内部控制审计报告要包含的基本要素有：标题、收件人、正文、附件、签章、报告日期和其他。

（二）内部控制审计报告

内部控制审计报告正文的具体内容包括以下四个方面。

1. 审计概况

①立项依据。一般有年度审计计划安排、有关机构委托或根据工作需要临时安排等。

②目的及范围。目的主要是审查内部控制构建、运行及效果情况，并分析存在问题及原因，提出解决问题的具体方案，达到加强内部控制，促进管理不断改进的目的；范围包括审计工作涉及内容的时点、时期及方面。如采购环节、投资环节和销售环节等。

③标准。可以理解为理想的内部控制模式，一个良好的标准对内部控制审计至关重要，可以通过查找与标准的差距找到努力方向。标准包括国家法规、中国内部审计准则及相关实务指南、企业内部规章制度以及国内外内部控制最佳实务。

④基本情况。它是指与审计项目相关的情况，为了有利于对审计报告的理解，还包括审计对象情况、上次同类审计情况、上次审计整改情况等。

⑤简述审计过程。

2. 审计发现

包括事实描述、应遵循的标准及事实与标准的差异、发现的情况可能造成的影响及原因分析。如固定资产管理审计,要描述固定资产管理体系、流程,发现的固定资产价值与实物衔接存在的问题并分析其原因(固定资产管理责任未落实、信息未及时共享等),指出可能导致部分账实不符的现象。

3. 审计结论

审计结论是审计人员基于审计发现的职业判断和评价结果。评价内容一般包括三个方面:

(1) 对内部控制构建有效性的评价

审计人员根据业务性质确定控制要点,审查各控制要点是否建立了恰当的控制以及是否制定及时应对内部控制不当或错误的措施并进行评价。评价时应关注内部控制能否合理实施以防止或及时发现不妥当或错误、是否做到不相容职务分离、责任人是否拥有内部控制所必需的知识或经验、内部控制相关的信息能否合理传递以及分析和使用。如固定资产管理审计,要审查资产价值管理与实物管理是否分别由不同的岗位进行、固定资产实物报废后是否经适当的渠道将信息反馈到价值管理岗位。

(2) 对内部控制执行情况评价

审计人员通过阅读相关的文件、询问相关责任人员、实地观察业务、检查内部控制的实施记录、审核各现场内部控制运行状况的自我检查情况等,对内部控制运行的遵循性进行评价。

(3) 对内部控制实施结果有效性的评价

审计人员通过对管理者内部控制效果与心理预期的比较,即是否保证了资产的安全完整、是否保证了财务报告的可靠性、是否保证了业务活动遵循法律法规、是否使经营活动达到一定的效率和效果等,对内部控制实施结果有效性进行评价。如采购环节内部控制审计的有效性评价主要包括采购活动是否及时顺畅地保证了生产经营需要(包括规格、质量、时间等)、采购物资的性价比是否合理、采购活动是否透明公开并遵守法律法规等。

4. 审计建议和其他

主要是针对"审计发现""审计结论"的描述、评价,对内部控制存在的问题提出相应的解决方案、措施和办法,一般提出的问题要具体、直观,解决的方案应具有可操作性。如,采购环节内部控制审计,根据审计结论指出存在独家采购比例偏高可能影响采购工作的透明度和性价比以及紧急变更缺乏控制手段等问题,建议通过从源头抓起、确保采购时间、提供更多供应商和重新修订《合同管理制度》等改进措施。

总之,内部控制审计报告应遵循客观、实事求是的原则,做到条理清晰、文字简洁明了,并可以根据需要插入表格或图形便于阅读者直观地了解情况。

三、内部审计报告的编制、复核与报送

审计组应当在实施必要的审计程序后,及时编制审计报告,并征求被审计对象的意见。被审计单位对审计报告有异议的,审计项目负责人及相关人员应当核实,必要

时应当修改审计报告。审计报告经过必要的修改后，应当连同被审计单位的反馈意见及时报送内部审计机构负责人复核。

内部审计机构应当将审计报告提交被审计单位和组织适当管理层，并要求被审计单位在规定的期限内落实纠正措施。已经出具的审计报告如果存在重要错误或者遗漏，内部审计机构应当及时更正，并将更正后的审计报告提交给原审计报告接收者。

内部审计机构应当将审计报告及时归入审计档案，妥善保存。

第四节　社会审计报告

一、社会审计报告的含义

根据2007年1月1日起施行的《中国注册会计师审计准则第1501号——审计报告》第三条规定："审计报告，是指注册会计师根据中国注册会计师审计准则的规定，在实施审计工作的基础上对被审计单位财务报表发表审计意见的书面文件。"2012年1月1日起施行的新审计准则重点在于规范财务报表审计业务，未对社会审计开展的管理绩效审计、内部控制审计、经济责任审计等委托项目做出详细规定，因此在《中国注册会计师审计准则第1501号——对财务报表形成审计意见和出具审计报告》中第八条规定："审计报告，是指注册会计师根据审计准则的规定，在执行审计工作的基础上，对财务报表发表审计意见的书面文件。"在《中国注册会计师审计准则第1604号——对简要财务报表出具报告的业务》等相关准则中对不同类型的审计业务出具的报告也做出了相关规定。

注册会计师在执行财务报表审计业务活动时，应当根据审计结论，出具下列类型之一的审计报告：①无保留意见；②保留意见；③否定意见；④无法表示意见。

二、社会审计报告的基本内容

根据《中国注册会计师审计准则第1501号——对财务报表形成审计意见和出具审计报告》规定，社会审计对财务报表形成审计意见和出具审计报告的基本内容包括：

1. 标题

审计报告的标题统一规范为"审计报告"。

2. 收件人

审计报告应当按照审计业务约定的要求载明收件人，一般是被审计单位的股东或治理层。

3. 引言段

审计报告的引言段应当包括下列方面：指出被审计单位的名称；说明财务报表已经审计；指出构成整套财务报表的每一财务报表的名称；提及财务报表附注（包括重要会计政策概要和其他解释性信息）；指明构成整套财务报表的每一财务报表的日期或涵盖的期间。

如果知悉已审计财务报表将包括在含有其他信息的文件（如年度报告）中，在列报格式允许的情况下,注册会计师可以考虑指出已审计财务报表在该文件中的页码。这有助于财务报表使用者识别与审计报告相关的财务报表。

4. 管理层对财务报表的责任段

审计报告应当包含标题为"管理层对财务报表的责任"的段落。管理层对财务报表的责任段描述被审计单位中负责编制财务报表的人员的责任。

管理层对财务报表的责任段应当说明,编制财务报表是管理层的责任,这种责任包括:

①按照适用的财务报告编制基础编制财务报表,并使其实现公允反映。

②设计、执行和维护必要的内部控制,以使财务报表不存在由于舞弊或错误导致的重大错报。

注册会计师按照审计准则的规定执行审计工作的前提是管理层和治理层认可其按照适用的财务报告编制基础编制财务报表,并使其实现公允反映的责任;管理层也认可其设计、执行和维护内部控制,以使编制的财务报表不存在由于舞弊或错误导致的重大错报的责任。审计报告中对管理层责任的说明包括提及这两种责任,这有助于向财务报表使用者解释执行审计工作的前提。

5. 注册会计师的责任段

审计报告应当包含标题为"注册会计师的责任"的段落。

注册会计师的责任段应当说明下列内容:

①注册会计师的责任是在执行审计工作的基础上对财务报表发表审计意见。

②注册会计师按照中国注册会计师审计准则的规定执行了审计工作。中国注册会计师审计准则要求注册会计师遵守中国注册会计师职业道德守则,计划和执行审计工作以对财务报表是否不存在重大错报获取合理保证。

③审计工作涉及实施审计程序,以获取有关财务报表金额和披露的审计证据。选择的审计程序取决于注册会计师的判断,包括对由于舞弊或错误导致的财务报表重大错报风险的评估。在进行风险评估时,注册会计师考虑与财务报表编制和公允列报相关的内部控制,以设计恰当的审计程序,但目的并非对内部控制的有效性发表意见。审计工作还包括评价管理层选用会计政策的恰当性和做出会计估计的合理性,以及评价财务报表的总体列报。

④注册会计师相信获取的审计证据是充分、适当的,为其发表审计意见提供了基础。

如果结合财务报表审计对内部控制的有效性发表意见,注册会计师应当删除第(3)项中"但目的并非对内部控制的有效性发表意见"的措辞。

6. 审计意见段

审计报告应当包含标题为"审计意见"的段落,在审计意见段中应当说明财务报表是否按照适用的会计准则和相关会计制度的规定编制,是否在所有重大方面公允反映了被审计单位的财务状况、经营成果和现金流量。

①如果对财务报表发表无保留意见,除非法律法规另有规定,审计意见应当使用"财务报表在所有重大方面按照《适用的财务报告编制基础(如企业会计准则等)》

编制，公允反映了……"的措辞。

②如果在审计意见中提及的适用的财务报告编制基础不是企业会计准则，而是国际财务报告准则、国际公共部门会计准则或者其他国家或地区的财务报告准则，注册会计师应当在审计意见段中指明国际财务报告准则或国际公共部门会计准则，或者财务报告准则所属的国家或地区。

③国家颁布的企业会计准则和相关会计制度是指由国务院财政部门制定的在全国范围内统一执行的企业会计准则、企业会计制度（包括被审计单位适用的《企业会计制度》《金融企业会计制度》等）、有关问题解答等规范性文件。

④公允反映是指会计报表的编制符合下列条件：会计政策的选用和重大会计估计的做出符合国家颁布的企业会计准则和相关会计制度的规定，并且符合被审计单位的实际情况；影响会计报表使用人判断或决策的事项均已得到恰当地表达和披露；会计报表中所反映的信息已经得到合理的分类和汇总；按照重要性原则，会计报表反映了交易和事项的经济实质。

7. 注册会计师的签名和盖章

审计报告应当由注册会计师签名和盖章。注册会计师在审计报告上签名和盖章，有利于明确法律责任。

审计报告应当由两名具备相关业务资格的注册会计师签名盖章并经会计师事务所盖章方为有效：合伙会计师事务所出具的审计报告，应当由一名对审计项目负最终复核责任的合伙人和一名负责该项目的注册会计师签名盖章；有限责任会计师事务所出具的审计报告，应当由会计师事务所主任会计师或其授权的副主任会计师和一名负责该项目的注册会计师签名盖章。

8. 会计师事务所的名称、地址和盖章

审计报告应当载明会计师事务所的名称和地址，并加盖会计师事务所公章。根据《中华人民共和国注册会计师法》的规定，注册会计师承办业务，由其所在的会计师事务所统一受理并与委托人签订委托合同。因此，审计报告除了应由注册会计师签名和盖章外，还应载明会计师事务所的名称和地址，并加盖会计师事务所公章。

9. 报告日期

审计报告应当注明报告日期。审计报告日不应早于注册会计师获取充分、适当的审计证据，并在此基础上对财务报表形成审计意见的日期。在确定审计报告日时，注册会计师应当确信已获取下列两方面的审计证据：

①构成整套财务报表的所有报表（包括相关附注）已编制完成。

②被审计单位的董事会、管理层或类似机构已经认可其对财务报表负责。

审计报告的日期向审计报告使用者表明，注册会计师已考虑其知悉的、截至审计报告日发生的事项和交易的影响。注册会计师对审计报告日后发生的事项和交易的责任，在《中国注册会计师审计准则第1332号——期后事项》中做出了规定。审计报告的日期非常重要。注册会计师对不同时段的财务报表日后事项有着不同的责任，而审计报告的日期是划分时段的关键点。由于审计意见是针对财务报表发表的，并且编制财务报表是管理层的责任，所以，只有在注册会计师获取证据证明构成整套财务报表的所有报表已经编制完成，并且管理层已认可其对财务报表的责任的情况下，注册会计师在正式签署审计报告前，通常把审计报告草稿和已审计财务报表草稿一同提交给管理层。如果管理层批准并签署已审计财务报表，注册会计师即可签署审计报告。注册会计师签署审计报告的日期通常与管理层签署已审计财务报表的日期为同一天，或晚于管理层签署已审计财务报表的日期。

10. 其他需要注意的事项

①除审计准则规定的注册会计师对财务报表出具审计报告的责任外，相关法律法规可能对注册会计师设定了其他报告责任。如果注册会计师在对财务报表出具的审计报告中履行其他报告责任，应当在审计报告中将其单独作为一部分，并以"按照相关法律法规的要求报告的事项"为标题。

②如果审计报告包含"按照相关法律法规的要求报告的事项"部分，审计报告应当区分为"对财务报表出具的审计报告"和"按照相关法律法规的要求报告的事项"两部分。前面第1条至第6条，置于"对财务报表出具的审计报告"标题下；"按照相关法律法规的要求报告的事项"属于第二部分，置于"对财务报表出具的审计报告"部分之后。

③注册会计师出具非标准审计报告时，应当遵守《中国注册会计师审计准则第1502号——在审计报告中发表非无保留意见》《中国注册会计师审计准则第1503号——在审计报告中增加强调事项段和其他事项段》和本准则的相关规定。

④注册会计师在按照中国注册会计师审计准则执行审计工作时，还可能同时被要求按照其他国家或地区审计准则执行审计工作。在这种情况下，审计报告除了提及中国注册会计师审计准则外，还可能同时提及其他国家或地区审计准则。只有在同时符合下列条件时，注册会计师才应当同时提及：

第一，其他国家或地区审计准则与中国注册会计师审计准则不存在冲突，即不会导致注册会计师形成不同的审计意见，也不会导致在中国注册会计师审计准则要求增加强调事项段的情形下而其他国家或地区的审计准则不要求增加强调事项段的情况。

第二，如果使用其他国家或地区审计准则规定的结构和措辞，审计报告至少应当包括在前面第1条至第9条规定的所有要素，并且指明其他国家或地区审计准则。

如果审计报告同时提及中国注册会计师审计准则和其他国家或地区审计准则，审计报告应当指明审计准则所属的国家或地区。

三、标准无保留意见的审计报告

（一）标准无保留意见审计报告的含义

标准审计报告，是指不含有说明段、强调事项段、其他事项段或其他任何修饰性用语的无保留意见的审计报告。包含其他报告责任段，但不含有强调事项段或其他事项段的无保留意见的审计报告也被视为标准审计报告。标准审计报告包含的审计报告要素齐全，属于无保留意见，且不附加说明段、强调事项段或任何修饰用语。

无保留意见的审计报告是指注册会计师对被审计单位的会计报表，依照《中国注

册会计师审计准则》的要求进行审计后,确认被审计单位的财务报表和注册会计师本人的审计工作同时符合下列情形:

①被审计单位采用的会计处理方法遵循了会计准则及有关规定,会计报表符合国家颁布的企业会计准则和相关会计制度的规定,报表项目的分类和编制方法符合规定要求,在所有重大方面公允反映了被审计单位的财务状况、经营成果和现金流量。

②财务报表内容完整,表达清楚,无重要遗漏,不存在应当调整或披露而被审计单位未予调整或披露的事项。

③注册会计师已经按照独立审计准则计划和实施了审计工作,在审计过程中未受到限制。

当注册会计师出具无保留意见的审计报告时,意味着注册会计师认为被审计单位的财务报表能满足非特定多数的利害关系人的共同需要,并对其发表的审计意见负责。

对被审计单位而言,标准无保留意见的审计报告也是其最希望获得的审计意见,可以使被审计单位财务报告的使用者信赖财务报告所反映的财务状况、经营成果和现金流量。

(二)标准无保留意见审计报告范例

当出具无保留意见的审计报告时,注册会计师应当以"我们认为"作为意见段的开头,并使用"在所有重大方面公允反映了"等专业术语。标准审计报告的参考格式如下:

审计报告

×××股份有限公司全体股东:

我们审计了后附的×××股份有限公司(以下简称×××公司)财务报表,包括20×1年12月31日的资产负债表,20×1年度的利润表、股东权益变动表和现金流量表以及财务报表附注。

一、管理层对财务报表的责任

按照企业会计准则和《××会计制度》的规定编制财务报表是×××公司管理层的责任。这种责任包括:(1)设计、实施和维护与财务报表编制相关的内部控制,以使财务报表不存在由于舞弊或错误而导致的重大错报;(2)选择和运用恰当的会计政策;(3)做出合理的会计估计。

二、注册会计师的责任

我们的责任是在实施审计工作的基础上对财务报表发表审计意见。我们按照中国注册会计师审计准则的规定执行了审计工作。中国注册会计师审计准则要求我们遵守职业道德规范,计划和实施审计工作以对财务报表是否不存在重大错报获取合理保证。

审计工作涉及实施审计程序,以获取有关财务报表金额和披露的审计证据。选择的审计程序取决于注册会计师的判断，包括对由于舞弊或错误导致的财务报表重大错报风险的评估。在进行风险评估时，我们考虑与财务报表编制相关的内部控制，以设计恰当的审计程序，但目的并非对内部控制的有效性发表意见。审计工作还包括评价管理层选用会计政策的恰当性和做出会计估计的合理性，以及评价财务报表的总体列报。

我们相信，我们获取的审计证据是充分、适当的，为发表审计意见提供了基础。

三、审计意见

我们认为，×××公司财务报表已经按照企业会计准则和《××会计制度》的规定编制，在所有重大方面公允反映了×××公司20×1年12月31日的财务状况以及20×1年度的经营成果和现金流量。

××会计师事务所　　　　　中国注册会计师：×××
（盖章）　　　　　　　　　（签名并盖章）
　　　　　　　　　　　　　中国注册会计师：×××
　　　　　　　　　　　　　（签名并盖章）

中国××市
二○×二年×月×日

四、带强调事项段和其他事项段的无保留意见的审计报告

（一）审计报告的强调事项段和其他事项段

审计报告的强调事项段是指审计报告中含有的一个段落，该段落提及已在财务报表中恰当列报或披露的事项，根据注册会计师的职业判断，该事项对财务报表使用者理解财务报表至关重要。其他事项段，是指审计报告中含有的一个段落，该段落提及未在财务报表中列报或披露的事项，根据注册会计师的职业判断，该事项与财务报表使用者理解审计工作、注册会计师的责任或审计报告相关。根据《中国注册会计师审计准则第1503号——在审计报告中增加强调事项段和其他事项段》的规定，如果认为必要，注册会计师可以在审计报告中提供下列补充信息，以提醒使用者关注：①尽管已在财务报表中列报或披露，但对使用者理解财务报表至关重要的事项；②未在财务报表中列报或披露，但与使用者理解审计工作，注册会计师的责任或审计报告相关的事项。

如果注册会计师决定在审计报告中增加强调事项段，应当采取下列措施：①将强调事项段紧接在审计意见段之后；②使用"强调事项"或其他适当标题；③明确提及被强调事项以及相关披露的位置，以便能够在财务报表中找到对该事项的详细描述；④指出审计意见没有因该强调事项而改变。

对于未在财务报表中列报或披露，但根据职业判断认为与财务报表使用者理解审计工作、注册会计师的责任或审计报告相关且未被法律法规禁止的事项，如果认为有必要沟通，注册会计师应当在审计报告中增加其他事项段，并使用"其他事项"或其

他适当标题。注册会计师应当将其他事项段紧接在审计意见段和强调事项段（如有）之后。如果其他事项段的内容与其他报告责任部分相关，这一段落也可以置于审计报告的其他位置。

（二）对持续经营能力产生重大疑虑

当存在可能导致对持续经营能力产生重大疑虑的事项或情况、但不影响已发表的审计意见时，注册会计师应当在审计意见段之后增加强调事项段对此予以强调。注册会计师在审计实施过程中，可以从被审计单位财务方面、经营方面及其他方面的各种迹象判断是否存在可能导致对持续经营假设产生重大疑虑的事项或情况：

1. 财务方面存在的可能导致对持续经营假设产生重大疑虑的事项或情况

被审计单位在财务方面存在的可能导致对持续经营假设产生重大疑虑的事项或情况主要包括：①无法偿还到期债务；②无法偿还即将到期且难以展期的借款；③无法继续履行重大借款合同中的有关条款；④存在大额的逾期未缴税金；⑤累计经营性亏损数额巨大；⑥过度依赖短期借款筹资；⑦无法获得供应商的正常商业信用；⑧难以获得开发必要新产品或进行必要投资所需资金；⑨资不抵债；⑩营运资金出现负数。

2. 经营方面存在的可能导致对持续经营假设产生重大疑虑的事项或情况

被审计单位在经营方面存在的可能导致对持续经营假设产生重大疑虑的事项或情况主要包括：①关键管理人员离职且无人替代；②主导产品不符合国家产业政策；③失去主要市场、特许权或主要供应商；④人力资源或重要原材料短缺。

3. 其他方面存在的可能导致对持续经营假设产生重大疑虑的事项或情况

被审计单位在其他方面存在的可能导致对持续经营假设产生重大疑虑的事项或情况主要包括：①严重违反有关法律法规或政策；②异常原因导致停工、停产；③有关法律法规或政策的变化可能造成重大不利影响；④经营期限即将到期且无意继续经营；⑤投资者未履行协议、合同、章程规定的义务，并有可能造成重大不利影响；⑥因自然灾害、战争等不可抗力因素遭受严重损失。

注册会计师应当根据获取的审计证据，运用职业判断，确定是否存在与事项或情况相关的重大不确定性，且这些事项或情况单独或汇总起来可能导致对被审计单位持续经营能力产生重大疑虑。如果注册会计师根据职业判断认为，鉴于不确定性潜在影响的重要程度和发生的可能性，为了使财务报表实现公允反映，有必要适当披露该不确定性的性质和影响，则表明存在重大不确定性。

如果认为运用持续经营假设适合具体情况，但存在重大不确定性，注册会计师应当确定：①财务报表是否已充分描述可能导致对持续经营能力产生重大疑虑的主要事项或情况，以及管理层针对这些事项或情况的应对计划；②财务报表是否已清楚披露可能导致对持续经营能力产生重大疑虑的事项或情况存在重大不确定性，并由此导致被审计单位可能无法在正常的经营过程中变现资产和清偿债务。

如果财务报表已做出充分披露，注册会计师应当发表无保留意见，并在审计报告中增加强调事项段，强调可能导致对持续经营能力产生重大疑虑的事项或情况存在重大不确定性的事实，并提醒财务报表使用者关注财务报表附注中对所述事项的披露。

如果财务报表未做出充分披露，注册会计师应当按照《中国注册会计师审计准则第1502号——在审计报告中发表非无保留意见》的规定，恰当发表保留意见或否定意见，同时应当在审计报告中说明，存在可能导致对被审计单位持续经营能力产生重大疑虑的重大不确定性。

如果财务报表已在持续经营基础上编制，但根据判断认为管理层在财务报表中运用持续经营假设是不适当的，注册会计师应当发表否定意见。

除上述两种情形外，注册会计师不应在审计报告的意见段之后增加强调事项段或任何解释性段落，以免会计报表使用人产生误解。

（三）带强调事项段的无保留意见的审计报告范例

带强调事项段的无保留意见的审计报告参考格式如下：

审计报告

×××股份有限公司全体股东：

我们审计了后附的×××股份有限公司（以下简称×××公司）财务报表，包括20×1年12月31日的资产负债表，20×1年度的利润表、股东权益变动表和现金流量表以及财务报表附注。

一、管理层对财务报表的责任

按照企业会计准则和《××会计制度》的规定编制财务报表是×××公司管理层的责任。这种责任包括：（1）设计、实施和维护与财务报表编制相关的内部控制，以使财务报表不存在由于舞弊或错误而导致的重大错报；（2）选择和运用恰当的会计政策；（3）做出合理的会计估计。

二、注册会计师的责任

我们的责任是在实施审计工作的基础上对财务报表发表审计意见。我们按照中国注册会计师审计准则的规定执行了审计工作。中国注册会计师审计准则要求我们遵守职业道德规范，计划和实施审计工作以对财务报表是否不存在重大错报获取合理保证。

审计工作涉及实施审计程序，以获取有关财务报表金额和披露的审计证据。选择的审计程序取决于注册会计师的判断，包括对由于舞弊或错误导致的财务报表重大错报风险的评估。在进行风险评估时，我们考虑与财务报表编制相关的内部控制，以设计恰当的审计程序，但目的并非对内部控制的有效性发表意见。审计工作还包括评价管理层选用会计政策的恰当性和做出会计估计的合理性，以及评价财务报表的总体列报。

我们相信，我们获取的审计证据是充分、适当的，为发表审计意见提供了基础。

三、审计意见

我们认为，×××公司财务报表已经按照企业会计准则和《××会计制度》的规定编制，在所有重大方面公允反映了×××公司20×1年12月31日的财务状况以及20×1年度的经营成果和现金流量。

四、强调事项

我们提醒财务报表使用者关注，如财务报表附注×所述，×××公司在20×1年发生亏损×万元，在20×1年12月31日，流动负债高于资产总额×万元。×××公司已在财务报表附注×充分披露了拟采取的改善措施，但其持续经营能力仍然存在重大不确定性。本段内容不影响已发表的审计意见。

××会计师事务所　　　　　　　　　　中国注册会计师：×××
（盖章）　　　　　　　　　　　　　　（签名并盖章）
　　　　　　　　　　　　　　　　　　中国注册会计师：×××
　　　　　　　　　　　　　　　　　　（签名并盖章）

中国××市
二○×二年×月×日

五、保留意见的审计报告

（一）出具非无保留意见审计报告的总体条件

当存在下列情形之一时，注册会计师应当在审计报告中发表非无保留意见：①注册会计师基于会计政策选用、会计估计、财务报表披露等方面与被审计单位管理层存在的诸多分歧，根据获取的审计证据，得出财务报表整体存在重大错报的结论；②注册会计师由于审计范围受到限制，无法获取充分、适当的审计证据，不能得出财务报表整体不存在重大错报的结论。

1. 注册会计师与管理层的分歧

注册会计师在实施审计活动中，由于与被审计单位管理层在会计政策选用、会计估计、财务报表披露等方面存在诸多分歧，从而根据获取的审计证据，得出财务报表整体存在重大错报的结论。

注册会计师与被审计单位管理层在会计政策选用方面的分歧，主要体现在四个方面：①管理层选用的会计政策不符合适用的会计准则和相关会计制度的规定；②管理层选用的会计政策不符合具体情况的需要（相应地，财务报表整体列报与注册会计师获得的对被审计单位及其环境的了解不一致）；③管理层选用了不适当的会计政策，导致财务报表在所有重大方面未能公允反映被审计单位的财务状况、经营成果和现金流量；④管理层选用的会计政策没有按照适用的会计准则和相关会计制度的要求得到一贯选用，即没有一贯地运用于不同期间相同的或者相似的交易和事项。

注册会计师与被审计单位管理层在会计估计方面的分歧，主要体现在6个方面：①管理层没有对所有应当进行会计估计的项目做出会计估计；②管理层没有识别出可能影响做出会计估计的相关因素；③管理层没有充分收集做出会计估计所依赖的相关数据；④没有正确会计估计依据的假设；⑤管理层没有依据数据、假设和其他因素对事项的金额做出正确估计；⑥管理层没有按照适用的会计准则和相关会计制度的规定做出充分披露。

注册会计师与被审计单位管理层在财务报表披露方面的分歧，主要体现在两个方面：管理层没有按照适用的会计准则和相关会计制度的要求披露所有的信息，或者没有充分、清晰地披露所有信息，使财务报表使用者不能了解重大交易和事项对被审计单位财务状况、经营成果和现金流量的影响。

2. 审计范围受到限制

审计范围可能受到下列两方面的限制：

（1）客观环境造成的限制

例如，由于被审计单位实物资产的性质与存放场所特殊等各种原因导致注册会计师无法实施监盘程序，且无法实施替代性审计程序，以获取充分、适当的审计证据。

（2）管理层人为的限制

在承接审计业务后，如果注意到管理层对审计范围施加了限制，且认为这些限制可能导致对财务报表发表保留意见或无法表示意见，注册会计师应当要求管理层消除这些限制。例如，管理层不允许注册会计师观察实物资产的盘点，或者限制在注册会计师对特定往来账户余额实施函证等。在管理层人为限制审计范围的情况下，注册会计师应首先提请管理层放弃限制，如果管理层拒绝消除限制，除非治理层全部成员参与管理被审计单位，注册会计师应当就此事项与治理层沟通，在无法取消限制时，注册会计师应当考虑这一事项对风险评估的影响以及是否可能实施替代性审计程序，以获取充分、适当的审计证据。

如果对财务报表发表非无保留意见，除在审计报告中包含《中国注册会计师审计准则第1501号——对财务报表形成审计意见和出具审计报告》规定的审计报告要素外，注册会计师还应当增加一个段落，说明导致发表非无保留意见的事项。注册会计师应当直接在审计意见段之前增加该段落，并使用恰当的标题，如"导致保留意见的事项""导致否定意见的事项"或"导致无法表示意见的事项"。

如果财务报表中存在与具体金额（包括定量披露）相关的重大错报，注册会计师应当在导致非无保留意见的事项段中说明并量化该错报的财务影响。如果无法量化财务影响，注册会计师应当在导致非无保留意见的事项段中说明这一情况。如果财务报表中存在与叙述性披露相关的重大错报，注册会计师应当在导致非无保留意见的事项段中解释该错报错在何处。

（二）签发保留意见审计报告的条件

保留意见是指注册会计师对被审计单位财务报表的公允反映有所保留的审计意见。如果认为会计报表就其整体而言是公允的，但存在下列情形之一时，注册会计师应当发表保留意见：①在获取充分、适当的审计证据后，注册会计师认为会计政策的选用、会计估计的做出或财务报表的披露不符合适用的会计准则和相关会计制度的规定，错报单独或汇总起来虽然对财务报表影响重大，但不具有广泛性，不至于出具否定意见的审计报告；②因审计范围受到限制，导致注册会计师无法获取充分、适当的审计证据以作为形成审计意见的基础，且认为未发现的错报（如存在）对财务报表可能产生的影响重大，但不具有广泛性，不至于出具无法表示意见的审计报告。

广泛性是描述错报影响的术语，用以说明错报对财务报表的影响，或者由于无法获取充分、适当的审计证据而未发现的错报（如存在）对财务报表可能产生的影响。根据注册会计师的判断，对财务报表的影响具有广泛性的情形包括：①不限于对财务报表的特定要素、账户或项目产生影响；②虽然仅对财务报表的特定要素、账户或项目产生影响，但这些要素、账户或项目是或可能是财务报表的主要组成部分；③当与披露相关时，产生的影响对财务报表使用者理解财务报表至关重要。

当出具保留意见的审计报告时，注册会计师应当在意见段中使用"除……的影响外"等专业术语。如因审计范围受到限制，注册会计师还应当在注册会计师的责任段中提及这一情况。

注册会计师只有在认为被审计单位财务报表就其整体而言是公允的，但还存在对财务报表产生重大影响的情形下，才能出具保留意见的审计报告。如果注册会计师认为所报告的情形对财务报表产生的影响极为严重，则应出具否定意见的审计报告或无法表示意见的审计报告。

如果被审计单位管理层在会计政策选用、会计估计、财务报表披露等方面不符合适用的会计准则和相关会计制度的规定，注册会计师在判断其影响是否重大时，应当考虑影响所涉及的金额或性质并与确定的重要性水平进行比较。

如果因审计范围受到限制导致注册会计师需出具保留意见的审计报告时，主要取决于无法实施的审计程序对形成审计意见的重要性。注册会计师在判断重要性时，应当考虑有关事项潜在影响的性质和范围以及在财务报表中的重要程度。当注册会计师因审计范围受到限制而出具保留意见的审计报告时，意见段的措辞应当表明保留意见是针对审计范围对财务报表可能产生的影响而不是针对审计范围限制本身。

（三）保留意见的审计报告范例

1. 因会计政策选用不恰当而发表保留意见的审计报告参考格式如下

审计报告

×××股份有限公司全体股东：

我们审计了后附的×××股份有限公司（以下简称×××公司）财务报表，包括20×1年12月31日的资产负债表，20×1年度的利润表、股东权益变动表和现金流量表以及财务报表附注。

一、管理层对财务报表的责任

按照企业会计准则和《××会计制度》的规定编制财务报表是×××公司管理层的责任。这种责任包括：（1）设计、实施和维护与财务报表编制相关的内部控制，以使财务报表不存在由于舞弊或错误而导致的重大错报；（2）选择和运用恰当的会计政策；（3）做出合理的会计估计。

二、注册会计师的责任

我们的责任是在实施审计工作的基础上对财务报表发表审计意见。我们按照中国注册会计师审计准则的规定执行了审计工作。中国注册会计师审计准则要求我们遵守职业道德规范，计划和实施审计工作以对财务报表是否不存在重大错报获取合理保证。

审计工作涉及实施审计程序，以获取有关财务报表金额和披露的审计证据。选择的审计程序取决于注册会计师的判断，包括对由于舞弊或错误导致的财务报表重大错报风险的评估。在进行风险评估时，我们考虑与财务报表编制相关的内部控制，以设计恰当的审计程序，但目的并非对内部控制的有效性发表意见。审计工作还包括评价管理层选用会计政策的恰当性和做出会计估计的合理性，以及评价财务报表的总体列报。

我们相信，我们获取的审计证据是充分、适当的，为发表审计意见提供了基础。

三、导致保留意见的事项

如财务报表附注×所述，×××公司对20×1年10月购入的×类固定资产没有计提折旧。如果按照×××公司固定资产折旧政策，应当计提折旧费用×万元，相应地占资产总额×××公司20×1年12月31日的累计折旧应当增加×万元，固定资产账面净值减少×万元，20×1年年度净利润减少×万元。

四、审计意见

我们认为，除了×类固定资产没有计提折旧对财务报表产生的影响外，×××公司财务报表已经按照企业会计准则和《××会计制度》的规定编制，在所有重大方面公允反映了×××公司20×1年12月31日的财务状况以及20×1年度的经营成果和现金流量。

××会计师事务所　　　　　　　　中国注册会计师：×××
（盖章）　　　　　　　　　　　　（签名并盖章）
　　　　　　　　　　　　　　　　中国注册会计师：×××
　　　　　　　　　　　　　　　　（签名并盖章）

中国××市

二○×二年×月×日

2. 因审计范围受到限制而发表保留意见的审计报告参考格式如下

审计报告

×××股份有限公司全体股东：

我们审计了后附的×××股份有限公司（以下简称×××公司）财务报表，包括20×1年12月31日的资产负债表，20×1年度的利润表、股东权益变动表和现金流量表以及财务报表附注。

一、管理层对财务报表的责任

按照企业会计准则和《××会计制度》的规定编制财务报表是×××公司管理层的责任。这种责任包括：（1）设计、实施和维护与财务报表编制相关的内部控制，以使财务报表不存在由于舞弊或错误而导致的重大错报；

(2)选择和运用恰当的会计政策;(3)做出合理的会计估计。

二、注册会计师的责任

我们的责任是在实施审计工作的基础上对财务报表发表审计意见。除本报告"三、导致保留意见的事项"所述事项外,我们按照中国注册会计师审计准则的规定执行了审计工作。中国注册会计师审计准则要求我们遵守职业道德规范,计划和实施审计工作以对财务报表是否不存在重大错报获取合理保证。

审计工作涉及实施审计程序,以获取有关财务报表金额和披露的审计证据。选择的审计程序取决于注册会计师的判断,包括对由于舞弊或错误导致的财务报表重大错报风险的评估。在进行风险评估时,我们考虑与财务报表编制相关的内部控制,以设计恰当的审计程序,但目的并非对内部控制的有效性发表意见。审计工作还包括评价管理层选用会计政策的恰当性和做出会计估计的合理性,以及评价财务报表的总体列报。

我们相信,我们获取的审计证据是充分、适当的,为发表审计意见提供了基础。

三、导致保留意见的事项

×××公司20×1年12月31日的应收账款余额×万元,占资产总额的×%,由于×××公司未能提供债务人地址,我们无法实施函证以及其他审计程序,以获取充分、适当的审计证据。

四、审计意见

我们认为,除了前段所述未能实施函证可能产生的影响外,×××公司财务报表已经按照企业会计准则和《××会计制度》的规定编制,在所有重大方面公允反映了×××公司20×1年12月31日的财务状况以及20×1年度的经营成果和现金流量。

××会计师事务所　　　　　　　　　　中国注册会计师:×××
(盖章)　　　　　　　　　　　　　　(签名并盖章)
　　　　　　　　　　　　　　　　　　中国注册会计师:×××
　　　　　　　　　　　　　　　　　　(签名并盖章)

中国××市
二○×二年×月×日

六、否定意见的审计报告

(一)签发否定意见审计报告的条件

否定意见是指与无保留意见相反,提出否定财务报表公允地反映被审计单位财务状况、经营成果和现金流量的审计意见。注册会计师在获取充分、适当的审计证据后,如果认为财务报表没有按照适用的会计准则和相关会计制度的规定编制,未能在所有重大方面公允反映被审计单位的财务状况、经营成果和现金流量,错报单独或汇总起来对财务报表的影响重大且具有广泛性，注册会计师应当出具否定意见的审计报告。

否定意见审计报告的基本内容除了包括标准无保留意见审计报告的基本内容外，还应当在审计报告的"注册会计师责任段"之后、"审计意见段"之前增加说明段，清楚地说明导致所发表意见的所有原因，并在可能情况下，指出其对财务报表的影响程度。

当出具否定意见的审计报告时，注册会计师应当在意见段中使用"由于上述问题造成的重大影响""由于受到前段所述事项的重大影响""财务报表没有按照……的规定编制，未能在所有重大方面公允反映"等专业术语。

（二）否定意见的审计报告范例

否定意见的审计报告参考格式如下：

审计报告

×××股份有限公司全体股东：

我们审计了后附的×××股份有限公司（以下简称×××公司）财务报表，包括20×1年12月31日的资产负债表，20×1年度的利润表、股东权益变动表和现金流量表以及财务报表附注。

一、管理层对财务报表的责任

按照企业会计准则和《××会计制度》的规定编制财务报表是×××公司管理层的责任。这种责任包括：（1）设计、实施和维护与财务报表编制相关的内部控制，以使财务报表不存在由于舞弊或错误而导致的重大错报；（2）选择和运用恰当的会计政策；（3）做出合理的会计估计。

二、注册会计师的责任

我们的责任是在实施审计工作的基础上对财务报表发表审计意见。我们按照中国注册会计师审计准则的规定执行了审计工作。中国注册会计师审计准则要求我们遵守职业道德规范，计划和实施审计工作以对财务报表是否不存在重大错报获取合理保证。

审计工作涉及实施审计程序，以获取有关财务报表金额和披露的审计证据。选择的审计程序取决于注册会计师的判断，包括对由于舞弊或错误导致的财务报表重大错报风险的评估。在进行风险评估时，我们考虑与财务报表编制相关的内部控制，以设计恰当的审计程序，但目的并非对内部控制的有效性发表意见。审计工作还包括评价管理层选用会计政策的恰当性和做出会计估计的合理性，以及评价财务报表的总体列报。

我们相信，我们获取的审计证据是充分、适当的，为发表审计意见提供了基础。

三、导致否定意见的事项

如财务报表附注×所述，×××公司的长期股权投资未按企业会计准则的规定采用权益法核算。如果按权益法核算，×××公司的长期投资账面价值将减少×万元，净利润将减少×万元，从而导致×××公司由盈利×万元变为亏损×万元。

四、审计意见

我们认为，由于受到前段所述事项的重大影响，×××公司财务报表没有按照企业会计准则和《××会计制度》的规定编制，未能在所有重大方面公允反映×××公司20×1年12月31日的财务状况以及20×1年度的经营成果和现金流量。

××会计师事务所　　　　　　　　　　　中国注册会计师：×××
（盖章）　　　　　　　　　　　　　　　　（签名并盖章）
　　　　　　　　　　　　　　　　　　　　中国注册会计师：×××
　　　　　　　　　　　　　　　　　　　　（签名并盖章）

中国××市
二〇×二年×月×日

七、无法表示意见的审计报告

（一）签发无法表示意见审计报告的条件

无法表示意见是指注册会计师说明其对被审计单位的财务报表不能发表意见，亦即对财务报表不发表包括肯定、否定和保留的审计意见。一般来说，如果注册会计师因为审计范围受到限制可能产生的影响非常重大和广泛，无法获取充分、适当的审计证据以作为形成审计意见的基础，且认为未发现的错报（如存在）对财务报表可能产生的影响重大且具有广泛性，注册会计师应当出具无法表示意见的审计报告。

典型的审计范围受到限制的情况包括：①无法对存货等实物资产实施监盘程序；②未能对应收账款进行函证；③无法取得被投资企业的财务报表；④被审计单位内部控制极度混乱，会计记录缺乏系统性和完整性等。

当出具无法表示意见的审计报告时，注册会计师应当删除引言段中对自身责任的描述以及范围段，并在意见段中使用"由于审计范围受到限制可能产生的影响非常重大和广泛""我们无法对上述会计报表发表意见"等专业术语。

（二）其他注意事项

①如果认为有必要对财务报表整体发表否定意见或无法表示意见，注册会计师不应在同一审计报告中对按照相同财务报告编制基础编制的单一财务报表或者财务报表特定要素、账户或项目发表无保留意见。在同一审计报告中包含无保留意见，将会与对财务报表整体发表的否定意见或无法表示意见相矛盾。

②当出具保留意见、否定意见或无法表示意见的审计报告时，注册会计师应当在意见段之前增加说明段，清楚地说明导致所发表意见或无法表示意见的所有原因，并在可能的情况下，指出其对会计报表的影响程度。

③在极其特殊的情况下，可能存在多个不确定事项。尽管注册会计师对每个单独

的不确定事项获取了充分、适当的审计证据，但由于不确定事项之间可能存在相互影响，以及可能对财务报表产生累积影响，注册会计师不可能对财务报表形成审计意见。在这种情况下，注册会计师应当发表无法表示意见。

④如果未发现的错报（如存在）可能对财务报表产生的影响重大且具有广泛性，以至于发表保留意见不足以反映情况的严重性，注册会计师应当在可行时解除业务约定（除非法律法规禁止）；如果在出具审计报告之前解除业务约定被禁止或不可行，应当发表无法表示意见。

如果根据准则的规定解除业务约定，注册会计师应当在解除业务约定前，与治理层沟通在审计过程中发现的、将会导致发表非无保留意见的所有错报事项。

⑤注册会计师明知应当出具保留意见或否定意见的审计报告时，不应以无保留意见或无法表示意见的审计报告代替。

（三）无法表示意见的审计报告范例

无法表示意见的审计报告参考格式如下：

审计报告

×××股份有限公司全体股东：

我们接受委托，审计后附的×××股份有限公司（以下简称×××公司）财务报表，包括20×1年12月31日的资产负债表，20×1年度的利润表、股东权益变动表和现金流量表以及财务报表附注。

一、管理层对财务报表的责任

按照企业会计准则和《××会计制度》的规定编制财务报表是×××公司管理层的责任。这种责任包括：（1）设计、实施和维护与财务报表编制相关的内部控制，以使财务报表不存在由于舞弊或错误而导致的重大错报；（2）选择和运用恰当的会计政策；（3）做出合理的会计估计。

二、导致无法表示意见的事项

×××公司未对20×1年12月31日的存货进行盘点，金额为×万元，占期末资产总额的40%。我们无法实施存货监盘，也无法实施替代审计程序，以对期末存货的数量和状况获取充分、适当的审计证据。

三、审计意见

由于上述审计范围受到限制可能产生的影响非常重大和广泛，我们无法对×××公司财务报表发表意见。

××会计师事务所	中国注册会计师：×××
（盖章）	（签名并盖章）
	中国注册会计师：×××
	（签名并盖章）

中国××市

二〇×二年×月×日